U0121829

柯林斯 COBUILD

英语语法丛书

介词
Prepositions

〔英〕约翰·辛克莱（John Sinclair）主编

魏跃衡 译

商务印书馆
创于1897 The Commercial Press

This special edition of *Collins COBUILD English Guides: Prepositions* has been prepared and distributed with the authorization of the copyright holder HarperCollins Publishers Ltd. Copyright of this Chinese bilingual edition is held by The Commercial Press (Hong Kong) Ltd.

前言

这套"柯林斯 COBUILD 英语语法丛书",每一册论述一个专题。除一般的综合性词典和语法书外,我们已计划出版篇幅不大,但内容更为详尽的手册,以专门研究语法和用法的重要问题。

每一册针对某一主题,多数分册具有参考书性质,有的还配备练习材料。它们均选自拥有 3 亿多个词的 COBUILD 语料库(The Bank of English)及《泰晤士报》中的真实例子。

每册论述一个英语专题,其优点不仅在于比普通大词典有更大的篇幅,可容纳更多的信息,而且在于信息更容易查找。

本书提供了英语中词和介词搭配使用的信息。而这些往往是使用英语者一张口、一动笔就需了解的。在很多情况下,某一介词的出现常跟某一词的某一词义有关,而要选择合适的介词并不那么容易。

使用本书令读者更加熟识这一领域的英语。每一介词均有其特殊的意义范围,许多介词的使用相当有规则。它们的一般形式可见于本书第一部分。共有 124 个介词、556 种不同的用法。

除此之外,英语中还有大量与具体的介词搭配的词,这类搭配词给大多数英语学习者带来困难。本书第二部分列举了这些词,并附例证,共有 2,000 多个词条。

希望我们提供的信息对读者有所帮助,并希望读者感到本书使用方便、易于理解并且有把握地加以使用。如果读者对改进 COBUILD 出版物有什么看法、建议,请来信告知。

约翰·辛克莱(John Sinclair)

"柯林斯 COBUILD 英语语法丛书"主编

英国伯明翰大学现代英语教授

引言

英语有 100 多个介词。这与英语里的名词、形容词和动词的数量相比，要少得多。人们使用的绝大多数句子里至少存在一个介词。在 10 个最常见的英语词中，介词就占 3 个：of, to, in。也就是说，使用介词的频率远远高于名词、形容词或动词等一般的词。

介词是介词短语中的第一个词，它提供地点或时间的信息，或更为抽象的信息：有关人或事物之间的某种关系。介词有其语言功能，而它本身没有明确的意义。有时即使将介词抽掉，句子的意思也能够读懂：Many …them are used to provide information…place or time, or,…more abstract way,…relationships…people or things.（句子的意思见本段落第一句）。

但有时，介词能提供必要的信息：

He put it back …the desk.
他把它放回……书桌。

在本例中，所缺少的介词可以是 on, behind, next to, under 或其他几个介词。而选择哪一个，对句子的意义非常重要。所以，要使所运用的英语自然地道，符合习惯用法，我们必须学会选用适当的介词。

有时，介词与动词连用。如：

*…if you can't **distinguish between** good and bad.*
……如果你不能分辨好坏。

有时，介词与形容词连用。如：

*I know he's **clever at** political debate.*
我知道他擅长进行政治辩论。

有时，介词又与名词连用。如：

*My real **friendship with** him began in Rome.*
我与他建立起真正友情始于罗马。

介词像及物动词一样带宾语，叫**介词宾语**。这类宾语一般是**名词词组**。名词词组可以是单纯的一个词。如：

*She looked at **me**.*
她看着我。

或一个复杂的名词词组：

*You may be surprised at **the range of services it can provide**.*
你可能为它所能提供的各项服务而感到吃惊。

宾语还可以是动词 -ing 形式。此时，-ing 分词从句的作用类似于名词词组：

*They have become expert at **drawing up maps**.*
他们已成为绘制地图的专家。

As 后能跟形容词，详见 **as** 词条。

若宾语是人称代词，则要使用代词的**宾语形式**。人称代词的宾语形式有：me, you, her, him, it, us, them。如下句：

*We spent ages waiting for **them**.*
我们等了他们很长时间。

句中 we 是主格代词，而 them 是跟介词 for 的宾格代词。

英语学习者常犯的错误之一就是错用介词。本书旨在对在不同场合下选择正确的介词提供帮助。

用法说明

本书包括两个部分，有两种查阅介词的方法。

第一部分阐述介词本身。第二部分列举了常常后跟介词的名词、动词和形容词，它们按字母顺序排列。

第一部分　介词

第一部分共有 124 个介词，按字母顺序排列。分段叙述其意义和用法，说明它们在句子里的常见位置。所用例证均说明介词不同的意义及出现在语法结构中的情况。例证均取自拥有 3 亿多个词的 COBUILD 语料库（The Bank of English）及《泰晤士报》的 500 万个单词的语料。

寻找介词

介词均按字母顺序排列。介词由两个词构成时，排列顺序依字母的顺序而定，而不考虑词与词的间隔。如果以 against 开始，那么介词的顺序应为：

against

ahead of

along

alongside

along with

amid

介词有两种形式时，会在主词下注明，并常附加评述，说明该替换形式是更为正式用语还是书面用语：

among

也作 **amongst**，但 **amongst** 属书面用语。

释义

本书原英文版用了完整的句子来阐释介词，说明介词是与动词、名词还是与形容词连用，以及可能出现哪种介词宾语，而中文版按中文语言习惯翻译，力求简洁清楚，部分保留完整句子来阐释介词，部分取简舍长：

To happen before a time or event，说明某事发生于某一时间或事件之前。

若介词有不止一个意义，其释义也就不止一个。释义按序号排列。

语法注释

每一个意义均介绍介词在句中的常见位置。

1. 介词常常是**附加状语**的一部分，它常跟在动词之后。语法注释会出现：

用在附加状语里：

若遇不及物动词，介词很可能出现在该动词之后：

*It belongs **to** me.*
它是属于我的。

若遇及物动词，介词很可能出现在该动词的宾语之后：

*He didn't compare himself **with** other men.*
他没有将自己与其他人相比。

有时，句子结构将介词宾语置于动词之前。譬如，想强调宾语，或使用被动语态。出现这种情况时，介词可以跟在动词之后：

*They were quite difficult **to** deal with.*
他们很难打交道。
*Babies like to be talked **to**.*
婴儿喜欢有人陪着跟他们说话。

若使用关系从句，介词的位置有两种可能。它可以出现在从句末：

*These were the ones I waited **for**.*
这些人是我正在等待的。

注意，有些讲英语的人认为，介词用在句末不合语法。但这种现象常有，尤其是在非正式英语或口语中。

另外，介词也可以出现在关系代词前：

*These were the ones **for** which I waited.*

这种将介词置于关系代词前的用法很正式。

2. 介词常出现在系动词 be 或其他诸如 seem 或 appear 的系动词之后。有时，系动词一般只用 be，如在下句中：

*He's **from** the BBC.*
他来自英国广播公司。

这时，语法注释就会出现：

用在动词 be 之后：

介词一般也能与别的系动词连用，例如：

*He looked **like** a sheepdog.*

他的模样像一只牧羊狗。

这时，语法注释会出现：

用在系动词之后：

3. 介词还能用在名词之后提供有关该名词的信息，而非关于动词所描述的行为。如下例：

*He had received an invitation **to** Julie's wedding.*
他收到了参加朱莉婚礼的请帖。

介词短语叙述邀请这一事实，而不是某人接受邀请。语法注释会出现：

用在名词之后：

4. 最后，有些介词提供了有关形容词的信息。如下例：

*I was keen **on** politics.*
我曾经热衷于政治。

介词短语对形容词及它所涉及到的内容提供更确切的信息。为此，语法注释会出现：

用在形容词之后：

偶然，为使信息更详尽，语法注释的篇幅会稍长一些。例如，语法注释在介词 except 中写道：

用在不定代词或名词之后：

例证

每一意义均由几个例证说明。例证选自 COBUILD 语料库（The Bank of English），目的在于展示现代英语的使用者是如何使用介词的。例证紧跟在语法注释之后。

词表

本书第一部分将一组有关的词列在一起。这些词常与介词同时出现。该词表并不包括所有的词，但包括常见的词，旨在说明与同一介词意义搭配的选词范围。

第二部分　介词搭配

本书第二部分的词条并非仅由介词组成并按介词字母顺序排列，而是以名词、动词和形容词为词头，常与一个或两个介词同时出现。读者可参考此部分快速找到所需的介词。此部分共有 2,000 多个词条，4,000 多个与介词搭配的组合。

当然，还有很多介词的"自由"搭配。这时，介词的选择取决于意欲表达的意思，而只有介词才能明确表达这一意义。如下句：

*She works **in** London.*
她在伦敦工作。

选择介词 in 是因为它提供了确切的处所，否则也可选择其他的介词，如 near 和 outside。因而，介词的选择范围很广，此类搭配本部分未收入。

可是，在下句中：

*He always works **in** oil paints.*
他总是用油画颜料进行创作。

介词的选择受到了限制，而且未必能预见，因而这类介词搭配要收入。

词条

词条由主词组成。使用一简短的短语体现哪个介词，以及哪一种介词宾语的典型用法。从该短语的组词上能看出该词的词性。若该词为动词，短语就以带 to 的不定式开始：

*to **hope for** something.*
指望得到某物。

若该词是可数名词，一般用限定词：

*an **interest in** something.*
对某事的兴趣。

若是不可数名词，通常没有限定词：

***freedom from** something unpleasant or unwanted.*
摆脱讨厌或不需要之物。

若该词是形容词，该短语就以 be 开始：

*be **enthusiastic about** something.*
热衷于某物。

如果可以使用不止一个介词，那么会体现为：

*to **benefit from** something or **by** something.*
得益于某物。
*be **adamant about** something or **on** something; be **adamant in** opposing or refusing something.*
坚持某事；坚决反对某事。

若全部列出替换搭配，两种结构之间用分号（；）隔开，如上述 adamant 一例。

短语后紧接有一个或更多的例证。若可用介词多于一个，则每个介词都有例证。

常常出现一种情况，就是某一多义词的全部意义或多项意义都与同一介词使用。遇到这种情况时，我们不一一列举每个意义，除非个别意义容易与别的意义混淆。

有些词据其意义有两种不同发音。出现这种情况时，有国际音标发音提示。本节末尾第 ix 页的发音指南附国际音标表可供参考。

如果一项介词搭配组合容易与类似搭配组合混淆，本书在冒号后面会加上一个简短说明。

注意：英语中出现频率最高的介词为 of（在 3 亿多个词的 COBUILD 语料库里，出现了 50 万次之多）。介词 of 的主要用法在第一部分中讲解。许多用法非常普遍，且可预见，第二部分就不再收入。

例如：

His arrival transformed the company.
他为公司带来了改革。

此处 the company 是及物动词 transform 的宾语。

再看下例：

*We were amazed at the sudden transformation **of** the company.*
我们对公司突然的改革感到吃惊。

名词 transformation 是从动词 transform 派生而来，the company 现在处于以 of 引导、并跟在名词后的介词短语里。

请看以下含不及物动词的句子：

The delegation arrived.
代表团来了。

The delegation 是动词的主语。但若用名词 arrival 替代动词 arrived，就有：

*...the arrival **of** the delegation.*
……代表团到了。

其基本意义未改变，但 the delegation 这时出现在以 of 引导的介词短语里，而该介词又跟在另一名词之后。

以上是介词 of 常见的一般用法，所以本书第二部分没有将其收入，只有一些未能预见的与 of 搭配的形式才被列入。

短语

介词常以短语形式出现在词的前后，这些介词短语列在词目中适当的词条里。因此，在词条 accordance 里能找到短语 in accordance with。

❶ **by accident:** not deliberately 偶然。

❷ **in an accident:** in a violent crash or collision 在事故中。

发音指南

元音

ɑː	heart, start, calm
æ	act, mass, lap
aɪ	dive, cry, mind
aɪə	fire, tyre, buyer
aʊ	out, down, loud
aʊə	flour, tower, sour
ɛɪ	say, main, weight
ɛə	fair, care, wear
ɪ	fit, win, list
iː	feed, me, beat
ɪə	near, beard, clear
ɒ	lot, lost, spot
əʊ	note, phone, coat
ɔː	more, cord, claw
ɔɪ	boy, coin, joint
ʊ	could, stood, hood
uː	you, use, choose
ʊə	sure, poor, cure
ɜː	turn, third, word
ʌ	but, fund, must
ə	the weak vowel in butter, about, forgotten

辅音

b	bed	t	talk
d	done	v	van
f	fit	w	win
g	good	x	loch
h	hat	z	zoo
j	yellow	ʃ	ship
k	king	ʒ	measure
l	lip	tʃ	sing
m	mat	ŋ	cheap
n	nine	θ	thin
p	pay	ð	then
r	run	ʤ	joy
s	soon		

元音音标之下画线表示重读音节。

译者的话

一、内容简介

《介词》是"柯林斯 COBUILD 英语语法丛书"中的一册。它是一本专门研究介词及介词用法的指南，适合中等以上英语水平、以汉语为母语的中国读者使用。全书分为两部分。第一部分按字母顺序排列，对 124 个常见介词进行详尽的阐述，又在语法注释里对每个介词可能出现的位置予以说明，并附有大量例证。第二部分是介词搭配。在此列举了介词与名词、动词及形容词的搭配，共 2,000 余条。如与名词搭配：an account **of** an event（报告、阐述）；与动词搭配：to ache **for** something（渴望）；与形容词搭配：be accustomed **to** something（习惯）。有时一个词可以有两种以上的词性，如 busy 可以是形容词：be busy **with** something（忙于），也可以是动词：to busy yourself **with** something（使自己忙于某事）。又如 date，作名词用时：a date **with** someone（与某人约会）；作动词时：to date **from** or date back **to** a particular time（从某时追述起，追溯到某一时间）。此外，还有很多介词短语，如名词 court 与不同的介词搭配产生丰富的意义：at court（在宫廷）、in court（在法庭）、out of court（私下）、on court（在球场上）。

二、实用价值

英语的词汇数以万计，相比之下，介词所占比例很小。但英语介词的使用范围之广，使用频率之高，并且使用难度之大，恐怕也是其他词类所不及的。介词在英语里起组词成句的作用，表示词与词的关系。如 I'm afraid of spiders 中的介词 of 仅起结构作用，与前面的形容词的关系相对固定。但介词本身有它自己的基本意义，举最简单的例子：**on** the desk, **under** the desk, **next to** the desk, **over** the desk, **behind** the desk 等等，表达的意义各不一样。由于介词在语言中用作"功能词"或"结构词"，它常与其他词搭配生成大量的习惯用语，表达的意义也极为丰富。

介词作为结构词与动词结合的数量很大，其产生的意义也最为丰富，并且这样结合往往可以被一个近义词替代。以 look 为例：

　　to look for (seek)　　　　　to look after (attend)

　　to look into (investigate)　　to look up to (admire)

介词与动词构成的这类短语动词（phrasal verb）实际上类似于及物动词，

它后面接名词短语或代词作宾语，也可以用作被动。

介词有静态和动态意义的区分。它一般是由句中的动词决定的。动词分为系动词 to be 和行为动词。动词的类型往往决定了它后面介词的动静态意义。跟在 to be 动词后的介词多含有静态意义，而跟在行为动词后的介词多含有动态意义。例如：

Dan came **in** just after midnight.（动态）

Billy Stein and Mary Breslow were **in** the car...（静态）

但有时静动态意义是由介词本身所决定：

He is **after** information and not scandal.（动态）

We don't consider a child **as** important.（静态）

此处 is after 相当于 seeks，介词含有动态意义。as important 在句中作宾语补语，该句可以转换成：We don't consider a child to be important，因此介词 as 含有静态意义。

另外，to sb / sth 与 for sb / sth 这一对介词短语对绝大多数中等水平的读者来讲较难区别。to sb / sth 是他人所给之物的领受者（recipient），而 for sb / sth 则是委托者（client），请看例子：

Prison officers had helped to administer a sedative **to** him.

此处 to 含有"施加"的意义，him 是"领受者"。该句还能变换位置：

Prison officers had helped to administer him a sedative.

其他例子还有：

They started to explain the plan **to** Bradlee.

...reforms beneficial **to** the mass of the people.

第一句表示：他们使得 Bradlee 听他们解释该计划（即 They made Bradlee listen to their explanation for the plan.），而后者 the mass of the people 是领受者，由 reforms 所带来的。因此"施加"的范围扩大了，不仅作用于类似 give 等一类能带双宾语的动词，而且作用于能接 to 的一些形容词。

而 for sb 或 for sth 常含有"为某人"、"为某事"的意思。例如：

Remove the bones from the trout or ask your fishmonger to do this **for you**.

She was afraid **for her children**.

该两句的含义分别指有人"替你干"和有人"替孩子担忧"。

因此，to sb / sth 与 for sb / sth 最大的区别在于前者是外界施加的东西，后者有"替代"的意思。

英语介词之所以复杂的原因之一，是有时两个介词意义非常接近，但只要有一丝区别，所使用的介词也会不同。请看下例：

She was surprised **at** Hugo's vehemence...

I was surprised **by** her reaction.

上述两句可以变为：

Hugo's vehemence surprised her.

Her reaction surprised me .

可见改变句子结构后，该两句中 surprise 的含义一致。那么 at 与 by 有区别吗？我们对本书第一部分中 at 的第十九段"后接 at 的形容词词表"进行一下分析。该词表共列有 19 个形容词，其中非分词形容词有 6 个：aghast, angry, furious, impatient, indignant, unhappy，其余 13 个均为分词形容词。又通过对第二部分介词搭配中的这 19 个词的逐一分析可得出：非分词形容词除了接介词 at 外，有的还可以接介词 about 或 with，但不接介词 by。而表示情绪变化的分词形容词后面除可接介词 by 表示被动关系及其原因以外，还可以接介词 at，此时接在 at 之后的名词短语在夸克等人看来是"半施动者"，并且 at 通常含"某一点"之意，因此，at 时常带有"听到，看到"之意。请看下列句子：

They were upset **by** the poverty they saw...

虽然 upset 后面可以接 at，但在该语境中，恐怕就不能用 at 来替代 by，否则该句就会变为：They were upset when they saw the poverty they saw（at =when they saw）。因此，介词的选择有时受语境因素及语义因素的制约。

以上所述这些问题在本书中都可以得到解答。

三、本书特点

1. 例子均来自真实的语言材料

本书因全部语言材料来自 COBUILD 语料库及《泰晤士报》而被称为地道的英语（Real English）。经科学统计，使用的搭配是当代英语使用者使用频率最高的，例子也很具代表性。因此使用本书能从一个侧面了解、学习目前世界上英语国家的人最为常用、并最具生命力的词及表达方式，可使读者在学习英语时少走弯路，跟上英语的发展。

2. 信息量大

本书虽为一本专题指导书，但所含的信息量很大。书中有词表 55 个，提供了大量的介词搭配信息。例如，第一部分在讲解 with 第八点时写到：be filled or covered **with** a substance or **with** things 某事物里面或上面存在了某一物质或东西。然后语法注明该介词还可用在形容词之后，并附有例子：The walls were covered **with** bookshelves. ...a dark veil, embroidered **with** red and blue flowers. ...之后词表列举了 47 个类似用法的形容词，大大增加了此类信息量，并且有利于举一反三，提高读者应用英语的能力。

我们很多人对 in the distance（在远处）、be keen **on** something（对某事热衷）、**on** the street（无家可归）较为熟悉。那么对 **into** the distance, be keen about something, **off** the streets 又了解多少呢？大家熟悉的《朗文当代英语辞典》（*Longman Dictionary of Contemporary English*）和《牛津高阶英汉双解词典》（*Oxford Advanced Learner's English-Chinese Dictionary*）中都未曾将此收入在内。而本书却一一收入并作了说明。本书是根据电脑处理分析，所选词为讲英语的人使用最多的，可见这类介词短语的重要。本书为目前学习、研究介词提供了可靠的依据和详尽的材料。

3. 独特的词性判断方法

介词与名词、动词、形容词搭配时，对每一词条里主词的词性不一一注明。但读者可以从每一词条的第一个词中就能判断该主词的词性。请看下列例子：

a fall **in** an amount or level（数量和水平的下降）

distaste **for** someone or something（对某事和某人不喜欢）

to advertise **for** someone or something（登报招聘某类人员或征寻某物）

be exempt **from** tax or a duty（免除交税和关税）

我们发现：主词的词性分别为可数名词、不可数名词、动词、形容词，因为它们的信号词依次是不定冠词、零冠词、动词不定式 to、be 动词。此类判断主词词性的方法简洁明了，避免了逐一注明词性所带来的繁琐。

四、使用建议

中国人学英语的困难之一，就是有时英语表达受中国人思维习惯的影响，以至产生错用介词现象。例如，很多人往往会将"凭记忆"（from memory）误译为"by memory"，因为在中国人看来，by 比 from 似乎更接近中文的"凭"、"借助"之意。又如，若将"在考虑之中"（under consideration）译为 in consideration，则又不对。类似的情况还有 under discussion（在讨论之中）、

under control（在控制之中）、under duress（被胁迫）、under review（在检查之中）等等。因此要积累词的搭配习惯，不可凭感觉生义。读者在使用本书时，主要注意以下几点：

1. 充分利用第一部分的词表

正如"本书特点"中介绍的那样，词表中所列的词都有与前面例词相同的语言功能，通过词表，可得到举一反三的效果，能大大提高学习成效。

2. 注意同一词源的词与介词的搭配关系

例如 be amused **at** something, amusement **at** something 及 to limit yourself or something **to** a particular thing, a limitation **to** something, be limited **to** a particular place or a group 这两个例子，前一例中，形容词与名词均使用 at，后一例中，动词、名词及形容词均使用介词 to 来表示受限制。这样，掌握了这一联系，有助于了解介词的搭配。

此外，读者有时会发现在词条解释时，只保留主词的中文，而未将所有出现的词全部译出。如在第二部分，以词缀 un 为主词开头时，只解释了主词，而省略了"某人、某事物"一类的宾语。例如，将 unaccustomed to something 译为"不习惯的"。这是因为本书对中等英语水平的读者来说，不会引起误会。

总之，英语介词复杂多变，只要细读本书，加上平时多注意观察和积累，介词就会变得容易掌握了。

魏跃衡

浙江大学

COBUILD语料库致谢名单

We wish to thank the following, who have kindly given permission for the use of copyright material in the Birmingham Collection of English Texts.

Associated Business Programmes Ltd for: *The Next 200 Years* by Herman Kahn with William Brown and Leon Martel first published in Great Britain by Associated Business Programmes Ltd 1977© Hudson Institute 1976. David Attenborough and William Collins Sons & Co Ltd for: *Life on Earth* by David Attenborough first published by William Collins Sons & Co Ltd 1979© David Attenborough Productions Ltd 1979. James Baldwin for: *The Fire Next Time* by James Baldwin published in Great Britain by Michael Joseph Ltd 1963© James Baldwin 1963. B T Batsford Ltd for: *Witchcraft in England* by Christina Hole first published by B T Batsford Ltd 1945© Christina Hole 1945. Michael Billington for: 'Lust at First Sight' by Michael Billington in the *Illustrated London News* July 1981 and 'Truffaut's Tolerance' by Michael Billington in the *Illustrated London News* August 1981. Birmingham International Council For Overseas Students' Aid for: BICOSA Information Leaflets 1981. Basil Blackwell Publishers Ltd for: *Breaking the Mould? The Birth and Prospects of the Social Democratic Party* by Ian Bradley first published by Martin Robertson & Co Ltd 1981© Ian Bradley 1981. *Seeing Green (The Politics of Ecology Explained)* by Jonathon Porritt first published by Basil Blackwell Publisher Ltd 1984© Jonathon Porritt 1984. Blond & Briggs Ltd for: *Small is Beautiful* by E F Schumacher first published in Great Britain by Blond & Briggs Ltd 1973© E F Schumacher 1973. The Bodley Head Ltd for: *The Americans (Letters from America 1969-1979)* by Alistair Cooke first published by Bodley Head Ltd 1979© Alistair Cooke 1979. *Baby and Child Care* by Dr Benjamin Spock published in Great Britain by The Bodley Head Ltd 1955© Benjamin Spock MD 1945, 1946, 1957, 1968, 1976, 1979. *What's Wrong With The Modern World?* by Michael Shanks first published by The Bodley Head Ltd 1978© Michael Shanks 1978. *Future Shock* by Alvin Toffler first published in Great Britain by The Bodley Head Ltd 1970© Alvin Toffler 1970. *Zen and the Art of Motorcycle Maintenance* by Robert M Pirsig first published in Great Britain by The Bodley Head Ltd 1974© Robert M Pirsig 1974. *Marnie* by Winston Graham first published by the Bodley Head Ltd 1961© Winston Graham 1961. *You Can Get There From Here* by Shirley MacLaine first published in Great Britain by The Bodley Head Ltd 1975© Shirley MacLaine 1975. *It's An Odd Thing, But...* by Paul Jennings first published by Max Reinhardt Ltd 1971© Paul Jennings 1971. *King of the Castle (Choice and Responsibility in the Modern World)* by Gai Eaton first published by the Bodley Head Ltd 1977© Gai Eaton 1977. *Revolutionaries in Modern Britain* by Peter Shipley first published by The Bodley Head Ltd 1976© Peter Shipley 1976. *The Prerogative of the Harlot (Press Barons and Power)* by Hugh Cudlipp first published by The Bodley Head Ltd 1980© Hugh Cudlipp 1980. *But What About The Children (A Working Parents' Guide to Child Care)* by Judith Hann first published by The Bodley Head Ltd 1976© Judith Hann 1976. *Learning to Read* by Margaret Meek first published by The Bodley Head Ltd 1982© Margaret Meek 1982. Bolt & Watson for: *Two is Lonely* by Lynne Reid Banks first published by Chatto & Windus 1974© Lynne Reid Banks 1974. The British and Foreign Bible Society with William Collins Sons & Co Ltd for: *Good News Bible (with Deuterocanonical Books/Apocrypha)* first published by The British and Foreign Bible Society with William Collins Sons & Co Ltd 1979© American Bible Society: Old Testament 1976, Deuterocanonical Books/Apocrypha 1979, New Testament 1966, 1971, 1976© Maps, British and Foreign Bible Society 1976, 1979. The British Council for: *How to Live in Britain (The British Council's Guide for Overseas Students and Visitors)* first published by The British Council 1952© The British Council 1984. Mrs R Bronowski for: *The Ascent of Man* by J Bronowski published by Book Club Associates by arrangement with The British Broadcasting Corporation 1977 © J Bronowski 1973. Alison Busby for: *The Death of Trees* by Nigel Dudley first published by Pluto Press Ltd 1985© Nigel Dudley 1985. Tony Buzan for: *Make The Most of your Mind* by Tony Buzan first published by Colt Books Ltd 1977© Tony Buzan 1977. Campbell Thomson & McLaughlin Ltd for: *Ring of Bright Water* by Gavin Maxwell first published by Longmans Green & Co 1960, published in Penguin Books Ltd 1976© The Estate of Gavin Maxwell 1960. Jonathan Cape Ltd for: *Manwatching (A Field Guide to Human Behaviour)* by Desmond Morris first published in Great Britain by Jonathan Cape Ltd 1977© Text, Desmond Morris 1977© Compilation, Elsevier Publishing Projects SA, Lausanne, and Jonathan Cape Ltd, London 1977. *Tracks* by Robyn Davidson first published by Jonathan Cape Ltd 1980© Robyn Davidson 1980. *In the Name of Love* by Jill Tweedie first published by Jonathan Cape Ltd 1979© Jill Tweedie 1979. *The Use of Lateral Thinking* by Edward de Bono first published by Jonathan Cape 1967© Edward de Bono 1967. *Trout Fishing in America* by Richard Brautigan first published in Great Britain by Jonathan Cape Ltd 1970© Richard Brautigan 1967. *The Pendulum Years: Britain and the Sixties* by Bernard Levin first published by Jonathan Cape Ltd 1970© Bernard Levin 1970. *The Summer Before The Dark* by Doris Lessing first published in Great Britain by Jonathan Cape Ltd 1973© Doris Lessing 1973. *The Boston Strangler* by Gerold Frank first published in Great Britain by Jonathan Cape Ltd 1967© Gerold Frank 1966. *I'm OK -You're OK* by Thomas A Harris MD first published in Great Britain as The Book of Choice by Jonathan Cape Ltd 1970© Thomas A Harris MD, 1967, 1968, 1969. *The Vivisector* by Patrick White first published by Jonathan Cape Ltd 1970© Patrick White 1970. *The Future of Socialism* by Anthony Crosland first published by Jonathan Cape Ltd 1956© C A R Crosland 1963. *Funeral in Berlin* by Len Deighton first published by Jonathan Cape Ltd 1964© Len Deighton 1964. Chatto & Windus Ltd for: *A Postillion Struck by Lightning* by Dirk Bogarde first published by Chatto & Windus Ltd 1977© Dirk Bogarde 1977. *Nuns and Soldiers* by Iris Murdoch published by Chatto & Windus Ltd 1980© Iris Murdoch 1980. *Wounded Knee (An Indian History of the American West)* by Dee Brown published by Chatto & Windus Ltd 1978© Dee Brown 1970. *The Virgin in the Garden* by A S Byatt published by Chatto & Windus Ltd 1978© A S Byatt 1978. *A Story Like The Wind* by Laurens van der Post published by Clarke Irwin & Co Ltd in association with The Hogarth Press Ltd 1972© Laurens van der Post 1972. *Brave New World* by Aldous Huxley published by Chatto & Windus Ltd 1932© Aldous Huxley and Mrs Laura Huxley 1932, 1960. *The Reivers* By William Faulkner first published by Chatto & Windus Ltd 1962© William Faulkner 1962. *Cider With Rosie* by Laurie Lee published by The Hogarth Press 1959© Laurie Lee 1959 *The Tenants* by Bernard Malamud first published in Great Britain by Chatto & Windus Ltd 1972© Bernard Malamud 1971. *Kinflicks* by Lisa Alther first published in Great Britain by Chatto & Windus Ltd 1976© Lisa Alther 1975. William Collins Sons & Co Ltd for: *The Companion Guide to London* by David Piper published by William Collins Sons & Co Ltd 1964© David Piper 1964. *The Bedside Guardian 29* edited by W L Webb published by William Collins & Sons Ltd 1980© Guardian Newspapers Ltd 1980. *Bear Island* by Alistair MacLean first published by William Collins Sons & Co Ltd 1971© Alistair MacLean 1971. *Inequality in Britain: Freedom, Welfare and the State* by Frank Field first published by Fontana Paperbacks 1981© Frank Field 1981. *Social Mobility* by Anthony Heath first published by Fontana Paperbacks 1981© Anthony Heath 1981. *Yours Faithfully* by Gerald Priestland first published by Fount Paperbacks 1979© British Broadcasting Corporation 1977, 1978. *Power Without Responsibility: The Press and Broadcasting in Britain* by James Curran and Jean Seaton first published by Fontana Paperbacks 1981© James Curran and Jean Seaton 1981. *The Times Cookery Book* by Katie Stewart first published by William Collins Sons & Co Ltd 1972© Times Newspapers Ltd. *Friends from the Forest* by Joy Adamson by Collins and Harvill Press 1981 © Elsa Limited 1981. *The Media Mob* by Barry Fantoni and George Melly first published by William Collins Sons & Co Ltd 1980© Text, George Melly 1980© Illustrations, Barry Fantoni 1980. *Shalom (a collection of Australian and Jewish Stories)* compiled by Nancy Keesing first published by William Collins Publishers Pty Ltd 1978© William Collins Sons &Co Ltd 1978. *The Bedside Guardian 31* edited by W L Webb first published by William Collins Sons & Co Ltd 1982© Guardian Newspapers Ltd 1982. *The Bedside Guardian 32* edited by W L Webb first published by William Collins Sons & Co Ltd 1983© Guardian Newspapers Ltd 1983. *Design for the Real World* by Victor Papanek first published in Great Britain by Thames & Hudson Ltd 1972© Victor Papanek 1971. *Food For Free* by Richard Mabey first published by William Collins Sons & Co Ltd 1972© Richard Mabey 1972. *Unended Quest* by Karl Popper (first published as Autobiography of Karl Popper in The Philosophy of Karl Popper in The Library of Philosophers edited by Paul Arthur Schlipp by the Open Court Publishing Co 1974) published by Fontana Paperbacks 1976© The Library of Living Philosophers Inc 1974© Karl R Popper 1976. *My Mother My Self* by Nancy Friday first published in Great Britain by Fontana Paperbacks 1979© Nancy Friday 1977. *The Captain's Diary* by Bob Willis first published by Willow Books/William Collins Sons & Co Ltd 1984© Bob Willis and Alan Lee 1984© New Zealand Scorecards, Bill Frindall 1984. *The Bodywork Book* by Esme Newton-Dunn first published in Great Britain by Willow Books/William Collins Sons & Co Ltd 1982© TVS Ltd/Esme Newton-Dunn 1982. *Collins' Encyclopaedia of Fishing in The British Isles* edited by Michael Prichard first published by William Collins Sons & Co Ltd 1976© William Collins Sons & Co Ltd 1976. *The AAA Runner's Guide* edited by Heather Thomas first published by William Collins Sons & Co Ltd 1983© Sackville Design Group Ltd 1983. *Heroes and Contemporaries* by David Gower with Derek Hodgson first published by William Collins Sons & Co Ltd 1983© David Gower Promotions Ltd 1983. *The Berlin Memorandum* by Adam Hall first published by William Collins Sons & Co Ltd 1965© Jonquil Trevor 1965. *Arlott on Cricket: His Writings on the Game* edited by David Rayvern Allen first published by William Collins (Willow Books) 1984© John Arlott 1984. *A Woman in Custody* by Audrey Peckham first published by Fontana Paperbacks 1985© Audrey Peckham 1985. *Play Golf with Peter Alliss* by Peter Alliss published by the British Broadcasting Corporation 1977© Peter Alliss and Renton Laidlaw 1977. Curtis Brown Ltd for: *The Pearl* by John Steinbeck first published by William Heinemann Ltd 1948© John Steinbeck 1948. *An Unfinished History of the World* by Hugh Thomas first published in Great Britain by Hamish Hamilton Ltd 1979© Hugh Thomas 1979, 1981. *The Winter of our Discontent* by John Steinbeck first published in Great Britain by William Heinemann Ltd 1961© John Steinbeck 1961. *Burr* by Gore Vidal first published in Great Britain by William Heinemann Ltd 1974© Gore Vidal 1974. *Doctor on the Job* by Richard Gordon first published by William Heinemann Ltd 1976© Richard Gordon Ltd 1976. Andre Deutsch Ltd for: *How to be an Alien* by George Mikes first published by Andre Deutsch Ltd 1946© George Mikes and Nicholas Bentley 1946. *Jaws* by Peter Benchley first published in Great Britain by Andre Deutsch Ltd 1974© Peter Benchley 1974. *A Bend in the River* by V S Naipaul first published by Andre Deutsch Ltd 1979© V S Naipaul 1979. *Couples* by John Updike first published by Andre Deutsch Ltd 1968© John Updike 1968. *Games People Play* by Eric Berne published in Great Britain by Andre Deutsch Ltd 1966© Eric Berne 1964. *The Age of Uncertainty* by John Kenneth Galbraith first published by The British Broadcasting Corporation and Andre Deutsch Ltd 1977© John Kenneth Galbraith 1977. The Economist Newspaper Ltd for: *The Economist* (9-15 May 1981 and 22-28 August 1981)© published by The Economist Newspaper Ltd 1981. Faber & Faber Ltd for: Lord of the Flies by William Golding first published by Faber & Faber Ltd 1954© William Golding 1954. *The Complete Book of Self-Sufficiency* by John Seymour first published in Great Britain by Faber & Faber Ltd 1976© Text, John Seymour 1976, 1977© Dorling Kindersley Ltd 1976, 1977. *Conversations with Igor Stravinsky* by Igor Stravinsky and Robert Craft first published by Faber & Faber Ltd 1959© Igor Stravinsky 1958, 1959. John Farquharson Ltd for: *The Moon's A Balloon* by David Niven published in Great Britain by Hamish Hamilton Ltd 1971© David Niven 1971. John Gaselee for: 'Going it Alone' by John Gaselee in the *Illustrated London News* July 1981 and 'The Other Car's Fault' by John Gaselee in the *Illustrated London News* August 1981. Glidrose Publications Ltd for: *The Man with the Golden Gun* by Ian Fleming first published by Jonathan Cape Ltd© Glidrose Productions Ltd 1965. Victor Gollancz Ltd for: *The Next Horizon* by Chris Bonnington published by Victor Gollancz Ltd 1976© Chris Bonnington 1973. *Summerhill: A Radical Approach to Education* by A S Neill first published by Victor Gollancz Ltd 1962© A S Neill 1926, 1932, 1937, 1953, 1961 (US permission by Hart Publishing Inc). *Lucky Jim* by Kingsley Amis first published by Victor Gollancz Ltd 1954© Kingsley Amis 1953. *The Mighty Micro (The Impact of the Computer Revolution)* by Christopher Evans first published by Victor Gollancz Ltd 1979© Christopher Evans 1979. *The Longest Day* by Cornelius Ryan published by Victor Gollancz Ltd 1960© Cornelius Ryan 1959. *Asking for Trouble (Autobiography of a Banned Journalist)* by Donald Woods published by Victor Gollancz Ltd 1980© Donald Woods 1980. *The Turin Shroud* by Ian Wilson first published in Great Britain by Victor Gollancz Ltd 1978© Ian Wilson 1978. *Murdo and Other Stories* by Iain Crichton Smith published by Victor Gollancz Ltd 1981© Iain Crichton Smith 1981. *The Class Struggle in Parliament* by Eric S Heffer published by Victor Goliancz Ltd 1973© Eric S Heffer 1973. *A Presumption of Innocence (The Amazing Case of Patrick Meehan)* by Ludovic Kennedy published by Victor Goliancz Ltd 1976© Ludovic Kennedy 1976. *The Treasure of Sainte Foy* by MacDonald Harris published by Victor Gollancz Ltd 1980© MacDonald Harris 1980. *A Long Way to Shiloh* by Lionel Davidson first published by Victor Gollancz Ltd 1966© Lionel Davidson 1966. *Education After School* by Tyrrell Burgess first published by Victor Gollancz Ltd 1977© Tyrrell Burgess 1977. *The View From Serendip* by Arthur C Clarke published by Victor Gollancz Ltd 1978© Arthur C Clarke 1967,1968,1970,1972,1974,1976,1977. *On Wings of Song* by Thomas M Disch published by Victor Gollancz Ltd 1979© Thomas M Disch 1979. *The World of Violence* by Colin Wilson published by Victor Gollancz Ltd 1963© Colin Wilson 1963. *The Lightning Tree* by Joan Aiken published by Victor Gollancz Ltd 1980© Joan Aiken Enterprises 1980. *Russia's Political Hospitals* by Sidney Bloch and Peter Reddaway published by Victor Gollancz Ltd 1977© Sidney Bloch and Peter Reddaway 1977. *Unholy Loves* by Joyce Carol Oates first published in Great Britain by Victor Gollancz Ltd 1980© Joyce Carol Oates 1979. *Consenting Adults (or The Duchess will be Furious)* by Peter De Vries published by Victor Gollancz Ltd 1981© Peter De Vries 1980. *The Passion of New Eve* by Angela Carter published by Victor Gollancz Ltd 1977© Angela Carter 1977. Gower Publishing Co Ltd for: *Solar Prospects (The Potential for Renewable Energy)* by Michael Flood first published in Great Britain by Wildwood House Ltd in association with Friends of the Earth Ltd 1983© Michael Flood. *Voiceless Victims* by Rebecca Hall first published in Great Britain by Wildwood House Ltd 1984© Rebecca Hall 1984. Graham Greene and Laurence Pollinger Ltd for: *The Human Factor* by Graham Greene first published by The Bodley Head Ltd 1978© Graham Greene 1978. Syndication Manager, The Guardian, for: *The Guardian* (12 May 1981, 7 September 1981 and 15 September 1981)© published by Guardian Newspapers Ltd 1981. Hamlyn for: *How to Play Rugby* by David Norrie published by The Hamlyn Publishing Group Ltd 1981© The Hamlyn Publishing Group Ltd 1981. *How to Play Badminton* by Pat Davies first published by The Hamlyn Publishing Group Ltd 1979© The Hamlyn Publishing Group Ltd 1979. Margaret Hanbury for: *Crisis and Conservation: Conflict in the British Countryside* by Charlie Pye-Smith and Chris Rose first published by Pelican/Penguin Books Ltd 1984© Charlie Pye-Smith and Chris Rose 1984. Paul Harrison for: *Inside the Third World* by Paul Harrison first published in Great Britain by The Harvester Press Ltd 1980© Paul Harrison 1979. A M Heath & Co Ltd for: *Rembrandt's Hat* by Bernard Malamud published by Chatto & Windus Ltd 1982© Bernard Maiamud 1968, 1972,1973. William Heinemann Ltd for: *It's an Old Country* by J B Priestley first published in Great Britain by William Heinemann Ltd 1967© J B Priestley 1967. Heinemann Educational Books Ltd and Gower Publishing Co Ltd for: *The Environmental Crisis (A Handbook for all Friends of the Earth)* edited by Des Wilson first published by Heinemann Educational Books Ltd 1984© Foreword, David Bellamy 1984© Individual Chapters, the Author of the Chapter 1984© In the selection and all other matters Des Wilson 1984. The Controller, Her Majesty's Stationery Office, for: Department of Health and Social Security leaflets published by Her Majesty's Stationery Office 1981© The Crown. David Higham Associates Ltd for: 'Two Peruvian Projects' by E R Chamberlain in the *Illustrated London News* September 1981. *Akenfield: Portrait of an English Village* by Ronald Blythe first published by Allen Lane, Penguin Books Ltd 1969© Ronald Blythe 1969. *The Far Pavillions* by M M Kaye first published by Allen Lane/Penguin Books Ltd 1978© M M Kaye 1978. *Staying On* by Paul Scott first published by William Heinemann Ltd 1977© Paul Scott 1977. *Let Sleeping Vets Lie* by James Herriot first published by Michael Joseph Ltd 1973© James Herriot 1973. *The Midwich Cuckoos* by John Wyndham first published in Great Britain by Michael Joseph Ltd 1957© The Estate of John Wyndham 1957. *The Girl in a Swing* by Richard Adams first published in Great Britain by Allen Lane in Penguin Books Ltd 1980© Richard Adams 1980. Dr K B Hindley for: 'Hot Spots of the Deep' by Dr K B Hindley in the *Illustrated London News July* 1981. Hodder and Stoughton Ltd for: *Supernature* by Lyall Watson first published by Hodder & Stoughton Ltd 1973© Lyall Watson 1973. *Tinker Tailor Soldier Spy* by John Le Carre first published by Hodder & Stoughton Ltd 1974© Le Carre Productions 1974. The Editor, Homes and Gardens, for: *Homes and Gardens* (October 1981) (Number 4 Volume 63)© published by IPC Magazines Ltd 1981. Hughes Massie Ltd for: *Elephants Can Remember* by Agatha Christie first published by William Collins Sons & Co Ltd 1972© Agatha Christie Mallowan. Hutchinson Publishing Group Ltd for: *An Autobiography* by Angela Davis published in Great Britain by Hutchinson & Co Publishers Ltd by arrangement with Bantam Books Inc 1975© Angela Davis 1974. *The Day of the Jackal* by Frederick Forsyth published in Great Britian by Hutchinson & Co Publishers Ltd 1971© Frederick Forsyth 1971. *Roots* by Alex Haley first published in Great Britain by Hutchinson & Co Publishers Ltd 1977© Alex Haley 1976. *The Climate of Treason* by Andrew Boyle first published by Hutchinson & Co Publishers Ltd 1979© Andrew Boyle 1979. *The Collapsing Universe: The Story of Black Holes* by Isaac Asimov first published by Hutchinson & Co Publishers Ltd 1977© Isaac Asimov. *XPD* by Len Deighton published by Book Glub Associates by arrangement with Hutchinson & Co Publishers Ltd 1981© Len Deighton 1981. *Show Jumping with Harvey Smith* by Harvey Smith first published by Stanley Paul & Co Ltd 1979© Tyne-Tees Television Ltd, A Member of the Trident Group 1979. *2001: A Space Odyssey* by Arthur C Clarke first published by Hutchinson & Co Publishers Ltd 1968© Arthur C Clarke and Polaris Productions Inc 1968© Epilogue material, Serendip BV 1982, 1983. The Illustrated London News and Sketch Ltd for: *The Illustrated London News* (July 1981, August 1981 and September 1981)© published by the Illustrated London News and Sketch Ltd 1981. The Editor, International Herald Tribune, for: *International Herald Tribune* (25-26 July 1981)© published by International Herald Tribune with The New York Times and The Washington Post 1981. Michael Joseph Ltd for: *Chronicles of Fairacre: Village School* by Miss Read first published in Great Britain by Michael Joseph Ltd 1964© Miss Read 1955, 1964. *Fire Fox* by Craig Thomas first published in Great Britain by Michael Joseph Ltd 1977© Craig Thomas 1977. William Kimber & Co Ltd for: *Exodus* by Leon Uris originally published in Great Britain by Alan Wingate Ltd 1959© Leon Uris 1958. Kogan Page Ltd for: *How to Save the World (Strategy for World Conservation)* by Robert Allen first published by Kogan Page Ltd 1980© IUCN-UNEP-WWF 1980. Marketing Department, Lloyds Bank PLC, for: *Lloyds Bank Leaflets* (1981)© published by Lloyds Bank PLC 1981. Macmillan Publishers Ltd for: *Appropriate Technology: Technology with a Human Face* by P D Dunn first published by the Macmillan Press Ltd 1978© P D Dunn 1978. John Murray Publishers Ltd for: *A Backward Place* by Ruth Prawer Jhabvala first published by John Murray Publishers Ltd 1965© R Prawer Jhabvala 1965. *Food For All The Family* by Magnus Pyke first published by John Murray Publishers Ltd 1980© Magnus Pyke 1980. *Simple Movement* by Laura Mitchell and Barbara Dale first published by John Murray Publishers Ltd 1980© Laura Mitchell and Barbara Dale 1980. *Civilisation: A Personal View* by Kenneth Clark first published by the British Broadcasting Corporation and John Murray Publishers Ltd 1969© Kenneth Clark 1969. The Editor, National Geographic, for: *National Geographic* January, February and March (1980)© published by The National Geographic Society 1979,1980. The National Magazine Co Ltd for: *Cosmopolitan* (May 1981 and July 1981)© published by the National Magazine Co Ltd 1981. Neilson Leisure Group Ltd for: *NAT Holidays' 'Caravans and Tents in the Sun'* (Summer 1983) holiday brochure. Newsweek Inc for: *Newsweek* (11 May 1981, 27 July 1981 and August 1981)© published by Newsweek Inc 1981. The Associate Editor, Now!, for: *Now!* (14-20 November 1980)© published by Cavenham Communications Ltd 1980. Harold Ober Associates Inc for: *The Boys from Brazil* by Ira Levin first published by Michael Joseph Ltd 1976© Ira Levin 1976. Edna O'Brien and A M Heath & Co Ltd for: *August is a Wicked Month* by Edna O'Brien first published by Jonathan Cape Ltd 1965© Edna O'Brien 1965. Pan Books Ltd for: *Dispatches* by Michael Herr first published in Great Britain by Pan Books Ltd 1978© Michael Herr 1968, 1969, 1970, 1977. *Health and Safety at Work* by Dave Eva and Ron Oswald first published by Pan Books Ltd 1981© Dave Eva, Ron Oswald and the Workers' Educational Association 1981. *Democracy at Work* by Patrick Burns and Mel Doyle first published by Pan Books Ltd 1981© Patrick Burns,Mel Doyle and the Workers' Educational Association 1981. *Diet for Life (A Cookbook for Arthritics)* by Mary Laver and Margaret Smith first published by Pan Books Ltd 1981© Mary Laver and Margaret Smith 1981. Penguin Books Ltd for: *Inside the Company: CIA Diary* by Philip Agee first published in Allen Lane/Penguin Books Ltd 1975© Philip Agee 1975. Penguin Books Ltd and Spare Ribs Ltd for: *Spare Rib Reader* edited by Marsha Rowe first published in Penguin Books Ltd 1982© Spare Ribs Ltd 1982. A D Peters & Co Ltd for:'The Dark Side of Israel' by Norman Moss in Illustrated London News July 1981, 'Aftermath of Osirak' by Norman Moss in the *Illustrated London News* August 1981 and 'Turning Point for Poland' by Norman Moss in the *Illustrated London News* September 1981. 'Recent Fiction' by Sally Emerson in the *Illustrated London News* July 1981, August 1981 and September 1981. *The Complete Upmanship* by Stephen Potter first published in Great Britain by Rupert Hart-Davis Ltd 1970© Stephen Potter. Elaine Pollard for: Personal Letters 1981 donated by Elaine Pollard. Laurence Pollinger Ltd for: *A Glastonbury Romance* by John Cowper Powys first published by MacDonald & Co Ltd 1933. Murray Pollinger for: *Kiss Kiss* by Roald Dahl published in Great Britain by Michael Joseph Ltd 1960© Roald Dahl 1962. *Can You Avoid Cancer?* by Peter Goodwin first published by the British Broadcasting Corporation 1984© Peter Goodwin 1984. Preston Travel Ltd for: Preston Sunroutes 'Camping and Self-Catering' (April to October 1983) holiday brochure. Punch Publications Ltd for: *Punch* (6 May 1981, 29 July 1981, 12 August 1981, 26 August 1981 and 9 September 1981)© published by Punch Publications Ltd 1981. Radala and associates for: *The Naked Civil Servant* by Quentin Crisp first published by Jonathan Cape Ltd 1968© Quentin Crisp 1968. The Rainbird Publishing Group Ltd for: *The Making of Mankind* by Richard E Leakey first published in Great Britain by Michael Joseph Ltd 1981© Sherma BV 1981. Robson Books Ltd for: *The Punch Book of Short Stories 3* selected by Alan Coren first published in Great Britain by Robson Books Ltd in association with Punch Publications Ltd 1981© Robson Books Ltd 1981.*The Best of Robert Morley* by Robert Morley first published in Great Britain by Robson Books Ltd 1981© Robert Morley 1981. Deborah Rogers Ltd for: 'Picasso's Late Works' by Edward Lucie-Smith in the *Illustrated London News* July 1981, 'David Jones at the Tate' by Edward Lucie-Smith in the *Illustrated London News* August 1981 and 'Further Light on Spanish Painting' by Edward Lucie-Smith in the *Illustrated London News* September 1981. *The Godfather* by Mario Puzo first published in Great Britain by William Heinemann Ltd 1969© Mario Puzo 1969. Routledge & Kegan Paul Ltd for: *How To Pass Examinations* by John Erasmus first published by Oriel Press Ltd 1967© Oriel Press Ltd 1980. *Daisy, Daisy* by Christian Miller first published by Routledge & Kegan Paul Ltd 1980© Christian Miller 1980. *The National Front* by Nigel Fielding first published by Routledge & Kegan Paul Ltd 1981© Nigel Fielding 1981. *The Myth of Home Ownership* by Jim Kemeny first published by Routledge & Kegan Paul Ltd 1980© J Kemeny 1981. *Absent With Cause (Lessons of Truancy)* by Roger White first published by Routledge & Kegan Paul Ltd 1980© Roger White 1980. *The Powers of Evil (in Western Religion, Magic and Folk Belief)* by Richard Cavendish first published by Routledge & Kegan Paul Ltd 1975© Richard Cavendish 1975. *Crime and Personality* by H J Eysenck first published by Routledge & Kegan Paul Ltd 1964© H J Eysenck 1964, 1977. Martin Secker & Warburg Ltd for: *Changing Places* by David Lodge first published in England by Martin Secker & Warburg Ltd 1975© David Lodge 1975. *The History Man* by Malcolm Bradbury first published by Martin Secker & Warburg 1975© Malcolm Bradbury 1975. *Humboldt's Gift* by Saul Bellow first published in England by The Alison Press/Martin Secker & Warburg Ltd 1975© Saul Bellow 1973, 1974, 1975. *Wilt* by Tom Sharpe first published in England by Martin Secker & Warburg Ltd 1976© Tom Sharpe 1976. *The Last Days of America* by Paul E Erdman first published in England by Martin Secker & Warburg Ltd 1981© Paul E Erdman 1981. *Autumn Manoeuvres* by Melvyn Bragg first published in England by Martin Secker & Warburg Ltd 1978© Melvyn Bragg 1978. *The Act of Being* by Charles Marowitz first published in England by Martin Secker & Warburg Ltd 1978© Charles Marowitz 1978. *As If By Magic* by Angus Wilson first published in England by Martin Secker & Warburg Ltd 1973© Angus Wilson 1973. *All the President's Men* by Carl Bernstein and Bob Woodward first published in England by Martin Secker & Warburg Ltd 1974© Carl Bernstein and Bob Woodward 1974. *The Myth of the Nation and the Vision of Revolution* by J L Talmon first published by Martin Secker & Warburg Ltd 1981© J L Talmon 1980. *Animal Farm* by George Orwell first published by Martin Secker & Warburg 1945© Eric Blair 1945. Anthony Sheil Associates Ltd for: *Daniel Martin* by John Fowles first published in Great Britain by Jonathan Cape Ltd 1977© J R Fowles Ltd 1977. *Love Story* by Erich Segal published by Hodder & Stoughton Ltd 1970© Erich Segal 1970. Sidgwick & Jackson Ltd for: *The Third World War* by General Sir John Hackett and others first published in Great Britain by Sidgwick & Jackson Ltd 1978© General Sir John Hackett 1978. *Superwoman* by Shirley Conran first published by Sidgwick & Jackson Ltd 1975© Shirley Conran 1975, 1977. *An Actor and His Time* by John Gielgud first published in Great Britain by Sidgwick & Jackson Ltd 1979© John Gielgud, John Miller and John Powell 1979© Biographical Notes, John Miller 1979. Simon & Schuster for: *Our Bodies Ourselves (A Health Book by and for Women)* by the Boston Women's Health Book Collective (British Edition by Angela Phillips and Jill Rakusen) published in Allen Lane and Penguin Books Ltd 1978© The Boston Women's Health Collective Inc 1971, 1973,1976© Material for British Edition, Angela Phillips and Jill Rakusen 1978. Souvenir Press Ltd for: *The Bermuda Triangle* by Charles Berlitz (An Incredible Saga of Unexplained Disappearances) first published in Great Britain by Souvenir Press Ltd 1975© Charles Berlitz 1974. Souvenir Press Ltd and Michael Joseph Ltd for: *Airport* by Arthur Hailey first published in Great Britain by Michael Joseph Ltd in association with Souvenir Press Ltd 1968© Arthur Hailey Ltd 1968. Sunmed Holidays Ltd for: 'Go Greek' (Summer 1983) holiday brochure. Maurice Temple Smith Ltd for: *Friends of the Earth Pollution Guide* by Brian Price published by Maurice Temple Smith Ltd 1983© Brian Price 1983. Maurice Temple Smith and Gower Publishing Co Ltd for: *Working the Land (A New Plan for a Healthy Agriculture)* by Charlie Pye-Smith and Richard North first published by Maurice Temple Smith Ltd 1984© Charlie Pye-Smith and Richard North 1984. Times Newspapers Ltd for: *The Sunday Times Magazine* (13 January 1980, 20 January 1980 and 11 May 1980)© published by Times Newspapers Ltd 1981. *The Times* (7 September 1981)© published by Times Newspapers Ltd 1981. Twenty's Holidays for:' The Best 18-33 Holidays' (Winter 1982/83) holiday brochure. University of Birmingham for: Living in Birmingham (1984)© published by The University of Birmingham 1984. Birmingham University Overseas Student Guide© The University of Birmingham. Working with Industry and Commerce© published by The University of Birmingham 1984. University of Birmingham Prospectus (June. 1985)© published by The University of Birmingham 1985. University of Birmingham Library Guide© published by The University of Birmingham. University of Birmingham Institute of Research and Development (1984)© published by the University of Birmingham 1984. Biological Sciences at The University of Birmingham (1985)© published by The University of Birmingham 1985. History at the University of Birmingham (1985)© published by the University of Birmingham 1985. Faculty of Arts Handbook (1984-85)© published by The University of Birmingham 1984. Virago Press Ltd for: *Benefits* by Zoe Fairbairns published by Virago Press Ltd 1979© Zoe Fairbairns 1979. *Simple Steps to Public Life* by Pamela Anderson, Mary Stott and Fay Weldon published in Great Britain by Virago Press Ltd 1980© Action Opportunities 1980. *Tell Me A Riddle* by Tillie Olsen published by Virago Press Ltd 1980© this edition Tillie Olsen 1980. A P Watt (& Sons) Ltd for: *The Glittering Prizes* by Frederic Raphael first published in Great Britain by Penguin Books Ltd 1976© Volatic Ltd 1976. *Then and Now* by W Somerset Maugham first published by William Heinemann Ltd 1946© W Somerset Maugham 1946. *The Language of Clothes* by Alison Lurie published by William Heinemann Ltd 1981© Alison Lurie 1981. 'Herschel Commemorative' by Patrick Moore in the *Illustrated London News* July 1981© 'The Outermost Giant' by Patrick Moore in the *Illustrated London News* August 1981. 'Cosmic Bombardment' by Patrick Moore in the *Illustrated London News* September 1981. Weidenfeld & Nicolson Ltd for: 'The Miraculous Toy' by Susan Briggs in the *Illustrated London News* August 1981. *The Needle's Eye* by Margaret Drabble first published by Weidenfeld & Nicolson Ltd 1972© Margaret Drabble 1972. *Success Without Tears: A Woman's Guide to the Top* by Rachel Nelson first published in Great Britain by Weidenfeld & Nicolson Ltd 1979© Rachel Nelson 1979. *Education in the Modern World* by John Vaizey published by Weidenfeld & Nicolson Ltd 1967© John Vaizey 1967. *Rich Man, Poor Man* by Irwin Shaw first published in Great Britain by Weidenfield & Nicolson Ltd 1970© Irwin Shaw 1969, 1970. *Lolita* by Vladimir Nabokov first published in Great Britain by Weidenfeld & Nicolson Ltd 1959© Vladimir Nabokov 1955,1959, 1968, © G P Putnam's Sons 1963© McGraw-Hill International Inc 1971. *The Third World* by Peter Worsley first published by Weidenfeld & Nicolson Ltd 1964© Peter Worsley 1964, 1967. *Portrait of a Marriage* by Nigel Nicolson published by Weidenfeld & Nicolson Ltd 1973© Nigel Nicolson 1973. *The Dogs Bark: Public People and Private Places* by Truman Capote first published in Great Britain by Weidenfeld & Nicolson Ltd 1974© Truman Capote 1974. *Great Planning Disasters* by Peter Hall first published in Great Britain by George Weidenfeld & Nicolson Ltd 1980© Peter Hall 1980. The Writers and Readers Publishing Co-operative Ltd for: *Working with Words, Literacy Beyond School* by Jane Mace published by The Writers and Readers Publishing Co-operative Ltd 1979© Jane Mace 1979. *The Alienated: Growing Old Today* by Gladys Elder OAP published by The Writers and Readers Publishing Co-operative Ltd 1977© Text, The Estate of Gladys Elder 1977© Photographs, Mike Abrahams 1977. *Beyond the Crisis in Art* by Peter Fuller published by The Writers and Readers Publishing Cooperative Ltd 1980© Peter Fuller 1980. *The War and Peace Book* by Dave Noble published by The Writers and Readers Publishing Co-operative Ltd 1977© Dave Noble 1977. *Tony Benn: A Political Biography* by Robert Jenkins first published by The Writers and Readers Publishing Co-operative Ltd 1980© Robert Jenkins 1980. *Nuclear Power for Beginners* by Stephen Croall and Kaianders Sempler first published by The Writers and Readers Publishing Co-operative Ltd 1978© Text, Stephen Croall 1978, 1980© Illustrations Kaianders Sempler 1978, 1980. Yale University Press for: *Life in the English Country House: A Social and Architectural History* by Mark Girouard published by Yale University Press Ltd, London 1978© Yale University 1978. The British Broadcasting Corporation for transcripts of radio transmissions of 'Kaleidoscope', 'Any Questions', 'Money Box' and 'Arts and Africa' 1981 and 1982. The British Broadcasting Corporation and Mrs Shirley Williams for transcripts of television interviews with Mrs Shirley Williams 1979. Dr B L Smith, School of Mathematics and Physical Sciences, University of Sussex for programmes on Current Affairs, Science and The Arts originally broadcast on Radio Sussex 1979 and 1980© B L Smith. The following people in the University of Birmingham: Professor J McH Sinclair, Department of English, for his tapes of informal conversation (personal collection). Mr R Wallace, formerly Department of Accounting and Finance, and Ms D Houghton, Department of English, for transcripts of his accountancy lectures. Dr B K Gazey, Department of Electrical Engineering and Dr M Montgomery, University of Strathclyde, Department of English, for a transcript of Dr Gazey's lecture. Dr L W Poel, Department of Plant Biology, and Dr M Montgomery, University of Strathclyde, Department of English, for a transcript of Dr Poel's lecture. Professor J G Hawkes, formerly Department of Plant Biology, for recordings of his lectures. Dr M S Snaith, Department of Transportation for recordings of his lectures. Dr M P Hoey, Department of English, and Dr M Cooper, The British Council, for a recording of their discussion on discourse analysis. Ms A Renouf, Department of English, for recordings of job and academic interviews 1977. Mr R H Hubbard, formerly a B Phil (Ed) student, Faculty of Education, for his research recordings of expressions of uncertainty 1978-79. Mr A E Hare, formerly a B Phil (Ed) student, Faculty of Education, for his transcripts of telephone conversations 1978. Dr A Tsui, formerly Department of English, for her recordings of informal conversation. Mr J Couperthwaite, formerly Department of English, for a recording of informal conversation 1981. Ms C Emmott, M Litt student, Department of English, for a recording of informal conversation 1981. Mrs B T Atkins for the transcript of an account of a dream 1981. The British Council for 'Authentic Materials Numbers 1-28' 1981. Professor M Hammerton and Mr K Coghill, Department of Psychology, University of Newcastle-upon-Tyne, for tape recordings of their lectures 1981. Mr G P Graveson, formerly research student, University of Newcastle, for his recordings of teacher discussion 1977. Mr W R Jones, formerly research student, University of Southampton, for his recordings of classroom talk. Mr Ian Fisher, formerly BA student, Newcastle Polytechnic, for his transcripts of interviews on local history 1981. Dr N Coupland, formerly PhD student, Department of English, UWIST, for his transcripts of travel agency talk 1981. Professor D B Bromley, Department of Psychology, University of Liverpool, for his transcript of a research recording. Mr Brian Lawrence, formerly of Saffron Walden County High School, for a tape of his talk on 'The British Education System' 1979.

Thanks are also due to Times Newspapers Ltd for providing machine- readable copies of The Times and The Sunday Times for linguistic analysis. Every effort has been made to trace the copyright holders, but if any have been inadvertently overlooked the publishers will be pleased to make the necessary acknowledgments at the first opportunity.

第一部分中的介词

aboard
about
above
according to
across
across from
after
against
ahead of
along
alongside
along with
amid
amidst
among
amongst
apart from
around
as
as for
aside from
as to
astride
at
away from
bar
barring
because of
before
behind
below

beneath
beside
besides
between
beyond
but
by
by means of
close to
concerning
considering
contrary to
depending on
despite
down
due to
during
except
except for
excepting
excluding
following
for
forward of
from
in
in between
including
in favour of
in front of
in lieu of

inside
inside of
in spite of
instead of
into
irrespective of
like
minus
near
near to
next to
notwithstanding
of
off
on
on account of
on board
onto
on top of
opposite
opposite to
other than
out of
outside
outside of
over
owing to
past
pending
per
plus

preparatory to
prior to
regarding
regardless of
round
save
save for
since
than
thanks to
through
throughout
till
to
together with
toward
towards
under
underneath
unlike
until
up
up against
upon
up to
up until
via
with
within
without
worth

1 介词
Preposition

aboard

aboard a ship, aircraft, or spacecraft 在船上、机上或宇宙飞船里。

用在附加状语里或动词 be 之后：

> I came **aboard** the Queen Mary longing to be impressed.
> 我登上了"玛丽女王"号邮轮，渴望一睹其风采。
> The official said calmly that our luggage was now **aboard** a BEA plane due for take-off in seven minutes.
> 这位官员镇定自若地说，我们的行李现已上了一架英国欧洲航空公司的飞机，该机将于七分钟后起飞。
> ...experiments carried out **aboard** the U.S. space shuttle.
> ……在美国航天飞机上进行的实验。

用在名词之后：

> More lives could be saved through improved safety measures **aboard** aircraft.
> 飞机上改进安全措施，可以挽救更多人的生命。

也可用作副词：

> The DC10 crashed, killing all 346 people **aboard**.
> DC10 飞机坠毁，机上 346 人全部遇难丧生。

about

1 To write, talk, think, or have feelings **about** a particular thing 有关（想起某事、洽谈某事或对某事的感受）。表示某人的言语、思想或情感与某事有关。

用在附加状语里或动词 be 之后，常跟有 -ing 分词从句：

> Let's talk **about** this in the morning.
> 让我们在上午谈论此事吧。
> Don't worry **about** getting killed.
> 别担心被杀死。
> I forgot all **about** it.
> 我把这事忘得一干二净。
> This book is **about** death.
> 这是本有关死亡的书。

后跟 **about** 的动词列表如下：

agree	care	forget	muse	tell
argue	chat	fret	protest	think
ask	complain	fuss	quibble	warn
bitch	consult	groan	rave	wonder
boast	disagree	grumble	read	worry
brag	dream	inquire	speak	
brood	fantasize	moan	talk	

用在名词之后：

*...a book **about** fishing.*
……一本有关捕鱼的书。
*You will have to give them information **about** your income.*
你得给他们提供有关你收入的资料。

后跟 **about** 的名词列表如下：

advice	decision	misunderstanding
agreement	fuss	news
anxiety	idea	opinion
book	information	outcry
chat	joke	phobia
complex	judgement	prediction
concern	lecture	quarrel
consultation	letter	question
debate	misgivings	row

用在形容词之后：

*Pembridge is said to be angry **about** the delay.*
据说彭布里奇对拖延感到生气。
*Yet how could she have been mistaken **about** a thing like this?*
然而她当时怎么会把这样的事弄错了？
*I couldn't sleep properly because I was worried **about** being late in the morning.*
我不能安睡，因为担心早上迟到。

后跟 **about** 的形容词列表如下：

adamant	enthusiastic	pleased	undecided
angry	fussy	positive	uneasy
annoyed	guilty	scathing	unhappy
anxious	happy	sceptical	unsure
apprehensive	ignorant	sensitive	upset
bothered	indignant	sentimental	vague
certain	miserable	serious	wary
complacent	mistaken	sorry	worried
concerned	nervous	uncertain	
crazy	optimistic	unclear	
embarrassed	passionate	unconcerned	

2 To do something **about** an unsatisfactory situation 努力改变令人不满意的局面。

用在动词 do 之后的附加状语里：

*We can't do much **about** heredity.*
在遗传性方面，我们能做的不多。
*I should do something **about** those spots, dear, if I were you.*
亲爱的，我是你的话，就会把那些污点去掉。

3 A vague quality **about** someone or something 指某人或某事物有种模糊不清的特征。

用在附加状语里：

*He has a sort of originality **about** him.*
他拥有一种独特的创造力。
*There was something frightening **about** the experience.*
这样的经历有些令人恐惧。
*There is nothing particularly frail **about** him in the physical sense.*
在体质方面，他并非特别脆弱。

4 Things **about** something 指这些事物围绕着某物或存在于某物的周围。

用在名词之后：

*The little wrinkles **about** her eyes were more noticeable now.*
她眼角上细小的鱼尾纹现在更明显了。
*Youngsters are receiving maximum exposure to new ideas of the world **about** them.*
年轻人大量接触到周围世界的新思想。

用在附加状语里：

*He put his arms **about** her and clung to her.*
他用双臂紧紧拥抱住她。
*Shells exploded all **about** them.*
炮弹在他们四周爆炸。

5 To move **about** a place 在某地到处活动。

用在附加状语里：

*I wandered **about** the flat, letting the time pass.*
我在公寓里踱来踱去，打发时光。
*It wouldn't be safe to have the children running **about** the grounds.*
任由孩子们在院子里奔跑并不安全。

也可用作副词：

*I wandered **about**, admiring these detailed preparations.*
我四处逛逛，欣赏着这些细致的准备工作。

above

1 One thing is **above** another 前者高于后者或在后者的上方。

用在附加状语里或动词 be 之后：

> ***Above*** *the town, the fire was still blazing.*
> 市镇上方的大火仍在熊熊燃烧着。
> *I felt sure, now, that the noise was* ***above*** *me.*
> 现在我明白了，噪音来自上方。

用在名词之后：

> *Sarah was put in the room* ***above*** *me.*
> 莎拉被安置住在我楼上的房间里。
> *...the hills* ***above*** *the town.*
> ……市镇上方的山岗。

也可用作副词：

> *The music seemed to be coming from the floor* ***above***.
> 音乐声似乎来自楼上。

2 Be **above** a particular amount or level 某事物超过某一个量或高于某一水平。

用在附加状语里或动词 be 之后：

> *The temperature has not risen much* ***above*** *zero for the past week.*
> 在过去一周里，气温仅上升到零度以上一点儿。
> *Otto's voice was low, just* ***above*** *a whisper.*
> 奥托嗓音低沉，仅比耳语略高一些。

3 Be **above** someone else 某人的社会地位高于另一个人或其权力凌驾另一个人。

用在名词之后：

> *Well, my mum's a nurse and she has to bow to the matron* ***above*** *her.*
> 我母亲是护士，凡事得听护士长的指示。
> *It did not even work all that well for the gentry* ***above*** *them.*
> 对于他们之上的士绅们，这可不那么管用。

用在动词 be 或 marry 之后：

> *Guy was* ***above*** *her.*
> 盖伊地位比她高。
> *She married* ***above*** *herself.*
> 她嫁给了一个比她自己更有身份的人。

4 Be **above** a particular activity 认为自己品行好或地位重要而不屑去做某事。

用在系动词之后：

> *They were supposed to be* ***above*** *such crude methods of communication.*
> 他们该还不至于使用如此原始的通信方式。
> *...even for the minority who consider themselves* ***above*** *such mercenary transactions.*
> ……甚至对于少数自认为不属于这种金钱交易的人来说。

5 Be **above** criticism or suspicion 某人因品行良好或社会地位高而不可能遭批评或惹人怀疑。

用在动词 be 之后：

> ...those whose loyalty and morals were **above** reproach.
> ……那些忠诚和品德无可指责的人。
> Martyn was merely an erudite eccentric and entirely **above** suspicion.
> 马丁只是个博学但古怪的人，根本无可怀疑。

according to

1 Something is true **according to** a particular person, book, or other source of information 表明此信息来源于某人、某本书或其他渠道。

用在附加状语里：

> **According to** Cooke, the amount of pesticides used by farmers could be reduced 1,000 times.
> 据库克说，农夫使用的杀虫剂量可降低至千分之一。
> **According to** a recent American study, there has been no increase in the incidence of severe mental illness over the last 100 years.
> 据一项美国最近的研究，在过去一百年中严重精神病例未有增加。

2 Something is done **according to** a particular set of principles 遵循一系列原则做某事。

用在附加状语里：

> Computers are created by humans **according to** sets of rules.
> 电脑是人类根据几套规则创造的。
> You should care for your car and have it serviced **according to** the manufacturer's instructions.
> 你该爱护你的汽车，并按照厂商的说明书加以维护保养。

3 To vary **according to** a changing or variable factor 某事物受某一变化中的因素或可变因素影响而变化。

用在附加状语里：

> Timber yields vary **according to** the type of tree and the location and soil quality.
> 木材产量按树木的种类、生长位置及土质而变化。

4 To go **according to** plan or **according to** schedule 某事按原先的意图或计划发生或取得进展。

用在附加状语里：

> But things do not always proceed **according to** plan.
> 但事情并不总是按照计划进行。

*Everything went **according to** schedule.*
一切都按预定计划进行。

across

1 To go **across** a place 穿越某处。

用在附加状语里：

*We went **across** the street to that restaurant downstairs in the Bahnhof.*
我们穿过这条街到火车站楼下的那家餐馆去。
*He rode the longer way home, **across** the canal bridge.*
他开车绕远路经运河大桥回家。
*He drew a finger expressively **across** his throat.*
他用手指生动地做了个抹脖子的动作。

用在名词之后：

*He hadn't liked the journey **across** Africa at all.*
他根本不喜欢这次穿越非洲大陆的旅程。

也可用作副词：

*Alice walked **across** to Dawlish's desk.*
艾丽丝走过去到道利什的书桌前。

2 Be situated or stretched **across** something else 某事物布满、横跨另一事物。

用在附加状语里：

*Printed **across** the poster in large, broad letters was the word 'Wanted.'*
海报上用粗大字体印着"通缉"字样。
*They found Evelyn Corbin sprawled **across** her bed.*
他们发现伊夫林·科尔宾摊开手脚躺在她的床上。
*...a banner stretched **across** the street.*
……一条横幅悬过马路。

用在名词之后：

*...the main bridge **across** the river.*
……横跨这条河的主要桥梁。

3 Be **across** something such as a street, river, or area 表示某物在街对面、河对岸或某地对面等。

用在动词 be 之后：

*My car's just **across** the street.*
我的汽车就在街对面。
*It's over near Beddingham, **across** the railway.*
它在铁路对面伯丁汉附近。

用在名词之后：

*They went into the diner **across** the street.*
他们走进了街对面的小饭馆。

4 Across 可用来表示某人脸上掠过的某种表情。

用在附加状语里:

*Disapproval flickered **across** her face.*
她脸上流露出不赞同的神色。
*He stopped and a quick smile went **across** his face.*
他停下来,脸上闪过一丝微笑。

5 To happen **across** a place or organization 某事在该地或该组织内到处发生。

用在附加状语里:

*The habit of male face-shaving is widespread **across** the globe.*
男士刮胡子的习惯遍及全球。
*Yet this ideology does not apply universally **across** the membership.*
然而这种意识形态并未被成员广泛接受。

用在名词之后:

*At party meetings **across** the country they were choosing delegates.*
在全国各地举行的该党会议上,他们正在选出代表。

6 To happen **across** a political, religious, or social barrier 某事物超越政治、宗教或社会障碍。

用在附加状语里:

*Issues tended to cut **across** party lines.*
问题常常超越党派界限。

用在名词之后:

*They found no trouble in controlling love **across** colour barriers.*
他们毫不困难地控制了跨肤色的爱情。
*We are more used to argument **across** disciplines.*
我们更习惯于跨学科的争论。

7 To come, run, or stumble **across** something 无意中发现某事物。

用在附加状语里:

*The other day I came **across** a letter from Brunel.*
不久前的一天,我收到了布鲁内尔的一封来信,感到有点意外。
*The idea is that in the course of their search for something they may stumble **across** something quite different and of great value.*
那想法是,在他们搜寻某物的过程中,也许会偶然发现某些截然不同又颇具价值的事物。
*It's very unusual to run **across** Americans in this part of the world.*
在世界的这个地方碰到美国人很不寻常。

across from

Be situated **across from** another 某人或某事物在别人或别的事物对面。

用在附加状语里或动词 be 之后：

> …seeing his mother sitting **across from** him at table.
> ……看见他母亲坐在他对面用餐。
> You must know the Hotel Hirschen; it's right **across from** the church.
> 你肯定知道鹿群旅馆，它就在教堂对面。

用在名词之后：

> …the park **across from** the church.
> ……教堂对面的公园。

after

1 To happen **after** a time, event, or period 某事发生在某一时间、事件或时期之后。

用在附加状语里，常跟有 -ing 分词从句：

> Dan came in just **after** midnight.
> 刚过午夜丹走了进来。
> We'll hear about everything **after** dinner.
> 我们将在正餐后听到一切消息。
> She returned **after** a few minutes.
> 她几分钟后回来了。
> The play closed disastrously **after** a few performances.
> 这出话剧在演出几场后以失败结束。
> Frank Brown was released from prison **after** serving three years.
> 佛兰克·布朗在服刑三年后出狱。

用在名词之后：

> I hate the time **after** sunset before you come home.
> 我不喜欢日落之后、你回家之前的这段时间。

也可用作副词：

> We had one girl who left just before Christmas, and one girl who left just **after**.
> 我们有个女孩在圣诞节前出走，另一个在节后出走。

2 **After** 可用来表明已经发生的、并对现在产生影响的事件或经历。

用在附加状语里：

> …a light that seemed greenish **after** the brightness outside.
> ……外边很明亮，灯显得绿幽幽的。
> **After** a statement like Mr Howell's you could hardly blame them.
> 在豪厄尔先生作了那样的陈述后，你几乎不能再责怪他们。

3 To do something **after** someone else 指做别人已经做过的事情。

用在附加状语里：

*A male member of the staff stood up **after** me and said he totally agreed with everything I said.*
一位男职员在我身后站起来，说他完全同意我所说的一切。

4 To go **after** a person or thing 某人跟着别人或别的事情，通常其目的是要跟上别人。

用在附加状语里或动词 be 之后：

*He hurried **after** his men.*
他匆匆追赶他的同伴。
*He turned and went **after** his brothers.*
他转身去追赶他的兄弟们。
*No, my friend, they are not **after** me.*
不，我的朋友，他们不是在追我。
*'**After** her!' shouted the Captain.*
"追上她！"队长大声喊道。

5 **After** something 探求某物。

用在动词 be 之后或附加状语里：

*Let's assume that they are really **after** information and not scandal.*
让我们假定他们是真的在搜集信息而非丑闻。
*Large mining corporations began lusting **after** Aboriginal Reserve land.*
大型矿业公司开始觊觎澳洲土著保留地的土地。

6 To call, shout, or stare **after** someone 在某人离开时叫唤、高声喊叫或紧盯着某人。

用在附加状语里：

*'And stop drinking!' Doctor Percival called **after** Castle.*
"别喝了！"帕西瓦尔医生在卡斯尔身后叫道。
*As I ran along the wall, voices shouted **after** me but no one followed.*
我沿着墙跑，身后有声音叫喊，但没人追上来。
*He broke into a run, leaving Belinda to stare **after** him.*
他突然拔腿就跑，贝琳达吃惊地瞪眼看着他。

7 To do something **after** someone 在某人离开后，为他做事。

用在附加状语里：

*She liked picking up **after** him.*
她喜欢替他收拾东西。
*His wife used to run round **after** him.*
他妻子过去常为他做许多琐事。
*Peter went and closed the door **after** her.*

彼得在她走后过去关上门。

8 To write something **after** something else 写在某物的背面。

用在附加状语里：

*He wrote on the large yellow pad 'Mohr, August', and put a question mark **after** it.*
他在这本黄色大本子上写了"莫尔，八月"，并在后面打了个问号。

9 To be named **after** someone 以某人的名字命名。

用在附加状语里：

*'It's named **after** one of your famous aviators', said the agent.*
"它以你们其中一位著名飞行员的名字命名"，这位经纪人说。
*My mother had six girls and called them all **after** flowers.*
我母亲有六个女儿，全都按花的名称起名。
*They all had jokey nicknames like 'Heath Robinson' **after** the 1930s cartoonist.*
他们都有可笑的绰号，像"希思·罗宾逊"就是 20 世纪 30 年代卡通画家的名字。

10 To take **after** a relative 某人与其亲人相像。

用在附加状语里：

*He took **after** his grandfather where character was concerned.*
在性格上他像祖父。

11 To ask **after** someone or something 打听某人或某事的情况。

用在附加状语里：

*He asked **after** his friends in Florence.*
他问候住在佛罗伦萨的朋友。
*She enquired **after** Mrs Carstairs' daughter.*
她向卡斯泰尔斯夫人的女儿问好。

12 After 还常出现在两个相同的名词之间，用来强调出现或遭遇到一连串的事情。

用在名词之后：

*...when you trudge twenty miles a day, day **after** day, month **after** month.*
……当你每天慢步走二十英里，日复一日，月复一月。
*We passed through village **after** village until finally we stopped.*
我们经过一个又一个村庄，最后停了下来。
*This was copied by one illustrator **after** another.*
它被一个接一个插画家复制。

against

1 Something is leaning or pressing **against** something else 前者靠着或者贴着后者。

用在附加状语里或动词 be 之后：

*I saw Kruger leaning **against** a wall in the terminal building.*
我看见克鲁格靠在终点站大楼的墙上。
*But the man just lay there, propped up **against** the door.*
但这个人靠着门躺在那儿。
*Breslow shrank away and fell **against** the wall.*
布雷斯洛往后退几步便跌倒了，靠在墙上。
*Rain splashed **against** the window panes.*
雨点打在玻璃窗上，噼啪作响。

2 To compete, fight, or take action **against** someone 与某人竞赛争胜或对抗。

用在附加状语里：

*I played **against** Ian Botham only twice in three seasons.*
在三个赛季中，我和伊恩·博瑟姆仅比赛了两场。
*How would an 8 stone boxer fare **against** a 14 stone boxer?*
一位重八英石的拳击手怎么与重十四英石的拳击手打呢？
*...activities designed to rally and organise workers **against** Wilson.*
……旨在集会并组织工人们反对威尔逊的活动。

后跟 **against** 的动词列表如下：

agitate	compete	play
align	conspire	plot
ally	fight	side

用在名词之后：

*Ian Gould was injured during a match **against** New South Wales.*
伊恩·古尔德在与新南威尔士队的比赛中受伤。
*We cannot expect to win a war **against** seven armies.*
我们不能指望击败七国军队打赢一场战争。
*...after being accused of conspiracy **against** the Emperor.*
……在被控密谋反对皇帝之后。

后接 **against** 的名词列表如下：

aggression	blasphemy	crime	sanctions
ally	boycott	fight	victory
battle	conspiracy	match	war

3 To take action **against** something 设法终止某事、阻止某事发生或减轻其不良后果，对某事采取行动。

用在附加状语里：

*He fought doggedly **against** trade restraints.*
他不屈不挠地与贸易限制对抗。
*Action is also taken to protect consumers **against** misleading advertisements.*
也采取了行动保护消费者不受广告误导。
*The Vice-President warned **against** the continuing dangers of compassion.*

副总统警告说，同情具有持续的危险。

后接 **against** 的动词列表如下：

advise	guard	inoculate	militate	warn
counsel	hedge	insulate	protect	
fight	immunize	insure	vaccinate	

用在名词之后：

*The time had come for a full campaign **against** vandals.*
该是采取全面行动，对付恣意破坏公物者的时候了。
*...his heroic fight **against** despair.*
……他与绝望所作的英勇斗争。
*...a national scheme for insurance **against** industrial injuries.*
……一项工伤保险的国家计划。
*One possible defence **against** such threats is the possession of private means.*
一种应付此类威胁的可行防护方法是拥有私人财产。

后接 **against** 的名词列表如下：

bastion	bulwark	fight	safeguard
battle	campaign	insurance	shield
blow	defence	legislation	war

4 Be **against** something 某人反对某事。

用在动词 be 之后或附加状语里：

*The SDP leaders are **against** unilateral disarmament.*
社会民主党领导人反对单方面裁军。
*Workers themselves began to protest **against** their appalling conditions.*
工人们自己开始抗议极恶劣的境况。
*...those MPs who voted **against** the ban.*
……那些投票反对此项禁令的下议员。

用在名词之后：

*...a public protest **against** apartheid.*
……一次反对南非种族隔离的公众抗议。
*...the arguments **against** our current defence strategy.*
……反对我国现行防卫政策的争议。

用在形容词之后：

*...complaining that the well-educated are prejudiced **against** industry.*
……抱怨文化水平高的人对工业抱有偏见。

也可用作副词：

*The Belgians were in favour, the Dutch **against**.*
比利时人支持，而荷兰人反对。

5 Evidence **against** a theory or person 有事实证明某理论是错误的，或某人做

错了事。

用在名词之后：

> *We can get rid of the real evidence **against** him.*
> 我们可以销毁对他不利的真实证据。

用在动词 be 之后：

> *All the evidence is **against** the view that we need an elite system of education.*
> 所有的证据都反对我们需要精英教育体制的观点。
> *Yet all the evidence was **against** intelligent life elsewhere in the Solar System.*
> 然而所有证据显示在太阳系的其他地方不存在智慧生命。

6 To act **against** someone's wishes, advice, or orders 不做别人希望你做或吩咐你做的事情；违背某人的意愿、劝告或命令。

用在附加状语里：

> *He acted **against** the wishes of the electors.*
> 他的所作所为与选民的意愿背道而驰。
> *...unless you are travelling **against** your doctor's advice.*
> ……除非你不听从你医生的建议而去旅行。

7 Be **against** the law 指某事是违法的。

用在动词 be 之后：

> *Someone who is insolvent can't be a company director; it's **against** the law.*
> 无力清偿债务者不能担任公司董事，否则违法。
> *It was strictly **against** the rules to unlock prisoners at night.*
> 晚上为囚犯开锁是严重违反规定的。

8 To move **against** a current or wind 逆流而上，逆风而行。

用在附加状语里：

> *The wind was so strong that I could no longer bicycle **against** it.*
> 风力如此强劲，以致我不能再逆风骑自行车。

9 Something is seen **against** something else 比较两个事物或对比两者的差异。

用在附加状语里：

> *...dark brown wood set **against** white emulsion.*
> ……白乳漆衬托着褐色木家具。
> *The obvious attractions must be weighed **against** the high financial cost.*
> 必须把明显的诱人之处与其高额经济开支相权衡。
> *Presumably this has to be set **against** an enormous increase in crime?*
> 大概这应与罪案大量增加的背景一并考虑吧？
> *These factors have to be measured **against** the dangers and anxiety of pregnancy.*
> 得把这些因素和因怀孕引起的危险与不安相权衡。

10 The odds **against** something happening 某事不发生的可能性。

用在名词之后:

> *The odds **against** him losing his job have lengthened.*
> 他不丢掉工作的可能性已增加。
> *The chances **against** successful transmission are a thousand to one.*
> 传送失败的可能性是千分之一。

也可用作副词:

> *The odds are 2 to 1 **against**.*
> 可能性是二比一。

ahead of

1 Be **ahead of** someone 某事物刚好在某人前面。

用在附加状语里或动词 be 之后:

> *Philip trotted **ahead of** her.*
> 菲力浦在她前面小步快跑。
> *Brody was several steps **ahead of** Cassidy.*
> 布罗迪在卡西迪前面几步。
> *All at once the lights flickering **ahead of** him merged together.*
> 突然间，在他前面闪烁的灯光同时汇聚在一起了。

用在名词之后:

> *The cabin **ahead of** him was dark.*
> 他前面的小木屋漆黑一片。

2 An event or period of time lies **ahead of** someone 指某事很快要发生或不久会发生，或到时候要出现。

用在附加状语里:

> *Perhaps, after all, the most astonishing changes may still lie **ahead of** us.*
> 或许最令人震惊的变化仍在我们面前。
> *We've got a long journey **ahead of** us, so let's talk to pass the time.*
> 我们前面的旅途还长，所以让我们谈谈天，打发时光。
> *You've got the whole day **ahead of** you.*
> 你有整整一天的时间。

3 To do something **ahead of** someone 比别人先做某事。

用在附加状语里:

> *I got here just **ahead of** you.*
> 我刚刚在你来之前到了这儿。
> *Portugal applied to join the EEC in March 1977,four months **ahead of** Spain.*
> 葡萄牙在 1977 年 3 月申请加入前欧洲经济共同体，比西班牙早 4 个月。

4 To happen **ahead of** an event or time 指某事比另一件事先发生或在某段时间前已发生。

用在附加状语里：

*Poles stocked up on sugar, petrol and other items **ahead of** the price rises.*
波兰人在物价上涨前储备食糖、汽油和其他物品。
*...concern that Mrs Thatcher might express disagreement **ahead of** next month's summit.*
……担心撒切尔夫人也许会在下月的首脑会议前表示反对。

5 To happen **ahead of** schedule 指某事比原定计划提早发生。

用在附加状语里或动词 be 之后：

*He had arrived in France slightly **ahead of** schedule.*
他比原定时间表稍稍提前抵达法国。
*We are now easily two years **ahead of** schedule.*
说来容易，我们现在比原定计划提早两年。

6 Be **ahead of** someone else 指某人已比别人取得了更大的成绩，或领先于别人。

用在动词 be 之后：

*Apparently we are far **ahead of** the Americans in one range of goods.*
显然，在一类商品上我们已远远领先于美国人。
*In the nineteenth century, German university education was considerably **ahead of** that of the rest of the world.*
十九世纪德国大学教育远远比其他国家领先。

along

1 To go **along** something such as a road 朝某物的尽头，如路的尽头前进。

用在附加状语里：

*We went on back **along** the street towards the stable.*
我们继续沿着这条街，朝着马厩的方向往回走。
*...driving his car **along** a lane in East Surrey.*
……开着他的车子沿东萨里郡的一条乡间小路行驶。
*...riding **along** a dusty mountain track in Morocco.*
……沿着摩洛哥的一条尘土飞扬的山间小径骑行。

也可用作副词：

*He trotted **along** at my side.*
他在我身旁一路小步跑。

2 Be situated **along** something such as a road or a corridor 前者位于后者的旁边，如路边或走廊边。

用在名词之后：

*The door, like most of the doors **along** the corridor, was open.*
这扇门，像沿着这条走廊的大多数门一样敞开着。
*He had some sandwiches in a pub **along** the road.*
他在马路边的一家酒馆里吃了些三明治。

用在附加状语里或动词 be 之后：

*My room's just **along** the corridor.*
我的房间就在走廊上。
*Halfway **along** the road, the trees suddenly stopped.*
沿路栽种的树木突然在中途没有了。

alongside

1 Be **alongside** something else 指某事物在另一事物旁边。

用在附加状语里或动词 be 之后：

*An ambulance pulled up **alongside** the coach.*
一辆救护车在这辆长途客车旁边停了下来。
*She hurried to catch me up and walked **alongside** me.*
她匆忙赶上我，和我并行。
*The Chapel is **alongside** the Students' Union building.*
教堂就在学生会楼旁。

用在名词之后：

*The road **alongside** the river was never quiet.*
河边的这条路从不安静。
*He had rented one acre of land **alongside** a cherry orchard down the valley.*
他已在山谷低处的樱桃园旁租了一英亩地。

也可用作副词：

*The parents ran **alongside**, screaming farewells.*
父母在一边跟着跑，一边大声喊再见。

2 To work **alongside** someone 与某人在某处一起工作，合作共事。

用在附加状语里：

*British and American forces were fighting **alongside** each other.*
英军和美军并肩战斗。
*Montgomery himself worked **alongside** us, clearing a path.*
蒙哥马利本人和我们一起共事，开辟道路。

3 One thing exists **alongside** another 指两件事在同一情况下同时存在。

用在附加状语里：

*She has managed to show how commercial farming can take place **alongside** the conservation of wildlife and landscape.*
她已设法展示如何在保护野生动物和自然风景的同时开发经济农业。

*The rising tide of political violence, **alongside** an increase in criminal and social violence, poses a threat to the country's stability.*
在犯罪及社会暴行上升的同时，政治暴力不断增长，对国家稳定构成威胁。

用在名词之后：

*The energy supply problem is just one problem **alongside** countless others.*
能源供应问题仅仅是与其他无数问题并存的难题之一。

along with

Along with 用来提及同时出现或涉及的另外的人或事物。

用在附加状语里：

*On March 14, she was sworn in, **along with** eleven other jurors.*
在 3 月 14 日，她与其他十一位陪审员一起宣誓就职。
***Along with** numbers of other wealthy citizens, he had a fine house on the banks of the river.*
像其他富有的公民一样，他在河岸上拥有一幢不错的住宅。
*The eggs were delivered from the farm **along with** the milk.*
蛋和奶一起从农庄被分送上门。

amid

也作 **amidst**，但 **amidst** 是书面用语。

1 To happen **amid** noises or events of some kind 某事在喧闹声中或穿插某些事件中发生。

用在附加状语里：

*He sat quietly **amid** the uproar, drawing.*
他在喧闹声中静静地坐着画画。
*He moved towards the piano **amidst** a storm of applause.*
在雷鸣般的掌声中，他向钢琴走去。
*I got the impression, **amid** all her chatter, that Jane had changed much more than Anthony.*
从她的唠叨中我得到的印象是简的变化比安东尼大多了。

2 Be **amid** other things 某事物受其他事物包围。Amid 是书面用语。

用在附加状语里或动词 be 之后：

*White patches radiated brilliantly **amid** mottled shades of red and orange.*
在红色和橙色斑驳的色彩中，白色色块显得明亮夺目。
*...a dairy farm set **amid** the woody valleys of Kent.*
……坐落于肯特郡树木蓊郁的山谷中的牛奶场。
*It was a few hundred yards farther down the Cromwell Road, **amidst** a swarm of hotels.*

沿着克伦威尔路往前走几百码远，它就坐落在一片旅店中。

among

也作 **amongst**，但 **amongst** 是书面语。

1 Be situated or moving **among** a group of things or people 指某事物或某人处于或活动于某些事物或人中间。

用在附加状语里：

*They found the cat crouching **amongst** a hoard of cardboard boxes.*
他们发现这只猫蜷缩在一些硬纸盒之间。
*...the dangers of flying **among** high mountains.*
……在崇山峻岭中飞行的危险性。
*Potatoes and cabbages were planted at random **among** foxgloves and roses.*
马铃薯和卷心菜被随意栽种在毛地黄和玫瑰丛中。
*There were at least four new wigs found **among** her things.*
在她的物件中至少发现四副新的假发套。

用在名词之后：

*He turned and went back to the shallow cave **among** the rocks.*
他转过身，回到山岩中浅浅的洞穴里。

2 Be **among** people of a particular kind 某人与某类人有联系或有交往。

在附加状语里或动词 be 之后：

*He had lived his short life **among** adults.*
他在成年人群中度过了其短暂的一生。
*I had only imagined that I was **among** friends.*
我只是想象和朋友们在一起。

3 Among a group 某人或某物属于某群体当中的一分子。

用在动词 be 之后：

*I was **among** the happy few who managed to escape.*
我是那极少数设法逃脱而成功的幸运儿之一。
***Among** his other purchases were several sheets of foam rubber and two paint brushes.*
在他购买的其他物品中包括几块泡沫橡胶和两支油画笔。

4 Something applies to a particular person or thing **among** others 可用 **among** 来指某事适用于某群体中的一分子，即某事也适用于任何人或任何事。

用在附加状语里：

*Alistair Sim, **among** others, always refused to give autographs.*
阿利斯泰尔·西姆像其他人一样，总是拒绝亲笔签名。
*The Institute for the Future is, **among** other things, investigating the effects of*

advanced communications technology.
未来学院正在研究先进通信技术所产生的效应，这是课题之一。

5 Something such as a feeling, opinion, or situation exists **among** a group of people 某群体中的大多数人都有某种情感、观点或经历过某事。

用在名词之后：

*...the resentment **among** the poor.*
…… 穷人们心中的怨恨。
*Though illegal, this was a well-established custom **among** the prisoners.*
尽管这是非法的，这已是犯人中的老规矩了。
*It has led to a growing preoccupation **among** trade unionists with 'getting the procedure right'.*
"程序正当"由此逐渐成为工会会员关注的焦点。

用在附加状语里：

*And thirdly, even **amongst** adults, a substantial number of people can't drive.*
第三，甚至在成年人中，许多人都不会开车。

用在形容词之后：

*He was never particularly popular **among** his contemporaries.*
在他同时代的人中，他从未特别得人心。

6 Something is shared **among** a number of people 将某东西分给一群人。

用在附加状语里：

*The proceeds had to be divided up **among** four hundred people.*
收入得在四百人中分配。
*...handing out gifts to be distributed **among** members' families.*
……拿出礼品，分给成员们的家庭。

7 People talk, fight, or agree something **among** themselves 指特定的一群人谈论、争辩或同意某事。

用在附加状语里：

*They took the opportunity to gossip happily **among** themselves.*
他们抓住机会，自顾自痛快地闲聊。
*It is uncertain whether they will be able to agree **among** themselves on the details.*
还不能确定他们是否能在细节问题上达成内部一致。

apart from

1 要说明一般陈述中的例外现象时，用 **apart from** 除了。

用在附加状语里：

*Father was the only one who knew you thoroughly, **apart from** me.*

除了我，父亲是唯一彻底了解你的人。

Apart from that, the Russians said nothing.

除了那以外，俄国人什么也没说。

Apart from the occasional article, he hadn't published anything for years.

除了偶尔一篇文章外，他多年未出版过任何东西。

2 Apart from 指某人已注意到事物某方面的情形，但其注意力集中在另一方面。

用在附加状语里，常跟有 -ing 分词从句：

*Even **apart from** her illness she had been very unhappy.*

不仅患病，她甚至一直都很不开心。

*And, quite **apart from** anything else, how are we going to pay our way?*

还有，撇开其他的事不说，我们准备如何支付开支呢？

Apart from making you sick, it can also cause cramp.

除了恶心外，它还会引起痉挛。

around

见 round。

as

1 As 指某人或某事物的身份、被人认为具有的身份或他们的功用。

用在附加状语里：

*She was regarded **as** a hero by masses of people.*

人民群众认为她是位英雄。

*...a large wage claim, which the financial press condemned **as** unrealistic.*

……金融报界谴责大幅增加工资的要求是不现实的。

*He used the shirt **as** a rag to clean the lawn mower.*

他把衬衫用作抹布去清洁割草机。

*The news clearly came **as** a shock to him.*

这条消息显然令他大吃一惊。

*...a man who worked **as** a reporter on the local paper.*

……一个为当地报纸做记者的人。

后接 **as** 的及物动词列表如下：

acknowledge	class	designate	mark
address	classify	diagnose	name
adopt	conceive	disguise	nominate
brand	condemn	elect	perceive
cast	consider	employ	project
categorize	construe	establish	regard
certify	count	groom	stamp
characterize	denounce	hail	use
choose	depict	interpret	
cite	describe	label	

后接 **as** 的不及物动词列表如下：

act	double	pass	work
begin	function	pose	
come	masquerade	serve	

用在名词之后：

> ...*his reputation* **as** *a man of great wisdom.*
> ……他以大智大慧出名。
> ...*the use of her house* **as** *headquarters for the resistance movement.*
> ……她的房子用作抵抗运动的总部。
> ...*my ability* **as** *a climber.*
> ……我作为攀登者的能力。

2 To do something **as** a child or a teenager 指某人在孩提时或青少年时期做过某事。

用在附加状语里：

> ...*creatures that she could remember seeing* **as** *a child.*
> ……她能记起儿时所见的动物。

3 **As** 引出与某事物用作比较的另一事物。

用在附加状语里，通常在 **as** 及形容词或副词之后：

> ...*when the sea is* **as** *smooth* **as** *glass.*
> ……当海面像玻璃般平静。
> *Bison can run more than twice* **as** *fast* **as** *a sprinting man.*
> 野牛能跑得比全速飞跑的人快两倍。
> *They were exactly the same* **as** *each other.*
> 他俩简直一模一样。

as for

As for 在词组开头，引出另一个仍与前面有关的新主题。

用在附加状语里：

> *I was in the presence of a very great woman;* **as for** *our predicament, there was never any doubt in my mind that she would rescue us.*
> 我面前是位很了不起的女士。至于我们所处的困境，我毫不怀疑她会救我们脱离困境。

aside from

aside from 与 apart from 意思相同，用来表示除了某事物外的意思。Aside from 尤其用于美式英语。

用在附加状语里：

*They had to stop twice because Billy felt sick, but **aside from** that, the trip was a pleasant one.*
因为比利感到不适，他们只得两度停下来。但除此之外，这次旅程还是愉快的。
*Potatoes are valuable **aside from** their calories.*
除了提供热量外，马铃薯还有别的价值。

as to

1 **As to** 表明某条信息、某个问题或某次辩论，用于英式英语。

用在名词之后：

*The tenant doesn't know who the landlord is and has no information **as to** their address.*
房客不知房主是谁，至于他们的地址也一无所知。
*...making decisions **as to** how much money we spend on sport and recreation.*
……对于在体育运动和休闲娱乐上开支多少做出决定。

用在形容词之后：

*I'm still a bit puzzled **as to** why this tremendous surge of interest continues.*
对于为何这种巨大兴趣会持续下去，我仍有点儿困惑不解。

用在附加状语里：

*Mr Pike inquired **as to** the part-exchange price.*
派克先生询问以旧物抵一部分购买新货货款的交易方法，价钱应怎样计算。

2 **As to** 还用于词组开头，引出与前面内容有关的另一个不同主题。属正式用语。

用在附加状语里：

*Two years imprisonment was absolutely right, and **as to** the five-year disqualification, it could well have been longer.*
判入狱两年绝对正确；至于取消资格五年，这还该判得更长些。

astride

To sit or stand **astride** something 跨着坐或跨着站于某物上。

用在附加状语里：

*Karen sat **astride** a large white horse.*
卡伦跨骑在一匹高大的白马上。
*He drew up a chair and, sitting **astride** it, began to talk to us.*
他拉了一把椅子过来跨着坐，开始与我们交谈。

at

1 **At** a place 处于某地方。

用在附加状语里或动词 be 之后：

> She was **at** the hairdresser.
> 她在理发店。
> Margaret Elmer kept a thoroughbred horse **at** Garrod's Farm near Cirencester.
> 玛格丽特·埃尔默在靠近赛伦斯特的加洛德农场拥有一匹纯种马。
> Dan came to the airport to meet me **at** Los Angeles.
> 丹来洛杉矶机场接我。
> Karin was standing **at** the top of the stairs.
> 卡琳正站在楼梯的上端。

用在名词之后：

> The incident was indicative of the mood **at** the factory, where optimism was high.
> 这件事显示出这家工厂的气氛——就是乐观主义高涨。
> I was a shorthand typist **at** Kendalls.
> 我是肯德尔公司的一名速记打字员。
> My mother was a relation of the people **at** the Hall.
> 我母亲是大厅里那些人的亲戚。

2 At school or college, or **at** a particular school or college 就读某学校或学院。

用在动词 be 之后或附加状语里：

> Sam should be **at** school.
> 山姆应该在学校读书。
> I've been in politics since I was **at** university.
> 自上大学以来，我一直从事政治活动。
> He spent four years **at** the school his father and grandfather had attended before him.
> 他在这所他的祖父与父亲曾经学习过的学校中读了四年书。

3 **At** something such as a table or desk, a door or window, or someone's side or feet 在桌旁或书桌旁、在门旁或窗边、在某人身旁或脚旁。

用在附加状语里或动词 be 之后：

> My brother-in-law was sitting **at** a table laid for four.
> 我妹夫坐在一张四人餐桌旁。
> Ellen waited **at** the door until the last of the cars had pulled out of the driveway.
> 艾伦等在门边，直到最后一辆车子驶出私人车道。
> She dropped to her knees **at** his side.
> 她跪倒在他身旁。

用在名词之后：

> ...the girls **at** the enquiry desk.
> ……询问处的年轻女子们。

4 To happen **at** an event or a meal 表示某事在另一事件发生时或在进餐的时间与地点里发生。

用在附加状语里：

> *Mr Foot spoke **at** the rally.*
> 富特先生在集会上讲话。
> *On May 8 they were **at** the concert for Victory Day.*
> 他们参加五月八日为胜利日举行的音乐会。
> *That Sunday, **at** breakfast, Mark greeted me coldly.*
> 那个星期天，早餐时马克冷冷地招呼我。

5 **At** 还可表示某事发生的时刻。

用在附加状语里：

> *My last train leaves Euston **at** 11:30.*
> 我乘坐的末班火车在十一时三十分驶离尤斯顿。
> *I went back to my daughter and husband **at** weekends.*
> 我在周末回家与丈夫和女儿团聚。
> ***At** Christmas, I'd sent her twenty pounds.*
> 我已在圣诞节寄给她 20 英镑。
> *He used to come and read to me **at** bedtime.*
> 他过去常在我临睡前来给我念一段书。

6 To do something **at** a particular age 指在某特定年龄时做某事。

用在附加状语里：

> *Anyone choosing not to retire **at** 65 is allowed to draw a state pension.*
> 任何选择不在 65 岁退休的人获准领取一笔国家养老金。
> *Henze began composing **at** the age of 12.*
> 亨齐在 12 岁时就开始作曲。
> *He, **at** thirty-two, ought to know better.*
> 他已 32 岁，应该更明白事理。

7 **At** 表示速度、频率或价格。

用在附加状语里：

> *Then I beat it down the steps **at** full speed.*
> 接着我全速跑下台阶。
> *Rents will rise **at** a slower rate than mortgage repayments.*
> 比较抵押贷款的偿还，租金上涨比率较慢。
> *They are required to check every bird **at** regular intervals.*
> 他们被要求定期检查每只雀鸟。
> *You can buy them **at** $87.50 a share.*
> 你能以每股 87.50 美元的价格购买它们。
> *...roads that they are building **at** great expense.*
> ……他们正斥巨资修建的道路。

8 To be **at** a certain distance 或 **at** an angle in relation to something else 表达某人或某物所处的位置。

用在附加状语里或动词 be 之后：

*Ash followed **at** a discreet distance.*
阿什在保持距离地跟着。
*He awoke to find his nice new car sitting in his drive **at** a crazy angle with its tyres missing.*
他醒来吃惊地发现他那漂亮的新车子歪斜在车道上，而车轮却已不翼而飞。

9 **At** 表示某事物处于某种水平。

用在附加状语里：

*Interest rates have to stay **at** their present high level for some time to come.*
在未来一段时间内，利率必须维持在目前的高水平上。
*Its efficiency remains high even when working **at** a low output level.*
甚至在产出水平低时，它仍维持高工作效率。

10 Be **at** one's best or **at** one's most patient 指某人或某事物的特质达到本身的最高水平。

用在动词 be 之后：

*The garden is **at** its best now.*
现在是花园最美的时候。
*Indeed, he was always **at** his most patient where some fathers might have ranted.*
其实，在那些为人父者也许就大声数落的情形下，他总能尽力保持克制。
*...in the early eighteenth century, when absolute monarchy was **at** its most powerful.*
……在十八世纪初，君主专制处于顶峰。

11 To look **at** someone or something 朝着某人或某事物看。

用在附加状语里：

*They stood looking **at** each other for a long moment.*
他们站着互相打量了好一会儿。
*Willie glared **at** her for a moment, then he burst into laughter too.*
威利怒视着她一会儿，接着也大笑起来。

后接 **at** 的动词有：

gape	glance	look	stare
gaze	glare	squint	

用在名词之后：

*'Well, yes,' Ginny said with a quick glance **at** her mother.*
"嗯，是的。"金尼说，迅速瞥了她母亲一眼。

12 To shout **at** someone 高声或粗鲁地跟别人说话，未必期望别人回应。

用在附加状语里：

> *I'm sorry I shouted **at** you.*
> 我很抱歉，刚才对你大喊大叫。
> *He could hear them swearing **at** each other.*
> 他能听见他们互相咒骂。
> *She wanted to scream **at** him.*
> 她想对他尖叫。

后跟 **at** 的动词列表如下：

bark	shout	swear
scream	snap	yell

13 To smile or wave **at** someone 等，表示对某人微笑或朝某人挥手。

用在附加状语里：

> *For the first time since he had been in the villa she smiled **at** him.*
> 自他来到庄园别墅，这是她首次朝他微笑。
> *Then somebody else waved **at** me, frantically.*
> 后来又有人狂热地朝我挥手。
> *The Kaspar winked **at** me, as if to an old friend.*
> 接着卡斯帕朝我使个眼色，就像对老朋友一样。

后跟 **at** 的动词列表如下：

beam	grin	smile	wave
frown	scowl	sneer	wink

14 To point or gesture **at** something 用身体某部分指着某方来引起在场人的注意。

用在附加状语里：

> *He pointed **at** her as if he meant her to stand up and answer questions.*
> 他指着她，似乎要她站起来回答问题。
> *He gestured **at** a chair and said: 'Sit.'*
> 他朝一把椅子做个手势，说："坐。"

15 **At** 引出某人试图打击、取得或抓住的东西。

用在附加状语里：

> *Then he threw a stone **at** a thin cat in a red collar.*
> 接着他向一只戴着红色项圈的瘦猫掷石头。
> *He hurled himself to one side and grabbed **at** the plywood.*
> 他扑向一边，试图抓住胶合板。
> *We can only guess **at** the number of missiles they have.*
> 我们只能猜测他们拥有的导弹数量。
> *I was aiming **at** reconciliation.*
> 我正力求和解。

后接 **at** 的动词列表如下：

aim	grasp	snatch
clutch	guess	strike
grab	shoot	throw

用在名词之后：

*'That must be my man,' she said in an attempt **at** her normal tone of voice.*
"那准是我男人。"她试着用正常的口吻说道。

16 At 引出某人试图移动的东西。

用在附加状语里：

*He pulled **at** his companion's arm.*
他拉了拉伙伴的臂膀。
*Stuart pushed **at** the wire fence.*
斯图亚特推了推金属栅栏。

用在名词之后：

*Tom felt a tug **at** his sleeve.*
汤姆觉得衣袖被人用力拉了一下。

17 At 用来指某人或某事物反复接触另一事物，或对另一事物反复进行某种动作。

用在附加状语里：

*He groaned as he hacked **at** his desk with a jack-knife.*
他一面用折刀砍书桌，一面呻吟。
*He could see her dabbing **at** her eyes with a handkerchief.*
他见她用手帕轻轻揉着眼睛。
*She nibbled away **at** the cold hard dinner rolls.*
她一点点地把又冷又硬的小圆面包给吃完了。
*Now that he was working **at** this painting, his sleep was always brief and broken.*
由于他正投入地创作此画，他总是只能断断续续地小睡片刻。

后跟 **at** 的动词列表如下：

claw	gnaw	nibble	poke	work
dab	hack	pick	tear	

18 At 引出某人善于从事的活动或事情。

用在形容词之后，常跟有 -ing 分词从句：

*Computers are quite good **at** this sort of thing.*
电脑善于处理这类问题。
*He was good **at** persuading people.*
他擅于说服人。
*I know he's clever **at** political debate.*
我知道他在政治辩论上很高明。

*Players will get most out of it by being proficient **at** the basic skills.*
运动员熟练掌握基本功后，从中受益最大。

用在名词之后：

*Now, Lyndon Johnson was an expert **at** political second thoughts.*
林登·约翰逊现在是位精于政界谋略的老手。

跟在动词 excel 或 shine 之后的附加状语里：

*This is something **at** which Handel excels.*
这是亨德尔所擅长的东西。

*Mr Ronald Reagan, of course, shone **at** the business, managing good-natured self-mockery while keeping some dignified distance.*
罗纳德·里根先生当然善于此术，既能温厚地自我嘲讽一番，又能与人保持距离以示尊严。

19 **At** 引出某人对某事物作出的反应。

用在形容词之后，常跟有 -ing 分词从句：

*'Just a minute,' Uri said, somewhat bewildered **at** the rapid turn of events.*
"等一下。"尤里说，对事情急转直下感到有点困惑。

*The Bastille was found to contain only seven old men who were annoyed **at** being disturbed.*
在巴士底狱中只发现了七位老人；他们对受人打扰感到不悦。

后跟 **at** 的形容词列表如下：

aghast	annoyed	embarrassed	pleased
alarmed	appalled	furious	surprised
amazed	astonished	impatient	unhappy
amused	bewildered	indignant	upset
angry	disappointed	irritated	

用在名词之后，常跟有 -ing 分词从句：

*At tonight's meeting, I expressed delight **at** the performance.*
今晚会议上我对该业绩表示高兴。

*...her pleasure **at** hearing his voice.*
……她听见他声音时的喜悦。

用在附加状语里：

*She shuddered **at** the bitter taste.*
苦味令她震颤。

*So we all laughed **at** his little joke.*
他的小小玩笑让我们大家都笑了。

后跟 **at** 的动词列表如下：

chafe	jeer	protest	recoil	smile
exclaim	laugh	rail	scoff	sneer
frown	marvel	rave	shudder	wonder

20 To do something **at** someone's request 应某人要求而做某事。

用在附加状语里：

> *She went **at** the invitation of an unknown man.*
> 她应一位陌生人之邀而去。
> ***At** Sussman's request, both Bernstein and Woodward returned to the office the next morning.*
> 应苏士曼的要求，伯恩斯坦与伍德沃德两人于次日上午都回到了办公室。
> *Outside the hotel, a taxi will be summoned **at** your bidding.*
> 旅店外出租车招手便来。

away from

1 To move **away from** a place, thing, or person 离开某处、某物或某人。

用在附加状语里：

> *Let us go **away from** here to somewhere where the air is cleaner.*
> 让我们离开这儿，去空气较清新的地方。
> *Kitty stepped outside and walked **away from** the building.*
> 姬蒂走了出去，离开了大楼。
> *He pulled **away from** her and ran down the stairs.*
> 他挣脱她，跑下楼去。

2 **Away from** a place 指不在某处。

用在动词 be 之后或附加状语里：

> *You may be **away from** home for a period of time.*
> 你可以离开家一段时间。
> *Today my mother lives a thousand miles **away from** Charleston.*
> 今天，我母亲住在离查尔斯顿一千英里远的地方。

bar

Bar 用作介词时，意思与 except 相同，表示除此之外。

用在不定代词或名词之后：

> *Almost every woman, **bar** the very young, can produce tales of this sort.*
> 除了非常幼小的女孩子，几乎每个女人都能编出这种故事。
> *I am perfectly willing to serve under anybody else **bar** the rest of the present team.*
> 除了本队的人，我十分乐意为任何人效力。

barring

Barring 表示所指的人、物或情景是所陈述内容的例外情况。

用在附加状语里：

> ***Barring** complications, the aircraft will be in operation next year.*

如无麻烦，这架飞机将于明年投入营运。

用在不定代词或名词之后：

*It is hard to imagine anyone, **barring** a lunatic, starting a war.*
难以想象有人会发动一场战争，除非是个疯子。

because of

若 an event or situation occurs **because of** something 指某事情引致另一件事发生或某种情景出现。

用在附加状语里或动词 be 之后：

***Because of** the heat, the front door was open.*
因为天气炎热，前门是开着的。
*President Gorbachov's visit was postponed **because of** last month's earthquake in Armenia.*
由于上个月发生在亚美尼亚的地震，戈尔巴乔夫总统的访问被推迟了。
*The business is certainly doing well and its directors claim this is **because of** its efficient management.*
这家公司显然生意兴旺，该公司董事们声称这是由于有效的管理。

before

1 To happen **before** a time or event 指某事的发生早于某一时间或某一事件。

用在附加状语里，常跟有 -ing 分词从句：

*She arrived just **before** 7:30 a.m.*
她刚好在上午七点半前抵达。
*And I can deliver it **before** Christmas.*
我能在圣诞节前把它送出。
*We might not emerge from the first phase **before** the late 1980s.*
在二十世纪八十年代末之前，我们也许还不能脱离初始阶段。
*The baby teeth are formed in the gums **before** birth.*
在婴儿出生前，乳齿在牙龈中形成。
***Before** going to bed, he wrote a letter to his father.*
在就寝前，他给父亲写了封信。

也可用作副词：

*The monument had been put up only a few years **before**.*
这座纪念碑是几年前刚建立的。

2 To do something **before** someone else 比别人先做某事。

用在附加状语里：

*She did have this tendency to start drinking **before** anyone else.*
她确有在他人未喝酒之前先开始喝的倾向。

3 Be **before** something 表示人或物处在某件东西前面。属正式用语。

用在附加状语里或动词 be 之后：

*He bowed down **before** them.*
他在他们面前鞠躬行礼。
*Edward the First buried them **before** the high altar.*
爱德华一世将他们埋葬在高高的圣坛前。

4 One place is a certain distance **before** another 某处位于另一处的前面，某人会先到达先提到的那个地方。

用在附加状语里或动词 be 之后：

*There's a garage about two hundred yards **before** the turning.*
在拐弯前约两百码处有一汽车库。
*Just **before** Warren Farm, turn left through a wooden gate.*
就在沃伦农场前向左转，通过一扇木门。

5 To appear or come **before** a person or group 表示某人或某物的意见由另一个人或另一个群体听取或正式予以考虑。

用在附加状语里或动词 be 之后：

*He clearly was not impressed by the evidence put **before** him.*
摆在他面前的证据显然没给他留下什么深刻印象。
*It was a little like being up **before** the headmaster.*
那有点像在校长面前接受训话的感觉。

用在名词之后：

*President Ronald Reagan's appearance **before** Congress was a personal triumph.*
罗纳德·里根总统在国会露面是他本人的胜利。

6 To have something such as a journey, a task, or a stage of your life **before** somebody 表示必须做某事或将经历某事。

用在附加状语里或动词 be 之后：

*I have a difficult job **before** me.*
我面临着一项困难的工作。
*...as if his life were still **before** him.*
……似乎他的生命尚存希望。

7 One person or thing comes **before** the other person or thing 表达某人或某事比别的更重要。

用在附加状语里：

*Should we place the needs of Europe's working classes **before** the needs of the masses of Africa and Asia?*
我们应该把欧洲工人阶级的利益放在亚洲和非洲大众的需要之上吗？

behind

1 Be **behind** a thing or person 指某事物在另一事物或人的后面。

用在附加状语里或动词 be 之后：

*The sun had dropped **behind** the rooftops.*
太阳已在屋顶后西落。
*He walked back to the village **behind** his brother.*
他跟在哥哥后面走回村庄。
***Behind** the gramophone there were some records.*
留声机后面有些唱片。
*...fathers who are hidden **behind** the paper.*
……父亲们读报时脸常遮在报纸后面。

用在名词之后：

*The man **behind** the desk watched them register.*
桌后的男子注视着他们登记。
*The driver **behind** me began hooting.*
我车子后面的驾驶员开始按响喇叭。

也可用作副词：

*There were twenty more in a truck following **behind**.*
在随后一辆卡车中还有另外二十件。

2 To shut a door or a gate **behind** somebody 出入时随手关门。

用在附加状语里：

*He looked up as Gant shut the door **behind** him.*
当甘特关上门出去时，他抬头瞧了瞧。

3 The reason or person **behind** something 表示引致某事发生的原因或应对某事负责的人。

用在名词之后：

*The mayor attempted to explain the reasons **behind** the meat shortage.*
市长试图解释造成肉类短缺的原因。
*...one of the strongest drives **behind** the women's movement.*
……女权运动最强的动因之一。
*He was the moving spirit **behind** this venture to the Arctic.*
他是这次北极探险行动的幕后推动人物。

用在附加状语里或动词 be 之后：

*Of course, **behind** the Cabinet decision lay two major political considerations.*
当然，在内阁的决定后面，存在两点重要的政治考虑。
*I knew that she was **behind** my being victimised.*
我知道是她使我成了牺牲品。

4 Behind someone 支持某人。

用在动词 be 之后或附加状语里：

> *Well, emotionally, I'm very much **behind** Michael Foot on this.*
> 呃，从感情上说，在这点上我非常支持迈克尔·富特。
> *The whole of our organisation is **behind** you, at every minute.*
> 我们整个组织每时每刻都支持你。
> *They have funds **behind** them and can carry on for a while.*
> 他们有基金支持，尚能支撑一段时间。

5 Be behind someone's outside appearance 指某种不明显的特点隐藏在

外表之后。

用在附加状语里：

> *I guessed that Miss Crabbe, **behind** that impassive veneer, had a very nasty temper.*
> 我猜在克拉布小姐冷漠的虚饰外表后是极糟糕的脾气。
> *It was a good indication of the ability that lay **behind** his deficiency in literacy skills.*
> 这一点正好揭示出因他欠缺读写能力而掩盖的才华。

用在名词之后：

> *...the reality **behind** their people-oriented facade.*
> ……隐匿于他们为公众服务的虚假外表之后的真实面目。

6 Behind someone 没有别人那样成功、落后于别人或比别人进步得慢。

用在附加状语里或动词 be 之后：

> *In the Championship he finished 11 strokes **behind** Watson.*
> 在高尔夫球锦标赛上，他落后沃森十一杆。
> *These children are only a matter of weeks **behind** children of non-working mothers.*
> 这些儿童在发育上仅比母亲在家照料的儿童迟缓数周。
> *She had fallen **behind** the rest of the class.*
> 她已经比班上其他人落后了。

也可用作副词：

> *The idea came to me that as a community we had fallen **behind**.*
> 我意识到作为团体，我们已经落伍了。

7 An experience is behind somebody 某次经历已成过去，现在不再发生。

用在附加状语里：

> *He already had one divorce **behind** him.*
> 他过去已离过一次婚。
> *I wanted desperately to get that part of my academic life **behind** me.*
> 我极想结束我那段学习生涯。
> *With the first fifteen exercises **behind** him, he stopped for a rest.*
> 完成前 15 则练习后，他停一停稍作休息。

8 Be **behind** schedule 某事比原定计划延迟了。

用在附加状语里或动词 be 之后：

> *Stage 1 was eventually completed nearly two years **behind** schedule.*
> 比计划延迟几乎两年后，第一阶段最终得以完成。
> *We were running **behind** schedule when we boarded a bus for Suva.*
> 我们乘上开往苏瓦的汽车时已经迟了。
> *We're already well **behind** schedule.*
> 我们已经远远落后于计划了。

below

1 Be **below** something else 某事物的位置低于另一事物。

用在附加状语里或动词 be 之后：

> *It lay a mile **below** the surface of the Pacific Ocean.*
> 它位于太平洋海面下一英里处。
> ***Below** us on our left there was a big river.*
> 在我们左下方有条大河。
> *She touched her bare arm where Arnold's hand had held it, just **below** the elbow.*
> 她摸摸裸露的胳膊肘下方，阿诺德曾挽住她这儿。

用在名词之后：

> *…when man first came to live in the caves **below** the cliffs.*
> ……当人类最初开始居住在悬崖下的洞穴中时。

也可用作副词：

> *Then we waited to hear it hit the surface of the water far **below**.*
> 然后我们等着听它溅落到下方深处水面的声音。

2 Be **below** a particular amount, rate, or level 指某事物低于某一数量、速度或水平。

用在附加状语里或系动词之后：

> *Few experts expect their share to dip **below** 20 per cent.*
> 很少有专家预期他们的份额降到百分之二十以下。
> *You cannot go **below** absolute zero.*
> 无法超越绝对零度。
> *She, for a girl, seemed tall, and he, for a man, just **below** average height.*
> 她在女孩子中个子似乎还高，而他在男人中身高则在中等以下。

也可用作副词：

> *Keep the room temperature down to 68 or **below**.*
> 将室温保持在 68 华氏度或以下。

3 Someone is **below** you in an organization or system of assessment 指某人在

某一团体或评核架构中级别较低。

用在附加状语里或动词 be 之后：

*These conflicts usually rage well **below** the level of top management.*
这些激烈冲突通常远离最高管理层。
*I believe he is a genius, somewhere above Auden but **below** Eliot.*
我认为他是天才，才华高于奥登而逊于艾略特。

beneath

1 Be **beneath** something else 指某事物正处于另一事物的下面。

用在附加状语里或动词 be 之后：

*There is a heater **beneath** the table.*
桌下有个暖炉。
*She placed a pillow **beneath** his head.*
她在他头下放了个枕头。
*The people shivered **beneath** their blankets.*
人们在毯子里瑟瑟发抖。

用在名词之后：

*The ground **beneath** them was a bank covered with grass.*
他们脚下是长着青草的河岸。

也可用作副词：

*…vast regions of smooth ice, where water has welled up from the ocean **beneath**.*
……冰原广阔平展，水从下面的海中涌出。

2 Something lies **beneath** the surface 表达所谈论的事有些不太明显的地方。

用在附加状语里或动词 be 之后：

*I hope I sounded more convincing than I felt **beneath** the brave front.*
我希望自己在勇敢的外表下能有更令人信服的辞令。
*I never thought that **beneath** your stolid exterior there was so much fire and fury.*
我绝未想到在你不露声色的外表下有如此大的愤怒。

用在名词之后：

*But the traveller does not have to look far to encounter the tensions **beneath** the surface.*
但旅客很快就感受到表面之下的紧张。

3 Something or someone is **beneath** you 指某事或某人配不上你或不适合你。

用在附加状语里或动词 be 之后：

*'You're a landowner now,' they teased him. 'Work is **beneath** you.'*
"现在你可是地主啦，"他们逗他说，"该不用屈尊干活了。"

*Posy found this **beneath** consideration. They stopped discussing it.*
波西觉得此事不值得考虑。他们停止了讨论。
*He thought it **beneath** his official dignity to haggle.*
他认为讨价还价有失他的官员体面。
*The Duke married **beneath** him.*
公爵娶了个地位较低的女子。

beside

Besides 一词也适用于下列第四条。

1 Beside someone or something 在某人或某物的一边，或紧挨着某人或某物。

用在附加状语里或动词 be 之后：

*Michael sat down **beside** her on the bed.*
迈克尔贴近她在床上坐下。
***Beside** him was a little African boy.*
他旁边是个非洲小男孩。
*I made myself wait, standing **beside** the car.*
我得站在汽车旁等。

用在名词之后：

*He gestured towards the man **beside** him.*
他向他身旁的男子示意。

2 To work or fight **beside** someone 与某人并肩工作或作战。

用在附加状语里：

*I'll fight **beside** you in Africa, Bovis, not in Europe.*
鲍维什，我将在非洲而不是在欧洲与你并肩战斗。

3 Beside 可用来比较两件事物。

用在附加状语里：

*What is love **beside** art!*
爱情与艺术相比算什么啊！
*The deficit shot up again to £50,000. That sounds small **beside** Covent Garden's £3 million pounds deficit.*
赤字又急剧升至 5 万英镑。但与柯文特花园皇家歌剧院 300 万英镑的赤字相比，那不算多。

4 To have something **beside** other things or besides other things 表示除了拥有某东西外，还拥有其他东西。

用在附加状语里：

*Anyway, there was plenty to do **beside** hunting.*
无论如何，除了打猎还有很多事可干。
***Besides** the capital, there were few major cities.*

除了首都，几乎没有大城市。

Besides *his interest in anthropology, he had a flair for languages.*
他除了对人类学感兴趣外，在语言上也有天分。

也可用作副词：

*He was a kind man, but he was many other things **besides**.*
他是个善良的人，但此外他还有许多性格特点。

between

1 Be **between** two things 表示某事物处于两个事物之间、位于连接两者的直线上。

用在附加状语里或动词 be 之后：

*He had a pain **between** his shoulders.*
他觉得双肩之间有点痛。
*At dinner, he was placed **between** Lords Carrington and Soames.*
用餐时，他被安排坐在卡林顿勋爵和索姆斯勋爵之间。
*Occasionally, there is a thin layer of sandstone **between** the two.*
偶尔有薄薄一层砂岩夹在两者之间。
*There must be motels **between** here and Montauk.*
在这儿和蒙道克之间肯定有汽车旅馆。

用在名词之后：

*...the crevices **between** the stones.*
……石头间的裂隙。
*...on the border **between** France and Switzerland.*
……在法国与瑞士的边界上。
*...the dirt road **between** his house and Grandpa's cabin.*
……在他的房子和他爷爷的小屋间的土路。

2 To move **between** two places 经常往返两地。

用在附加状语里：

*I have been commuting regularly **between** the UK and the west coast of America.*
我定期往返于英国和美国西海岸之间。

用在名词之后：

*...a civil aviation agreement providing for direct flights **between** their countries.*
……一项为他们两国间提供飞机直航的民航协议。

3 To stand **between** you and a thing or person 某事物成为拥有另一事物，或与别人友好交往的障碍。

用在附加状语里或动词 be 之后：

*How to tackle these men who stand **between** you and the top jobs should be your*

next preoccupation.
你该首要考虑的是如何对付这些阻碍你获得要职的人。
*A whole series of middle men intervene **between** the two sides.*
在双方之间有层层分销商介入。

用在名词之后：

*My hostility to culture may have formed part of the barrier **between** us.*
我对教养的敌意也许已在我俩之间形成了某些隔阂。
*It was a veil **between** herself and Spain which she could not pull aside.*
它是隔在她与西班牙之间揭不开的面纱。

4 To happen **between** two times or events 某事于一件事发生后才发生，并于另一件事发生前已经发生。

用在附加状语里：

*123 women were reprieved from the death sentence **between** 1900 and 1949.*
在 1900 至 1949 年间有 123 名妇女被缓期执行死刑。
*...coming in hurriedly **between** sessions of translating.*
……在翻译工作间隙匆匆进来。

5 **Between** 可用来表示两个事件或两段时间的间隔。

用在附加状语里或动词 be 之后：

*There's only twelve days **between** the two races.*
在两次赛跑间仅相隔 12 天。

用在名词之后：

*...the 1000-year period **between** the end of the Roman occupation and the Renaissance.*
……罗马帝国统治终结后至文艺复兴前的一千年。

6 要表示年龄范围时，用 **between**。

用在名词之后：

*...offering technology-based education to pupils **between** the ages of 11 and 18.*
……向 11 岁至 18 岁间的学生提供以技术为基础的教育。

用在附加状语里：

***Between** the ages of seven and eleven, girls' preferences changed.*
在 7 岁至 11 岁期间，女孩们的喜好发生转变。

7 Something **between** one thing and another 指某物是两个事物的混合体。

用在代词 something 或名词 cross 之后：

*He was something **between** a saint and an artist.*
他既是个心地善良的人，又是一个艺术家。
*He had the same peculiar expression on his face, something **between** a jeer and a challenge.*

他脸上的表情同样古怪，像是讥讽又像是挑战。

*She's a kind of cross **between** Lizzie and Janey.*
她像莉齐又像珍妮。

8 A relationship or interaction **between** two people, groups, or things 表示两人、两个群体、或两件事之间有联系或互相配合。

用在名词之后：

*What is the relationship **between** language and thought?*
语言与思维有何联系？
*Discussion can strengthen bounds **between** couples.*
讨论能巩固夫妻关系。
*A rally erupted into a brutal battle **between** police and demonstrators.*
集会爆发成警方与示威者之间的野蛮冲突。

后跟 **between** 的名词列表如下：

agreement	contact	merger
alliance	co-ordination	misunderstanding
antagonism	correspondence	partnership
balance	encounter	rapport
battle	feud	relationship
bond	fight	split
breach	friendship	truce
collision	interface	understanding
connection	interplay	
consultation	link	

用在附加状语里：

*Silence falls **between** them.*
两人沉默无语。

9 A difference or a similarity **between** people or things 表示人们之间或事物之间的不同之处或相似之处。

用在名词之后：

*The difference **between** you and me is that you've had a child.*
你我间的区别在于你有个孩子。
*There is an interesting similarity **between** this and the myth of Pandora.*
这和潘多拉的神话故事有着有趣的相似之处。
*So the gap **between** rich and poor nations widened.*
这样富国与穷国间的差距扩大了。

后接 **between** 的名词列表如下：

contrast	disparity	gulf	similarity
difference	distinction	inequality	
discrepancy	gap	parity	

用在附加状语里：

*The new tax fails to distinguish **between** rich and poor.*
新税收没能把富人和穷人加以区别对待。

10 To choose **between** two or more things 从两者或更多的事物中只选择一个。

用在附加状语里或动词 be 之后：

*When pressed to choose **between** alternatives, she still explicitly refused.*
当被要求在数个可能中作一选择时，她仍然明确表示拒绝。
*She was torn **between** what I was trying to make her do and what she thought best.*
她得在两者中作出痛苦的抉择：按我的意旨行事，还是按自己的判断做。
*The choice is now **between** English, French and German at school.*
现在，学生须在英语、法语、德语间作出选择。

用在名词之后：

*Clinics in Zimbabwe now give patients a choice **between** traditional and modern doctors.*
如今在津巴布韦的诊所，由病人选择接受传统或现代的治疗。
*Either one assertion or the other forms the correct account: and a decision **between** them is necessary.*
两种说法之一构成正确的陈述，有必要在其中作出判断。

11 To be shared or divided **between** people 某物供各人共享或分配给各人做一部分工作或分给各人使用。

用在附加状语里：

*The costs should be divided **between** all 92 league clubs.*
花费该由所有 92 个俱乐部分摊。
*...when child rearing is shared **between** a couple.*
……当孩子由夫妇共同抚养时。
*...cases where the kitchen was shared **between** two households.*
……厨房由两家人共用的情况。

12 Two or more people have something or manage to do something **between** them 表示两人或更多的人共同拥有某物或分工做某件事情的一部分。

用在附加状语里：

*I looked in my bag and counted what we'd got **between** us—fifteen pounds, it was.*
我往我的包里瞧瞧，数了数我们的钱：一共有 15 英镑。
*They managed to win the title nine times **between** them.*
他俩共九次赢得了冠军。

beyond

1 Be **beyond** a place or barrier 表示某物在某地或某障碍物的另一面。

用在附加状语里或动词 be 之后：

*There was a blink of bright light **beyond** the forest.*
树林那头一道明亮的光闪过。
*We were just **beyond** the range of the big guns.*
我们刚好在大炮的射程以外。
*His village lies two miles **beyond** the border.*
他的村庄位于边境那边两英里处。
***Beyond** the lawn lay Mr Annett's kitchen garden.*
草坪那头是安尼特先生自己栽种瓜菜植物的家庭菜园。

用在名词之后：

*...the long sandy beach **beyond** the farm.*
……越过农场那头长长的沙滩。
*What place was there for a British presence **beyond** Britain's shores?*
对英国人来说，何处是海外居留地呢？

也可用作副词：

*It stretched for miles, to the river and **beyond**.*
它绵延数英里，直抵河流及对岸。

2 To happen **beyond** a particular time or date 表示某事在某一时间或日期过去后，仍然继续发生。

用在附加状语里：

*Few children remain in the school **beyond** the age of 16.*
很少有孩子在 16 岁后还待在该学校里。
*...the requirements for teachers up to and **beyond** the year 2000.*
……到 2000 年及以后对教师的要求。

也可用作副词：

*...a strategy for the 1990s and **beyond**.*
……二十世纪九十年代及其后的战略。

3 To extend **beyond** a particular thing 表示某事物影响或包括别的事物。

用在附加状语里：

*The problems extend **beyond** Britain's cities.*
这些问题蔓延至英国城市之外。
*He has expanded his interests **beyond** painting and sculpture into stage design and film.*
他的兴趣已从绘画及雕塑拓展至舞台设计和电影。
*We're not going to comment **beyond** that.*
除此之外我们不加评论。

4 **Beyond** 引出所谈论的事情的例外情况。

用在不定代词之后或附加状语里，常跟有 -ing 分词从句：

*The government could do nothing **beyond** warning the western governors to be on* *their guard.*

政府只能做到警告西部州长们保持警惕。

*... the only man who knew something about the United States **beyond** what he had read in magazines.*

……对于杂志介绍之外有关美国的其他情况，他是唯一的知情者。

***Beyond** a cursory acquaintance, he had never been near the Royal circle.*

除了泛泛之交，他从未接近过皇室圈子。

5 To go **beyond** a particular point or stage 表示某事进展或提高至超过某一点或某个阶段。

用在附加状语里：

*The nuclear power programme will have proceeded **beyond** the point where it can easily be stopped.*

核能计划快要进展至超过能轻易停止的阶段。

*I felt his hands on me, gripping to and **beyond** the point of real pain.*

我感到他的手抓着我，越抓越紧，最后把我弄疼了。

6 Beyond belief 难以置信或 **beyond** comprehension 无法理解。某事在某方面走极端，以至别人难以置信或无法接受，用 **beyond**。

用在系动词之后或附加状语里：

*The reason was very simple and **beyond** dispute.*

理由很简单，不容争论。

*The inefficiency of the system was **beyond** belief.*

该体制效率之低，令人难以置信。

*The total number of insects in the world seems **beyond** any computation.*

全世界昆虫的总数似乎无法估算。

*In the course of a year, he had changed almost **beyond** recognition.*

一年间他已变得几乎认不出来了。

用在形容词之后：

*Some of the national habits are bad **beyond** description.*

某些民族陋习腐败得难以形容。

*I feel humiliated **beyond** belief.*

我觉得受了难以置信的羞辱。

用在名词之后：

*There was gold **beyond** description.*

金子多得难以形容。

7 Be **beyond** someone 指某人不能理解某事、做某事或获得某物。

用在动词 be 之后：

*Her reasoning was quite **beyond** me.*

她思考的逻辑我可不懂。

*The motives behind artistic impulses were **beyond** my comprehension.*

我不能理解艺术冲动的动机。

*I suspect that an insight on this scale would be **beyond** the capacity of the human mind.*

我怀疑这程度的洞察力也许超越人类的思维力。

*Even the relatively low-cost items may be **beyond** the resources of many small farmers.*

即使是价格较低的物品，也超过了许多小农场主的购买力。

用在名词之后：

*What happens to us is largely determined by factors **beyond** our control.*

我们所面临的事在很大程度上取决于我们不可控制的因素。

but

But 用作介词时，意思同 except 即除此之外。

用在不定代词之后：

*I could walk across the ice and see nothing **but** grey skies.*

我走过冰面，只看到灰蒙蒙的天空。

*I have not encountered anything **but** extreme courtesy.*

我所碰到的只是百般客套。

*I could never speak about anything **but** business to Ivan.*

我和伊万只可能谈谈生意经。

by

1 Something is done **by** a person or thing 某行为由某人或物所做，或引起某事情发生的人或物。

用在过去分词之后：

*The meal was served **by** his armed bodyguards.*

这顿饭由他佩带武器的保镖端来。

*The chances of being struck **by** lightning are very small.*

被闪电击中的可能性很小。

*He was always amazed **by** her confidence.*

她的信心总令他吃惊。

用在名词之后：

*...as a safeguard against attack **by** one of the shepherds' dogs.*

……作为防卫牧羊人的狗进攻的保护措施。

*...a deliberate decision **by** government to resist automation.*

……政府作出的一项抵制自动化的审慎决定。

2 **By** a particular person 指著作、音乐或绘画作品等由某人所写或创作。

用在动词 be 之后：

*The paper is **by** Eulage, of whom you will already have heard.*
这篇文章是尤拉格写的，你听说过此人。

用在名词之后：

*I brought him a copy of a book **by** John Fisher about Emily Hobhouse.*
我带给他一本由约翰·费希尔所著关于埃米莉·霍布豪斯的书。
*Over the bed hung a painting **by** some Dutch eighteenth-century artist.*
床的上方挂着一幅由一位十八世纪荷兰画家创作的画。

3 To do something **by** a particular means 用某种方法做某事。

用在附加状语里，后跟有不带限定词的名词或 -ing 分词从句：

*Did you come **by** car?*
你是开车来的吗？
*Many of the people cooked **by** Primus stove.*
许多人用普赖默斯便携式燃油炉做饭。
*...like a cow being loaded on to a ship **by** crane.*
……像一头正被起重机吊载上船的母牛。
*They dined **by** candlelight.*
他们用餐时用烛光照明。
*Those who had tried to save themselves **by** flight were being hunted down and killed.*
那些试图逃命的人被逮住杀死。
*They tried to save themselves **by** clinging to the wreckage.*
他们紧紧抓住残骸，试图借此活命。

用在名词之后：

*They did not recommend journeys **by** car.*
他们不建议开车旅行。

4 By 用在短语里，表示是否已为一事件作好安排或未作安排。

用在附加状语里：

*I gave Castle the wrong notes **by** accident.*
我意外地把错的笔记给了卡斯尔。
*Her letter was dropped **by** mistake into the bay.*
她的信给误扔到海湾里去了。
*Whether **by** design or because he can't help it, he creates a tension which wins over his audience.*
不知是刻意编排还是情不自禁，他营造出一种紧张气氛，牵动了观众的心。

5 By law, **by** a particular rule, or **by** particular standards 以法律、某一特定规则或某些标准为根据。

用在附加状语里：

***By** law, state pensions must be reviewed once a year.*
根据法律，国家养老金必须进行年度审核。
*...if pupils refuse to play the game **by** the rules.*

……如果学生们拒绝遵守规则玩游戏。

*The salary was enormous **by** my standards.*
照我的标准，这笔工资可算是巨款了。

6 Someone is a particular type of person **by** nature, birth, or profession 某人的天性、血统、身份或职业。

用在附加状语里，后跟不带限定词的名词：

*Sam is English **by** birth whatever anyone may say.*
不管别人会怎么说，山姆是英格兰血统。

*My father, who was a butcher **by** trade, said, 'The Lord sent the meat for us to eat'.*
我的父亲是个肉商，他说，"主赐予我们肉食。"

7 What someone means **by** a particular word or expression 引出某人用特定的词或短语表达某种意义。

用在附加状语里：

*I now want to explain what I mean **by** 'expression'.*
现在我想解释一下我所说的"表情"一词的含义。

*That depends on what you mean **by** luck, Leonard.*
伦纳德，那得取决于你所说的运气是什么意思了。

8 To hold someone or something **by** a particular part of them 抓住某人或某事物的某部位。

用在附加状语里：

*The referee ran up and caught Graham **by** the shoulder.*
裁判跑上前去，抓住了格雷厄姆的肩膀。

*He sprang over the table and grabbed her **by** the throat.*
他跃过桌子，掐住了她的咽喉。

*'And what might this be?' she enquired, holding up a damp painting **by** one corner.*
"这会是什么呢？"她抓住一幅潮湿绘画的一角问这个问题。

9 By something else 某物在另一事物的旁边或附近。

用在附加状语里或动词 be 之后：

*Barney was standing **by** my seat when I returned.*
当我回来时，巴尼正站在我的座位旁。

*You're lucky you weren't **by** the window.*
你刚才不在窗边可真走运。

*He stood **by** her while she telephoned.*
她打电话时，他站在她身边。

用在名词之后：

*...the table **by** the sofa.*
……沙发旁的桌子。

10 To go **by** something else 指某人或某物只是经过另一人或某地，未作停留。

用在附加状语里：

*She also took my hand as we passed **by** the woods.*
当我们走过树林时，她还牵着我的手。

也可用作副词：

*Another bowler-hatted figure went **by**.*
又一个戴着圆顶礼帽的人走了过去。

11 To stop **by** a place 表示在某处稍作停留。

用在附加状语里：

*They invited us to stop **by** the house for coffee.*
他们邀请我们进家中喝杯咖啡。
*...too many Stotts who had nothing to do but drop **by** the house and ask after Stanley.*
……有太多姓斯托特的人不为别的，只顺道到这房子来，问候斯坦利。

也可用作副词：

*I'll drop **by** later.*
以后我再来拜访。

12 **By** yourself 独自一人。

用在附加状语里或动词 be 之后：

*She sat **by** herself and waited for service.*
她独自一人坐着等候服务。

13 To do something **by** oneself 表示独立做某事。

用在附加状语里：

*She could perfectly well manage **by** herself.*
她自己完全能把事情处理好。

14 To stand **by** a person or principle 支持某人或坚守某一个原则。

用在附加状语里：

*I would be quite prepared to stand **by** my observations and comments at any time.*
我会随时信守我的评论和意见。
*It was her duty to stick **by** James through thick and thin.*
她责无旁贷，无论境况如何都对詹姆斯忠贞不渝。
*In most cases, they will abide **by** the Minister's decision.*
在大多数情况下，他们将遵从首相的决定。

后跟 **by** 的动词列表如下：

abide	live	stick
go	stand	swear

15 Something happened or will happen **by** a particular time 某事在某一时间之前已发生或将要发生。

用在附加状语里：

By 11 p.m. all the ships were back.
晚上 11 时前所有船只都回来了。
We'll all be dead by then.
到那时，我们都将已死去。

16 To do something habitually **by** day or **by** night 惯常在白天或晚上做某事。

用在附加状语里：

...young men who go about their work by day as peaceable civilians and who by night turn into soldiers.
……那些白天像平民百姓一样，而晚上却成为战士的年轻人。

17 By 用在乘法或除法算式中的第二个数字之前。

用在附加状语里：

Multiply the cost per day by the number of days.
将每天的开支乘以天数。

18 By 可用来谈论面积的大小。譬如：a room is twenty feet **by** fourteen feet 指这房间 20 英尺长、14 英尺宽。

用在附加状语里：

The lake is 450 miles long by 50 miles wide.
湖 450 英里长，50 英里宽。

19 To increase or decrease **by** a particular amount 表示增加或减少某数量。用在附加状语里：

Profits have increased by £113 million in eleven years.
十一年间，利润已净增长一亿一千三百万英镑。
Department budgets have been cut by 20 per cent.
部门预算已被削减百分之二十。

20 Things exist or are produced **by** the dozen, thousand, or million 某事物成打、成千、或成百万地存在或生产出来，表示量很大。

用在附加状语里：

Gillian, who wrote letters by the dozen every week, spent a fortune on stamps.
吉莉恩每周写很多信，买邮票花了很多钱。
...a book which sells by the million.
……一本销售数以百万计的书。

21 By 用在相同的名词之间，来谈论逐渐发生的事情。

用在附加状语里：

> *Our salaries weren't in fact moving up year **by** year as projected.*
> 实际上，我们的工资并未按计划年年递增。
> *He moved his hand bit **by** bit over the mirror.*
> 他将手放在镜子上一点点地移动。
> *Carefully pour the oil, drop **by** drop, into the paste.*
> 小心地把油一滴一滴倒入面团中。

by means of

To do something **by means of** a particular instrument, method, or process 通过某工具、方法或过程做某事。

用在附加状语里：

> *We climbed down into it **by means of** a vertical iron ladder.*
> 我们用一架垂直的铁梯爬入里面。
> *In the end, he hit the mark **by means of** a simple trick.*
> 最后，他用一个简单的小伎俩达到了目标。
> *It would then become possible to protect people **by means of** vaccination.*
> 通过注射疫苗来保护人们会成为可能。

close to

Close 有比较级形式 closer 和最高级形式 closest。

1 Be **close to** a place or thing 在某地或某物附近。

用在附加状语里或动词 be 之后：

> *They live **close to** Frome.*
> 他们住在靠近弗罗姆的地方。
> *The captain stepped **close to** Farnbach's side.*
> 队长走到法恩巴赫的身旁。
> *The river was uncomfortably **close to** the border.*
> 河流靠近边界，令人不安。

2 Be **close to** a situation or state 接近某种情况或状态。

用在附加状语里或动词 be 之后，后常跟 -ing 分词从句：

> *He came **close to** dying.*
> 他生命垂危。
> *I think that I went **close to** putting them off riding altogether.*
> 我想我几乎让他们完全失去了骑车的兴趣。
> *It was obvious he was **close to** tears.*
> 显然，他快要落下泪来了。

3 Something is **close to** something else 某一事物类似于另一事物。

用在附加状语里或动词 be 之后：

> …*an exchange of complaints which sometimes came **close to** bickering.*
> ……互相埋怨有时就像吵嘴一样。
> *Her status would have been **close to** that of a slave.*
> 她的地位就会沦为一个奴隶。

4 Be **close to** a particular amount 表示某物接近于某一数量。

用在动词 be 之后：

> *The authority's poll tax will be **close to** £376.*
> 当局的人头税将在 376 英镑左右。

concerning

Concerning 引出与所说、所写或所想的事有关的内容。

用在名词之后：

> *I want to ask your advice **concerning** one or two questions.*
> 我想就一两个问题征求你的意见。
> *Bettina and I both wrote articles **concerning** prisons and political prisoners.*
> 贝蒂娜和我都写了有关监狱和政治犯的文章。
> *…in a bid to allay public fears **concerning** ownership.*
> ……以图减轻公众对所有权的担忧。

considering

Considering 表示说话者考虑到某一事实。

用在附加状语里：

> *It wasn't unattractive, **considering** its function.*
> 考虑到它的功能，它还是有吸引力的。
> ***Considering** the circumstances, this was an important win for them.*
> 考虑到具体情况，这是他们赢得的一次重要胜利。

也可在句末用作副词：

> *She's quite well, **considering**.*
> 从各方面考虑，她身体颇佳。

contrary to

Something is true **contrary to** a belief or statement 某事是真实的，虽然人们对该事有着相反的想法或论调。

用在附加状语里：

Contrary to popular belief, the desert can produce crops.
与大众的观念相反，沙漠能种植农作物。
Contrary to official predictions of further increases, the prison population has fallen.
和官方预计的继续增长相反，囚犯的人数已经下降。

depending on

Depending on 引出一个可变因素，会对某情况产生影响。

用在附加状语里：

*They will lend up to 90 per cent of the property's value, **depending on** its age.*
他们将视房地产的新旧，最多借出相当于其价值 90% 的款项。
*But the times will vary **depending on** the classes he has to attend.*
但次数将依他要上的课而变化。
*Different methods are used **depending on** what results are required.*
根据所需的结果采用不同的方法。

despite

1 Despite 引出某事使所提及的情况或事件显得意外的事物。

用在附加状语里，常跟 -ing 分词从句：

*He was very refined **despite** his occupation.*
尽管他干的工作很寻常，但他举止优雅。
*She always had time for a pleasant word, **despite** having some family problems of her own.*
尽管自己家中也有困难，她总找时间说句逗乐的话。
*...decisions that were implemented **despite** much criticism.*
……尽管有许多批评但仍被执行的决定。

2 To do something **despite** yourself 指不由自主地做某事。

用在附加状语里：

*Rudolph laughed and **despite** herself Gretchen had to laugh too.*
鲁道夫笑了，格蕾琴也不由自主地笑了。
*Jeff grinned reluctantly, pleased **despite** himself at even this much recognition.*
杰夫勉强笑笑，不由自主地对这点好评感到高兴。

down

1 To go **down** something 表示某人或某物向下走或走向较低的位置，如沿着斜坡或管道往下走。

用在附加状语里：

*They waved as he drove **down** the hillside.*

当他开车驶下山坡时，他们向他招手。

*She hurried on **down** the steps.*

她匆匆跑下楼梯。

*He emptied the last of the milk **down** the sink.*

他把剩下的牛奶倒入了洗涤槽。

*Tears ran **down** my cheeks.*

泪水淌下我的双颊。

也可用作副词：

*George waved his shirt up and **down**.*

乔治上下挥动着衬衫。

2 To go **down** a road or passageway 沿着道路或通道向对面走去。

用在附加状语里：

*Karen drove on **down** the street.*

卡伦开车沿街行驶。

*He walks back **down** the corridor.*

他沿着走廊往回走。

*He saw Whitman walking **down** the pier towards his car.*

他看见惠特曼沿着码头朝他的汽车走去。

3 To go **down** a river 指顺着水流的方向走。

用在附加状语里：

*But when you go **down** the river, don't hit the rocks.*

但当你顺河而下时，小心不要触礁。

*The dead fish drift **down** the river.*

死鱼顺河漂下。

4 To go **down** a place 到那个地方去或进入里面。这种用法非常不正式。

用在附加状语里或动词 be 之后：

*Sooner or later all our meetings end up **down** the pub.*

我们所有的会议最后都会在这酒店里结束。

*Sometimes I go **down** the cafe for a sausage-and-chip lunch.*

有时我去咖啡馆来份香肠炸薯条当作午饭。

5 Be situated **down** something 是指某事物的位置离另一事物如道路更远。

用在附加状语里或动词 be 之后：

*There's a restaurant **down** the platform.*

站台那头有家餐馆。

*...a woman who lives **down** the road.*

……一个住在道路那头的女人。

6 One thing has another thing **down** it 说明一事物从另一事物的顶部延伸到底部。

用在附加状语里：

*...a mass of long grey hair that came halfway **down** his neck...*
……一头灰色长发垂到他颈部。
*She emerged with her hair **down** her back.*
她冒了出来，长发披在肩后。
*At the same time you will feel a strong pull right **down** the back of your legs.*
同时，你将感到腿后有股强大的力向下拉。

也可用作副词：

*A striped tie hung **down** to his belt.*
一条带条纹的领带垂落至他腰带处。

due to

Be **due to** something else 表示某情况或某事件的存在或发生是另一事件引致的结果。有人认为 **due to** 只能用在动词 be 之后，而不能用在附加状语里。

用在动词 be 之后或在附加状语里：

*Pathologists found that death was **due to** police violence.*
病理学家发现这次死亡个案是由于警察暴行导致。
***Due to** inflation, the general cost of living in Britain rose by 5% last year.*
由于通货膨胀，去年英国人的一般生活支出上升了百分之五。

用在名词之后：

*Stress **due to** poor working conditions is one cause of illness.*
由恶劣的工作条件引起的压力是病因之一。

during

1 To happen **during** a period of time 某事在某段时间里连续发生或发生过几次。

用在附加状语里：

*He wrote a weekly column for the Guardian **during** 1963-4.*
在 1963 至 1964 年间，他为《卫报》的每周专栏撰稿。
*Champagne merchants say that it can be drunk before, **during** and after a meal.*
香槟酒商说该酒在饭前、饭中及饭后均可饮用。
***During** all the years of work, he had been realistic with himself.*
这些年来所有的工作中，他总是对自己实事求是。

2 To develop **during** a period of time 表示某物在某段时间里从开始到结束，都一直得到发展。

用在附加状语里：

***During** infancy, the little monkeys form strong attachments to their owners.*
在幼儿期里，小猴子们对其主人产生强烈的感情。

*Vegetarian societies grew slowly **during** the next 150 years.*
在随后 150 年中，素食群体发展缓慢。
*I hope this will become clear to you **during** the course of the lectures.*
我希望在讲座过程中，你会渐渐明白这一点。

3 To happen **during** a period of time 指某事在某一期间内的某一刻发生。

用在附加状语里：

*The boy disappeared from the hotel **during** the night.*
这名男孩在夜间从旅馆失踪。
*She sold the house to the local authority **during** the crisis months of 1938.*
在 1938 年数个月的危机时期，她把房子卖给了地方当局。
*He'd given me a strong hint **during** that phone conversation.*
在那次电话交谈中，他已向我发出强烈暗示。

except

也作 **except**ing 表示除某事以外。

Except 引出主要陈述内容中唯一没有包括在内的人或事。

用在不定代词或名词之后：

*There was nothing left **except** a few bricks.*
除了几块砖头外，别的什么也没剩下。
*She has no money, no friends **except** those that live here.*
除了住在这儿的邻居外，她既没有钱也没有朋友。
*The girls all buzzed around, **except**ing May Noble.*
除了梅·诺布尔之外，所有的姑娘都叽叽喳喳跑来跑去。

except for

Except for 表示主要陈述内容中唯一没有包括在内或考虑到的人或事。

用在名词之后：

*I had absolutely no friends **except for** Tom.*
除了汤姆外，我根本没有任何朋友。
*He thought he recognized all the faces **except for** one woman in a shabby fur coat.*
他认为他认得所有面孔，除了一个穿着破旧皮大衣的女人之外。

用在形容词之后：

*Now after midnight it is quiet **except for** an occasional motorcyclist.*
现在，过了午夜，除了时而有摩托车声响外，一切都很宁静。
*His mind was empty **except for** thoughts of her.*
他心中只牵挂着她，其余一片空白。

用在附加状语里：

*There is deep and utter silence here, **except for** the sound of an Indian tune playing on a record player.*
唱机在播着一支印第安曲调，除此之外，这儿是如此深沉幽静。

***Except for** such diversions, pond creatures spend their time in an endless search for food.*
除了这样的消遣外，水塘中的生物不停在觅食。

excluding

Excluding 引出某人或某事并不属于所谈论的一部分。

用在名词之后或附加状语里：

*In 1981 Britain spent nearly 40 billion pounds on inland transport alone (**excluding air travel and water freight**).*
1981 年，英国仅是岛屿交通一项就花费了几乎 400 亿英镑（不含空中及水上运输）。

***Excluding** Greenland and Antarctica, the world has 13.15 billion hectares of land.*
除去格陵兰岛及南极洲，全球陆地面积有 131.5 亿公顷。

following

Following a particular event 某事紧接另一事件以后发生，或某事是另一事件发生的结果。

用在附加状语里：

*The mines had been closed down **following** a geological survey.*
地质调查后，矿井已被关闭。

***Following** an emergency meeting, reserve troops were mobilized.*
在紧急会议后，后备部队给动员起来。

*The investigation was completely reorganized, **following** the resignation of the Chairman.*
在主席辞职之后，调查获得重新组织。

用在名词之后：

*He hasn't been able to sleep well in the days **following** the fight.*
在战斗结束后的日子里，他一直睡不安稳。

for

1 Something is intended or done **for** someone 表示人们期望某人拥有、使用某物，并从中受益。

用在附加状语里：

*Why are you doing all this **for** me?*
你为什么为我做这一切？
*The village had bought it **for** me.*

村里已给我买下了它。

用在动词 be 之后：

*Here—this is **for** you, Ashok. To bring you luck.*
喏，这是给你的，阿肖克。能给你带来好运的。

用在名词之后：

*The vicar arrived, bringing with him an unexpected present **for** me.*
牧师到了，给我带来了一份出乎意料的礼物。

用在形容词之后：

*...cutting down the food supplies available **for** each person.*
……削减每个人的食物供应量。
*...a glossy magazine designed **for** today's sophisticated woman.*
……一份为今日高雅时髦女性设计的精美大众杂志。

2 To work **for** a company or person 受雇于某公司或某人。

用在附加状语里：

*He worked **for** a large firm of solicitors.*
他为一家大型律师事务所工作。

3 Someone does something **for** you 不必自己做某事，有人代做。这种用法中的 **for** 有时要重读。

用在附加状语里：

*Remove the bones from the trout or ask your fishmonger to do this **for** you.*
将鳟鱼的鱼骨剔除，或让鱼贩替你做。

4 To do something **for** oneself 亲自做某事不假手于人。

用在附加状语里：

*Come up here and see **for** yourself.*
你自己来这儿看看。

5 **For** 阐明物体的用途，或行为的目的，或某人设法要得到的东西。

用在名词之后，常伴有 -ing 分词从句：

*I provided my canary with a bowl **for** bathing in.*
我给我的金丝雀一碗水供其洗澡。
*He said the best place **for** the meeting would be Paris.*
他说巴黎是举行会议的最佳地点。
*You'll have more than enough money **for** any equipment you need.*
要买你所需要的设备，钱绰绰有余。
*...his campaign **for** re-election.*
……他为再度当选展开的竞选活动。

用在附加状语里：

*Willie went to the desk **for** the key.*
威利去取书桌上的钥匙。
*Liz had invited the whole group to her house **for** coffee.*
利兹已邀请大伙儿去她家喝咖啡。
*He crawled about the floor searching **for** the brush.*
他在地板上爬来爬去，寻找着刷子。
*The policeman was there, waiting **for** us.*
警察在那儿等着我们。
***For** further information see leaflet 49.*
欲知详情，请看小册子第四十九页。

后面常接 **for** 的动词列表如下：

advertise	bargain	fish	hunt	search
aim	campaign	forage	look	send
apply	fight	grope	scavenge	wait

用在动词 be 之后：

*'You spend all your money.'—'That's what it's **for**, isn't it?'*
"你把你所有的钱都给花光了。" —— "钱不就是拿来用的吗？"

用在形容词之后，常跟 -ing 分词从句：

*...the amount of money available **for** spending.*
……可供花费的钱。
*We also found these diets useful **for** weight loss.*
我们还发现这些饮食方式对减肥有效。

6 For 表明某人想要或请求得到的东西。

用在附加状语里：

*Perhaps she had longed **for** a child and never had one.*
也许她早想要个孩子，但却从未如愿以偿。
*He had hoped **for** some flash of inspiration.*
他希望灵感涌现。
*We asked **for** a meeting with the Director.*
我们请求约见董事。

后面常接 **for** 的动词列表如下：

appeal	call	hope	lust	press
ask	clamour	hunger	pine	wish
beg	hanker	long	pray	yearn

用在名词之后：

*People have a longing **for** normality.*
人们渴求过正常的生活。
*...the usual requests **for** money.*
……对金钱的一般需求。
*...its demands **for** greater democracy.*

……它要求更加民主。

用在形容词之后：

*They were eager **for** revenge.*
他们急于报仇。

7 To leave **for** a place 打算到某地。

用在附加状语里：

*I'm leaving **for** Washington on Tuesday morning.*
我将在星期二上午动身去华盛顿。

用在名词之后：

*I boarded the train **for** New York.*
我乘坐去纽约的列车。

8 **For** 提及需解释或证实的事。

用在名词之后，常跟 -ing 分词从句：

*I cannot see any reason **for** going on.*
我看不出有任何继续下去的理由。
*There was no reasonable explanation **for** her decision.*
对她的决定没有合理的解释。

用在动词 account 之后的附加状语里：

*There are many elegant theories to account **for** inflation.*
有许多解释通货膨胀的精妙理论。

9 **For** 有时能用于解释某事的原因，或说明这样做的理由。

用在形容词之后：

*These employers were famous **for** their meanness.*
这些雇主以吝啬出名。

用在名词之后：

*…the Cleveland man fighting his conviction **for** the murder of his wife.*
……这名克利夫兰男子对指控他谋杀妻子的罪名进行申辩。

用在附加状语里，常跟 -ing 分词从句：

*I hated him **for** having humiliated me.*
我憎恨他羞辱了我。
*He apologized **for** intruding.*
他为唐突地闯入而道歉。
*He was arrested **for** assault.*
他因殴打他人而被捕。
*…a situation in which infants die **for** lack of elementary medical care.*
……婴儿因缺少基本医护而夭折的状况。

10 To give someone a present **for** their birthday or **for** some other occasion 因某人生日或其他时机而送礼。

用在附加状语里：

*She'd received a camera **for** her fourteenth birthday.*
她收到一部照相机作为她 14 岁的生日礼物。
*What shall I get you **for** Christmas?*
圣诞节我该送什么给你呢？

11 **For** 用在某些词之后来表明与某特性、事物或行为有关。

用在形容词之后：

*...to make individuals responsible **for** their own safety.*
……让个人对其自身安全负责。
*Be prepared **for** a little delay.*
准备稍为延迟一下。

用在名词之后：

*Society has not found an acceptable substitute **for** the family.*
社会还没有找到为人所接受、能替代家庭的形式。
*...a cure **for** rheumatism.*
……治疗风湿病的一种疗法。

用在附加状语里：

*Hilary wept **for** her dead friend.*
希拉里为她死去的朋友哭泣。
*...having opted **for** early retirement.*
……决定提早退休。
*I shop now at special boutiques which cater **for** the fuller figure.*
我现在于妇女服饰专卖店购物，这儿能满足体形较丰满者的需要。

12 To feel a particular emotion **for** someone or something 对某人或某事物怀有某种感情。

用在名词之后：

*...her hatred **for** her husband.*
……她对丈夫的憎恨。
*...our love **for** our children.*
……我们对孩子的爱。

后跟 **for** 的名词列表如下：

admiration	disdain	enthusiasm	nostalgia
affection	dislike	hatred	partiality
affinity	disregard	love	passion
appreciation	disrespect	lust	predilection
contempt	distaste	mania	weakness

用在形容词 sorry 之后：

*I feel sorry **for** him.*
我为他难过。

13 For 表示为某人而产生的一种感情。

用在形容词之后：

*'It's quite a promotion.'— 'Of course. I'm delighted **for** you.'*
"这可是不小的提拔。"——"当然啦。我真为你高兴。"

14 For 引出对某一评论所涉及的人并引述他的看法。

用在形容词之后或附加状语里：

*She was aware she was making it easy **for** them to trace the call.*
她觉察到她正使得他们能轻易地追踪电话。
*That can't have been very pleasant **for** you.*
那事不可能令你很愉快。
***For** me, killing you would create more problems than it would solve.*
我看，杀了你会制造更多麻烦。

15 For 用于某人或某物相对另一事物来说，某种特质的量太多、足够或太少。

跟在副词 too 或 enough 之后：

*She wore frocks that were a bit too big **for** her.*
她穿的连衣裙有点偏肥。
*He was too heavy **for** her to carry.*
他太重了，她根本背不动。
*...a room large enough **for** four to sleep in.*
……一间足够四个人睡的房间。

16 For 用于人或事物的一面与其另一面相比，令人感到意外。

用在附加状语里：

*She was tall **for** her age.*
以她这个年龄来说，她个子算是高的。

17 Something lasts or continues **for** a period of time 表示某事延续、维持一段时间。

用在附加状语里：

*The weather had been bad **for** several days.*
几天来，天气持续很坏。
*We talked **for** quite a while.*
我们交谈了好一会儿。
***For** years Mary was unable to find a job.*
玛丽好几年没能找到工作。

18 Something goes or extends **for** a particular distance 表示某事物走了或延伸了某段距离或路程。

用在附加状语里：

> I walked **for** miles and miles.
> 我走了好多英里。
> The queue stretched **for** a thousand yards.
> 队列延伸达 1,000 码。

19 Something is planned **for** a particular time 某事计划在某时刻进行。

用在附加状语里：

> The wedding was fixed **for** 16 June.
> 婚礼定在 6 月 16 日举行。

20 **For** 表示某事发生过的次数。To happen **for** the second time 表示某事已发生过一次。

用在附加状语里：

> Before using a pan **for** the first time, wash it with a sponge.
> 在首次使用平底锅前，用海绵将它擦洗干净。

21 To buy, sell or do something **for** a particular amount of money 表示支出或得到一笔钱作为交换。

用在附加状语里：

> ...a paperback which he has bought **for** fifty cents.
> ……他用 50 美分购买的一本平装书。
> He made an arrangement to rent the property **for** a very small sum.
> 他商定花一小笔钱租下此处地产。

22 To pay or charge a particular amount of money **for** an object or service 付钱购买某东西或某服务。

用在附加状语里：

> He had paid $5,000 **for** the boat.
> 他为这艘船花费了 5,000 美元。

23 **For** 与 every 连用，表示比例。

用在数词之后，或数词加名词之后：

> It worked out at one teacher **for** every extra 100 pupils.
> 每增加 100 个学生配备一名教师。

24 To vote or argue **for** something 投票支持某事或为某事而与别人争论。

用在附加状语里：

*I'll never vote **for** him again.*
我决不再投他的票。

用在名词之后：

*He provided no shred of evidence **for** these allegations.*
对这些指控他未提供任何证据。
*The case **for** more equal relationships between parents is strong.*
支持双亲之间关系更平等的论据颇强。

25 For something 支持或赞成某事。**For** 在此需重读。

用在动词 be 之后：

*Are you **for** us or against us?*
你是支持我们还是反对我们?

26 A word **for** another word or **for** a thing 某一词与另一词相同，或用来指代某件事。

用在名词之后：

*... 'ge', the Greek word **for** the earth.*
……希腊语 ge 表示大地。
*What's the proper word **for** those things?*
那些东西该用什么适当的词来表达?

forward of

Something that is **forward of** a particular thing 某物近于另一物的前面、距离说话者较远。属正式用语。用在附加状语里或动词 be 之后：

*The explosion had been in the No.1 cargo hold just **forward of** the wing.*
爆炸就发生在机翼前部的一号货舱内。
*The line should now be watched carefully and held lightly between finger and thumb just **forward of** the reel.*
现在注意这条线，并用拇指和食指轻轻拿住靠近线轴的地方。

用在名词之后：

*The area **forward of** the valley favoured defence.*
山谷前的地区利于防守。

from

1 From 引出某事物的来源或提供者。

用在附加状语里：

*Much of their support comes **from** the political left.*
他们所获支持大多来自左派政党。

*The evidence for this comes **from** an interesting fossil specimen found at Koobi Fora.*
对此的证据来自在库比弗拉发现的有趣的化石标本。
*He bought the car **from** Ford's of Dagenham.*
他从达格纳姆的福特车厂买的汽车。
*I had inherited it **from** the late Harold Haze.*
我从已故的哈罗德·黑兹那儿继承了它。

后跟 **from** 的动词列表如下：

beg	cadge	extort	inherit	wring
borrow	come	get	obtain	
buy	elicit	glean	receive	

用在名词之后：

*...the ability to evaluate information **from** a range of sources...*
……对来源广泛的信息进行评估的能力。
*He unearthed a bottle of eau-de-cologne, a present **from** a woman admirer.*
他发现一瓶科隆香水，这是一位女性崇拜者的礼物。

2 From 说起某人的出生地或某物的产地或发源地。

用在附加状语里或动词 be 之后：

*He came originally **from** the north-east of England.*
他原籍英格兰东北部。
*He's **from** Philadelphia.*
他出生在费城。

用在名词之后：

*We were joined by a friend of his, a man **from** Kansas City.*
他的一个朋友加入我们之中，那人是堪萨斯城人。
*...vessels made out of semi-precious materials **from** the East.*
……用东方国家出产的半宝石材料制造的器具。

3 From 用来表示某人受雇的公司。

用在动词 be 之后：

*'He's **from** the BBC,' Stephen said.*
"他在英国广播公司工作。" 斯蒂芬说。
*He says he's **from** the New York Times.*
他说他为《纽约时报》工作。

用在名词之后：

*On this principle the man **from** the ministry continued to visit me.*
按这个原则，政府的人继续来找我。

4 Someone or something moves or is moved **from** a place 某人或某物离开某一地方，到别的地方去。

用在附加状语里：

*I met Mr Meyers, a kindly man who had come to South Africa **from** London many years before.*

我遇见迈耶斯先生。他是个慈祥的人，多年前从伦敦来到南非。

*Kate retreated **from** the window and dressed.*

凯特离开窗，穿好衣服。

*Blood was streaming **from** the wound.*

鲜血正从伤口涌出。

*I produced my own watch **from** a pocket.*

我从口袋里掏出自己的手表。

5 To go **from** place to place 到了好几个地方。此结构还可以用来描述离开某地去另一地方，属书面用语。

用在附加状语里：

*…wandering **from** room to room.*

……从一个房间踱到另一个房间。

*Her head bobbed **from** side to side.*

她的头往左右来回晃动。

*…on the day he'd been transferred **from** bedroom to verandah.*

……白天，他从卧室被移至阳台。

*…so unnerved that he could not pour the liquid **from** bottle to glass.*

……他颇沮丧，甚至无法将液体从瓶子倒入玻璃杯中。

6 To take one thing or person **from** another 将某物或某人与另一物或人分开。

用在附加状语里：

*Children were taken forcibly **from** their mothers.*

孩子们从母亲身边被强行夺走。

*Remove the crusts **from** the bread.*

将面包上的硬皮撕去。

*A starling was busy detaching the petals **from** an anemone.*

一只椋鸟正忙着从一朵银莲花上扯下花瓣。

后跟 **from** 的动词列表如下：

cut	disconnect	separate
detach	remove	take

7 To return **from** doing something 做完某事后回来。

用在附加状语里，常跟 -ing 分词从句：

*The men as yet had not come back **from** fighting.*

男人们还未从战场上回来。

8 Back **from** a place or activity 表示从某地或某活动中回到原地。

用在 be back 或 be home 之后：

*…a phone call telling her boss she'll be late back **from** lunch.*

……一个电话告诉她的老板午饭后她将迟些回来。

*When Harland was home **from** boarding school, the two of us would go shooting birds.*
哈兰从寄宿学校回家时，我们俩要去打鸟。
*When had all the family last been together with everyone back **from** university?*
上次每个人都从大学归来，全家人团聚是什么时候？

用在形容词 fresh 之后：

*In walked Chris, fresh **from** a dangerous safari.*
克里斯走了进来。他刚结束了一次危险的探险旅行。

9 To see something **from** a particular place 从某处看东西。

用在附加状语里：

***From** our cottage, we would see a distant kite swoop down on its prey.*
从我们的农舍可看见远处有只鸢朝它的猎物猛扑过去。
***From** behind his desk, he heard them passing in the corridor.*
他在书桌后听见他们从走廊中经过。
*The city, viewed **from** hundreds of feet in the air, was always full of bustling activity.*
从几百英尺高空俯瞰，这座城市总是一派繁忙热闹的景象。

10 To hang **from** an object 指某物从一物体上悬挂下来。

用在附加状语里：

*There, hanging **from** a peg, was a brand new raincoat.*
衣钩上挂着一件全新的雨衣。
*She would toy with the black pearl that dangled **from** her right ear.*
她摆弄从她右耳垂下的那粒黑色珍珠。

11 用 **from** 表示两地间的距离。

用在动词 be 之后或附加状语里：

*The village was barely five miles **from** the eastern outskirts of Caen.*
这个村庄距离卡昂市东郊仅五英里。
*The assault craft were less than a mile **from** Omaha and Utah beaches.*
登陆艇距离奥马哈和犹他海滩不到一英里。
*They lived in tents just a few yards **from** the border.*
他们住在距离边界仅几码的帐篷内。

12 **From** 可用来表示某一时间的开端或某一系列事物的起始。

用在附加状语里或动词 be 之后：

*She was to be in New York **from** June to late September.*
她从六月到九月底将留在纽约。
***From** now on, you are free to do as you like.*
从今以后，你想做什么就做什么。
*Entry fees vary **from** 50p to £5.*
入场费从 50 便士到 5 英镑不等。
*We begin counting **from** zero through to nine and then start all over again.*

我们开始从零一直数到九，然后再来一遍。

13 To vary **from** thing to thing or **from** one thing to another 表示事物情况不同或各不相同。

用在附加状语里：

*Fees may vary **from** college to college.*
各大学的收费标准不同。
*The policy on public access varies **from** place to place.*
公共频道播送的政策各地有所不同。
*The effect of a given dose of poison will vary **from** one individual to another.*
一定剂量的毒药所产生的效果因人而异。
*There were radical design alterations **from** edition to edition.*
各个版本在设计上有显著改动。

14 To change **from** one thing to another 表示某人或某物的情况或状态的转变。

用在附加状语里：

*...a year which turned Gillian **from** a happy, gentle person to an embittered and depressed woman.*
……一年间，吉莉恩从一位开怀喜乐、举止温文的人变成了一个充满怨恨、忧伤消沉的女人。
*Language examinations will test the candidate's ability to translate **from** German into English.*
语言考试将考核应试者将德语译成英语的能力。
*...when interest rates have fallen **from** 11 to 10 per cent.*
……当利率已从 11% 下跌至 10% 时。
*The water turned **from** brown to gold.*
水从褐色变成了金色。
*...by encouraging people to switch **from** private to public transport.*
……通过鼓励人们从驾驶私家车转为乘坐公共交通工具。

后跟 **from** 的动词列表如下：

change	fall	switch	translate
convert	graduate	transform	turn

15 Something is made **from** a particular substance 指某一物质是用来做成某物的。

用在附加状语里：

*Ropes were made **from** local flax.*
绳子用当地的亚麻纤维制成。
*...making soap **from** coconut oil and wood ash.*
……用椰子油及木灰制成肥皂。

16 From 用来指某事物与别的事物不同。

用在形容词之后：

*You're quite a bit different **from** what I expected.*
你和我心中期待的可有点不一样。
*Evidently this is an altogether different picture of the world **from** that which Newton had.*
显然，这是和牛顿心目中的世界观完全不同的景象。

用在附加状语里：

*The American political scene differs markedly **from** that in Western Europe.*
美国的政治舞台和西欧显著不同。
*How can you tell a poisonous mushroom **from** an edible one?*
如何区分有毒和可食用的蘑菇呢？
*…his inability to distinguish his friends **from** his enemies.*
……他不能区分敌友。

17 用 **from** 提及某事的起因或理由。

用在附加状语里：

*A number of illnesses have resulted **from** the misuse of these compounds.*
误用这些化合物已导致一些病症。
*We all got a tremendous amount of pleasure **from** your visit.*
你的来访令我们大家都欣喜万分。
*I realized you could die **from** a cut like that.*
我知道像那样的割伤足以令你伤重死亡。
***From** my past experience, I think I may safely assume that they will not agree to the plans.*
根据我过去的经验，我有把握假设他们不会赞同这些计划。

18 Something is hidden or protected **from** a person or thing 表示不让某人或某事物知道、看见、拥有或伤害该事物。

用在附加状语里：

*He would never hide this fact **from** them.*
他决不会向他们隐瞒这个事实。
*You know that withholding information **from** me is a crime.*
你知道对我隐瞒消息是犯罪行为。
*Measures must therefore be taken to protect pipework **from** corrosion.*
因此必须采取措施保护管道不受腐蚀。

后跟 **from** 的动词列表如下：

conceal	insulate	shelter
guard	keep	shield
hide	protect	withhold

19 To free someone **from** a state, restriction, or oppressor 表示使人脱离某种状态、摆脱制约或压迫。

用在附加状语里：

*Today, with sophisticated machines, we can free man **from** the harshness of work.*
今天，由于拥有精密的机器，我们可使人们从艰苦的工作中解放出来。
*Some said that he was eventually released **from** imprisonment.*
有人说他最终从狱中获释。

用在形容词之后：

*I am never really free **from** pain.*
我从未真正摆脱病痛。

20 From 用于表示某事受到阻止或禁止。用在附加状语里，后跟 -ing 分词从句：

*At the same time she'd prevented me **from** moving around.*
同时，她已使我不能四处活动。
*A security guard in a peaked cap stopped me **from** leaving the building.*
一个戴着鸭舌帽的保安阻止我离开这座大厦。
*Portable yellow metal barriers kept vehicles **from** circulating in the streets.*
可移动的黄色金属路障阻止车辆在这些街道通行。

后跟 **from** 的动词列表如下：

ban	deter	dissuade	stop
bar	discourage	keep	
deflect	disqualify	prevent	

in

1 In a container 在某一容器里。

用在附加状语里或动词 be 之后：

***In** the drawers of a large Italian cupboard I found hundreds of letters.*
在一个意大利式大橱柜的抽屉中，我发现了数百封信件。
*He gathered up the photos and put them back **in** his briefcase.*
他收拢照片，将其放回到公文包中。
*Most babies have a wonderful time **in** the bath.*
在盆中洗澡对大多数婴孩是开心的一刻。
*He loved to bathe **in** the river.*
他爱在河中游泳。
*Billy Stein and Mary Breslow were **in** the car with him.*
和他一起在汽车里的有比利·斯坦和玛丽·布雷斯洛。

用在名词之后：

*Could he read the labels on packets **in** the store cupboard?*
他能看清商店货橱中袋子上的标签吗？

也可用作副词：

*Water poured **in** over the side of the boat.*
水从船侧灌入。

2 In a place 在某处。

用在附加状语里或动词 be 之后：

*There are three bottles **in** the kitchen.*
厨房里有三个瓶子。
*Mrs Brown strolled **in** the park all afternoon.*
布朗太太整个下午都在公园中漫步。
*Do you live **in** London now?*
你现在住在伦敦吗？
*...multinational corporations based **in** the United States.*
……总部设在美国的跨国公司。 用在名词之后：
*The table **in** the kitchen had a tablecloth over it.*
厨房桌子上盖着一块桌布。
*...the luckiest man **in** the world.*
……世上最幸运的人。

3 A person **in** a piece of clothing 某人身穿某种衣物。

用在名词之后：

*...a small girl **in** a blue dress.*
……一个穿着蓝色连衣裙的小女孩。
*...an old woman **in** black.*
……一个穿黑衣的老妇人。

用在附加状语里或动词 be 之后：

*...when I see you walking along **in** your light-blue suit.*
……当我看见你身穿着浅蓝色西服走过时。
*...a tall thin figure dressed **in** black.*
……一个身穿黑衣的瘦削高个子。
*Hilary was **in** her nightdress and dressing-gown.*
希拉里穿着睡衣和晨袍。

4 To be covered **in** something 某物被另一事物覆盖。

用在附加状语里，常用在过去分词后：

*The walls of her flat are covered **in** dirt.*
她公寓房间的墙上布满灰尘。
*Then I noticed that the lectern was draped **in** white silk bedsheets.*
接着我注意到讲经台上覆盖着白色丝绸床单。
*Wrap the loaf **in** some foil and bake for 15 minutes.*
用锡纸裹住面包，烤十五分钟。

5 Be **in** a document, book, play or film 能在文件、书籍、剧本或电影里读到、看到或听到某东西。

用在附加状语里或动词 be 之后：

*You didn't mention them **in** your letter.*

你在信里没有提到他们。

*The change that this entails will be illustrated **in** the next chapter.*
所引起的变化将在下一章阐明。

*Their number is **in** the phone book.*
他们的号码在电话号码簿里。

用在名词之后：

*Like a man **in** a comedy film, he pushed out his bare arm and examined the large watch on his wrist.*
像喜剧电影里的人物一样，他伸出手臂、审视着腕上的大手表。

6 To see something **in** a mirror or other shiny surface 指能在镜子里或光亮的平面上看到某物体的影像。

用在附加状语里：

*He looked at himself **in** his shaving mirror.*
他看了看剃须镜中的自己。

用在名词之后：

*She was looking at reflections **in** the large mirror on her dressing-table.*
她正看着梳台上大镜子里自己的影像。
*...the face **in** the mirror.*
……镜子中的脸庞。

7 Something **in** a window 在窗户内、可以看见。

用在附加状语里或动词 be 之后：

*There was a sign **in** the window advertising a laundry marking machine.*
窗户内的招牌在展示替送洗的衣物贴标签的机器。
*He stuck a poster **in** his window.*
他在窗上粘贴了一张海报。

用在名词之后：

*...the magazines **in** the window.*
……窗内的杂志。
*She walked along the pavement looking up at the light **in** his window.*
她沿着行人道走，抬头看他窗户的灯光。

8 **In** a group 某人或某物是该群体中的一部分。

用在附加状语里或动词 be 之后：

*Of course, we all enjoy the excitement of being **in** a crowd.*
当然，我们都喜欢在人群中的兴奋感。
*From the first, she was **in** a special category.*
从一开始，她就是特殊类别的一员。

用在名词之后：

*He seemed set against most of the key people **in** the company except me.*
除了我之外，他似乎对公司里大多数关键人物都心怀敌意。

9 Be **in** something such as a play or a race 某人是一项演出或比赛的参加者。

用在附加状语里或动词 be 之后：

*He may be too small to compete **in** games.*
他也许太小，不能参加竞赛。
*I thought he showed real talent **in** Hamlet.*
我认为他在《哈姆雷特》一剧中显示出真正的才华。
*He was easily the best boxer **in** the tournament.*
在锦标赛上，他显然是最佳拳击手。

10 To happen **in** a particular year, month or other period of time 指某事在某一年、某一个月或在某一段时间内发生。

用在附加状语里：

*I was born **in** 1910.*
我出生于 1910 年。
*...when the grass dies back **in** autumn.*
……当青草在秋季枯萎。
*Joe returned to the village **in** the morning.*
乔在早上回到村庄。
***In** the first officer's absence, Demerest would do some of the first officer duties.*
当大副不在的时候，达姆罗甚履行大副的部分职责。

11 To do something **in** a particular length of time 做某事需花费的时间。

用在附加状语里：

*I have walked between twenty and thirty miles **in** a day.*
我一天中已步行了 20 至 30 英里。

12 Something will happen **in** a particular length of time 指某事在那段时间后发生。

用在附加状语里或动词 be 之后：

*The car should be here **in** ten minutes.*
十分钟后，车子该到这儿。

13 **In** a particular state or situation 经历某种状态或处境，并受其影响。

用在动词 be 之后或在附加状语里：

*...a man who was **in** an extreme state of distress.*
……一个处于极端困苦状态中的人。
*Do not run if you are injured and **in** pain.*
如果你受了伤，感到疼痛，那就别跑。
*I have a feeling that she is **in** grave danger.*

我有种感觉，她正处于严重的危险中。

*A chance reunion with Charles Boon would not, **in** normal circumstances, have gladdened Philip Swallow's heart.*

在正常情况下，和查尔斯·布恩偶然重逢不会令菲利普·斯沃洛心花怒放。

用在名词之后：

*The thought of a solution to the needs of 3 billion people **in** crisis seems desperately absurd.*

要想办法解决处于危机中的 30 亿人的生活需要，这似乎是荒唐透顶。

14 In 指某一情绪引致某人做某事。

用在附加状语里：

*He started leaping up and down **in** excitement.*

他开始激动地上蹿下跳。

*I wondered if I could have misunderstood the arrangement **in** my nervousness.*

我怀疑自己当时是否因紧张而误解了该决定。

15 In 表示做某事时得到的另一结果。

用在附加状语里，常跟 -ing 分词从句：

*He bent down to kiss her forehead. **In** doing so, he knocked her arm from the armrest.*

他弯下腰去吻她的前额，结果把她的胳膊撞离扶手。

16 In 表示与行为、信仰或变化等有关的事。

用在附加状语里：

*Do you believe **in** ghosts?*

你相信有鬼吗？

*She was revelling **in** her newly acquired freedom.*

她正尽情享受新获得的自由。

*…a fuller understanding of what is happening **in** education.*

……对教育界形势更全面的认识。

后跟 **in** 的动词列表如下：

assist	embroil	implicate	involve	revel
believe	engage	indulge	join	share
collaborate	fail	interfere	luxuriate	specialize
dabble	gain	intervene	meddle	wallow
deal	glory	invest	mediate	

用在名词之后：

*…developments **in** the motor vehicle industry during 1966-7.*

……在 1966 至 1967 年间汽车工业的发展。

*…Just as one acquires skill **in** golf or skiing or foreign languages.*

……正如一个人获得打高尔夫球、滑雪或使用外语方面的技能一样。

*He had sent a note to the court expressing his confidence **in** me.*

他向法院呈递一张短笺，表明他对我的信任。

后跟 **in** 的名词列表如下：

belief	decline	fall	say
boom	decrease	falling-off	skill
breach	delight	fluctuation	slump
catch	development	improvement	stake
change	diminution	increase	upsurge
confidence	exercise	interest	voice
cut	experiment	part	
cutback	faith	pride	

用在形容词之后，常跟 -ing 分词从句：

*Are you interested **in** Greek pottery?*
你对希腊陶器感兴趣吗？
*I became increasingly involved **in** politics.*
我越来越深地卷入政治中去了。
*I think he was quite justified **in** refusing to help her.*
我想他拒绝帮助她是蛮有道理的。

17 In 表示所谈论事物的某一方面。

用在附加状语里：

*The electric eel grows to a metre and a half **in** length.*
电鳗可长至一米半长。
*The leaves are rough and grey-green **in** colour.*
叶子粗糙并呈灰绿色。
*These aspirations are not now primarily economic **in** character.*
现在这些志向本质上并非经济性的。

用在名词之后：

*There really was very little difference **in** their appearance.*
他们的外貌真的没有多大分别。

后跟 **in** 的名词列表如下：

difference	equality	similarity
disparity	inequality	variation

18 Someone is **in** things of a particular kind or **in** a particular type of work 指某人从事某种工作。

用在动词 be 之后：

*He used to be **in** films.*
他过去从事电影业。
*I've been **in** this business my whole life.*
我一辈子都在这个行业。

用在名词之后：

*Maths is no longer a prime requirement for a career **in** accountancy.*
数学不再是从事会计职业的一项首要要求。

19 In 表示某人表述事情的方式。

用在附加状语里或动词 be 之后：

*He explained rapidly **in** French that he had been visiting his girl.*
他用法语飞快解释说他去看了女友。
*'Eric!' cried Ralph **in** a shocked voice.*
"埃里克！"拉尔夫吃惊地喊道。
*We're merely asking you to confirm **in** writing what you've already told us.*
我们只是想请你把你告知我们的情况给予书面确认。
*A message had been scrawled on the wall **in** chalk.*
一条消息用粉笔涂写在墙上。
*The letter was **in** French.*
这封信是用法语写的。

20 In 描述一定的人或事物是怎样排列的。

用在附加状语里：

*They stood round me **in** a circle.*
他们站成一圈将我围住。
*There were three men standing **in** a close group by the lorry.*
有三个男人紧挨着站在卡车旁。

21 In 表示参与某事的人或物的大致数量。

用在附加状语里：

*...sensors which would be relatively inexpensive to install **in** large numbers.*
……价格较低，适于大量安装的传感器。
***In** their hundreds the people searched and searched for facts about their ancestors.*
数以百计的人不断探寻有关他们祖先的真实情况。

22 In 引出某人的大致年龄。

用在名词之后：

*...a stocky man **in** his thirties.*
……一个三十多岁的矮而结实男子。

用在动词 be 之后：

*She was **in** her early forties.*
她刚四十岁出头。

23 In 引出比率中较大的那个数字。

用在数词或数词及名词之后：

*Only one **in** ten of the residents is working-class.*
居民中仅十分之一属于工人阶级。

*One man **in** five was unemployed.*
每五人中有一人失业。

in between

1 Be **in between** things 表示前者在后者的中间。

用在附加状语里或动词 be 之后：

*The horizon was like a sandbank, with hollows **in between** the long blue crests.*
地平线处恰似长长的蓝色沙峰与沙谷交错的沙洲。
*Scotland were always able to get a man **in between** the ball and where we wanted it to be.*
苏格兰队总能截住球路，不让球踢到我们所想的位置。

也可用作副词：

*…sets of apartments, with stairs **in between**.*
……中间有楼梯相连的公寓套房。

2 To do something **in between** actions of some kind 表示在做某事的间隙做别的事情。

用在附加状语里：

*Elsa had cried all night, **in between** bouts of telling him that they were disgraced for life.*
埃尔莎哭了一夜，间歇哽咽告诉他，他们已无颜再面对生活了。
*…tending the gardens, **in between** visits to various bars.*
……料理花园外，还偶然到几家酒吧里坐坐。

including

Including 特意提及某人或某物属于所提到的那群人或那些事物。

用在名词或不定代词之后：

*Before long everyone, **including** my mother, had joined in.*
不久，每个人，包括我母亲在内，都参加进来。
*There were half a dozen plants, **including** a peach tree growing in a coffee can.*
有六株植物，包括一株长在咖啡罐中的桃树。
*His house had a piano in every room **including** the kitchen and bathroom.*
他家中每个房间都放着一台钢琴，连厨房和浴室也是如此。

in favour of

1 **In favour of** something 支持或赞同做某事。

用在动词 be 之后：

*The overwhelming majority of the French people were plainly **in favour of** resistance to the initiative.*
压倒性多数的法国人显然支持抵制该项倡议。
*He was **in favour of** the retention of capital punishment.*
他支持保留死刑。
*I have always been **in favour of** a voluntary incomes policy.*
我一向支持自愿的收入政策。

用在附加状语里：

*It has been the players who have spoken out strongly **in favour of** shorter tours.*
这些演员强烈要求缩短巡回演出时间。

用在名词之后：

*What are the arguments **in favour of** school uniform?*
支持学生穿校服有何理由？

2 To reject one thing **in favour of** another 为选择后者而放弃了前者。

用在附加状语里：

*The party had rejected wholesale nationalisation **in favour of** competitive, selective public enterprise.*
该党已放弃了全面国有化政策，转而支持有竞争力、有选择性的国营企业。
*You will have to temporarily abandon your own needs **in favour of** theirs.*
你将不得不为了他们的利益而暂时放弃你自身的利益。

3 A situation or process is biased **in favour of** a group or thing 表示形势或进程对某团体或某事物有利。

用在形容词之后：

*Coverage of the election had been biased **in favour of** the Republicans.*
竞选活动的新闻报道偏向对共和党人有利。
*The Act is biased **in favour of** the employers, and is therefore deeply resented by the trade unions.*
这项法案偏袒雇主一方，因而遭到工会的深恶痛绝。

用在附加状语里：

*...discriminating **in favour of** women.*
……偏袒女性。

in front of

1 In front of a particular thing 指在某一事物之前。 用在附加状语里或动词 be 之后：

*Queues formed **in front of** the glass doors.*
玻璃门前排起了队。
*Teddy's house was **in front of** them.*
泰迪的房子在他们前面。

用在名词之后：

> *The man **in front of** him looked sick.*
> 他前面的这个人看来身体不适。

2 To do something **in front of** someone else 指当别人面做某事。

用在附加状语里：

> *I don't allow Chris to use that expression **in front of** me.*
> 我不容许克里斯在我面前说那样的话。
> *They are frightened to make mistakes **in front of** their friends.*
> 他们害怕在朋友面前出错。

in lieu of

In lieu of something 与 instead of it 意思相同，作为一种替代或取舍。属正式用语。

用在附加状语里：

> *Most of them were ex-soldiers who had been given a plot of land **in lieu of** a gratuity.*
> 他们大多数人是分到一小块土地以取代养老金的退役士兵。

inside

在非正式英语，尤其在美式英语中，可用 **inside** of。

1 Inside a place or a container 指在某地方或容器里。

用在附加状语里或动词 be 之后：

> *Melanie spends more of her life **inside** prison than out.*
> 梅拉尼一生在狱中度过的时间比狱外多。
> *Put your barley **inside** a porous sack.*
> 把你的大麦放入一只透气的大口袋里。
> *At first he thought he was **inside** a church.*
> 起初，他以为自己在教堂里。

用在名词之后：

> *The hot liquor got to work on the chill **inside** them.*
> 温热的酒开始驱散他们体内的寒冷。

也可用作副词：

> *The priest was allowed to go **inside**.*
> 牧师被允许进入。

2 Inside an organization 指某人是某一组织的成员，因此了解该组织并拥有相关的权力。

用在附加状语里：

*Do we want to stay **inside** Europe?*
我们想待在欧洲内部吗？
*...whether they should work **inside** the Labour Party to move it in a leftwards direction.*
……他们是否该留在工党内工作，使其向左倾方向发展？

用在名词之后：

*Their contact **inside** the Swiss Intelligence Service office in Berne believes that this was the case.*
他们在伯恩的瑞士情报部门内的线人认为该情况属实。

3 Somebody has a feeling **inside** them 指某人藏有某种感情。

用在附加状语里或动词 be 之后：

*Fury continually rose **inside** me.*
我心里越来越窝火。
***Inside** him is a vacuum, cold as space.*
他内心一片空白，像太空般冷漠。

用在名词之后：

*I felt the happiness **inside** me expanding.*
我觉得内心的快乐逐渐扩大。

4 Be **inside** a door 表示某事物在室内近门处。

用在附加状语里或动词 be 之后：

*He set the basket just **inside** the door of his hut.*
他把篮子就放在他小屋的门内侧。

5 To do something **inside** a particular amount of time 在某一段时间内完成某事。

用在附加状语里：

*I was back **inside** twenty seconds.*
我不到二十秒钟就回来了。
*I'll have some men there **inside** of fifteen minutes.*
我将在十五分钟内派几个人去那儿。

in spite of

1 **In spite of** 引出使所提及的情况或事件显得令人意外的事。

用在附加状语里：

*British Rail said the scheme was working well, **in spite of** early confusion.*
英国铁路公司说除了初时有点混乱，该计划操作良好。
***In spite of** the threat of war, he says he remains confident that peace is possible.*
尽管有战争威胁，他说他对和平仍怀有信心。

2 To do something **in spite of** oneself 尽管某人并不真的打算或预计做某事，但还是不由自主地做了。

用在附加状语里：

*Morris was intrigued **in spite of** himself.*
莫里斯不由得感到好奇。

instead of

To have or do one thing **instead of** another 拥有某物或做第一件事而不是第二个物件或第二件事，尽管第二个物件或第二件事更寻常或更可取。

用在附加状语里，常跟 -ing 分词从句：

*He was wearing a scarf **instead of** a tie.*
他戴着围巾，没系上领带。
*He accepted the realities **instead of** resisting them.*
他接受了现实而没有抗拒。
*It pays its staff 60p a mile if they travel by bicycle **instead of** by car.*
如果职员用自行车取替汽车代步，单位将给他们每英里六十便士的津贴。

into

1 To go **into** a place, thing, or group 某人或某物在其中或进入其中。

用在附加状语里：

*He got **into** bed.*
他上床睡觉。
*I had to go **into** town on some business.*
我得进城里办点事。
*...plans to introduce investment and technology **into** Hong Kong.*
……将投资及技术引入香港的计划。
*The river runs **into** the ocean.*
该河流汇入海洋。
*The need for low energy consumption should be incorporated **into** our building regulations.*
低能源消耗要求应该纳入我们的建筑规章。

用在名词之后：

*Chances of acceptance **into** the San Diego community are becoming more and more remote.*

融入圣迭戈社区的可能性越来越小。

2 To crash **into** something 某人或某物与另一物体剧烈碰撞。

用在附加状语里：

He missed his footing and crashed into the fence.
他一失足，撞到了篱笆上。
Horch swerved and smashed into a low wall.
荷奇猛地一转，撞上了一堵矮墙。

3 **Into** 诉说某人或某物开始进入某种状态，或被卷入某一活动。

用在附加状语里：

He dozed off into a fitful sleep.
他打起盹儿，时睡时醒。
The project ran into difficulties.
工程碰到了困难。
I didn't want to go into politics, but I felt I had to.
我不想从政，但又觉得不得不如此。
...going into combat.
……投入战斗。

4 **Into** 与一些动词连用可表示强使某人或劝说某人做某事。

用在附加状语里，常接 -ing 分词从句：

She did not want to stay on, but I talked her into it.
她不想继续待下去，但我说服了她。
I bullied Mother into giving up that awful job in Plymouth.
我硬是让母亲放弃了那份普利茅斯的糟糕工作。
Don't try to con the doctor into prescribing a tranquillizer.
别试图哄骗医生开镇静剂。

后跟 **into** 的动词列表如下：

brainwash	con	galvanize	push	trick
bully	deceive	lull	seduce	wheedle
coax	delude	mislead	shame	
coerce	frighten	pressurize	talk	

5 Something changes or is made **into** a new form 指某事物变化为，或被改变为一种新的形式。

用在附加状语里：

It takes radiation from the sun and converts it into electricity.
它吸收太阳辐射，将其转化为电能。
It was divided into two sections.
它被分割成两部分。
He swept a double armful of sand into a pile.
他将两捧沙子扫作一堆。

后跟 **into** 的动词列表如下：

blossom	develop	make	turn
change	divide	metamorphose	
convert	evolve	transform	
degenerate	grow	translate	

6 To change **into** clothes of some kind 换上某件衣服。

用在附加状语里：

*I took off my fancy clothes and changed **into** slacks.*
我脱去化装舞会舞服，换上了宽松的裤子。
*Thomas undressed and got **into** a clean suit.*
托马斯脱去衣服，换上一套干净西服。

7 Into 引出调查中的事情。

用在名词之后：

*I embarked on a philosophical enquiry **into** post-war world affairs.*
我从事一项战后国际事务的哲学研究。
*...a number of interesting psychological insights **into** a child's approach to language.*
……关于儿童对语言态度的一系列有趣的心理学见解。

用在附加状语里：

*Mr Channon said this was a good, valid point, and he would look **into** it.*
钱农先生说这是个有根据的好观点，他会加以考虑。
*It is only now that I have ventured to delve **into** the deeper meaning of history.*
直到现在，我才敢于探究历史的底蕴。

8 To lay **into** someone or tear **into** someone 指攻击某人或批评某人。

用在附加状语里：

*I was going to lay **into** her but the other two girls grabbed my arms.*
我打算痛打她一顿，但另外两个女孩抓住了我的手臂。
*I tore **into** them, asking why they were there.*
我怒斥他们，问他们为何在那儿。

9 One thing blends or merges **into** another 指一事物融入另一事物中。

用在附加状语里：

*One day blended **into** another.*
日复一日。
*Where the land is drier, the vegetation merges **into** heather moorland.*
在土地更干燥的地区，植物与石楠高沼地融成一片。

10 To continue **into** a period of time 指某事持续发展直至该段时间开始。

用在附加状语里：

*...a shift of balance which will continue **into** the mid 1990s.*

……平衡的转变将持续至九十年代中期。
...*a behaviour pattern lasting **into** adulthood.*
……持续至成年的行为模式。

11 Be **into** a particular type of thing 某人对某类事物感兴趣，或非常喜欢它。属不正式用法。

用在动词 be 之后：

*Teenagers are **into** those romantic novels.*
青少年对那些浪漫小说非常着迷。

irrespective of

Something is true or happens **irrespective of** a particular factor 表示某一因素不影响所提及的情况。

用在附加状语里：

*Severe steps will be taken against those responsible, **irrespective of** their rank.*
对那些负有责任者，不顾其级别高低将对其采取严厉措施。
*There was to be a flat rate charge for each individual, **irrespective of** where they lived.*
将对每个人以统一比率收费，不论他们住在何处。

like

1 Be **like** another person or thing 表示两人或两件事物有着相似的特点。

用在系动词之后：

*I don't belong here, Mother—I'm not **like** you.*
我不属于这儿，妈妈。我跟您不一样。
*He looked **like** a sheepdog.*
他看上去像只牧羊犬。
*I felt **like** a burglar.*
我觉得自己像个窃贼。

用在名词之后：

*I'd love to have a room **like** yours.*
我想要一间像你那样的房间。
*He even showed something **like** irritation at times.*
他甚至间或流露出愤怒的神情。

2 What is something or someone **like** 表示发问者想了解别人对某人或某事物的描述或观点。

用在系动词之后：

*'What is Summerhill **like**?'—'Well, for one thing, lessons are optional.'*
"萨莫希尔大学是怎样的？"——"嗯，比如说可以选修课程。"

*I do believe she forgot what he looked **like**.*
我确信她忘了他的模样。

3 Like 可用来列举所提及的事物。

用在名词之后：

*In crowded places **like** ports and air terminals you must take care of your luggage.*
在像港口和航站楼这样的拥挤场所，你务必保管好行李。
*Wood chips are used in a range of building products **like** chipboard and thermal insulation.*
木头碎片被用作一系列建筑产品，如刨花板及热绝缘材料。

4 Like 也可指某人或某物跟别的人或物处于同样的情况下。

用在附加状语里：

***Like** many large women, she felt pressured into hiding her size.*
像许多胖女人一样，她迫不得已地隐瞒她的体形。
*He, **like** everybody else, had worried about it.*
就像其他每个人一样，他曾为此担心。

5 Someone behaves or is treated **like** a particular thing 表示某人的行为或其受到的待遇与某事物相似。

用在附加状语里：

*I've watched them **like** a hawk.*
我像鹰一般盯着他们。
*The protesters were rounded up **like** cattle by the police.*
抗议者像牛一样被警方圈围起来。

minus

Minus a particular part or thing 漏掉或除去某部分或事物。

用在附加状语里：

*Within an hour I was back in Fairacre, **minus** two back teeth and brimming with thankfulness.*
不到一小时，我回到了费尔安可，拔了两颗臼齿，心中充满感激之情。
*One lawyer wants publication of the report, **minus** any details that could jeopardize national security.*
一个律师想要公开这份报告，不包括任何可能危及国家安全的细节。

用在名词之后：

*...a large chair (**minus** a castor).*
……一把大椅子（缺一个脚轮）。

near

也用 **near** to 的形式，尤其用在下列第二、四条。

Near 有比较级形式 nearer 和最高级形式 nearest。

1 **Near** a place or thing or **near** to it 在某地或某物附近。

用在附加状语里或 be 动词之后：

*He stood **near** the door.*
他站在门旁。
*He had been staying with an aunt who lived **near** Beachy Head.*
他曾到比奇海德附近的姨妈家里住过。
*They were **near** to the French frontier.*
他们的位置靠近法国边境。

用在名词之后：

*I'm in a telephone box **near** Victoria Station.*
我在维多利亚火车站旁的一个电话亭里。

也可用作副词：

*The community centre is quite **near**.*
社区中心很近。

2 **Near** to a situation or state or **near** it 接近某种情景或状态。

用在系动词之后或跟有 -ing 分词从句的附加状语里：

*Many millions of people are **near** to starvation.*
数百万人濒于饥饿。
*I came **near** to killing him.*
我差点杀了他。
*The scheme is **near** completion.*
计划几乎接近完成。
*She sounded unlike herself, **near** tears.*
她声音变了调，几乎哭出来。

3 To happen **near** a particular time or **near** to it 某事刚好在某一时间之前或之后发生。

用在附加状语里：

*Sow the seed as **near** the 1st April as you are able.*
要尽量在四月一日左右播种。
*The President's Reception is always held **near** the start of the academic year.*
校长接待日通常在新学年开始时举行。

4 Something is **near** to something else 或 something is **near** something else 某事与另一事物相似。

用在动词 be 之后或在附加状语里：

*Danny is as **near** to a brother as I ever had.*
丹尼最像我的兄弟。
*Most views were fairly **near** the truth.*
大多数看法接近事实真相。
*There was one incident that came quite **near** to the science fiction fantasies.*
有一件事近乎科幻小说的虚构。

用在名词之后：

*She now feels a more complicated emotion—**near** to resentment.*
她现在感到一种更复杂的情感，几近于怨恨。

5 Be **near** a particular amount or **near** to it 某事物的数量接近某一特定的数量。

用在动词 be 之后：

*Bank overdraft rates, already down to about 18.5 per cent, should soon be **near** 18 per cent.*
银行的透支率已降至约 18.5%，不久更会降至 18% 左右。
*The actual number of sufferers may well be **nearer** half a million.*
受难者的确切数字很可能接近五十万。

用在名词之后：

*…at temperatures **nearer** 1000 degrees C.*
……接近一千摄氏度的温度。

next to

1 One thing is **next to** another 某事物在另一事物旁边。

用在附加状语里或动词 be 之后：

*He sat down **next to** Juris.*
他在朱里斯身旁坐下。
*Her room was **next to** Marcus's room.*
她的房间在马库斯的隔壁。

用在名词之后：

*…the building **next to** the old chapel.*
……旧教堂旁的建筑。

2 **Next to** one thing, another thing is the best or most important 表示某事物属于第二位。

用在附加状语里：

***Next to** love Watteau cared most about music.*
除了爱情之外，瓦蒂奥最钟情音乐了。
***Next to** radicalism, religion was the most important factor.*

宗教是激进主义之外最重要的因素。

notwithstanding

Notwithstanding a particular thing 尽管那一事物存在或发生。属正式用语。

用在附加状语里：

*They mirror each other's experience in certain respects, **notwithstanding** all the differences in age and personality.*
尽管年龄、个性各异，他们在某些方面有着相同的经验。
*She fails to mention that, **notwithstanding** the legislation, Canada loses far more days through strikes than the UK.*
尽管有立法规定，她没提及加拿大由于罢工比英国损失更多的工作日。

也可跟在所指的词之后：

*Modern computers, inefficient software **notwithstanding**, still process data far quicker than brains.*
尽管软件效率不佳，现代电脑处理数据仍比人脑快许多。

of

1 **Of** 指数量或群体的名词之后，表示有关的物质或事物。

用在名词之后：

*...a bit **of** paper.*
······一些纸。
*...three pints **of** boiling water.*
······三品脱开水。
*...a cup **of** tea.*
······一杯茶。
*...a complicated set **of** rules.*
······一套复杂的规则。

2 **Of** 表示事物或事物的某一部分的情况。

用在代词、数词或名词之后：

*Several **of** my fingers were still painful.*
我几个手指仍然作痛。
*...three **of** his poems.*
······他的三首诗。
*...the younger **of** the two women.*
······两位女士中较年轻者。
*...a member **of** Mr Kuria's family.*
······库里亚先生家中一名成员。
*...at the top **of** the hill.*
······在山顶处。

*...the family home, where the novelist wrote much **of** her later work.*
……在家族住宅里，这位小说家创作出她大多数的后期作品。

3 Of 也可用来交代日期，即某天在哪个月份。

用在序数词之后：

*...the 17th **of** June.*
……六月十七日。

4 Of 用在 kind、sort 等名词后，表示所谈论的人或事物的种类或类别。

用在名词之后：

*...this new kind **of** dictionary.*
……这种新词典。
*Certain types **of** people come down with certain kinds **of** ailments.*
某种人易患某种病痛。

5 Of 用在 version、form 等名词后，说明所谈论的基本事物。

用在名词之后：

*...my version **of** the story.*
……我的这个说法。
*Adair sent me a copy **of** this letter.*
阿代尔寄给我这封信的复印件。

6 Of 表示某事物或某种特性所属的人和东西。

用在名词之后：

*...the rights **of** citizens.*
……公民权利。
*...the smell **of** the wet garden.*
……花园中湿润的气息。
*...the importance **of** the decision.*
……这项决定的重要性。
*...the King **of** Spain.*
……西班牙国王。

7 Of 指某人具有另一类人或事物的那种特性或特征。属书面用语。

用在名词之后：

*Every one **of** my volunteers is a man filled with the courage **of** a lion.*
我的每一个志愿者都是很有胆量的男子汉。
*His eyes were the eyes **of** a drunkard and a fanatic.*
他双眼中射出醉酒鬼和狂热之徒的眼神。

8 Of 用来指与某事物有关或该事物所涉及的内容。

用在名词之后：

...her memories **of** her childhood there.
……她对那儿度过的童年的回忆。
There was no sign **of** danger.
没有危险的迹象。
...the real cause **of** the crisis.
……危机的真正起因。
...the Department **of** Employment.
……劳工部。

9 Of 与一些动词连用来指与行为有关，尤其指涉及认识或交流的行为有关的事，且该行为本身含有某种属性、态度或去除等意义。

用在附加状语里：

Curley had informed them **of** his intention.
柯利已告诉他们他的意图。
He smelled **of** soap.
他身上有股肥皂味。
She did not approve **of** the decision.
她不赞成这项决定。
Only a disastrous tactical mistake can deprive him **of** victory.
只有灾难性的战术错误才能让他无法获胜。

后跟有 **of** 的不及物动词列表如下：

approve	conceive	dispose	learn	smell
beware	consist	dream	partake	speak
boast	despair	hear	savour	think
complain	disapprove	know	smack	weary

后跟有 **of** 的及物动词列表如下：

absolve	avail	convince	divest	warn
accuse	balk	cure	inform	
acquit	cheat	denude	make	
advise	cleanse	deprive	notify	
assure	convict	disabuse	purge	

10 Of 与某些形容词连用，指与感觉或特性有关的事。

用在形容词之后，常跟有 **-ing** 分词从句：

He was not afraid **of** controversy.
他不怕争议。
I'm very proud **of** what Bobby has achieved.
对博比取得的成绩我感到非常骄傲。
We like to think that sport is one area free **of** prejudice.
我们乐意认为，体育运动是一方没有偏见的净土。
He is capable **of** doing much better.
他有能力干得更出色。

后跟有 **of** 的形容词列表如下：

afraid	devoid	impatient	scared
appreciative	distrustful	incapable	sceptical
apprehensive	empty	independent	scornful
ashamed	enamoured	indicative	short
aware	envious	insensible	unafraid
bare	expressive	intolerant	unaware
beloved	fearful	jealous	uncertain
bereft	fond	mindful	uncharacteristic
capable	forgetful	neglectful	unconscious
certain	free	nervous	unsure
characteristic	frightened	oblivious	unworthy
conscious	full	possessed	wary
contemptuous	guilty	protective	weary
critical	ignorant	proud	worthy

11 Of 与表示行为的名词连用，来详细说明人或物受某种行为影响或执行某一行动。例如：the kidnapping **of** a child 指影响孩子的行为；而 the arrival **of** the next train 指由火车发出的行为。

用在名词之后：

*He called for the removal **of** the ban.*
他呼吁取消禁令。
*...guidelines for the control **of** dogs in public places.*
……在公共场所控制犬类的指引。
*...the emergence **of** a strong centre party.*
……一个强大中间党派的出现。
*...the death **of** George Gershwin.*
……乔治·格什温之死。

12 Of 可用来详细说明出现过或人们经历过的事物。

用在名词之后：

*...an attack **of** food poisoning.*
……食物中毒发作。
*Jocasta felt a sudden pang **of** regret.*
乔卡斯特感到一阵懊悔。

13 Of 可表示所提及的那人所做的事，受那人影响的东西，或他对某事持有的一种态度。

用在名词之后：

*...the organizer **of** the protest.*
……抗议的组织者。
*...supporters **of** the proposal.*
……提案的支持者。
*...the owners **of** the oil tanker.*
……油轮的所有者。

14 Of 用来指某人或某物具有的特点或特性。

用在名词之后：

...a lady **of** great charm and intelligence.
……一位万般迷人而又聪颖的女士。
...material **of** the finest quality.
……品质最佳的材料。

用在动词 be 之后：

Such international successes are **of** considerable importance.
这样的国际成功具有重大意义。
These lectures are designed to be **of** general interest to students.
这几次讲座旨在引起学生的广泛兴趣。

15 Of 表示年龄或数量。

用在名词之后：

...a man **of** forty.
……四十岁的男性。
There has been a sales increase **of** 15 per cent.
销售额已增加了百分之十五。

16 Of 引出构成某事物的原材料。

用在名词之后：

...two rooms divided by a partition **of** glass and wood.
……用玻璃和木板隔开的两间房间。
Sprinkle them with a mixture **of** cinnamon and sugar.
把肉桂皮和糖的混合物撒在它们上面。

用在过去分词 made 之后：

...a little hat made **of** wool.
……一顶羊毛制的小帽子。

17 Of 与名词 gasp、shriek 等连用，表示导致某种反应的情感。

用在名词之后：

He gave a gasp **of** amazement.
他惊异地倒吸一口气。
...a cry **of** despair.
……一声绝望的叫喊。

18 Of 还可用来准确地表示某事物。

用在名词之后，常跟有 -ing 分词从句：

...strong feelings **of** jealousy.
……强烈的嫉妒感。

*She must address the problem **of** corruption.*
她必须处理腐败的问题。
*...the joy **of** seeing her name at the top **of** the board.*
……欣喜地看见她的名字在董事会上排首位。

19 Of 在某日期或某一段时间前，表示所叙述的事情发生的时间。

用在名词之后：

*He lost his seat in the election **of** 1974.*
他在 1974 年选举中丢掉了席位。
*... the great conflicts **of** the past ten years.*
……过去十年中的激烈冲突。

20 Of 用在表示事件发生的时间名词后说明那是什么事件。

用在名词之后：

*The official explanation given at the time **of** the crash was pilot error.*
坠机时发布的官方解释说是由于驾驶员失误。
*...on the day **of** the funeral.*
……在葬礼那天。

21 Of 可用来说明导致某人死亡的某种疾病或伤害。

用在附加状语里：

*The hospital said Miss Garbo died **of** heart failure.*
院方说嘉宝小姐死于心脏衰竭。

22 Of 用在某动作施动者的名词前，表示说话者对所发生事件的看法。

用在形容词之后：

*I think it's very nice **of** him to take it on.*
我想他承担那件事表现出他为人很好。
*I'm sorry about this morning—it was stupid **of** me.*
对今早的事我很抱歉，我真愚笨。

off

1 Something moves or is moved **off** something else 表示某物与另一物分开或脱离它。

用在附加状语里：

*He had almost fallen **off** his stool laughing.*
他笑得差点儿从凳子上摔下来。
*She walked **off** the stage.*
她步下舞台。
*He wiped his fingerprints **off** the tap.*
他从水龙头上拭去指印。

*Add mustard powder to the washing-up water to get the smell of fish **off** silver.*
在洗碗水里加点芥末粉，去掉银餐具上的鱼腥味。

也可用作副词：

*Even if I did fall **off**, I shouldn't hurt myself.*
即使我真掉下来，也不会伤着自己。

2 To get **off** a bus, train, or plane 下车（汽车、火车）或下机（飞机）。

用在附加状语里：

*Just get **off** the train at Byfleet.*
就在拜弗利特火车站下车。
*She is not to be allowed **off** the aeroplane for any reason.*
不论什么原因都不允许她下飞机。

用在名词之后：

*The first person **off** the bus was Miss Maude Bentley.*
第一个下公共汽车的是莫德·本特利小姐。

也可用作副词：

*When the train stopped at a small station, he got **off**.*
火车在一个小站停下后，他下了车。

3 To keep **off** a street or a piece of land 表示不在某条街上行走或踏着某片地。

用在附加状语里：

*Nothing could keep us **off** these roads.*
没有什么能使我们偏离这些道路。

也可用作副词：

*...a notice saying 'Keep **off**'.*
……告示上写道："请勿靠近"。

4 **Off** a coast 指在近海或沿海。

用在附加状语里或动词 be 之后：

*Last night the ship was about 120 miles **off** the coast of Argentina.*
昨夜船只距离阿根廷海岸约 120 英里。
*...a ship which sank **off** the coast of Devon last month.*
……一艘上个月在德文岛海岸沉没的船。
*There were masses of fish feeding right **off** the beaches.*
大批鱼群在海滩近处觅食。

用在名词之后：

*We stopped at an island just **off** the Gojjam shore.*
我们停在距离戈杰海岸不远的一个小岛上。

5 A building is **off** a road or square 某建筑物位于连接某条道路或某个广场的街道上。

用在名词之后:

*He had gone to the flat **off** South Audley Street.*
他已到南奥德利街的公寓去了。
*...a complex of nondescript buildings **off** the Boulevard Mortier.*
……莫蒂埃林荫大道旁没有明显特征的建筑群。

用在动词 be 之后:

*My office is just **off** the Strand.*
我的办公室就在河滨街。

6 Be **off** work 指某人由于生病而没在工作。

用在动词 be 之后:

*Men are frequently **off** work with nervous headaches.*
人们常常由于神经性头痛而请假。

也可用作副词:

*His secretary's **off** today.*
他的秘书今天不上班。

7 To keep **off** a subject 某人有意回避某话题。

用在附加状语里:

*She kept **off** the subject of Collingdeane.*
她避开科林迪恩这个话题。

8 **Off** something 某人不再喜欢某事物。属不正式用法。

用在附加状语里或动词 be 之后:

*I'm right **off** sweet things at the moment.*
现在我不吃甜东西。

9 An amount of money is taken **off** the price of an item 表示降价多少。

用在附加状语里或名词之后:

*Some makers are cutting hundreds of pounds **off** the big-selling medium-range models.*
一些制造商对大宗中等型号的货削价好几百英镑。
*Debenhams offered 20 to 25 per cent **off** selected purchases.*
德贝纳姆对特定商品打折 20% 至 25%。

也可用作副词:

*All furniture at 20% **off**.*
所有家具削价 20%。

10 To get something **off** someone or somewhere 指从某人或某处获得某东西。属不正式用法。

用在附加状语里：

> *Who did you buy the trumpet **off**?*
> 你从谁那儿买的小号？
> *...a picture that we had bought **off** a stall in the Portobello Road.*
> ……我们在波特拜罗街的售货摊上买的一幅画。

11 To live **off** a particular kind of food or money 指靠着某种食物或靠着钱维持生活。a machine runs **off** a particular kind of fuel or power 表示机器靠着某种燃料或能源来操作。

用在附加状语里：

> *He had been living **off** savings accumulated in the previous season.*
> 他靠上季度积存下来的钱生活。
> *...machines which run **off** batteries.*
> ……由电池驱动的机器。

12 To go **off** the air 表示电台、电视台停止广播。

用在附加状语里或动词 be 之后：

> *Local radio goes **off** the air at midnight.*
> 当地的电台在午夜时分停播。
> *They'll be **off** the air until 7 tomorrow morning.*
> 他们将到明天早上七时重新开播。

on

有时也用 **upon**，但 **upon** 是正式用语。

1 You are standing or resting **on** or **upon** something 表示某事物就在脚下，支着你的体重。

用在附加状语里或动词 be 之后：

> *He went quietly downstairs and stood **on** the terrace.*
> 他悄悄下楼，站在平台上。
> ***On** the table were his keys and his pocket-book.*
> 桌上有他的钥匙和口袋书。
> *There was a photograph of a beautiful girl **on** Daintry's desk.*
> 丹特里书桌上有张漂亮姑娘的相片。
> *He sat **upon** the sweet, cool, grassy verge.*
> 他坐在芳香凉爽、长满草的花坛边缘上。

用在名词之后：

*Suddenly, the telephone **on** the table behind her rings.*
突然，她身后桌上的电话响了。

2 To put something **on** or **upon** a surface 将某物放在另一物上面。

用在附加状语里：

*I put a hand **on** his shoulder.*
我把一只手搭在他肩上。
*She flung herself **on** the floor.*
她扑向地板。
*He wanted to lay his hand **upon** her sleeve.*
他想把手放在她的衣袖上。

3 **On** a bus, plane, train or ship 指坐汽车、飞机、火车或轮船旅行。

用在附加状语里或动词 be 之后：

*He had come out **on** the bus to visit his friend.*
他已出门乘坐公共汽车去拜访朋友。
*As soon as she was **on** the train, she opened the box.*
她一上火车就打开盒子。

用在名词之后：

*'Must be pretty hard to stay detached,' a man **on** the plane to San Francisco said.*
"想要超脱肯定很难。"有个人在去圣弗朗西斯科的飞机上说。

也可用作副词：

*A bus came, and several people got **on**.*
公共汽车来了，几个人上了车。

4 There is something **on** or **upon** a piece of paper 表示纸上已印着或写着东西。

用在附加状语里或动词 be 之后：

*He wrote some figures **on** the chart.*
他在图表上写了几个数字。
*He opened up the paper. There was writing **on** it in pencil.*
他摊开纸，上面写有铅笔字。

用在名词之后：

*We still don't really know what helps children to recognize words **on** a page.*
我们仍不十分清楚是什么帮助儿童辨识纸上的单词。

5 用 **on** 或 **upon** 表示身体的某部分支着整个重量。

用在附加状语里或动词 be 之后：

*Alan lay **on** his back and stared at the ceiling.*
艾伦仰面躺着，注视着天花板。
*He was leaning **on** his elbow.*
他正斜靠在胳膊肘上。

*She was **on** her hands and knees under a bench.*
她伏在长凳底下。

6 On an area of land 在某地方。

用在附加状语里或动词 be 之后：

*I was born **on** Honshu, the main island.*
我出生在日本主岛本州。
*The hotel was **on** a hill.*
旅馆坐落在一个小山上。
*They worked **on** the estate of a rich nobleman.*
他们在一个有钱贵族的庄园里干活。

用在名词之后：

*...the beaches **on** the eastern coast.*
……东海岸的海滩。
*...a tenant **on** a farm six miles from town.*
……离城六英里的农庄上的佃户。

7 A building is **on** a road 表示建筑物临街而立。

用在附加状语里或动词 be 之后：

*Sophie Clark lived **on** Huntingdon Avenue.*
索菲·克拉克住在亨廷登大街。
*The building was **on** a corner.*
建筑物在拐角上。

用在名词之后：

*...the house **on** Sixty-second Street.*
……房子坐落在第六十二街。

8 On or upon a vertical surface, a ceiling, or an object 表示某物附着于一个直立面、天花板，或一个物体。

用在附加状语里或动词 be 之后：

*...the photographs that Mrs Gomez had stuck **on** the classroom wall.*
……戈梅斯太太曾贴在教室墙上的照片。
*There was sweat **upon** his forehead.*
他额头上都是汗。
*He notices she is wearing a cross **on** a chain around her neck.*
他留意到她颈上戴着项链，上头有个十字架。

用在名词之后：

*...looking up at the light fixture **on** the ceiling.*
……抬头看看天花板上的吊灯支架。

On 还可用作副词：

*I can cook and sew buttons **on** for you.*
我能给你做饭，缝纽扣。

9 To hurt oneself **on** something 指意外地将身体某个部位碰撞到某物上。

用在附加状语里：

*He fell over and hit his head **on** the piano.*
他摔倒了，头撞在钢琴上。

10 To happen **on** a particular day or part of a day 表示某事发生的时间。

用在附加状语里或动词 be 之后：

*She died **on** 2 June 1962.*
她在 1962 年 6 月 2 日去世。
*We had driven down to Garrod's farm **on** Sunday morning.*
周日上午我们驾车去了加罗德的农场。

用在名词之后：

*...after the annual meeting **on** November 20.*
……十一月二十日的年会之后。

11 **On** 或 **upon** 表示一事件紧随另一事件而来。

用在附加状语里，常跟有 -ing 分词从句：

***On** reaching the tent Don and Dougal told me they had reached the top of the ridge that day.*
一到帐篷，唐和杜格尔就告诉我，他们那天已攀到了山脊顶端。
*...the money that Ivan had given him **on** his arrival.*
……他到的时候伊万给他的钱。
*They grew up overnight **upon** starting school.*
一上学，他们一夜之间就长大成熟了不少。

12 Something is done **on** an instrument or machine 表示借助器具或机器做某事。

用在附加状语里：

*I was putting away the dishes while she played Chopin **on** the piano.*
我在收拾盘子时她在钢琴上弹着肖邦的曲子。
*'Broadloom' carpets are woven **on** a loom over six feet wide.*
宽幅地毯是在六英尺多织幅的织布机上制成的。

13 Be **on** the radio or television 表示某事正在广播。

用在附加状语里或动词 be 之后：

*It was a song that had been **on** the radio a lot that winter.*
这是那年冬天电台常播放的歌。
*It's the sort of thing you hear **on** the radio.*
那是在收音机里常听见的东西。

用在名词之后：

*Cigarette advertising **on** television and radio was banned.*
电视和电台不许做香烟广告。

也可用作副词：

*Is there anything good **on** tonight?*
今晚有什么好节目吗?

14 Something is done **on** or **upon** a particular system, principle, or basis 指某事的施行是依据某一体系、原则或基础的。

用在附加状语里：

*These traps were constructed **on** the same principle as mouse traps.*
这些夹子和鼠夹的制作原理一样。

15 On a drug 表示经常服药。

用在动词 be 之后：

*The child should be **on** continual, regular medication to prevent new infections.*
这孩子应接受持续定期的药物治疗，以防止新的感染。

16 To live **on** or **upon** a particular kind of food 表示以某种食物作为主要食粮。A machine runs **on** a particular kind of fuel or power 表示机器靠某种燃料或能量来运行。

用在附加状语里：

*He lived **on** berries and wild herbs.*
他靠浆果和野生药草活命。
*Not all bats feed **on** insects.*
并非所有的蝙蝠都以昆虫为食。
*...dining **on** smoked mackerel and coleslaw.*
……吃熏鲭鱼和凉拌卷心菜。
*The refrigerator ran **on** gas.*
这台冰箱用煤气驱动。

17 On a particular kind of income 表示依靠某种收入。

用在附加状语里或动词 be 之后：

*...the problems of bringing up children **on** a low wage.*
……用微薄工资养育子女的困难。

用在名词之后：

*...workers **on** low incomes.*
……收入低的工人们。

18 On a committee or council 表示某人是某委员会或理事会的成员。

用在动词 be 之后或附加状语里：

> *Both of them are **on** the Executive Committee.*
> 他俩都是执行委员会委员。
> *There were no women sitting **on** the Central Committee.*
> 中央委员会中没有女性成员。

用在名词之后：

> *...the black people **on** the committee.*
> ……委员会中的黑人。

19 Be **on** a list 指将某事物包括在内。

用在动词 be 之后或附加状语里：

> *The size of telephone directories and the vandalization of telephone kiosks may also be **on** the agenda.*
> 电话号码簿的容量及破坏电话亭的行为可能也在议事日程上。
> *You're not **on** my list of suspects.*
> 你不在我的嫌疑犯名单上。
> *Few teachers put examination achievement high **on** their list of important objectives.*
> 很少有教师把考试成绩看作重要的教学目标。

用在名词之后：

> *...the topics **on** the agenda.*
> ……议事日程上的议题。

20 On 表示某人在做某事，例如旅行。

用在附加状语里或动词 be 之后：

> *...when Chris and I were **on** a trip to Canada.*
> ……当克里斯和我在去加拿大的旅途中。
> *They decided to go **on** a shopping expedition.*
> 他们决定去购物。
> *A few summers ago Italian friends invited me **on** a cruise through the Greek Islands.*
> 数年前的夏天，一些意大利朋友邀我坐船游览希腊诸岛。
> ***On** my other visit I was bolder.*
> 再次去时我胆子大了些。

用在名词之后：

> *...if you are a student **on** a full-time course.*
> ……如果你是个全日制学生。

21 On 或 upon 与一些词连用，表示受某事影响、关联或牵涉到的事，尤其谈论有关强迫、依赖或强调的行为。

用在附加状语里：

> *Financial penalties should not be imposed **on** parents.*

罚款不应向父母征收。

*Another dinner was forced **upon** Kitty.*

姬蒂被迫重吃晚餐。

*Force was used **on** inmates.*

对囚徒施暴。

*It sounded as if his Mum relied **on** him to do most of the housework.*

听上去似乎他母亲靠他做大部分家务。

*I walked to the station instead of spending money **on** a taxi.*

我步行去车站，而不掏钱乘坐出租车。

*I viewed it with distrust, verging **on** panic.*

我怀疑地打量着它，接近有几分恐慌。

后跟有 **on** 的及物动词列表如下：

base	confer	impose	model
bestow	foist	inflict	spend
blame	force	lavish	

后跟有 **on** 的不及物动词列表如下：

bet	count	focus	improve	plan
build	depend	frown	infringe	prevail
capitalize	eavesdrop	gamble	insist	rely
check	economize	hinge	intrude	save
choke	embark	impinge	lean	settle
concentrate	encroach	impose	pivot	verge

用在名词之后：

*The effect **on** Mr Ross was catastrophic.*

对罗斯先生的影响是灾难性的。

*The ban **on** publicity may now be lifted.*

禁止公开宣扬的禁令现在可以取消了。

*...attacks **on** the State.*

……对国家的攻击。

*...the emphasis **upon** the young.*

……对青年的重视。

后跟有 **on** 的名词列表如下：

assault	burden	emphasis	moratorium
attack	claim	focus	onslaught
attempt	constraint	infringement	restriction
ban	effect	limit	sanctions
boycott	embargo	limitation	

用在形容词之后，有时跟有 -ing 分词从句：

*The poor are more dependent **on** the rich than ever before.*

穷人比以前更依赖于富人了。

*I was keen **on** politics.*

我对政治颇感兴趣。

*...those intent **on** running away.*

……那些想溜走的人。

后跟有 **on** 的形容词列表如下：

adamant	contingent	fair	incumbent	unfair
bent	dependent	hard	intent	
conditional	easy	hooked	keen	

22 Books, discussions or ideas **on** or **upon** a particular subject 表示关于某一主题的书、讨论或想法。

用在名词之后：

...a debate **on** education.

……关于教育的辩论。

...information **on** air pollution.

……关于空气污染的情况。

...advice **on** marketing and planning.

……关于市场营销及计划的建议。

后跟有 **on** 的名词列表如下：

advice	debate	judgement	perspective
agreement	decision	lecture	remark
book	ideas	legislation	report
comment	information	outlook	verdict

用在附加状语里：

He just took the text and commented **on** it.

他拿了文本便评论它。

...meditating **upon** the bliss of divine union.

……深思着神圣结合的至福。

后跟有 **on** 的动词列表如下：

advise	dwell	meditate	reflect	vote
agree	elaborate	muse	remark	
comment	expand	ponder	report	
decide	lecture	pronounce	speculate	

23 To spend time **on** something 表示花时间完成或处理某事。

用在附加状语里：

He was working **on** a book.

他正在写书。

...men engaged **on** government work.

……从事政府工作的人。

用在名词之后：

...substandard work **on** dam projects.

……水坝工程作业低于标准。

24 To congratulate or compliment someone **on** something 表示对某人所做的事或拥有的东西加以祝贺或赞赏。

用在附加状语里：

*In the locker room later, Thomas congratulated him **on** his victory.*
后来在更衣室里，托马斯祝贺他获胜。
*After complimenting me **on** my work, he informed me of the new arrangements.*
在称赞了我的工作后，他告知我新的安排。

25 To round or set **on** or **upon** someone 表示开始批评或攻击某人。

用在附加状语里：

*Arthur rounded **on** her, eyes gleaming through his glasses.*
阿瑟愤怒地抨击她，两眼在镜片后闪闪发光。
*He then turned **on** Daniel and said he must be mad.*
他转而攻击丹尼尔，说他准是疯了。
*I was set **upon** by older boys and given a beating every morning.*
我受到一些大男孩的欺负，每天上午都挨揍。

26 To stumble or chance **on** or **upon** something 指偶然发现某事物。

用在附加状语里：

*He felt certain that he had stumbled **on** something important.*
他感到肯定碰上了重要的东西。
*Castle began to regret that he had chanced **on** that poem.*
卡斯尔开始后悔偶然发现了那首诗。
*Eventually they came **upon** a dilapidated shack.*
最后他们发现一间破烂的小屋。

on account of

To happen **on account of** something else 后者是前者事物发生的原因。

用在附加状语里：

*Her parents had been put to death **on account of** their faith.*
她的父母因信仰而被处死。
*She was despised **on account of** her sex.*
她因性别而遭受蔑视。
*No natural pollen can grow **on account of** inadequate summer rainfall.*
因夏季雨水不足，天然花粉无法增多。

on board

On board a boat, aircraft, or spacecraft 表示在船上、飞机里，或宇宙飞船里。

用在附加状语里或动词 be 之后：

*You knew why I wanted to come **on board** the Exodus.*
你明白我为什么想登上"出埃及记"号船。
*They informed us that a certain Frank Rogers was **on board** this aircraft.*
他们告诉我们有个叫弗兰克·罗杰斯的人在这架飞机上。

用在名词之后：

*…anxiety over the amount of uranium **on board** the satellite.*
……对卫星上有大量铀的忧虑。

也可用作副词：

*I had intended to stay **on board**.*
我原本不打算下车的。

onto

1 To move **onto** or to be put **onto** a horizontal object 表示该平放物体在下面支着某人和某物，某物移动上去或被放上去。

用在附加状语里：

*He fell back **onto** my bed.*
他重又躺到我床上。
*She threw her books violently **onto** the floor.*
她把书猛摔到地板上。
*He then poured the beans **onto** the toast from a saucepan.*
然后他把豌豆从锅里倒到面包上。
*She put the teapot back **onto** the warm stove.*
她把茶壶放回到仍温热的炉子上。

2 To be fastened or put **onto** an object 表示将某物体扎在或放在另一物体的上面。

用在附加状语里：

*She screwed the top back **onto** her scent bottle.*
她把盖子拧回到香水瓶上。
*…a black handbag with sequins sewn **onto** it.*
……缝有金属装饰片的黑色手提包。
*'He digs his fingers into the black greasepaint and begins smearing it **onto** his face.*
……他手指上蘸了点黑色油彩，开始涂抹在脸上。
*…a concealed bulb which threw theatrical beams of light **onto** the ceiling.*
一只隐蔽的射灯将舞台效果灯光投向天花板。

3 To get **onto** a bus, train, or plane 表示乘坐公共汽车、火车或飞机到某地去。

用在附加状语里：

*She watched the people get **onto** the train.*
她看着人们上火车。

*Slipping past his pursuers, he hurled himself **onto** the train.*
他偷偷躲过追捕者，猛地上了火车。

4 To hold **onto** something 表示紧紧抓住某物。

用在附加状语里：

*He held **onto** Lucas's hand.*
他紧抓着卢卡斯的手。
*Hang **onto** that rope whatever happens.*
不管发生什么事，要抓紧那根绳子。

5 To get **onto** or move **onto** a different subject 表示说话者开始谈论另一话题。

用在附加状语里：

*Then he moves **onto** the next item.*
然后他开始讲下一项。
*Yeah, I'm coming **onto** that.*
是的，我正要谈那件事。

6 A door opens or gives **onto** a place 或 a building backs **onto** a place 表示该门或建筑物面对着某地或背靠着某地。

用在附加状语里：

*French doors opened **onto** the terrace.*
通往平台的落地窗。
*The door gave **onto** a flagged path which skirted the house.*
这扇门通往一条绕过房子的沿途挂满旗子的小路。
*The gardens and the houses backing **onto** them formed the main horizon.*
花园和毗邻的房子构成了主要的远景。

7 Be **onto** something 表示某人即将会有发现。属不正式用法。

用在动词 be 之后，且常跟有代词 something：

*It seemed that Sabine was **onto** something, otherwise she would hardly have called Nancy.*
萨拜因似乎发现了什么，否则她不会给南希打电话。
*The police may make mistakes, but when they act this swiftly they're **onto** a sure thing.*
警方可能出错，但他们行动这般神速，准是看准了才下手。

8 Be **onto** somebody 表示某人已发现他人犯了法或做错了事。属不正式用法。

用在动词 be 之后：

*Don't forget. I'm **onto** you, Mrs Bliss.*
别忘了，我手里有你的把柄，布利斯太太。

on top of

1 Something is situated or put **on top of** something else 表示某物体位于或被放置在另一物体上面或顶上。

用在附加状语里或动词 be 之后：

> *She took down the box of games which sat **on top of** the green wooden cupboard.*
> 她取下了绿色木制橱柜顶上的玩具盒。
> *Place the mackerel **on top of** the cucumber.*
> 把鲭鱼放在黄瓜上面。
> *Newman laid the card **on top of** the counter.*
> 纽曼把卡片放在柜台上。

用在名词之后：

> *…the globe **on top of** the building.*
> ……建筑物顶部的球体。

2 To happen or exist **on top of** something else 表示除别的事之外，又有某事发生或存在，并常导致更多的麻烦。

用在附加状语里：

> ***On top of** that, there had been a newspaper strike in America.*
> 在那之外，还在美国发生了报业罢工。
> *She was even doing an Open University course **on top of** everything else.*
> 除了其他之外，她甚至还在开放大学修一门课程。
> *My father had several hundred pounds a year private income **on top of** that.*
> 我父亲每年额外还有数百英镑私人收入。

3 On top of a situation 指对某种情况应付自如。

用在动词 be 之后：

> *She was composed, eager, and **on top of** every situation.*
> 她从容而热情，凡事都应付自如。
> *No batsman this afternoon was ever truly **on top of** things.*
> 今天下午没一个击球手打得漂亮。

opposite

Opposite to 也用于下列第一条，但不常见。

1 One thing is **opposite** another 指某事物在另一事物的对面。

用在附加状语里或动词 be 之后：

> *There is a statue **opposite** the entrance.*
> 正对着入口处有一尊雕像。
> *The road widens, you may note, **opposite** the Old Bailey.*

你也许注意到路在老贝利的对面宽了起来。
*She was thinking more of Mary now than she did when she lived **opposite** to her.*
现在她比住在玛丽对面之时更想念她了。

用在名词之后：

*…a small house **opposite** a pub.*
……酒吧对面的一幢小房子。

也可用作副词：

***Opposite** is St. Paul's Church.*
对面就是圣保罗大教堂。

2 在电影或戏剧中，某演员与另一位演员演主角，可说：One actor plays **opposite** another。

用在附加状语里：

*Two years later, she played **opposite** Anthony Quinn in the Biblical epic 'Barabbas'.*
两年后，她在《圣经》史诗剧《巴拉巴》中和安东尼·奎因演对手戏。

other than

1 Other than 用在否定句后，引出某情况下涉及的唯一的人或事，意思是除了……以外。

用在名词或不定代词之后：

*The fact is I don't have a thing with me **other than** this coat.*
实际上除了这件外套之外，我别的什么也没带。
*I was so tired that I could think of nothing **other than** my cabin and my bunk.*
我太累了，以致只是想到我那小木屋和床铺。
*No fat **other than** butter is acceptable in these products.*
在这些产品中除了黄油，别的脂肪都不能用。
*There was a reluctance to talk about their reports to anyone **other than** colleagues.*
除了同事之外，他们不愿向任何人谈论他们的报告。

2 Other than 用来表示除了所提及事物还包括某类事物的全部。

用在名词或不定代词之后：

*Forensic science is in fact applied most frequently to crimes **other than** murder.*
事实上，法医学常被运用于谋杀之外的犯罪案例中。
*…recruiting students from groups **other than** the conventional pool of bright sixth-formers.*
……分批录取学生，而非按惯例招收聪明的六年级学生。

out of

1 To go **out of** a place 离开某地。

用在附加状语里：

*Paul got **out of** the car.*
保罗下了车。
*He followed Rhoda **out of** the room.*
他随罗达出了房间。
*A girl came **out of** the doorway on the left.*
一个女孩从左边的通道走出来。

用在动词 be 之后：

*Once they were **out of** the air-conditioned restaurant, the smog hurt Stein's eyes.*
他们一走出开着空调的饭店，烟雾就刺痛了斯坦恩的双眼。

2 To take something **out of** the container or place where it has been 将某一物体从某容器里或某地方拿走。

用在附加状语里：

*He took a bag of money **out of** an inner pocket.*
他从衣服内口袋里掏出一袋钱。
*She took a rug **out of** her case.*
她从箱子里取出小毯子。

3 To look or shout **out of** a window 朝窗外看或大声喊叫。

用在附加状语里：

*Mark Parker looked **out of** the window.*
马克·帕克朝窗外望去。
*Yet she would not stop shouting **out of** the window.*
然而她仍无意停止向窗外叫喊。

4 Out of range of something 在某事物的范围以外。

用在动词 be 之后或附加状语里：

*...anxiously turning to ensure that Luke was still **out of** earshot.*
……焦急地转身保证卢克仍在听不见的地方。
*She watched until they were **out of** sight.*
她注视着，直到再看不见他们。

5 Out of the sun or the wind 表示不受日晒或风吹。

用在附加状语里或动词 be 之后：

*Come in **out of** the rain.*
入内躲雨。
*We could go up there a bit. Be **out of** the wind.*
我们可以往那儿再过去一点儿以避开风。

6 To get **out of** a situation or activity 表示某人脱离某种情况或停止某项活动。

用在附加状语里：

> *There's still a lot to do if we are to get **out of** trouble.*
> 若要摆脱麻烦，我们仍有许多事要做。
> *...unless they elect to opt **out of** the scheme.*
> ……除非他们选择退出这个计划。
> *I should have talked her **out of** it.*
> 我本该说服她不做的。

用在动词 be 之后：

> *I was glad to be **out of** a bad marriage.*
> 我很高兴摆脱了一段可怕的婚姻。

7 To get pleasure or profit **out of** doing something 表示某人得到快乐或利益，作为做某件事情的结果。

用在附加状语里，常跟有 -ing 分词从句：

> *He obviously got a sort of joy **out of** it.*
> 他显然从中觅得了某种乐趣。
> *She got a lot of fun **out of** sweeping the front porch of the restaurant.*
> 她觉得清扫饭店的前门廊挺有乐趣。
> *I never made a penny **out of** it.*
> 我从中没挣得一分钱。

8 To get something **out of** someone 表示劝说别人将某物给自己。

用在附加状语里：

> *He stands no chance of getting a loan **out of** them.*
> 他根本没有可能从他们那儿得到一笔借贷。
> *She flattered Seery and wheedled money **out of** him.*
> 她恭维西里，用甜言蜜语骗他一点钱。

9 To pay for something **out of** a particular sum of money 表示用某笔钱付账。

用在附加状语里：

> *I was paying for Forio **out of** eight pounds a week.*
> 我从每周八英镑中挤出钱为弗里欧付账。
> *The relatives do not have to pay these debts **out of** their own income or savings.*
> 亲戚们无须动用他们的收入或存款来偿债。

10 **Out of** 可用来表示某人做某事的原因。

用在附加状语里：

> *I said yes **out of** politeness.*
> 我出于礼貌说了声"是"。
> *She accepted the job **out of** curiosity.*
> 出于好奇，她接受了这份工作。
> *He used to make large donations **out of** a sense of duty.*

出于责任感，他过去常大笔捐赠。

*Those who remain in primitive housing do so **out of** poverty alone.*

仍居于陋室中的人们这样做完全是由于贫困。

11 Something is made **out of** a particular substance or thing 表示用某物质或某物制造某东西。

用在附加状语里：

*They make sandals **out of** old car tyres.*

他们用旧轮胎做凉鞋。

*...a club made **out of** an old piece of driftwood.*

……用一根旧漂木制成的球棒。

*Men chisel blocks **out of** solid rock.*

人们凿下坚硬的岩块。

12 **Out of** a type of thing 表示短缺不再拥有某物。

用在附加状语里或动词 be 之后：

*Many of them have simply run **out of** money.*

他们很多人把钱完全花光了。

*We ought to get some more wood—we're **out of** green branches.*

我们应该再取出多些木头来，青树枝用完了。

13 **Out of** 可表示所谈论事物的比例。

用在数词之后：

*Four **out of** five part-time workers are women.*

每五个兼职工人中就有四个是妇女。

*In one group, eight **out of** ten were unemployed.*

在一个组里，十人中有八人失业。

outside

Outside of 用在非正式英语里，尤其用在美国英语里。

1 **Outside** a building or a room 在某建筑物或房间外面。

用在附加状语里或动词 be 之后：

*Crowds waited **outside** the Town Hall for three o'clock.*

人群在市政厅外等待三点钟到来。

*I can't risk the painting going **outside** the building.*

我不能冒险让这幅画移出这幢楼。

用在名词之后：

*One of the news-stands **outside** the station was full of foreign papers and magazines.*

车站外的一个报亭满是外国报纸和杂志。

也可用作副词：

*They stood **outside** discussing the matter.*
他们站在外边讨论此事。

2 Outside a door 在门外。

用在附加状语里或动词 be 之后：

*There was no-one **outside** the door.*
门外没人。

3 Outside a place, area, group, or system 表示不在某处或某地区，或不属于某个团体或体系。

用在附加状语里或动词 be 之后：

*Not many people have heard of him **outside** Blackheath.*
在布莱克希思以外的地方，听说过他的人不多。
*More women than ever are working **outside** the home.*
现在比以前有更多的妇女出外工作。
*What I've learnt, I've learnt **outside** of school anyway.*
我学到的知识反正都来自校外。
*...the schools operating **outside** the system.*
……在此体系之外运作的学校。

用在名词之后：

*...influential people both inside and **outside** government.*
……政府内外有影响力的人。
*...sales to countries **outside** the EEC.*
……向欧洲经济共同体之外的国家销售。

4 Be outside a particular range of things 指某事超出事物的范围。

用在动词 be 之后：

*It was so far **outside** my range of expectations.*
它远在我的期望之外。

用在名词之后：

*Art and science are both uniquely human actions, **outside** the range of anything that an animal can do.*
艺术和科学皆人类独有的行为，动物无法做得到。

5 To happen outside a particular period of time 表示该事情发生在某一时间之前或之后。

用在附加状语里：

*You can deposit and withdraw money **outside** normal banking hours.*
在银行营业时间之外可以存款取款。

*The fare is cheaper **outside** of peak hours.*
高峰时间之外票价较便宜。

over

1 One thing is **over** another or is moving **over** it 表示前者在后者的上方（移动）。

用在附加状语里或动词 be 之后：

*We drew water to heat **over** an open fire.*
我们抽水放到篝火上煮。
*There is no bridge **over** the river.*
河上没有桥。
*...crouching **over** a silent keyboard.*
……静静蜷缩在键盘上。
Over the valley, a full moon was rising.
山谷上，一轮满月冉冉升起。
*He flew on **over** the school house.*
他飞越校舍。

也可用作副词：

*There's an aircraft coming **over**.*
有飞机飞过。

2 Something **over** something else 表示前一事物覆盖着后一事物。

用在附加状语里或动词 be 之后：

*The blindfold was tied **over** Ari's eyes.*
眼罩系在阿里的双眼上。
*I laid my coat **over** a nearby barrel.*
我把外套放在旁边的大桶上。
*...as we ate the crumpets, with butter oozing deliciously **over** our fingers.*
……我们吃着烤面饼，黄油从指间溢出，味道很好。
*The ashes were dumped all **over** the floor.*
灰倒得满地都是。

3 To wear one piece of clothing **over** another 将前者穿在后者的外面。

用在附加状语里：

*The vicar wore a red and white jacket **over** his clerical shirt.*
教区牧师在牧师衫外穿了一件红白相间的外套。

4 A window has a view **over** a place 表示能从窗口看到某个地方。

用在附加状语里：

*High windows looked out **over** a soft green wooded park.*
高高的窗户俯览一座绿树林立的公园。

*Jim Hess looked out **over** his country.*
吉姆·赫斯向外张望他的乡村。

用在名词之后：

*Most rooms have a view **over** fields.*
大部分房间能望见田野风光。

5 To move **over** an area or place 指从某范围或地方的一边移动到另一边。

用在附加状语里：

*...riding his bicycle **over** everyone's lawns.*
……骑着他的自行车越过每家人的草坪。
*They scrambled away **over** the rocks.*
他们爬过岩石逃走了。
*We drove back **over** the hills to the San Fernando Valley.*
我们驶过山峰回到圣费尔南多峡谷。

6 To go **over** something 指越过河流或边界。

用在附加状语里：

*His Police Jaguar roared **over** the river in the direction of the village.*
他那辆美洲豹警车驶过河朝村庄开去。
*Then German refugees began pouring **over** the border into Denmark.*
后来，德国难民开始越过边界涌入丹麦。

7 Something is **over** the road, river, or border 某一物体在路、河流或边境的对面。

用在动词 be 之后：

*The post office is just **over** the road.*
邮局在路的对面。

用在名词之后：

*My son's doing better than I am—in that shop **over** the road.*
我的儿子干得比我棒——在路那边的那个商店里。

8 To look **over** something 表示从某物体的上方看。

用在附加状语里：

*Her husband watched her **over** the top of his magazine.*
她丈夫从杂志上方注视着她。
*He smiled **over** Gant's shoulder at the woman.*
他越过甘特的肩膀对那女人笑了笑。

9 To get **over** a barrier 越过某个障碍。

用在附加状语里：

*He was caught before he could jump **over** the wall.*

他还没翻过墙就被抓住了。

*Dan toppled backwards **over** the sofa.*

丹向后倒翻过了沙发。

10 Over a particular age or amount 超过某一年龄或数量。

用在名词之后：

*Children **over** the age of one year start their colds with a sudden high temperature.*

一周岁以上的幼儿感冒多以突发性高烧开始。

*What about those **over** six foot who have to squeeze themselves into a cinema seat?*

那些身高超过六英尺，勉强才挤得下电影院座位的人怎么办呢?

用在动词 be 之后：

*She's well **over** school leaving age.*

她大大超过读书的年龄了。

也可用作副词：

*If you are 70 or **over** you can get your pension whether you have retired or not.*

到了七十岁或年龄更大，无论是否退休，都可得到养老金。

11 To have influence or control over people or things 表示能影响或控制人或事物。

用在名词之后：

*Specialists disagree on the extent of American influence **over** the British market.*

专家们对于美国影响英国市场的程度意见不一。

*...man's domination **over** his environment.*

……人对环境的支配。

*It provides readers with a feeling of power **over** their contemporaries.*

它给读者以一种支配同龄人的感觉。

后跟 over 的名词列表如下：

advantage	control	hold	power
ascendancy	dominance	influence	victory
authority	dominion	mastery	

12 Over 可用来指涉及分歧、感情、思想或行动的事物或致使其产生的事物。

用在附加状语里：

*Starving children were fighting **over** spilt grain.*

挨饿的孩子们为争撒落的谷物撕打。

*They were seen gloating **over** wads of dollar bills.*

有人看见他们贪婪地盯视着成捆的美元。

*...Lord Boardman, the bank's chairman, who also resigned **over** the scandal.*

……银行的董事长博德曼勋爵也因丑闻辞职。

后跟 over 的动词列表如下：

agonize	disagree	fret	haggle	row
argue	drool	fuss	muse	wrangle
brood	enthuse	gloat	quarrel	
clash	fight	grieve	quibble	

用在名词之后：

*In time the misunderstanding **over** the government's plans would be cleared up.*
对政府计划的误解迟早会得到澄清。

后跟 **over** 的名词列表如下：

anxiety	debate	outcry
battle	fuss	quarrel
concern	misunderstanding	row

13 To go **over** something 仔细查对文稿。

用在附加状语里：

*He comes across in the evening to help me go **over** my books.*
他在晚上过去帮我温习我的书籍。
*She ran her eye **over** the guest list and sighed.*
她浏览了一下宾客名单，叹了口气。

14 To happen **over** a period of time, or **over** a meal or a drink 表示事情在某一时刻或餐桌上发生。

用在附加状语里：

*It would probably go rotten **over** the weekend.*
它可能会在周末烂掉。
*I did a lot of thinking **over** Christmas.*
圣诞节期间我思考多多。
***Over** the last twenty years our rural communities have gradually wasted away.*
在过去的二十年里，我们的农村已渐趋衰微了。
*Luce once told JFK **over** lunch, 'I taught Kenneth Galbraith to write.'*
卢斯有一次在午餐时告诉 JFK："我教过肯尼思·加尔布雷思写作。"

owing to

Owing to 用于表明某事的起因。

用在附加状语里：

*Gary Blackledge missed the last quarter of last season **owing to** injury.*
由于受伤，加里·布莱克利奇错过了上个赛季的最后一节比赛。
*Now, **owing to** the financial cut-backs, the workshops have been closed.*
由于经费削减，现在车间已被关闭。

用在动词 be 之后：

*It was entirely **owing to** him that they acquired two bonus points.*

多亏了他，他们获得了两分奖励。

past

1 To go **past** a person or thing 指从某人或某物旁边经过。

用在附加状语里：

> *Then they drove **past** a grove of chestnuts.*
> 然后他们驶过栗树丛。
> *A glass flew **past** his head and smashed against the wall.*
> 一只玻璃杯擦头而过撞到墙上打碎了。

也可用作副词：

> *...as my two colleagues walked **past** on the way out.*
> ……我的两个同事出去，经过我身边。

2 Be **past** a place 指途经某地才能到达。

用在附加状语里：

> *Just **past** those houses are the Lispenard Meadows.*
> 过了那些房子，就是里斯帕纳德草地。
> *About a hundred yards **past** the last houses, take a left on a dirt road.*
> 过最后那片房子一百码左右，向左拐，上一条污泥路。

用在名词之后：

> *...a small castle two miles **past** the village.*
> ……村庄过去两英里处的一座小城堡。

3 **Past** 说明几点过几分，通常以三十分钟以内的时间为限。

用在数词、代词 half 或名词词组 a quarter 之后：

> *By ten **past** nine the final version was finished.*
> 定稿在九点十分完成。
> *They came for Superintendent Thomas at a quarter **past** ten.*
> 他们在十点一刻来找托马斯主管。
> *It was half **past** twelve.*
> 时间是 12 点半。

也可用作副词：

> *We'll try to finish early—about twenty five **past**.*
> 我们尽早完工——大约在正点后 25 分钟。

4 **Past** a state or stage 表示不再有以前的状态，或不再处于以前的阶段。

用在动词 be 之后，有时跟有 -ing 分词从句：

> *It is **past** its peak.*
> 它过了巅峰期。

*Once they were **past** infancy, they were absorbed into the adult household.*
一旦过了婴儿期，他们就被接纳入成年人家庭中。
*I'm **past** caring now about people's feelings.*
现在，对人们的感觉我已不在乎了。

用在名词之后：

*It has the decadence of an empire **past** its peak.*
它表现出了过了巅峰期的帝国的衰落。

5 Be **past** belief or description 事情无法令人相信或难以形容。

用在动词 be 之后：

*...exaggerations that are **past** belief.*
……难以置信的夸张。
*My complexion is **past** redemption.*
我的面色无可救药了。

用在名词之后：

*It was exhilaration **past** description.*
高兴得无法形容。

pending

Something is done **pending** a future event 指在另一事情发生前暂时做着某事。属正式用语。

用在附加状语里：

*The hospital said the unit had been closed **pending** an investigation.*
医院说这个医疗科已关闭等待调查。
*Many charge payers have withheld payment **pending** the outcome of a legal test case.*
许多付账者在这项试验性法律案例结果出来之前暂不付款。

per

Per 表示速度或比率。**Per** 表示速度或比率的单数单位词前。

用在名词或数词之后：

*...a new record of 318 miles **per** hour.*
……时速 318 英里的新纪录。
*Petrol costs around 30p **per** gallon here.*
这儿汽油每加仑的价钱约为 30 便士。
*They spent $73 **per** head on defence last year.*
去年他们防务开支为每人 73 美元。

plus

Plus 提及要增加的内容或数量时。

用在附加状语里：

*It has 16 class teachers, **plus** a teacher who works with children with special needs.*
它有 16 名课程教师，另有一名教师教有特殊需要的孩子。
*Cleaners working for the agency get £2.45 an hour **plus** an agency fee of £4 per session.*
这个代办处的清洁工每小时挣 2.45 英镑，另加每班 4 英镑的代办处工资。

preparatory to

To do something **preparatory to** doing something else 做第一件事是为了准备做第二件事。

用在附加状语里，通常跟有 -ing 分词从句：

*He was aligning the cuffs of his trousers, **preparatory to** draping them over a hanger.*
他把裤子的卷边弄平整再挂上衣架。
*She had just drawn a deep breath, **preparatory to** embarking on a tedious summary of the lecture.*
她深吸了一口气，开始给讲座作单调乏味的小结。

prior to

To happen **prior to** a particular event or time 指事情发生在某事件或时间之前。属正式用语。

用在附加状语里：

*...the professor who corrected the manuscript **prior to** publication.*
……在出版之前订正文稿的教授。
***Prior to** that he was in the film industry.*
在那之前他从事电影业。
*...those widowed **prior to** 1973.*
……1973 年以前的寡妇、鳏夫。

用在名词之后：

*In the four years **prior to** the Act, the rate of decline increased.*
颁布那项法令之前四年，衰退率增加了。

regarding

Regarding 引出说、写或思考的主题。

用在名词之后：

*This did give valuable information **regarding** Lloyd George's character.*
这确实提供了关于劳埃德·乔治性格的宝贵信息。
*A big difficulty is the confusion **regarding** qualifications.*
巨大的困难在于资格方面的混乱。

用在附加状语里：

Regarding *this last item, let me discuss an example of what I mean.*
关于最后一项，请允许我举例说明我的意思。

regardless of

To happen **regardless of** a particular thing 指某事物的发生不受别的事物影响。

用在附加状语里：

*They are taught to respect everyone, **regardless of** race.*
教导他们要尊重每一个人，无论其种族如何。
Regardless of *the result, the present conflict threatens serious damage to the Church.*
无论结果怎样，目前的冲突会对教会造成严重损失。

round

也作 **around**。

1 Something **round** or **around** something else 指前者围绕后者，或存在于后者四周。

用在附加状语里：

*I put my arms **round** her.*
我拥抱她。
*He hung a garland of flowers **round** Tusker's neck.*
他将花环戴到塔斯克的颈上。
*Little crowds would gather **around** them to listen.*
小小的人群会聚拢在他们身边倾听。

用在名词之后：

*...the barbed wire **round** the big estates.*
……环绕大庄园的铁丝网。
*...the squalor and degradation **around** them.*
……他们身旁的卑劣与堕落。

也可用作副词：

*We crowded **round**.*
我们围挤着。

2 Something moves **round** or **around** something else 指前者围着后者转。

用在附加状语里：

*He would dance **round** them excitedly.*
他会兴奋地绕着他们跳舞。

也可用作副词：

*They just seemed to be riding **round** and **round**.*
他们似乎只是开车兜着圈子。

3 To centre **round** or **around** a particular thing 表示某活动（例如进行讨论）围绕后一件事展开，并以后一件事为中心。

用在附加状语里：

*Next day the talk centred **around** the events in London.*
第二天，谈话集中在伦敦那里的事。
*My life revolved **around** Margaret's daily visits.*
玛格丽特每日来访，我的生活就以接待为中心。

4 To go **round** or **around** a place 表示在某地附近各处走动。

用在附加状语里：

*I wandered **round** the orchard.*
我在果园里漫步。
*I trotted **round** town getting advice from various experts.*
我满城走，向各行专家们求教。

用在名词之后：

*...a walk **round** the estate.*
……绕着庄园散步。

也可用作副词：

*They won't want anyone else trampling **around**.*
他们不允许别人到处胡乱践踏。

5 To go **round** or **around** a corner or obstacle 指绕过某一拐角处或障碍物去到另一边。

用在附加状语里：

*As I came **round** the corner, he caught my arm.*
我绕过拐角时，他抓住了我的臂膀。
*The blonde secretary put her head **round** the door of Bruno Lazlo's office.*
那位金发碧眼的秘书把头绕过布鲁诺·拉兹罗办公室的门。
*Mr Willet stepped **round** a tombstone.*
威利特先生移步转过一块墓碑。

6 A way **round** or **around** a problem or difficulty 解决难题或克服困难的办法。

用在名词 way 后：

*If you are a woman, it will be assumed that he is the guest, not you; the only way **round** this is to become a Dame.*
如果你是位女士，那么他，而不是你，就会被当成客人。唯一的解决办法是成为女爵士。
*As usual, Jefferson had a way **around** the difficulty.*
与往常一样，杰斐逊有办法解决这一难处。

用在动词 get 之后的附加状语里：

*These provisions were intended to get **round** the perennial problem of non-application of the law at local level.*
此条款用于解决多年来法律在地方层次得不到实施的问题。

7 To hang **round** or **around** a place 指在某地无所事事地闲逛。

用在附加状语里：

*I enjoyed hanging **around** Parliament listening to debates.*
我喜欢在议会逗留，听他们辩论。

save

Save 引出刚才所讲内容的例外情况。属正式用语。

用在代词或名词之后：

*…nations with little in common **save** a history of Commonwealth links.*
……除了有一段以英联邦作为联系的历史之外，互相很少有共同之处的国家。
*The next election will be fought with every party **save** the Greens pledged to membership of the EC.*
下次竞选将十分激烈。各党派，除了绿党之外，都誓言要加入欧洲共同体。

save for

Save for 引出刚才所讲内容的例外情况。属正式用语。

用在附加状语里：

*Tomorrow the report will be completed **save for** the controversial clause 31.*
明天，报告将完成，只剩有争议的第 31 条款。
*At length, **save for** an occasional rustle, the shelter was silent.*
终于，棚子里安静下来，只有偶然发出的沙沙声。

since

1 Something has happened **since** a time or event 自某一时间或某一事件以后某事曾发生过或持续发生。

用在带有动词完成时态的附加状语里，有时后接 -ing 分词从句：

*This has been going on **since** July.*

自从七月以来一直如此。
*This has been the experience of all Governments **since** 1945.*
这是自 1945 年以来历届政府都经历的事。
*I had dreamed of China **since** childhood.*
自孩提时起，我就梦想去中国。
***Since** leaving Styal, I have reverted to my former slapdash methods of cooking.*
自离开斯黛尔，我便又重新恢复先前一样马马虎虎地做饭。

也可用作副词：

*He threw his stuff in a bag and left. I haven't seen him **since**.*
他把他的东西扔进袋子里就走了。自那次以后我没见到过他。

2 Something is the biggest, best, or first thing of a particular kind **since** another thing of the same kind 指某事物是直至目前为止在同类中最大的、最好的或最早出现的。

用在名词之后：

*…the first significant change in pictorial space **since** Cubism.*
……这是立体派以来在绘画空间上首次有意义的变化。
*It's the best thing **since** sliced bread.*
自从有切片面包以来，这是最好的了。

than

1 Than 用来连接两个比较部分。

用在形容词或副词比较级之后：

*For some time, Wendy had been more radical **than** me.*
在一段时间里，温迪一度比我更激进。
*The Japanese scripts were more difficult **than** the Chinese.*
日本字的手写笔迹比汉字更难辨认。
*Two people could survive more easily **than** one.*
两个人比独自一人较易幸存下来。
*A stronger man **than** himself would not have hesitated.*
比他自己更坚强的人当时就不会迟疑。

2 Than 还可以连接两个对比部分。

用在附加状语里，通常跟在 rather 之后：

*It had been a scuffle rather **than** a fight.*
那是场扭打而非对打。
*An age of leisure, rather **than** unemployment, was in prospect.*
一个悠闲而非失业的时代在望。
*It was more a lodge **than** a banqueting house.*
与其说它是个宴会厅，不如说是间小屋。

thanks to

Thanks to 提及引致事情发生的人或事物。

用在附加状语里：

*The town centre had a narrow escape from destruction, **thanks to** 100 firemen, who contained the blaze.*
市中心险些被烧毁，幸亏 100 名消防员控制了大火。
***Thanks to** the new network, clerks will be able to deal with all the payments at one time.*
由于连接了新网络，文员们能同时处理全部支付业务。

through

1 To move **through** something 指某人或某物从一端向另一端移动，穿过洞口、管道等物。

用在附加状语里：

*The rain poured **through** a hole in the roof.*
雨水从屋顶的洞口涌入。
*They attempted to gain access **through** a side entrance.*
他们试图从侧门进去。
*It proceeds **through** the tunnel and emerges coated with chocolate.*
它进入管道，出来时就涂覆了巧克力。

也可用作副词：

*The Ante-Room leads **through** into the Breakfast Room.*
接待室连接早餐餐厅。

2 To cut **through** something 表示把某物切开两半或钻孔穿透某物。

用在附加状语里：

*...cutting **through** a crust.*
把面包皮切开。
*The fish must have chewed right **through** it.*
这条鱼肯定把它咬穿了。
*He put a bullet **through** his girlfriend's eye.*
他开枪，子弹穿透女友的眼睛。

3 To move **through** a group of things or a mass of something 表示从两旁的一群事物或一堆物体中穿过。

用在附加状语里：

*She zigzagged her way **through** the other guests.*
她从其他客人中间穿过。
*He trotted **through** the sand.*

他从沙地上走过。

4 To go or move **through** a place 表示从某地的一边穿过，到达另一边。

用在附加状语里：

> *I was travelling **through** Athens on my way home from the Lebanon.*
> 我从黎巴嫩途经雅典回家。

用在名词之后：

> *I had been planning this trip **through** Mexico for over a year.*
> 整整一年来，我在计划穿越墨西哥的旅行。

也可用作副词：

> *I was just passing **through**.*
> 我正在穿越。

5 To get **through** a barrier or obstruction 表示越过障碍，从一边通往另一边。

用在附加状语里：

> *Nobody gets **through** the barriers except officials.*
> 除了官员之外无人能通过路障。
> *We can go **through** the checkpoints together.*
> 我们可以一起通过关卡。
> *Morris paid his pound and pushed **through** a baize curtain and a swing door.*
> 莫里斯付了一英镑，推开绿色毛呢门帘和对开双弹簧门走了进去。

也可用作副词：

> *Only 200 demonstrators got **through**.*
> 只过去了两百名示威者。

6 To see, hear, or feel something **through** an object 表示某人透过物体见到、听到或接触事物。

用在附加状语里：

> *We had spoken to each other in the booth, **through** glass, on telephones.*
> 我俩在电话亭内隔着玻璃用电话交谈。
> *...looking **through** the lens of a camera.*
> ……通过照相机镜头看。
> *She kissed his skin **through** his shirt.*
> 她隔着他的衬衫吻他皮肤。

7 To happen or exist **through** a period of time 表示某事自始至终存在。

用在附加状语里：

> *Through the years there was, of course, a great deal of rebuilding.*
> 当然，多年来都有大量的重建工作。
> *We would leave Nairobi at midday and drive **through** the night to Ferguson's Gulf.*

我们将在中午离开内罗毕，连夜驾车到弗格森湾去。

8 To happen from a particular period of time **through** another 表示某事从前面某一段时期开始，一直持续到后一段时期的末尾。用于美国英语。

用在附加状语里，通常跟在由 from 引导的介词短语之后：

*They lived there from early February **through** Thanksgiving 1967.*
从 1967 年二月初到感恩节，他们一直住在那里。
*I was in college from 1927 **through** 1932.*
我从 1927 到 1932 年间上大学。

9 To go or live **through** an experience 指某人有过的某种经历，尤其是指艰难的或令人激动的事。

用在附加状语里：

*We've been **through** a big transition.*
我们经历了巨大的转变。
*She proceeded **through** her pregnancy with a great deal of apprehension.*
她在怀孕期间充满了忧虑。
*...the boys who had gone **through** High School with her.*
……和她一起上中学的男孩们。
*He was a great friend of mine and saw me **through** all the hard times.*
他是我的好友，帮我度过了所有的艰难岁月。

10 Be some of the way **through** a task 表示某事已完成了大部分。

用在动词 be 之后或附加状语里：

*He was not yet halfway **through** 'Sense and Sensibility'.*
《理智与情感》他还没看完一半。
*Two-thirds of the way **through** the race the wind suddenly blew up to gale-force.*
比赛到三分之二路程时突然刮起了强风。

也可用作副词：

*Halfway **through**, Hawk had started grinning.*
到一半时，霍克开始笑了。

11 To look or go **through** a lot of things 表示一个接一个地查看或处理一大堆事情。

用在附加状语里：

*I looked **through** a small booklet.*
我看完一本小册子。
*He thumbed **through** the reports once more.*
他把这些报告再次迅速翻阅一遍。
*To wade **through** all the papers is an impossibility.*
费劲地把所有文件看完是不可能的。

后跟有 **through** 的动词列表如下：

browse	glance	look	sift	wade
flick	go	rifle	skim	work
flip	leaf	run	thumb	

12 To go **through** a committee or other official body 表示某个想法或建议通过委员会或其他官方机构的审理并付诸实行。

用在附加状语里：

*We could not be sure that we could carry sanctions **through** Parliament.*
我们没有把握制裁能在国会通过。

用在名词之后：

*Its passage **through** Parliament will be further troubled by a campaign against it.*
在国会通过的过程中，它将进一步受到反对浪潮的困扰。

13 One thing happens **through** another 后者引致前者发生。

用在附加状语里：

*He always managed to find me, usually **through** a series of unbelievable chances.*
通过一连串令人难以置信的巧合，他总是能设法找到我。
*Many of the audience walked out **through** sheer boredom.*
许多观众由于乏味离开了。

14 To achieve something **through** particular methods 表示用某些方法完成某事。

用在附加状语里：

*We persuade **through** fear.*
我们用威吓进行游说。
*Forecasting has already been substantially improved **through** computer analysis.*
通过电脑分析，预报已大大改进。

throughout

1 To happen **throughout** a period of time or an event 表示某事在整段时间内或事件过程中发生。

用在附加状语里：

*This feeling of uncertainty exists for most people **throughout** life.*
大多数人一辈子都有人生无常这种感觉。
***Throughout** the day, Mrs Pringle maintained a sullen silence.*
普林格尔太太一整天都绷着脸不说话。
***Throughout** his career his main concerns have been with politics.*
在他整个职业生涯中，主要从事政治。

也可用作副词：

> *Colonel Williams remained seated **throughout**.*
> 威廉姆斯上校始终坐着。

2 To happen or exist **throughout** a place 表示某事物于某处普遍发生或存在。

用在附加状语里：

> *He is famous—not only in England but **throughout** the world.*
> 他很有名，不仅在英国而且遍及世界。
> *I've included **throughout** this book quite a lot of simple, cheap ideas.*
> 在整本书里我写下了许多简单易得的道理。
> *They have branches **throughout** London.*
> 他们在全伦敦都有分店。

也可用作副词：

> *We were given £15,000 initially to equip the centre **throughout**.*
> 开始时给我们一万五千英镑为整个中心添置设备。

till

1 To happen **till** a particular time or event 某事一直发生直到某一时刻才停止。

用在附加状语里，常跟在 from 引导的介词词组后：

> *You can stay **till** three if you like.*
> 如果你乐意可以待到 3 点钟。
> *...the huge Franciscan church that was there **till** the Reformation.*
> ……一直矗立到宗教改革时的宏伟的方济各会教堂。
> *I worked from seven **till** seven each day.*
> 我每天从早上七点干到晚上七点。
> *...from breakfast **till** lunch.*
> ……从早餐一直到午餐。

2 Something does not happen **till** a particular time 某事直到某时刻才发生。

用在加否定结构的附加状语里：

> *She didn't come downstairs **till** about a quarter to eight.*
> 直到约八点差一刻她才下楼。
> *He did not finish **till** the small hours of the morning.*
> 直到夜半一两点钟他才完工。

to

1 To go **to** a place 到某地去。

用在附加状语里：

> *Adam went **to** the station to meet Sheila.*

亚当到车站去接希拉。

*The doctor walked over **to** the door and opened it.*

医生走过去打开门。

*I took the book and threw it **to** the other end of the room.*

我拿起书把它扔到房间另一头。

用在名词之后：

*...on the long journey **to** Calcutta.*

……去加尔各答漫长的旅途中。

*...a visit **to** the theatre.*

……去戏院看戏。

2 To go **to** a concert, party, or other event 到音乐会、聚会或其他活动举行的场地。

用在附加状语里：

*...accompanying their grandfather **to** a football match.*

……陪他们的祖父去看足球赛。

*You must come **to** dinner.*

你一定得来吃饭。

*A night or two later we were all invited **to** a party at a film studio.*

一两晚之后我们都被邀请参加在电影制片厂举行的晚会。

用在名词之后：

*Three months ago, he had received an invitation **to** Julie's wedding.*

三个月前他收到了朱莉结婚的邀请。

3 Something is attached **to** something larger or fixed 某一物体附着于较大或固定的物体上。

用在附加状语里：

*We tied him **to** a kitchen chair.*

我们把他捆在厨房的一把椅子上。

*He untwisted the wire fixed **to** the cork of the second bottle.*

他把第二个瓶子软木塞上的铁丝拆开。

*His tongue stuck **to** the roof of his mouth.*

他舌头抵在上牙膛上。

4 **To** 表明某事物所处的位置。例如，something is **to** one's left 指某物的位置接近某人的左面，远离某人的右面。

用在附加状语里或动词 be 之后：

*Ahead and **to** the left loomed the long dark line of the Ridge.*

山脊长长的暗色线条在前方和左边隐约显现。

*The Killer Whale broke the surface no more than twenty yards **to** the north of me.*

杀人鲸在我北边不足 20 码处浮出水面。

用在名词之后：

*...the black shapeless masses **to** the left and right of the road.*
……路两旁黑乎乎奇形怪状的大堆东西。

5 To 指人或事物接受某事物，或以行动或表达情感回应某人或物。

用在附加状语里：

*He gave the money **to** the cook.*
他把钱给了这厨师。
*He showed the letter **to** Barbara.*
他把这封信拿给芭芭拉看。
*Mother waved **to** us through the window.*
母亲透过窗户向我们招手。

后跟 **to** 的动词列表如下：

beckon	give	point	signal
demonstrate	offer	show	wave

用在形容词之后：

*Molly was devoted **to** her sister.*
莫莉深爱自己的妹妹。
*Helen seemed utterly indifferent **to** his words.*
海伦似乎对他的话毫不在乎。
*She was always wonderfully kind **to** me.*
她对我总是十分友善。

后跟 **to** 的形容词列表如下：

courteous	fair	kind	sympathetic
cruel	faithful	loyal	unfair
devoted	friendly	nice	unfaithful
disloyal	indifferent	partial	unkind

用在名词之后：

*It is a gift **to** the people of Hartford.*
这是送给哈特福德人民的礼物。
*...cruelty **to** animals.*
……残害动物。
*The threat **to** democracy was real.*
对民主有现实的威胁。
*She was appointed as assistant **to** the General Secretary.*
她被任命为总书记助理。

6 To say something to someone 说话者希望听者倾听并能够理解他。

用在附加状语里：

*A number of people had complained **to** the church officials about it.*
一些人向教会官员申诉此事。
*My father and my uncle haven't spoken **to** each other for fifteen years.*
我父亲和叔叔已有 15 年没有交谈了。

They started **to** *explain their plan* **to** *Bradlee.*
他们开始向布拉德利解释这个计划。

后跟 **to** 的动词列表如下:

announce	chat	mention	preach	talk
apologize	complain	mumble	report	write
boast	confide	murmur	say	
brag	explain	mutter	speak	

7 A memorial **to** someone 指纪念、悼念某人。

用在名词之后:

...the monument **to** *the father of English poetry, Geoffrey Chaucer.*
……英国诗歌之父杰弗里·乔叟的纪念碑。

8 **To** 指某人或某事开始具有的形式或状态。

用在附加状语里:

His relief changed **to** *anger.*
他由宽慰变成了气愤。
...a desire **to** *return* **to** *full-time education.*
……恢复到全日制教育的愿望。
They envisaged inflation falling **to** *about 10 per cent a year.*
他们设想通货膨胀率降至每年约10%。

后跟 **to** 的动词列表如下:

change	degenerate	promote	turn
convert	fall	return	

用在名词之后:

...his rise **to** *power.*
……他上台掌权。
...the transition from daylight **to** *darkness.*
……从白昼到黑夜的转变。
...a return **to** *old-style stability.*
……恢到旧式的稳定。

9 **To** 与一些词连用可表示与某事有关联的或用作比较的事物。

用在附加状语里:

The same law applies **to** *everyone.*
同样的法律适用于任何人。
As we waited, Jenny succumbed **to** *a last-minute panic.*
我们等待的当儿,珍妮在最后一刻惊慌失措了。
Bothwell is said **to** *have confessed* **to** *his part in the conspiracy.*
据说博思韦尔已承认参与了这一阴谋。
A former girl-friend compared his smile **to** *a snake's.*
他的一个前女友把他的笑比作毒蛇般的笑。

用在名词之后：

*At first it seemed like the answer **to** all my problems.*
起初这似乎解答了我所有的问题。

*...his abrupt and violent reaction **to** my casual announcement.*
……我随意一句话陡然引起他强烈的反应。

*...the introduction **to** the first volume of his diaries.*
……他的日记第一卷的导言。

用在形容词之后：

*The nutritional needs of a cat are broadly similar **to** a dog's.*
猫的营养需要与狗十分相近。

*That would make us more vulnerable **to** attack.*
那会使我们更易受攻击。

*...the belief that material goods are essential **to** a happy life.*
……物质产品对幸福生活是必要的这一信念。

后跟 **to** 的形容词列表如下：

accustomed	fundamental	parallel	unaccustomed
adjacent	identical	preferable	used
allergic	immune	proportional	useful
central	impervious	sensitive	vital
comparable	indebted	similar	vulnerable
equal	inferior	subordinate	
equivalent	irrelevant	superior	
essential	married	susceptible	

10 **To** 表示某人对某事的看法及观点。

用在附加状语里，系动词之后：

*It looks fine **to** me.*
我看这很好。

*She seems in rather a hurry **to** me.*
我看她似乎相当匆忙。

*It is the spontaneity and flexibility of American schools which is most impressive **to** an outside observer.*
给外来观察者留下的最深刻印象是美国学校的自发性与灵活性。

用在形容词之后：

*...safety standards which are acceptable **to** the workers themselves.*
……工人们自己能够接受的安全标准。

*Any attitude she adopted would have been distasteful **to** him.*
她采取的任何态度他都感到讨厌。

11 **To** 表示某人对事件或情景所表现出的情绪。

用在附加状语里：

To *his amazement, she was delighted.*

使他吃惊的是，她很高兴。

__To__ my relief, next morning the fever had vanished.

我松了口气，第二天上午烧已退了。

12 To 表示与行为同时出现的声音。

用在附加状语里：

…carrying the cup high around the arena __to__ the applause of their fans.

……高举奖杯绕场一周向球迷的掌声致意。

I woke early __to__ the sound of rain pattering on the tent.

我很早醒来，听见雨点噼噼啪啪打到帐篷上。

13 To 表示事物在时间或方位上的结束。

跟在 from 的介词词组之后的附加状语里：

He worked from dawn __to__ dusk.

他从拂晓一直干到黄昏。

He was covered from head __to__ foot with a fine white dust.

他从头到脚蒙上了一层细细的白色灰尘。

The entire theatre, from top __to__ bottom, should be transformed.

整个剧院上上下下都应改造。

14 To 指一系列事物中的最后一个。

用在 everything from 或 anything from 之后：

…offices handling everything from espionage __to__ assassination.

……处理从间谍案到暗杀案所有事情的办公室。

Colleges of education may have anything from a few hundred __to__ nearly 2,000 students.

教育学院可在读的学生从几百到近二千名不等。

用在一个数词之后，另一个数词之前：

…a number of five __to__ eight digits.

……一个五至八位的数字。

15 To 用在正点前来表示三十分钟以内的时间。

用在数词或名词词组 a quarter 之后：

At ten __to__ nine she was ready __to__ leave.

在八点五十分，她要离开了。

It was a quarter __to__ eleven.

时间是 10 点 45 分。

也可用作副词：

I'm afraid it's only ten __to__.

恐怕距离正点只有 10 分钟了。

16 To 表示比率或速度。

用在某一数量之后：

> *His car did fifty miles **to** the gallon.*
> 他的汽车每加仑油行驶 50 英里。
> *Use four parts of sand **to** one of cement.*
> 用四份沙子配一份水泥。

together with

Together with 强调与某事情有关的另一个人或另一件事。

用在附加状语里：

> *His son Lee and daughter Stacey were saved, **together with** a friend, Mr Peter John Griffiths.*
> 他的儿子李和女儿斯泰茜连同朋友彼得·约翰·格里菲思先生一起获救了。
> *Drain the beans and add them to the soup, **together with** the stock or water.*
> 把豌豆沥干，加入汤中，再加点汤料或水。

towards

也作 **toward**。

1 To move, look, or point **towards** or **toward** someone or something 表示朝某人或某物的方向移动、看，或指点。

用在附加状语里：

> *'I'm going **towards** Chelsea,' she said, opening the door.*
> 她打开门说："我到切尔西区去。"
> *As she nodded in agreement, he edged **toward** the door.*
> 她点头同意，他向门边挪动。
> *He looks back **towards** me.*
> 他回头朝我看。
> *She gestured **towards** the bartender.*
> 她向酒吧服务员打手势。

2 A shift **towards** or **toward** a particular situation or thing 表示朝某种情况变化的趋向。

用在名词之后：

> *There has been a shift in values **towards** children and conventional family life.*
> 面向孩子和传统家庭生活的价值观转变。
> *...a steady advance **towards** equality.*
> ……稳步向平等发展。
> *...the trend **towards** large farms.*
> ……向大农庄发展的趋势。

用在附加状语里或动词 be 之后：

> ...*plans to assist the liberal governments in Poland and Hungary to move **towards** a market economy.*
> ……帮助波兰和匈牙利的民主政府向市场经济前进的计划。
> *At the moment the trend is definitely **towards** arts-based students.*
> 目前，趋势明显地倾向于文科学生。

3 To do something **towards** or **toward** the achievement of a particular result 做一些有助取得某种成果或结局的事情。

用在附加状语里：

> *Very little is being done **towards** the promotion of contemporary art.*
> 对提高当代艺术鲜有作为。
> *We shall have to work **towards** a solution.*
> 我们得拟出解决办法。

4 To give money **towards** or **toward** something 为某件事情而花钱。

用在附加状语里：

> *BR contributed £154,000 **towards** safety improvements.*
> 英国铁路公司为改善安全性投入了 15.4 万英镑。
> *Only 54 million pounds went **towards** capital investment.*
> 只有 5400 万英镑用于资本投资。

5 A bias **towards** or **toward** a group or thing 表示与其他团体或事情比较对某团体或某事情心存偏好或表示更大的支持。

用在名词之后：

> *It's modern, progressive, with a bias **towards** the arts.*
> 它是现代化的和进步的，偏重于艺术。
> *There will be a bias **towards** those two sectors.*
> 将偏向于这两个部门。

用在形容词之后：

> *...when the selection is clearly biased **towards** wealth or lineage.*
> ……当选择明显偏向财富或门第时。

6 To have a particular attitude or duty **towards** or **toward** someone or something 表示对某人、某事抱着某种态度或肩负某种责任。

用在名词之后：

> *He was full of ill-will **towards** mankind in general.*
> 他对人类怀有恶意。
> *The Committee criticized the IBA for its permissive attitude **towards** investment in local radio.*
> 委员会批评了独立广播管理局准许对地方电台投资的态度。

*As captain of this vessel, I have responsibilities **towards** both passengers and crew.*
作为本船船长，我对乘客和船员均负有责任。

用在附加状语里：

*I think this was the first time she realized how warmly we felt **towards** her.*
我想这是她首次意识到我们对她是多么的亲热。

7 To happen **towards** or **toward** a particular time 表示事情刚好在某一时间前发生。

用在附加状语里：

*Tension heightened **towards** the end of July.*
近七月底时，紧张加剧了。
***Towards** the end of the century men began to wear more comfortable clothing.*
那个世纪末，男人们开始穿较舒适的衣服。
***Towards** Christmas, Howard got a large royalty cheque.*
快到圣诞时，霍华德收到一张大笔版税费的支票。

8 Be **towards** or **toward** part of a place or thing 指某物接近于某处或某一事物的某部分。

用在动词 be 之后或附加状语里：

*Most of it is **toward** the rear where it is out of his sight.*
它的大部分在后面，他看不见。
*This information is usually **towards** the back of the document.*
这种资料通常放在文件的后部。
***Towards** the top, the heat haze shimmered through wisps of smoke.*
靠近顶部，一缕缕炽热的烟气在闪亮。

under

1 Be **under** something 指某人或物正好在某件东西的下面或较低的位置。

用在附加状语里或动词 be 之后：

*Try to avoid having a fitted carpet **under** the dining table.*
尽量不要把有拼缝的地毯放在餐桌下。
*He slept **under** hedges.*
他睡卧在树篱下。
*There was a cask of beer **under** the bench.*
长凳下有桶啤酒。

用在名词之后：

*Stuart tossed the paper towel into the bin **under** the sink.*
斯图亚特把纸巾扔到水槽下的垃圾箱里。

2 Under the earth or **under** water 在地底下面或在水面以下。

用在附加状语里或动词 be 之后：

*She has her home deep **under** the earth.*
她把家建在深深的地底下。
*...the mechanism which enables diving birds to spend long periods of time **under** water.*
⋯⋯使潜水的鸟能在水下长时间逗留的机制。

也可用作副词：

*Animals that strayed into the bog were trapped and sucked **under**.*
误入沼泽的动物被困住并陷下去。

3 To go **under** something 表示从某物的底下通过去。

用在附加状语里：

*A wicked draught blew **under** the door.*
一阵讨厌的穿堂风从门底下吹进来。
*The water passes **under** the wall.*
水从墙下流过。

4 **Under** a layer of something 表示某物被一层东西（例如衣服）覆盖着。

用在附加状语里或动词 be 之后：

*It is worth investing in a long-sleeved top to wear **under** your tracksuit.*
值得买件长袖上衣穿在运动服里面。
***Under** the long overcoat, the director was in evening clothes.*
导演穿着晚礼服，外面套件大衣。
***Under** their film of fat, the cold sausages were pink.*
粉红色的冷香肠上薄薄覆着层脂肪。

5 **Under** 可用来指某人或某事物受另一事物的影响。

用在动词 be 之后或附加状语里：

*Everything is **under** control.*
一切均在控制之中。
*The case was still **under** consideration.*
此事仍在考虑。
*We were **under** arrest.*
我们被捕了。
*Casey's business dealings had come **under** Congressional scrutiny.*
凯西的生意交易处于国会的调查中。
*The monuments were made in 1682 **under** Wren's supervision.*
纪念碑在雷恩监管下于 1682 年建成。

用在名词之后：

*He listed some of the people **under** investigation.*
他列出一些受到调查的人的名单。

6 To happen **under** particular circumstances or conditions 表示事情是在某一环境或条件下发生的。

用在附加状语里:

*This must **under** no circumstances be allowed to happen.*
在任何情况下此事都不容许发生。
*Most panels will provide adequate heat **under** conditions of good sunlight.*
只要阳光充足，大多集热板将提供足够的热力。

7 To happen **under** a law, agreement, or system 某事按着法律、协议或制度所规定的情况出现。

用在附加状语里:

***Under** existing legislation, the planning authority has a lot of power.*
依照现行的立法，计划部门拥有许多权力。
*Very few people have to my knowledge been released **under** this law.*
据我所知，极少人依据此项法律获释。
*Marshall was obliged to observe that **under** the Constitution no crime had been committed.*
马歇尔被迫宣布，没有犯有宪法界定的罪行。

用在名词之后:

*No beneficiary **under** a will may receive a single penny until then.*
直至那时，没有一位受益人据遗嘱可收到一分钱。
*...its obligations **under** the Atlantic Treaty.*
……大西洋条约规定的义务。

8 To happen **under** a particular person or government 某事在某人或某一政府掌权时发生。

用在附加状语里:

*The banquet was an institution which flourished greatly **under** Queen Elizabeth.*
在伊丽莎白女王统治时期，举行盛宴成了盛行的习俗。

9 To work **under** someone 在某人之下工作，指某人是该人的教师或老板。

用在附加状语里:

*The explorer Pinzon had served **under** Columbus.*
探险家平松曾在哥伦布手下服务。
*He showed himself naive for anyone who had worked **under** Harold Macmillan.*
与任何曾为哈罗德·麦克米伦效过力的人相比，他都显得缺乏经验。
*His father had been a captain **under** Morris Eller.*
他父亲在莫里斯·埃勒手下当过上尉。

10 To do something **under** a particular name 表示化名某某做某事。

用在附加状语里:

*He made an arrangement to write for the Evening Post **under** a pseudonym.*
他已谈妥用笔名为《晚邮报》撰稿。
*He was travelling **under** an assumed name.*
他在旅行中使用化名。

11 Under 表示某事物在某一清单、书籍或系统里所属的分类。

用在附加状语里或动词 be 之后：

*The library actually classified these books **under** Light Romance.*
实际上图书馆将这些书归类为轻传奇小说。
*This information is sorted and filed **under** different headings.*
信息被分类并按不同的标题编档。
Under Liszt she found two biographical volumes.
在李斯特条目下，她找到两册传记。

12 Under a particular age or amount 低于某一年龄或数量。

用在动词 be 之后：

*Less than ten per cent of members are **under** forty.*
不到百分之十的成员小于 40 岁。

用在名词之后：

*Whooping cough can be a serious disease, especially in a baby **under** 2.*
百日咳对于两岁以内的婴儿可成为严重疾病。
*...promising delivery within 24 hours for parcels **under** 25kg.*
……承诺小于 25 公斤的包裹可在 24 小时内送达。

也可用作副词：

*Treatment will be free for everyone aged 17 and **under**.*
对十七岁及以下的人，治疗是免费的。

underneath

1 Be **underneath** something 某人或某物在另一物的下面。

用在附加状语里或动词 be 之后：

*His dog slept **underneath** his desk.*
他的狗在书桌下睡着了。
*We also printed a comment **underneath** it.*
在它下方我们也印上了评语。
*Lampone reached **underneath** the seat and found the key.*
兰坡把手伸到座位下面找到了钥匙。

用在名词之后：

*Plate after plate smashed on the tiles **underneath** the sink.*
一只又一只盘子在水槽下的地砖上摔碎。

也可用作副词：

*He drew back the white cotton bedspread and the blanket **underneath**.*
他把白棉布床单和下面的毯子往回拉。

2 **Underneath** a layer of something 某物在别的东西（例如衣服）的遮盖下。

用在附加状语里或动词 be 之后：

*Perhaps there were more bulky garments **underneath** the red and white striped jerseys then.*
也许在红白条子运动衫里面还有更大的衣物。
*Now the spider's **underneath** your dress.*
蜘蛛现在在你衣服里爬。

也可用作副词：

*He picked at the new wallpaper to see whether his painting still existed **underneath**.*
他把新贴上的墙纸挑起，看他的油画是否还在后面。

3 **Underneath** 谈论人们设法要遮掩的某种感觉或情感。

用在附加状语里：

***Underneath** it all, he hates his mother.*
在心里他憎恨他母亲。
***Underneath** that tough exterior there is a core of old-fashioned religious values.*
强硬外表下是老式宗教价值观的心。

也可用作副词：

*They keep getting angrier **underneath** without knowing what to do about it.*
他们心里越来越生气，不知怎么办才好。

unlike

1 **Unlike** 可对某人或某事情就本质、情况或行为与别人或另外的事物进行对比。

用在附加状语里：

*Mrs Hochstadt, **unlike** Etta, was a careful shopper.*
同埃塔不一样，霍施塔特夫人购物很仔细。
*Dogs, **unlike** other animals, have to be licensed.*
狗与别的动物不同，要上牌照。

2 Be **unlike** another thing or person 指两人或两件事不相同，与另一个不一样。

用在动词 be 之后：

*It was quite **unlike** any flu I'd experienced before.*
这流行性感冒与我以前得过的不一样。
*...as though teachers were somehow **unlike** other folk.*
……似乎教师与别人有所不同。

用在名词之后：

> *It was a book quite **unlike** any other book I've read recently.*
> 这本书和我最近看过的任何书颇有分别。

3 Unlike someone 可用在描述某人行为时，说他或她一反常态。

用在动词 be 之后：

> *It's so **unlike** him to be late.*
> 他可不是迟到的那种人。

until

1 To happen **until** a particular time or event 表示某事发生，并且直到某一时刻才结束。

用在附加状语里：

> *I work **until** three.*
> 我工作到三点钟。
> *They talked **until** dawn.*
> 他们一直谈到拂晓。

2 Something does not happen **until** a particular time 则指事情到某一时刻才发生。

用在附加状语里，常与否定结构连用：

> *The rush-hour wouldn't start **until** eight o'clock.*
> 高峰期到八点钟才开始。
> *You don't need to pay contributions **until** after your sixteenth birthday.*
> 在过 16 岁生日之前你不必捐款。
> *__Until__ recently children were not allowed to play near these sacred rocks.*
> 直到最近，孩子们才被允许在圣石附近玩耍。

up

1 To go **up** something 表示向上移动，例如上楼梯、爬梯子、上坡等。

用在附加状语里：

> *Len carried Allie **up** the stairs.*
> 莱恩抱着阿莉上楼。
> *My father appears, wheeling his bicycle **up** the hill.*
> 我父亲露面了，还推着自行车上山。

也可用作副词：

> *They climbed **up** inside the tower.*
> 他们在塔里面往上爬。

2 To go **up** a road 沿着道路行走。

用在附加状语里：

> *She watched a young woman walk **up** the street with a baby in a pushchair.*
> 她看见一个年轻妇女用婴儿坐车推着婴儿沿这条街走来。
> *He turned left **up** the Rue de Rennes.*
> 他向左拐上雷恩街。

3 Be **up** the road 表示沿着道路走下去就能到达某地。

用在动词 be 之后或附加状语里：

> *The hotel is just a couple of blocks **up** the road.*
> 旅馆在路那头两个街区远的地方。
> *What about a drink or two **up** the road, eh?*
> 到路那头去喝两杯如何？

也可用作副词：

> *There's police station further **up**.*
> 再往前有个警察局。

4 To go **up** a river 表示逆流而上。

用在附加状语里：

> *The barge was towed **up** the river to the edge of town.*
> 驳船被逆水拖到城边。

用在名词之后：

> *...a voyage **up** the Nile.*
> ……沿尼罗河上溯的航行。

up against

Up against something or someone 表示碰上、面对难以对付的事或人。

用在动词 be 之后或附加状语里：

> *The authorities know they are **up against** a powerful commercial force.*
> 当局明白他们遇到了强大的商业势力。
> *The first time I did this I came **up against** an unforeseen problem.*
> 我第一次干这事，就遇到意料之外的难题。

upon

1 **Upon** 的一些用法与 **on** 相同，但 **upon** 是正式用语，详见 **on**。

2 **Upon** 在两个相同名词间或数词间，用来强调所指事物的数量之大。属书面用语。

用在名词之后：

> ...*shrouded in layer **upon** layer of material.*
> ……用一层又一层的料子包裹着。
> *I just lay there for hour **upon** hour, trying to work out what he meant.*
> 我只是躺在那儿过了一小时又一小时，试图想出他的意思。
> *Beyond, we could see thousand **upon** thousand, packed together.*
> 远处，我们能看见成千上万的人全挤在一起。

用在附加状语里：

> *Crisis followed **upon** crisis.*
> 危机紧随着危机。

3 An event or time is **upon** you 指事件或时机来临。属书面用语。

用在动词 be 之后：

> *I am convinced the invasion will be **upon** us by dawn.*
> 我深信到黎明时我们将受到侵犯。
> *Now that autumn was **upon** us, we needed wood for heat.*
> 秋天到了，我们需要木柴取暖。

up to

1 **Up to** a part of one's body in an amount of a substance 表示身体某一部位触及到某种物质。

用在动词 be 之后或附加状语里：

> *She was **up to** her knees in mud.*
> 她站在及膝的泥泞中。
> *She walked into the water, sinking **up to** her ankles in the mud on the pond bottom.*
> 她涉入水中，池底的污泥浸至她的脚踝。

2 Be **up to** a particular standard or amount 表示某物已达到某一标准或数量。

用在动词 be 之后：

> *His clothes and shoes were not **up to** his usual standard.*
> 他穿着的衣鞋不如往常那样衣冠楚楚。
> *I was **up to** 195 mph as I moved out to the left for the overtaking manoeuvre.*
> 当我向左驶出车道准备超车时，车速达到每小时 195 英里。

3 To happen **up to** a particular date or event 强调事情一直延续到某一日期或另一事件的开始。

用在附加状语里：

> *The use of perspective remained part of an artist's training right **up to** 1945.*
> 直到 1945 年，透视法都一直是画家的训练项目。
> *Schoenberg continued to explore new ways of making music right **up to** his death.*

勋伯格临终时都在探索作曲的新方法。

4 It is **up to** someone to do something 指某事由某人负责。

用在动词 be 之后：

> *It is **up to** the individual to find out what suits him best.*
> 要靠每个人自己去发现，什么最适合自己。
> *It's **up to** you what you tell him.*
> 你告诉他什么内容，由你确定。
> *Now the next move was **up to** the Allies.*
> 现在，下一步要看同盟国。

5 **Up to** doing something 表示某人胜任做某事。

用在系动词之后，常跟有 -ing 分词从句：

> *If you don't feel **up to** writing it alone, we can do it together.*
> 如果你感到独自写不了，我们可以一起写。
> *The heat made him feel he wasn't **up to** more.*
> 热使他感到再也受不了了。
> *As ever, Haringey were **up to** the challenge.*
> 照常，哈林格应付得了挑战。

6 Someone is **up to** something 表示某人秘密做某事，或许是坏事。这一用法不正式。

用在动词 be 之后：

> *I had no idea what Karin was **up to**, but I feared the worst.*
> 我不知卡林在打什么主意，可我担心出现最糟的情况。

up until

To happen **up until** a particular time or event 强调某事继续到某一时刻或事件发生时为止。

用在附加状语里：

> *This practice was continued **up until** the Second World War.*
> 这种做法一直继续到第二次世界大战。
> ***Up until** last night, I'd never even raised a finger to her.*
> 直到昨晚我都没有给她帮过忙。

via

1 To go **via** a particular place 指取道某地。

用在附加状语里：

> *We had to fly to Hamilton **via** Wellington.*

我们得要途经惠灵顿飞往汉密尔顿。

*...a transit visa to return to London **via** Moscow.*

……经由莫斯科返回伦敦的中转签证。

*The Baltic republics are most readily approached from Britain **via** Scandinavia.*

从英国取道斯堪的纳维亚到波罗的海各国最方便。

用在名词之后:

*A flight to London **via** Karachi was arranged for him.*

替他安排好了经卡拉奇到伦敦的航班。

2 To do something **via** a particular means or person 指通过某种手段或途径做某事,或通过某人来做某事。

用在附加状语里:

*The owners could be traced **via** a central registry.*

从总登记处可查到物主。

*Its flight plan can be modified during flight **via** a communications link with ground controllers.*

它的飞行计划可在飞行中通过与地面控制台的通信联络而加以调整。

*I got the three pictures you sent **via** Mum.*

你经由母亲送来的三幅画我收到了。

with

1 One person or thing is **with** another 两人或两事物在同一地方。

用在动词 be 之后:

*'Where's Caroline?'— 'She's **with** Margaret.'*

"卡罗琳在哪儿?"——"她和玛格丽特在一起。"

用在附加状语里:

*Life would be easier if I could live **with** my husband.*

如果我能和丈夫住在一起,日子就会好过多了。

*They spotted me and came up to sit **with** me on the sandhill.*

他们发现了我,走过来和我一起坐在沙丘上。

*...a leg of lamb, served **with** new potatoes.*

……一腿羊肉加新鲜马铃薯端了上来。

用在名词之后:

*Veteran soldiers told the new men **with** them what to expect.*

老兵把预期会发生的事情告诉在一起的新兵。

2 To do something **with** someone else 表示与某人一起做某事,或参与某事。

用在附加状语里:

*I enjoyed working **with** Hitchcock.*

我喜欢同希区柯克一起工作。

*I've discussed the matter **with** my colleagues.*
我已经和同事们讨论过这事。

*This engineering firm has collaborated **with** the University over a number of years.*
这家工程技术公司已和这所大学合作了几年时间了。

后跟 **with** 的动词列表如下：

ally	collaborate	discuss	socialize
amalgamate	collide	fraternize	speak
associate	confer	interact	trade
chat	conspire	merge	work
coexist	dance	negotiate	
cohabit	debate	share	

用在名词之后：

*My next private discussion **with** him took place a year later.*
一年之后，我又和他进行了一次私下交谈。

*...his nation's alliance **with** the Soviet Union.*
……他的国家与苏联的联盟。

*I wanted to maintain my friendship **with** her.*
我要保持与她的友谊。

3 To fight, argue, or compete **with** someone 指与某人作对、争论、竞争。

用在附加状语里：

*You heard how the boy was arguing **with** him.*
你听见了这孩子是如何和他争辩的。

*Dreyfus wrote a lengthy paper heaping scorn on those who disagreed **with** him.*
德赖弗斯写了篇长文对那些与他意见不同的人百般蔑视。

后跟 **with** 的动词列表如下：

argue	compete	fight	row	vie
bargain	disagree	haggle	spar	wrangle
clash	feud	quarrel	struggle	

用在名词之后：

*...in the event of an American war **with** a foreign power.*
……若美国与外国发生战争。

*He began to tell me about a quarrel **with** his landlord.*
他开始向我讲述与房东的争吵。

4 To do something **with** a tool, object, or substance 指用工具、物体或物质来做某事。

用在附加状语里：

*Jim broke up the frozen mass **with** a hammer.*
吉姆用锤子敲开冻块。

*He moistened his lips **with** his tongue.*
他舌头润了一下嘴唇。
*Mend torn sheets **with** press-on tape.*
把撕破的纸用胶带粘好。

5 Someone stands or goes somewhere **with** something 某人携带某物站着或去某地。

用在附加状语里：

*Eva woke an hour later to find Sally standing by the bed **with** a cup of coffee.*
伊娃一个小时后醒来，发现萨莉端着一杯咖啡站在床头。
*Then she said: 'Wait,' and went off for a minute; she came back **with** some dresses.*
然后她说："稍等一会儿。"离开了片刻，回来时拿着些衣服。

用在名词之后：

*…hundreds of men **with** binoculars and rifles.*
……成百个携着望远镜和来复枪的人。

6 Someone or something **with** a particular feature or possession 表示某人或某物拥有某一特征或财物。

用在名词之后：

*…a very old woman **with** a wrinkled face.*
……一位年老女士，脸上满是皱纹。
*…taxpayers **with** incomes under $50,000 a year.*
……年收入在五万美元以下的纳税人。
*…a blue dress **with** a full skirt.*
……蓝色连衣长裙。
*…pieces of paper **with** marks on them.*
……有印记的纸张。

7 Someone **with** an illness 某人染上疾病。

用在名词之后：

*…a child **with** a temperature.*
……发烧的孩子。

用在附加状语里：

*Mike was in bed **with** flu.*
迈克得了流行性感冒卧床了。

8 Be filled or covered **with** a substance or **with** things 某事物里面或上面存在某一物质或东西。

用在形容词之后：

*The walls were covered **with** bookshelves.*
墙全被书架遮住了。

*...a dark veil, embroidered **with** red and blue flowers.*
……绣有红、蓝色花朵的深色面纱。
*Nobody's going to go to the beach if it's crawling **with** cops.*
如果海滩上布满警察，就没人想去那儿。
*The windows were thick **with** grime.*
窗户上满是尘垢。

后跟 **with** 的形容词列表如下：

adorned	emblazoned	inundated	piled
awash	embroidered	laden	rich
bursting	encrusted	littered	riddled
caked	engraved	loaded	studded
clogged	festooned	ornamented	stuffed
cluttered	filled	overgrown	suffused
covered	flecked	overloaded	swamped
crawling	furnished	packed	teeming
crowded	heaped	padded	thick
draped	heavy	painted	tinged
edged	infested	patterned	wreathed
embellished	inlaid	peopled	

用在附加状语里：

*Cover the fish **with** the mushrooms.*
把蘑菇放在鱼上。
*The pottery section fairly bristled **with** exciting things.*
陶器区摆满了令人兴奋的器具。

9 Be pleased or cross **with** someone or something 表示对某人或某物怀有某种感情。

用在形容词之后：

*She got rather angry **with** me when I tried to intervene.*
当我试图介入时，她对我十分生气。
*No-one was satisfied **with** what they had got.*
没人对所得到的感到满意。

后跟 **with** 的形容词列表如下：

angry	disappointed	furious	pleased
annoyed	displeased	happy	satisfied
besotted	dissatisfied	impressed	unhappy
bored	fascinated	infatuated	unimpressed
content	fed up	obsessed	unsatisfied

用在名词之后：

*...their dissatisfaction **with** society.*
……他们对社会的不满。

10 **With** 表示某一种状态、品质或行为所关联、涉及或影响到的东西。

用在形容词之后：

*I was as familiar **with** the case as anyone.*
我跟别人一样，对这情况很熟悉。
*No-one connected **with** drugs will be tolerated in any way.*
绝不容忍任何人沾染毒品。
*Perhaps competition was simply not compatible **with** harmony.*
也许竞争和和谐是完全不相容的。
*I have been careless **with** money ever since.*
自那时以来我对钱就随随便便。
*...a doctor who is good **with** children.*
……善于对待儿童的医生。

后跟 **with** 的形容词列表如下：

acquainted	consistent	identical	mixed up
afflicted	conversant	impatient	occupied
commensurate	engaged	incompatible	parallel
comparable	faced	inconsistent	patient
compatible	familiar	infected	popular
concomitant	frank	intoxicated	unacquainted
confronted	free	involved	unconnected
connected	friendly	level	unfamiliar

用在名词之后：

*The problem **with** institutions is that they are run by people.*
机构的难题在于它们是由人来运作的。
*He began having trouble **with** his digestion.*
他的消化开始出问题。
*His skill **with** explosives had already been remarked on.*
他精通炸药，这已经提到过了。

用在附加状语里：

*Nona would help **with** the laundry and housework.*
诺娜会帮忙洗衣服和做家务。
*I only made two mistakes **with** the pay envelopes.*
在工资袋上我只弄错了两处。
*The task of the court is to decide on how to proceed **with** the case.*
法庭的任务是如何审理此事。
*We must combine theory **with** practice.*
我们必须使理论与实践相结合。
*I asked them to provide me **with** an assistant.*
我要求他们给我配备一名助手。

11 To part **with**, dispense **with**, or finish **with** something 指某人不再拥有或使用某物。

用在附加状语里：

*The snag is, of course, that you have parted **with** the money once and for all.*
当然，问题是你已经永远失去了这笔钱。
*I think we will soon see juries dispensed **with** in criminal trials.*
我想我们不久就会看到在刑事审理中不再使用陪审团。

12 To side **with**, hold **with**, or agree **with** someone or something 指支持某人或某事。

用在附加状语里：

*When the matter went to the full Cabinet, Ministers sided **with** Mr Brooke.*
当此事提到整个内阁时，部长们站在布鲁克先生一边。
*I didn't hold **with** capital punishment.*
我不赞同死刑。

13 用 **with** 表达某人做事时所具有的行为方式或情感。

用在附加状语里：

*The campaign was conducted **with** remarkable skill and tenacity.*
这运动以非凡的技能坚韧不拔地进行。
With some reluctance, the church authorities agreed.
教会有些不情愿地同意了。

14 用 **with** 表示与某种动作同时产生的声音或动作。

用在附加状语里：

With a sigh, he rose and walked slowly away.
他叹了口气，站起身来缓慢地走了。
*He fell back **with** a great scream and a look of surprise—dead.*
他尖叫一声往后倒在地上，脸上带着惊恐的神色死了。
*He landed **with** a crash in one of the trees.*
他哗的一声跌落在一棵树上。

15 用 **with** 表示引起某人表现出某种行为特征的感情。

用在附加状语里：

*My sister went white **with** rage.*
我妹妹气得脸色发白。
*I was shaking **with** fatigue.*
我疲惫得摇摇晃晃。

16 用 **with** 表达某人或某物进行某一动作时的位置或外观，或者说明别人同时在做什么。

用在附加状语里：

*She lay **with** her head against the back of the seat.*
她躺卧着，头倚在座位的靠背上。
*He advanced into the room **with** both hands extended.*

他伸着双手进了房间。

*The keeper came loping up the lane **with** the dog padding at his heels.*

看守人沿小路飞奔而来，狗紧跟在他后面。

17 用 **with** 提及当前的态势是影响另一情况的因素。

用在附加状语里：

*Even now, **with** all the pressures off her, she was unable to rest.*

甚至现在，所有压力均已解脱，她仍不得安宁。

***With** inflation in West Germany rising, this caution is understandable.*

随着西德通货膨胀的增长，这种谨慎可以理解。

18 用 **with** 对不同人或不同事物作比较或对比。

用在附加状语里：

*You and I can go on borrowing but we have to go on paying the interest. It is the same **with** a company.*

我与你可以继续借贷，但同时也得继续支付利息。公司也同此理。

*It's different **with** each individual.*

每人情况不同。

19 To increase or decrease **with** a factor 表示某事随着某一因素的变化而增加或减少。

用在附加状语里：

*The chance of getting a free meal from your employer increases **with** status.*

从雇主那儿得到免费餐饮的机会随着地位的提高而增加。

20 To move **with** a wind or current 表示顺风或顺流而行。

用在附加状语里：

*…letting both boat and net drift **with** the tide.*

……让船与网随着潮水漂流。

21 Someone says that they are **with** you 某人听懂你的话。属不正式用法。

用在动词 be 之后：

*Sorry, I'm not quite **with** you.*

抱歉，我不大明白。

within

1 Be **within** something else 表示前者存在于后者之中。属正式用语。

用在附加状语里或动词 be 之后：

*The casket is kept **within** an iron chest wrapped in asbestos.*

珠宝盒保存在一只用石棉包裹着的铁箱内。

*They generate electricity **within** their bodies.*
它们体内产生电流。
*The well was drilled **within** the power station grounds.*
在电站场地范围以内钻了口井。

用在名词之后：

*The books and periodicals **within** the library are arranged by subject.*
图书馆内的书籍和期刊都按照科目排放。

也可用作副词：

*...a box with dials on the outside and a complex assembly of gear wheels mounted **within**.*
……一只外面有号码盘、内部有复杂齿轮的箱子。

2 用 **within** 描述某一群人中，或某一组织内存在或发生的事情。

用在名词之后：

*It ensured a balance of forces **within** society.*
它确保了社会力量的平衡。
*...discontent **within** the local community.*
……当地社区内的不满。
*A good accountant can easily camouflage troubles **within** his company.*
精明的会计师能很容易地掩盖公司内部的麻烦。

用在附加状语里：

*Working **within** an existing organization has a lot of advantages.*
在现存的机构内工作具有许多有利条件。

3 Someone has a feeling **within** them 表示某人隐藏某种感情。属书面用语。

用在附加状语里：

*...the high spirits that bubbled **within** her.*
……她身上沸腾着高涨的情绪。
*Deep **within** him lived a secret dread.*
他内心深处怀有隐秘的恐惧。

用在名词之后：

*A man looks at the love or anger **within** himself and says 'So, this is me.'*
一个人审视自己内心的爱与恨，说："这就是我。"

也可用作副词：

*Neither was that outward self apparently affected by the turmoil **within**.*
外表也没有受到内心骚动的明显影响。

4 To happen **within** a particular period of time 某事在某段时间内发生。

用在附加状语里：

__Within__ a matter of weeks she was crossing the Atlantic.
再过几星期的时间，她将横越大西洋。
The balance may well tip __within__ our lifetimes.
在我们有生之年，平衡很可能倾斜。
Use wild mushrooms __within__ 24 hours of picking.
野蘑菇须在采下后 24 小时以内食用。

5 Within a particular distance of a place 在某段距离以内。

用在附加状语里或动词 be 之后：

D.P. Moon was now __within__ twelve miles of Utah Beach.
D.P. 穆恩现在距离犹他海滩不到 12 英里。
The strategic missile has a good chance of landing __within__ half a mile radius of its target.
战略导弹落点大体在目标半径半英里以内。
...mothers who live __within__ walking distance of free clinics.
……居住在离免费诊所步行可及处的母亲们。

6 Within sight, **within** earshot, or **within** reach 在视觉、听觉范围内，或其力所能及的范围之内。

用在附加状语里或动词 be 之后：

Ash did not know that he had been born __within__ sight of those snows.
阿什不知道他就是在距离那雪原不远处出生的。
Bond stood __within__ earshot of the desk.
邦德站在能听见桌子那儿谈话的位置。
They were almost __within__ reach of their goal.
他们几近达到目的了。

7 Be **within** a particular limit or set of rules 表示某事未超出所规定的限度或容许范围。

用在附加状语里或动词 be 之后：

...a Party which works __within__ the British system of Parliamentary democracy.
……在英国议会民主制下运作的政党。
...keeping __within__ budgets.
……控制在预算以内。
It is well __within__ the 25 per cent limit for foreign holdings of US airlines.
它远低于在美国航空公司中外国股份占 25% 的限额。

without

1 Without something 表示某人或某物没有另外的东西。

用在附加状语里或动词 be 之后：

He sits there on a hot evening __without__ a care in the world.

一个炎热的夜晚他无牵无挂地坐在那儿，在这世界上他没什么顾虑了。

...*a bottle whose label I couldn't read **without** my spectacles.*

……这瓶子上的标签我不戴眼镜看不清楚。

*There I was in Paris alone **without** the slightest idea of how to find Harriet.*

我孤身一人在巴黎，全然不知如何找到哈丽雅特。

*They are going to find themselves **without** jobs in a year or so.*

他们约一年之后要失业。

用在名词之后：

...*inadequate houses **without** gardens.*

……不够好的无花园的房子。

*We had cakes **without** sugar.*

我们吃不加糖的饼。

2 One thing happens **without** another thing 或 to do something **without** doing something else 表示后者没有发生或出现。

用在附加状语里，常跟有 -ing 分词从句：

*We were refused permission to see him **without** explanation.*

不加解释就不准许我们去见他。

*We shall inform you **without** delay.*

我们将及时告知你。

***Without** warning, Boylan punched him.*

博伊兰突然动手打了他。

*He cast votes on their behalf **without** consulting them.*

他没有征求他们的意见就代表他们投了票。

*In most workplaces a whole range of chemicals are used **without** people even knowing what they are.*

在大多数工作场所，各种化学品在人们甚至不知道它们为何物时就被使用了。

3 To do something **without** a particular feeling 表示做某事时不带某种情感。

用在附加状语里：

*'Yes,' I said, **without** much conviction.*

"是呀。"我不大有把握地说。

*Kunta ate **without** pleasure.*

昆塔不高兴地吃着。

*He described this incident **without** emotion.*

他不动声色地描述了这一事件。

4 To do something **without** someone else 表示在没有别人参与或干涉的情况下做某事。

用在附加状语里：

*I'm not going anywhere **without** you today.*

今天你不陪我，我哪儿也不去。

*We could have a good evening **without** him.*

我们缺了他，也可以过一个愉快的晚上。

*The funeral can go on **without** me.*

就算我不参加，葬礼也可以进行。

*…when Romeo himself dies rather than live **without** Juliet.*

……罗密欧宁愿自己死去也不愿活着而没有朱丽叶。

worth

1 Be **worth** a particular amount of money 表示某物值一定金额的钱。

用在动词 be 之后：

*A good farm in Lincolnshire is likely to be **worth** around three million pounds.*

一个好农场在林肯郡很可能值大约 300 万英镑。

*The tournament was **worth** £75,000 to the winner.*

锦标赛冠军可得 75,000 英镑。

*Who decides how much they are **worth**?*

谁决定它们值多少？

用在名词之后：

*She has given away jewellery **worth** millions of pounds.*

她已将价值数百万英镑的珠宝馈赠他人。

*He will graduate shortly and is already negotiating for a job **worth** $35,000.*

他毕业在即便已开始洽谈一份年薪 35,000 美元的工作。

2 Be **worth** a particular activity or effort 表示某物可能有用或值得一试。

用在动词 be 之后，常跟有 -ing 分词从句：

*These shops are well **worth** a visit.*

这些商店很值得去逛逛。

*You may be wasting your time, but it's **worth** a try.*

你也许在浪费时间，但值得一试。

*Having a career and being a mother is **worth** the effort.*

有份职业，又做母亲，这努力是值得的。

*The cathedral's well **worth** seeing, you know.*

你知道，大教堂很值得一看。

2 介词搭配
Preposition collocation

A

abandon to abandon yourself **to** an emotion 沉湎于或陷入某种感情。*I wanted to **abandon** myself **to** primitive sensations.* 我想尽情感受原始的感觉。

abhorrent be abhorrent **to** someone 使某人憎恶的。*The constant struggle for advantage was **abhorrent to** him.* 没完没了地为占上风而争斗，真令他厌恶。

abide to abide **by** a law or agreement 遵守法律或协议等。*The press should **abide by** a charter of good practice.* 新闻界应该遵守行业工作守则。

ablaze be ablaze **with** lights or colourful things 明亮，灿烂。*The Hall was **ablaze with** massed flowers and exotic fruits.* 大厅里鲜花盛开，异果点缀，显得光彩夺目。

abound to abound **with** things or **in** things 盛产某物，富于。*The larger artificial lakes **abound with** birds and wildlife.* 大型人工湖有很多雀鸟和野生动植物。*The place **abounds in** rumours.* 此地谣言盛行。

absent be absent **from** a place or thing 不在场的，缺少的。*The police discovered I was **absent from** my house.* 警察发现我不在家中。*References to the 'armed struggle' were conspicuously **absent from** the President's speech.* 人们明显注意到，总统的演讲词中没有提及"武装斗争"。

absolve to absolve someone **from** or **of** blame, responsibility, or guilt 宣布免除某人所受的责难或要负的责任；开脱某人的罪责。*You'll notice he's care-ful to **absolve** the young officer **of** any blame.* 你会注意到，他小心地为那个年轻官员开脱罪责。*It had the effect of **absolving** him **from** responsibility.* 结果是他无须负上任何责任。

absorbed be absorbed **in** something 全神贯注于某事。*Anne had been too **absorbed in** her own hopes.* 安妮当初太专注于自己的期望了。

abstain to abstain **from** something enjoyable 戒除某种习惯或享受。*I have kept myself fit all my life, **abstaining from** drink and tobacco.* 我烟酒不沾，所以一辈子都健康。

abundance in abundance 丰富的，大量的。*The essential aggressiveness and skills were there **in abundance**.* 在那里，极为重要的干劲和技能很丰富。

accede to accede **to** a request or demand 答应请求、要求。*...his reluctant refusal to **accede to** their request.......* 他不情愿地拒绝他们的要求。

acceptable be acceptable **to** someone 值得接受的。*What we've got to do is find a government which is **acceptable to** the people.* 我们所要做的，就是找到为人民所接受的政府。

access access **to** a place, person, or thing 接近某地、某人、某事物等。*...an organization for those interested in maintaining free **access to** the countryside.......* 为有意保持郊外出入自由的人而成立的组织。

accessible be accessible **to** someone 某人可接近的。*...an institution which* is reasonably **accessible to** the public.……公众尚可以接近的组织机构。

accident ❶ **by accident** 并非存心做某事，即无意做了某事。*I gave Castle the wrong notes **by accident**.* 我无意中把错误的笔记给了卡斯尔。❷ **in an accident** 牵涉于意外或事故中。*Thirty-six people were killed yesterday **in Australia's worst ever road accident**.* 昨天发生了澳大利亚最严重的交通事故，有 36 人丧生。

acclimatize to acclimatize **to** a new situation or environment 适应，习惯于新情况、新环境。*People **acclimatize to** altitude at different rates.* 人们对高度的适应过程快慢不一。

accompaniment ❶ to the **accompaniment of** a sound 在某种声音伴随或伴奏下。*The procession continued on its way to the **accompaniment of** frenzied cheers.* 游行队伍在狂热的欢呼声中行进。❷ an accompaniment **of** something; an accompaniment **to** a particular thin 伴随物，佐餐。*Authoritarian regimes seem to be an almost inevitable **accompaniment of** national poverty.* 专制政体似乎是国家贫困的不可逃避的伴生物。*...a sauce served as an **accompaniment to** veal or fish.*……羊肉、鱼肉的佐餐酱。

accord **of** your **own accord** 自愿做某事。*He had been hoping that I would crack and leave **of** my **own accord**.* 他指望我会垮掉，并自动离开。

accordance in accordance **with** a rule or system 根据或按照规定、制度。*The Secretary of State will distribute national resources **in accordance with** this formulation.* 国务卿将根据这条公式分配国家的资源。

account ❶ an account **of** an event 报告，叙述。*He gave an **account of** his wartime exploits.* 他叙述了自己的战功。❷ **on no account**〔用来强调否定〕决不；绝不。***On no account** give her my home address.* 千万不要把我家的地址给她。

❸ be **of no account** 不重要的。*Everything they say is **of no account**.* 他们说的一切都无足轻重。❹ to account **for** something 解释某事。*He was always prepared to **account for** his actions.* 他随时准备为自己的行动作解释。*Children's needs **account for** a good part of the family budget.* 儿童的需求占该家庭预算的一大部分。

accountable be accountable **to** someone **for** your actions 为自己的行为向某人负责。*This would be a public agency, **accountable to** Parliament.* 这个机构要成为公共机构，向国会负责。*All these institutions are **accountable for** what they do.* 所有这些机构要为自己的行为负责。

accusation an accusation **of** something **against** someone 就某事情对某人的指责。*Their careers are threatened by **accusations of** incompetence.* 他们的事业因别人责难其平庸而受到威胁。*The **accusation against** us was that we were giving the country a bad name overseas.* 有人指控我们败坏了国家在海外的名声。

accuse to accuse someone **of** doing something wrong 指责某人做错事。*He was **accused of** inciting violence.* 他被指控挑起暴力事件。

accustomed be accustomed **to** something 习惯于某事物。*They are getting **accustomed to** the idea.* 他们渐渐习惯了该观念。

ache ❶ to ache **for** something 渴望得到某事物。*She had been **aching for** recognition for a long while.* 她早就渴望得到公众承认。❷ to ache **with** a feeling 由于某种情感而痛苦。*I lay **aching with** misery.* 我痛苦不堪地躺着。

acknowledge to acknowledge someone or something **as** a particular thing 赞美、承认某人或某事为某种身份或某事物。*Zuse **acknowledged** it **as** one of the best films ever made.* 朱斯称赞它是最佳电影之一。

acquaint to acquaint someone **with**

a fact or subject 将某事告诉某人。... to organise groups for self-defence and **acquaint** them **with** the use of arms.……组织自卫小组，他们使用武器。

acquainted be acquainted **with** someone or something 知道、熟悉某人或某事。*I wish to know how you came to be* **acquainted with** those people. 我想知道，你怎么认识那些人的。 the new Renaissance men and women,**acquainted with** great literature.……新的文艺复兴人士，谙熟伟大的文学作品。

acquiesce to acquiesce **in** something or **to** something 默许某事。*Ordinary conscripts, too, were ultimately to participate or* **acquiesce in** such horrors. 普通义务兵最终也参与或默许了这种恐怖行径。*Rather than embarrass his hosts, Sihanouk* **acquiesced to** their demands. 西哈努克不会使东道主难堪，也就对他们的要求加以默许。

acquit to acquit someone **of** a charge or **on** a charge 宣布某人无罪〔该指控不成立〕。*On the day they were* **acquitted of** murder charges, we held a celebration. 宣布他们谋杀罪名不成立那天，我们举行了庆祝。*He was* **acquitted on** all charges. 他的所有罪名都不成立。

act ❶ to act **on** advice, orders, or information 根据劝告、命令、通知等行动。*Acting on* my instructions, my lawyer paid a week in advance for his private care. 根据我的指示，我的律师提前一星期预付了他的个别护理费。❷ to act **as** something or **like** something 担任某一角色，起某一作用。...spreading the rope on the floor of the ledge to **act as** a rough cushion.…… 在壁架地面上铺绳索充当粗垫。*They obviously believe that union executives must* **act like** managing directors. 他们显然认为，工会执行委员必须跟经理的举止行为一样。❸ to act **for** someone 代理某人的职务、代表某人。*Lawyers* **acting for** the government have argued that such changes would be against the public interest. 代表政府一方的律师认为，这种变动违反了公众利益。

action ❶ **in action** 在运转中；战斗中。*George Farr had been wounded* **in action** *in the Sahara.* 乔治·法尔在撒哈拉沙漠战斗中负伤。*Study them* **in action** *as often as possible and get to know their movements.* 要尽可能在运转中研究它们，了解其机械设计。❷ **out of action** 不起作用。*All three tanks were very quickly put* **out of action**. 全部三辆坦克很快丧失了战斗力。

adamant be adamant **about** something or **on** something 对某事坚决的；be adamant **in** opposing or refusing something 坚定不移地反对或抗拒某事。*These women are* **adamant about** *denying any ties or similarities to their mother.* 这些妇女坚决否认与她们母亲有任何瓜葛或相似处。*I'm sorry, son, but Murray is* **adamant on** this. 对不起，小伙子，默里对此绝不松口。*The leaders of the teaching profession have been* **adamant in** *opposing the notion of unqualified assistants.* 教育界领袖坚决反对起用不合格助手。

adapt to adapt **to** something new or different 适应新的或不同的事物。*They will then be able to* **adapt to** a variety of jobs. 那样他们就能够适应各种工作了。

add ❶ to add one thing **to** another 将一事物加到另一事物上。*Sugar should not be* **added to** any of these milks. 这种类型的牛奶都不该加糖。❷ to add **to** something 增加。*She knew that she ought not to* **add to** her companion's misery. 她知道自己不该增加同伴的痛苦。❸ to add up **to** something 总计。*All these factors combined* **add up to** a strong incentive to buy more machines and employ fewer men. 所有这些因素综合起来，都成了多买机器少用工人的强大诱因。

addicted be addicted **to** a drug or an enjoyable activity 对麻醉药品有瘾；对

某一活动有强烈的兴趣而成为嗜好。*He was **addicted to** wine and French brandy.* 他有喝葡萄酒和法国白兰地的嗜好。*It was a magazine of popular science, the kind of reading I had become **addicted to**.* 它是科普杂志，我极爱读的。

addition in addition 此外；in addition to something 除此之外。*In addition, he proposed three other changes.* 此外，他提议作三个其他的变动。*A baby would sometimes drink as much as a quart of milk **in addition to** a full meal.* 婴儿在吃饱饭之外，有时可喝下一夸脱牛奶。

address to address someone **as** something〔用于某人姓名或头衔〕称呼某人。*She always **addressed** me **as** 'my daughter'.* 她始终把我称为"我的女儿"。

addressed be addressed **to** someone 写给某人的。*The letter was **addressed to** 'Mr and Miss Paget'.* 信是寄给"佩吉特先生与小姐"的。

adept be adept **at** doing something 对做某事内行的。*I had never been **adept at** controlling people.* 我从不善于控制人。

adhere to adhere **to** a thing, rule, or view 黏着；坚持某事物、规则、观点。*...a substance which prevents the fibres from **adhering to** each other.*…… 防止纤维黏连的物质。*...ensuring that professional standards are **adhered to**.*……保证职业标准得到遵守。

adjacent be adjacent **to** something 与某物邻近的。*...in the shower **adjacent to** the cell.*……在单人间隔壁的淋浴室。

adjudicate to adjudicate **in** a dispute, **on** the point at issue, or **between** the people involved 裁定纠纷、争议中的争论点或人们之间的事情。*...powers to **adjudicate in** interunion disputes.*……裁定工会之间纠纷的权力。*...committees to consider and **adjudicate on** supplier and customer claims.*……研究裁定供应商、客户索赔的委员会。*We cannot sensibly **adjudicate between** these ri-*

val explanations. 我们无法明智地裁定这些对立的解释谁是对的。

adjunct an adjunct **to** something or **of** something 附加物，附属品。*Years ago, puddings used to be eaten as an **adjunct to** meat.* 多年前，布丁曾是吃肉时的佐餐品。*Even leisure had been reduced to an **adjunct of** capitalism.* 甚至闲暇也退化为资本主义的附属品。

adjust to adjust **to** a new situation 适应新环境、新情况。*We waited for our eyes to **adjust to** the darkness.* 我们等候眼睛适应了黑暗再说。

administer to administer a drug **to** someone 将药发给或配给某人。*Prison officers had helped to **administer** a sedative **to** him.* 在典狱官员帮助下，给他用了镇静剂。

admiration ❶ admiration **for** someone or something 赞赏、羡慕某人或某事物。*...modern **admiration for** Greek art.*……现代人对希腊艺术的赞赏。❷ **in admiration of** something 怀着对某人或事的赞美、佩服和欣赏。*Many of us are lost **in admiration of** his ability to concentrate on his own thoughts.* 我们许多人对他的聚精会神的能力赞叹不已。

admire to admire someone **for** a quality they have 羡慕或钦佩某人的优点。*He **admired** the British troops **for** their courage and endurance.* 他钦佩英军的勇敢和毅力。

admission an admission **of** guilt or failure 对某宗罪行或某次失败的承认。*The **admission of** guilt is hard.* 认罪是困难的。*...after this rare and revealing **admission of** doubts.*……在这次罕见的，坦白承认有着疑惑之后。

admit ❶ to admit **to** a crime or fault 承认有罪或犯了过失。*He couldn't **admit to** any weakness in front of others.* 他不能在他人面前承认有弱点。❷ to admit **to** someone that you have done something 向某人承认自己做过的事。*Earlier Irene had **admitted to** Mr Stewart that she had wondered whether there* was any connection between the two events. 艾琳曾经向斯图尔特先生承认，她想知道两件事之间有无联系。❸ to admit someone **to** a club or institution 接受某人加入某俱乐部或某机构。*Constable was not admitted to full membership of the Academy until eight years before his death.* 康斯特布尔去世前八年才获得科学院正式院士的资格。*When admitted to the clinic in January 1976, she weighed just 5.4 kilos.* 她于 1976 年 1 月入诊所看病时，体重才是 5.4 公斤。

admonish to admonish someone **for** doing something 因某事指责或非难某人。*He admonished us for not arranging enough cocktail parties.* 他指责我们鸡尾酒会安排得不够多。

adopt to adopt someone or something **as** something 选举某人或某事物为某身份或担任某职位。*The local constituency party had adopted him as its candidate.* 地方选民集会选举他做本区候选人。

adorn to adorn something **with** things 用某些材料装扮某物。*She wanted to make the room her own, to adorn it with treasures.* 她想单独住这个房间，并用珍宝装扮一新。

adorned be adorned **with** things or **by** thing 用某些东西来装扮，装饰。*...a series of steps and banks adorned with fountains.* ……一系列台阶、斜面上装饰着喷泉。*Its facade is adorned by an impressive sculpture.* 其正面装饰着雄伟的雕塑。

advance in advance **of** an event or thing 在某事件或某事物之前。*They wanted their musicians to rehearse in advance of the company's arrival.* 他们要求乐师在戏班来到之前先排演。

advantage ❶ an advantage **over** someone 超越某人的优势。*The smoker has an enormous advantage over the non-smoker during moments of stress.* 在压力出现时，吸烟者比不吸烟者拥有明显的优势。❷ be **to** someone's **advantage**

对某人有利。*It is to your advantage to keep him as happy and relaxed as possible.* 尽量让他开心、放松，这对你有好处。

advertise ❶ to advertise **for** someone to do a job 登报招聘员工。*Jimmie advertised for a researcher about a month ago.* 吉米大约一个月之前登广告招聘研究人员。❷ to advertise something **as** a particular thing 在广告上将某事物喻为另一种事物。*Compact cars were again advertised as 'the biggest and most luxurious of them all'.* 轻便车在广告上又被喻为"最大、最豪华"。

advertisement an advertisement **for** a product 某产品的广告。*...advertisements for cosmetics.* ……化妆品广告。

advice advice **on** something or **about** something 就某事的劝告、建议。*They began giving him advice on how to run the business.* 他们开始就如何经营业务给他提出建议。*...if you need advice about your education.* ……如果你需要教育方面的忠告。

advise ❶ to advise **against** doing something 劝某人不要做某事；to advise someone **on** a particular matter 向某人提出某方面的建议。*The doctor advised against tiring him.* 医生建议不要让他劳累。*Your local health office will advise you on the necessary requirements.* 你所在的当地医务所会告诉你有关要求的。❷ to advise someone **of** a fact 通知或告知某人某事。*...failure to advise them of the accident within the specified time limit.* ……没有在规定的期限内通知他们发生了事故。

affection affection **for** someone or something 对某人或某事物感受到的喜爱。*...his respect and affection for Guy.* ……他尊敬爱戴盖伊。

affiliated be affiliated **to** a group or **with** a group 隶属于某一团体或组织。*He was not affiliated to any human rights group.* 他没有参加任何人权组织。*...an experimental group affiliated with the Royal Shakespeare Com-*

pany.……皇家莎士比亚剧团所属的实验小组。

affinity an affinity **with** something or someone or **for** something or someone 非常喜爱某事或某人。*Anne felt an **affinity with** the Day Nurse.* 安妮喜欢保姆的为人。*I have had a growing **affinity for** lost causes.* 我对失去的事业越来越倍感亲切。

afflicted be afflicted **by** something or **with** something 受某事打击使某人苦恼、疼痛或悲痛；遭疾病侵袭。*In spite of precautions, you may be **afflicted by** mice.* 你再小心也可能遭到鼠害袭击。*Only other sufferers know what it is like to be **afflicted with** this disease.* 只有同病者才能体会此病的痛苦。

affront an affront **to** someone or something 对某人、某事物的有意冒犯；当众侮辱。*Such a move would be a grave **affront to** the Trade Union Movement.* 这一措施将严重冒犯工会运动。

afraid ❶ be afraid **of** someone or something 害怕某人或某物。*I'm **afraid of** spiders.* 我害怕蜘蛛。❷ be afraid **for** someone 为某人的安全担忧。*She was **afraid for** her children.* 她为子女的安危担忧。

aftermath the aftermath **of** a serious event 某一严重事件，尤指不幸事件的余波，后果。*…in the **aftermath of** the war.*……在战后余殃中。

aggression aggression **towards** someone or **against** someone 侵犯，侵略。*…**aggression towards** the outsider.*……对外人的侵犯。*…the **aggression against** their group.*……对他们小组的侵犯。

aghast be aghast **at** something 对某事惊恐，惊讶。*I'm **aghast at** how Billy is being educated.* 我对比利所受的教育方式感到惊讶。

agitate to agitate **for** something you want 为某事进行鼓动；to agitate **against** something you dislike 为反对某事进行煽动。*…squatters whose leaders had been **agitating for** political reforms.*……抢占住房者的领袖在煽动政治改革。*There is now a vigorous body of opinion agi-*

tating against the use of chemical fertilizers. 如今有强大舆论反对使用化肥。

aglow be aglow **with** something 发光彩，发热〔指某人异常激动〕。*Daniel, his eyes **aglow with** inspiration, took his leave.* 丹尼尔的眼睛由于灵感勃发而闪烁发亮，他告辞走了。

agonize to agonize **over** something 对某事物极度忧虑或担心。*He didn't **agonize over** which tie to wear.* 他并不为穿戴哪条领带而苦恼。

agree ❶ to agree **with** someone **on** or **about** a matter; to agree **with** what someone says 同意某人对某事的观点。*I **agree with** Dr Marlowe that you're not the right person.* 我赞成马洛博士的意见，你不是合适人选。*…if two people cannot **agree on** the meaning of a word.*……如果两个人不能商定一个词义。*No two teachers will **agree about** everything.* 没有两名教师的观点完全一致。*I **agree with** everything you've said.* 我同意你说的一切。❷ to agree **on** an action that is jointly worked out 就某行动取得一致意见。*We **agreed on** this arrangement towards the end of 1951.* 我们于 1951 年底就这一安排取得一致意见。❸ to agree **to** an action proposed by someone else 同意，答应别人的提议。*Castle **agreed to** a picnic.* 卡斯尔同意去野餐。❹ to agree **with** something 同意某事。*Note that I do not **agree with** this habit— simply record it.* 注意我并不同意这种习惯——我只是记录而已。

agreeable be agreeable **to** someone or something 迎合某人或某物。*…a subject which was **agreeable to** both my parents.*……一个迎合我父母的话题。

agreement ❶ agreement **between** people or **among** people **on**, **about**, or **as to** a particular matter 人们就某事达成的协议。*This statement underlines the **agreement between** the two sides on many issues.* 这项声明强调，双方就许多问题所达成的协议。*There is widespread **agreement among** peo-*

ple **as to** which changes in their lives require major adaptations. 人们普遍同意，生活中的哪些变化需要作重大调整适应。*There is very little **agreement about** objective standards.* 对于客观标准，没什么一致意见。❷ be **in agreement** 意见一致。*We were always **in agreement** on this matter.* 对于此事，我们始终意见一致。

aid ❶ **in aid of** something 作为援助之用。*...social functions **in aid of** worthy charities.*……社交集会援助高尚慈善事业。❷ **with the aid of** something or someone 借助某物或在某人的帮助下。*The grey dye was washed out **with the aid of** a solvent.* 灰色染料在溶剂的作用下洗干净了。

aim ❶ to aim something **at** a target 瞄准靶子。*He **aimed at** the far wall and squeezed the trigger.* 他瞄准远处的墙扣动扳机。❷ to aim **at** or **for** something desirable 旨在，针对。*All Fair Rent Associations **aim at** helping people with real housing needs.* 公道房租协会的宗旨是帮助确有住房需求的人。*We should **aim for** more nursery schools.* 我们应该努力增加托儿所。❸ the aim **of** achieving something; the aim **of** an action or activity 目标，意图。*...the party's **aim of** attracting 500,000 votes at the next election.*……该党的目标是在下次选举中网罗 50 万张选票。*The **aim of** the terrorists is to halt our peaceful progress towards the elections.* 恐怖分子的意图是阻碍我们迈向选举的和平进程。

air by air 乘飞机；通过航空途径。*Some freight movement was possible **by air**.* 某些货物可以通过空运来流通。

akin be akin **to** something 与某事物近似，有关系。*They could not help feeling something **akin to** relief.* 他们不由得略有感到宽慰。

alarmed be alarmed **by** something or **at** something 惊恐，警觉。*...the owner came running into the street **alarmed by** the clatter of broken glass.*……听到玻璃砸碎声，主人警觉地跑

到街上来。*Doctors are **alarmed at** the progressive deterioration of the population's diet.* 对于居民饮食的不断恶化，医生们感到惊恐。

alert ❶ be alert **to** something or **for** something 对某事注意警惕。*In assessing progress, we have to be **alert to** the landmarks.* 我们评估进展情况时，得注意找划时代事件。*He kept his senses **alert for** a sign.* 他警惕地寻找着标志牌。❷ to alert someone **to** something 提醒某人注意某事。*The press had been **alerted to** my presence.* 新闻界已经注意到我的出现。❸ be **on the alert** 警惕，提防。*The very formality of his question put Helen **on the alert**.* 他提出的问题很拘谨，引起海伦的警觉。

alibi an alibi **for** a time 某人当时不在犯罪现场的证明。*Her aunt's supposed to be her **alibi for** the night.* 她的阿姨据说可以为她那夜不在现场做证。

alien be alien **to** someone or something 对某人或某事物陌生。*They are habits strange and **alien to** the British people.* 那些习惯对英国人民来说很陌生。

alienate to alienate someone **from** someone or something 使某人疏远或冷淡某人或某事。*Such attitudes have a tendency **to alienate** a boy **from** his father.* 这种态度易使男孩子疏远父亲。

align to align yourself **with** someone **against** someone else 与某人结盟对付别人。*He found himself in the pre-war years **aligned with** Churchill and Eden **against** Chamberlain.* 他在战前曾与丘吉尔和艾登结盟，反对张伯伦。

alive ❶ be alive **with** things 充满某事物。*The main street was **alive with** pushcarts and bicycles.* 大街上挤满了手推车和自行车。❷ be alive **to** a problem or situation 意识到，注意到问题或情况。*I am fully **alive to** the problems facing the industry.* 我充分注意到该工业所面临的问题。

allegiance someone's allegiance **to** a person, group, or country 对某个人、团

体或国家的拥护，忠诚。...the workers **allegiance to** the Labour Party.……工人们拥护工党。

allergic be allergic **to** a substance 对某一物质过敏。...people who are **allergic to** cow's milk.……对牛奶过敏的人。

alliance an alliance **with** another group or person or **between** two groups or people 与某一团体或个人的联盟；an alliance **against** someone or something 为反对某人或某事物的联盟。...a group which formed an **alliance with** the Liberal Party.……与自由党结盟的集团。An **alliance between** her party and the Bolsheviks had collapsed. 她的党与布尔什维克的同盟已经垮掉。They created a formidable **alliance against** syllabus reform. 他们组成了强大的联盟反对课程改革。

allied be allied **to** something or **with** something 与某事物结盟，联姻。**Allied to** the concern for efficiency is a concern for training people to do certain jobs. 与效率观念息息相关的，是对训练人们做某项工作的关注。Many nations are not specifically **allied with** either capitalism or communism. 许多国家并不专门与资本主义或共产主义国家结盟。

allocate to allocate something **to** someone or something〔为某种目的〕将某物分配给某人或某事物。...the money which is **allocated to** education or other purposes.……拨给教育或其他目的资金。

allot to allot something **to** someone〔按现有份额〕分配，摊派某物给某人。A substantial sum had been **allotted to** her in Harold's will. 哈罗德在遗嘱中给她分配了巨款。

allow to allow **for** something 考虑到某事。He failed to **allow for** the unexpected. 他没有考虑到出现意外的事。

allude to allude **to** something 提及，暗示某事。I have already **alluded to** the energy problem in some of the earlier chapters. 我在前几章中已经提及能

源问题。

ally ❶ /əˈlaɪ/ to ally yourself **with** someone **against** someone else 与某人结盟对付别人。The mother should not be seen to **ally** herself **with** the children **against** the father. 母亲不应公开联同孩子反对父亲。**❷** /ˈælaɪ/ an ally **against** someone else 对付某人的同者。The only role in which Jane would accept Marsha was as an **ally against** Lynn. 简愿意接受玛莎的唯一角色是做反对林恩的同盟者。

alternate /ˈɒltəneɪt/ to alternate **between** two things or states 两种事物或状态交替；to alternate **with** something else 与别的事物交替。He **alternates between** moderation and militance. 他采取软硬兼施。The white sand **alternates with** rocks. 白沙与岩石交杂。

alternative an alternative **to** something else 对某物的替换。...improving the public transport system to make it an attractive **alternative to** the private car.……改善公共交通系统，吸引人们不开私家车。

amalgamate to amalgamate **with** something else 与其他事物合一。Their inclination was to conquer nature, not **amalgamate with** it. 他们意欲征服自然，而不是与自然和谐共处。

amazed be amazed **at** something or **by** something 对某事惊异，惊奇。Both were **amazed at** their good fortune. 两人都对自己的好运感到吃惊。You will probably be **amazed by** the warmth of your welcome. 你可能会对受到热烈的欢迎感到惊奇。

amenable be amenable **to** something 指人对某事物服从。She was **amenable to** whatever I suggested. 她对我言听计从。

amount to amount **to** something 等于某事物。The statements **amounted to** blackmail. 该声明简直是讹诈。

amused be amused **by** something or **at** something 被某事逗笑。He was not *amused by* the stories I related. 我讲的故事并没有逗乐他。*Marcks was slightly amused at* the role he was supposed to play. 马克斯对自己所要扮演的角色感到有点好笑。

amusement amusement *at* something 对某事发笑。*She smiled in amusement at* my Western logic. 她对我的西方式逻辑感到好笑。

analogous be analogous *to* something else 与其他事物类似的，相似的。*Is Bud Scully's case analogous to* that of John Brown? 巴德·斯库利案与约翰·布朗案相似吗？

anathema be anathema *to* someone 极受某人讨厌的人或事物。*Taxes were always anathema to* the Americans. 美国人始终讨厌纳税。

anger anger *at* something or *against* someone 对某事或某人发怒。*Alexandra was filled with anger at* Ned's betrayal of their secret sign. 亚历山德拉对内德泄露他们的秘密标志感到怒不可遏。*...a consuming and useless anger against* his mother. ……对他母亲的无谓怒火。

angle ❶ to angle *for* something〔通过间接手段〕谋取某物。*People began angling for* the best offices and furniture. 人们开始谋求最好的写字楼与家具。❷ *at an angle* 倾斜的。*He wore a tall, white chef's cap at a* rakish *angle*. 他歪戴着白色厨师高帽，样子颇神气。

angry be angry *about* something or *at* something 对某事生气；be angry *with* someone or *at* someone 对某人生气。*He had been angry about* the article. 他对该文章的发表很生气。*I wasn't hurt — just angry at* having made a mistake. 我并没受伤害，只是悔恨犯了错误。*Are you angry with* me? 你在生我的气吗？*He'd sounded so angry at* me when I'd told him. 我告诉他的时候，他显得十分生气。

announce to announce something *to* someone 对某人宣布某事。*She announced firmly to* the assembled rela-tives that she herself intended to take sole charge of the boy. 她坚定地对在场的亲戚们宣布，她打算独自照顾男孩。

annoyed be annoyed *with* someone *for* doing something 因某人做某事而对其生气；be annoyed *at*、*by*、or *about* something 对某事颇为生气。*I was annoyed with* myself for wasting a day. 我生自己的气，浪费了一天时间。*Mr Neumann seemed annoyed at* this suggestion. 诺伊曼先生似乎对这个建议很生气。*She had been annoyed by* her friend's reaction to her news. 她为朋友对于她的消息所作的反应而生气。*I used to get annoyed about* it all. 我曾为这一切气恼得很。

answer ❶ an answer *to* a question, problem, or letter 问题答案，解决难题，回信。*The answer to* both questions is yes. 两个问题的答案都是"是的"。*At first it seemed like the answer to* all my problems. 起初它似乎回答了我的所有问题。❷ *in answer*; *in answer to* a question 作为回答。*...concepts which had been formulated in answer to* these questions. ……为了回答这些问题而构想的概念。❸ to answer *to* a particular description 与某人描述的相符合。*No one answering to* their description used any form of public or private transport out of town. 没有一个符合他们描述的人用任何公共、私人交通工具出城。

answerable be answerable *to* someone *for* something 对某人、某事负有责任。*The Secretary of State is answerable to* Parliament. 国务卿对议会负责。*Mr Fromstein is now answerable for* that money. 弗洛姆斯坦现在对那笔钱负责。

antagonism antagonism *to* or *towards* someone or something 与某人或某事的对抗；antagonism *between* people 人们之间的对抗。*...a general antagonism to* technologically based society. ……对建立在技术基础上的社会的普遍对抗。*...antagonism towards* authority. ……对抗权威。*...a basic antag-*

onism between workers and management.……工人与经理层的根本对抗。

antagonistic be antagonistic **to** or **towards** someone or something 对抗某人或某事物。Ian is openly **antagonistic to** the media. 伊恩公开与媒体对抗。A daughter may be surprisingly **antagonistic towards** her father at times. 女儿有时会对父亲发生惊人的对抗。

antidote an antidote **to** or **for** a poison or unpleasant situation 解毒药；抵消不愉快事情的方法。The **antidote to** unhappiness is community feeling. 消除不愉快感觉的办法是集体感。…an **antidote for** their melancholy.……解除他们的忧郁的办法。

antipathy an antipathy **to** or **towards** someone or something 对某人、某事的反感，憎恶。…the **antipathy** of many outside the country **to** the policies pursued there.……国外许多人对那里奉行的政策很反感。This perhaps explained her **antipathy towards** Koda Dad and his son. 这也许是她对科达父子反感的原因。

antithesis the antithesis **of** something 与某事正相反，对立面。Most television is the **antithesis of** art. 大多数电视节目绝无艺术可言。

anxiety anxiety **about, over,** or **for** something or someone 对某事、某人的忧虑，焦虑。…**anxiety about** money.……对钱的忧虑。…**anxiety over** nuclear weapons.…… 对核武器的忧虑。 …our **anxiety for** their welfare.……我们为他们的福利而焦虑。

anxious ❶ be anxious **about** someone or something 担忧某人或某事。We are all rather **anxious about** Maurice. 我们都颇为莫利斯担忧。❷ be **anxious for** something 渴望，焦急盼望某事物。He was **anxious for** good marks. 他渴望取得好分数。

apologist an apologist **for** something or **of** something 为某一主义的辩护者。…an outspoken **apologist for** psychiatric practices in his country.……一个为在祖国推行精神分析业务而直言不讳的辩护者。…**apologists of** the capitalist system.……为资本主义制度的辩护者。

apologize to apologize **to** someone **for** something 为某事向某人道歉。I even felt like **apologizing to** them. 我甚至想向他们道歉。I do **apologize for** causing all this disturbance. 我为引起一切麻烦道歉。

appalled be appalled **at** something or **by** something 因为某事受到惊骇，感到沮丧。I was **appalled at** the prospect. 该前景令我沮丧。He was **appalled by** what was happening. 他惊骇于正在发生的一切。

apparent be apparent **to** someone 对某人来讲是明显的；显而易见。My mistake in choosing Rick became **apparent to** me. 我明白了选择里克的错误。

appeal ❶ to appeal **for** something 要求某事物。He **appealed for** local volunteers to work long hours for six weeks. 他要求当地志愿者每天长时间工作达六周。❷ to appeal **to** someone **against** a decision 上诉。He **appealed to** a higher level. 他向上级申诉。We **appealed against** this conviction and won. 我们就此判决进行上诉并取得了成功。❸ to appeal **to** someone 对某人有吸引力，使人感兴趣。The novelty of this **appeals to** him. 这事很新奇，他大感兴趣。❹ the appeal **of** someone 某人的诱人之处，吸引力。It is impossible to understand the **appeal of** this charmer. 无法理解这位帅哥的魅力。

appetite an appetite **for** something 自然的欲望。…an insatiable **appetite for** power.……不可满足的权力欲。

applicant an applicant **for** a job 申请工作者；an applicant **to** a college 申请入学者。Seven other **applicants for** the post turned up for the interview. 此职位有七位其他申请者前来面试。…successful **applicants to** Oxford University.……申请就读牛津大学被录取者。

apply ❶ to apply **to** an organization **for** something such as a job 向某一机构申请工作等。*He had only **applied to** one college.* 他只申请了一所大学。*I **applied for** a job on the railway.* 我去铁路部求职。❷ to **apply to** something or someone 与某事有关，对某人有效。*The same rule **applies to** parents.* 该规则也适合父母。❸ to apply something **to** something else 将某事物运用到另一事物上。*...the force **applied to** the bar.*……加于木条上的力。❹ to apply yourself **to** something 致力于某事。*Mrs Oliver **applied** herself **to** an examination of the address book.* 奥利弗太太正在仔细查阅地址本。

appointment an appointment **with** someone 与某人的约会。*I've got an **appointment with** Mr Orpen.* 我与奥彭先生有个约会。

appreciation ❶ appreciation **of** or **for** something 对某人所做事的感激。*...by showing their real **appreciation of** his efforts.*……表明他们对他的费心十分感激。*...her lack of **appreciation for** all he had done for her.*……她对他为她所做的一切毫不感激。❷ appreciation **of** the significance or quality of something 鉴定，评价某事。*He had a keen **appreciation of** the power and dangers of the media.* 他对媒体的威力和危险深有体会。

appreciative be appreciative **of** something 对某事有欣赏力。*I had always been **appreciative of** his writing.* 我一向都欣赏他的文章。

apprehensive be apprehensive **about** something or **of** something 对某事不安的，忧虑的。*I felt a little **apprehensive about** the choice.* 我对该选择有些担心。*I was **apprehensive of** strangers.* 我担心有陌生人来。

approach ❶ an approach **to** a place 某地的进道。*...Aldersgate Street, for many centuries the main **approach to** London from the North.*……阿尔德门街，即历时几百年的伦敦北大门。❷ an approach **from** someone 某人的套近乎。*Mrs Thatcher said she welcomed the **approach from** Mr Gorbachov.* 撒切尔夫人说，她欢迎戈尔巴乔夫先生的姿态。❸ an approach **to** something 对某事物的看法、态度。*...his rational **approach to** life.*……他的理性人生观。

appropriate /əprəuprıət/ be appropriate **to** or **for** something or someone 适于某事或某人；an appropriate thing **for** something or someone 对某事或某人合适的事情。*...an education system **appropriate to** local needs.*……适合当地需求的教育制度。*...clothing **appropriate for** hot climates.*……适合炎热气候的衣服。*It was an **appropriate** start **for** a party of this kind.* 对于这种聚会，那样开场很合适。

approval ❶ approval **for** or **of** a proposal **by** someone 某人对建议的认可，批准；the approval **of** someone 某人的赞同。*I was given McPherson's **approval for** the plan.* 我得到了麦克弗森认可该计划的消息。*...Justice department **approval of** any proposed changes in local election laws.*……司法部门批准地方选举法的修改建议。*We've got to decide which ones to put forward for **approval by** the Faculty Committee.* 我们得确定哪些该提交教师委员会批准。*The authorities arrangements should be subject to the **approval of** the Secretary of State.* 当局的安排应得到国务卿的批准。❷ the approval **of** someone 某人的好感、赞成。*...her dependence on the **approval of** others.*……她依赖他人的赞同。

approve to approve **of** something or someone 同意，赞成某事或某人。*I don't usually **approve of** new methods.* 我通常不赞成用新办法。

approximate /əprɒksəmeıt/ to approximate **to** something 接近，近似于某事物。*...stories which vaguely **approximated to** the truth.*……影射真相的事故。

aptitude an aptitude **for** doing something 某方面的能力。 *In engineering management, an **aptitude for** languages may be important.* 在工程管理中，语言能力颇为重要。

arbiter an arbiter **of** something; an arbiter **between** two people or groups 仲裁人，权威人士。 *...the final **arbiter of** human destiny.* ……人类命运的最终仲裁者。 *...Germany's renewed status as **arbiter between** East and West.* ……德国重新获得东西方之间仲裁者的地位。

argue ❶ to argue **with** someone **about** or **over** something 与某人争论某事。 *There was no point in **arguing with** him.* 与他争论毫无意义。 *They were **arguing about** politics as they played.* 他们边玩边争论政治。 *We would then **argue over** the merits of the individuals concerned.* 我们便争论起有关人士的优点。 ❷ to argue **for** something or **against** something 为某事辩护、辩论或反对。 *Benn **argued for** a massive extension of public ownership.* 本论辩主张，应该大力推广公有制。 *Bratkowski also **argued against** active resistance.* 布拉特考斯基也反对积极抵制。 ❸ to argue someone **out of** a plan 劝阻某人改变计划。 *His wife and friends **argued** him **out of** this ambition.* 他太太和朋友们劝阻他放弃这个野心。

arise to arise **from** or **out of** something 由某物引起，从某物产生。 *...any consequences **arising from** our decision.* ……由我们的决定引起的任何后果。 *I am sure their policy **arose out of** concepts of elitism.* 我肯定，他们的政策产生于精英主义的概念。

armed be armed **with** something 用某事物武装。 *...army officers **armed with** machine guns.* ……带机枪的军官们。

arrange to arrange something **with** someone 与某人制定计划。 *She **arranged with** the principal of her school to take the necessary time off.* 她与自己学校的校长商定腾出必要的时间。

arrest to arrest someone **for** a crime or **on** a particular charge 因某种罪行或指控拘留某人。 *He was **arrested for** drunken driving.* 他因酒后驾车被逮捕。 *The police **arrested** her **on** a charge of conspiracy to murder.* 警方指控她一项谋杀罪而逮捕她。

arrive ❶ to arrive **at** or **in** the place you were going to 到达某地； to arrive **from** a place you were in before 从某地来到。 *...by the time we **arrived at** Victoria Station.* ……当我们来到维多利亚车站时。 *We **arrived in** Queenstown at about 4 a.m.* 我们约在凌晨四点钟到达女王镇。 *...having just **arrived from** the Caribbean.* ……刚刚从加勒比海地区赶到。 ❷ to arrive **at** a conclusion or decision 得出结论，做出决定。 *I had **arrived at** a conclusion on the basis of the only facts then available to me.* 我凭着当时所能得到的唯一一些事实得出结论。

ascendancy ascendancy **over** someone else 有压倒别人的优势。 *Liverpool confirmed their **ascendancy over** Everton with a 2-1 win.* 利物浦队以 2 比 1 获胜，证明他们比埃弗顿队强。

ascribed be ascribed **to** a cause or person 归功于或归咎于某一原因或某人。 *Illnesses of every kind were **ascribed to** witches.* 各种疾病被归咎于女巫作怪。

ashamed be ashamed **of** something or **about** something 对某事感到羞耻或惭愧。 *He felt **ashamed of** his selfishness.* 他对自己的私心感到惭愧。 *Inside, she **felt ashamed about** being a failure.* 她内心为事业失利而感到羞耻。

ask ❶ to ask someone questions **about** something 向某人打听，询问某事。 *He **asked** me **about** my work.* 他询问我的工作。 ❷ to ask **for** something or someone 寻找，请求某事或某人。 *We **asked for** sandwiches and tea.* 我们要了三明治与茶。 ❸ to ask **after** someone 问候，探听。 *Mrs Boismortier has been by the house several times, **asking after** you.*

博伊斯莫提尔太太几次来家里问候你。❹ to ask something **of** someone 向某人要求、期望某事物。*All that is **asked of** the reader is that they approach it step by step with an open mind.* 对读者提的要求，无非是要他们以开放的心态循序渐进地学习。

aspire to aspire **to** something 对某事有恒心，渴望成就某事。*You were not expected to **aspire to** excellence.* 并不指望你出人头地。

assault an assault **on** or **upon** someone or something 突袭某人或某事物。...*armed **assaults on** homes, stores and warehouses.*……对家居、商店、仓库的武装袭击。

assent ❶ to assent **to** a proposal 赞成、同意某一提议。*58% of ConsGold shareholders have **assented to** the takeover offer.* 58% 的康斯哥德公司股东同意了收购建议。❷ the assent **of** someone in authority 主管人的许可。*The student had to gain the **assent of** two tutors to his statement.* 学生陈述的报告必须征得两位导师的同意。

asset ❶ an asset **to** a person or organization 对某人或某一组织有价值或有用的人。*He was a great **asset to** the Committee.* 他是委员会的宝贵人才。❷ the assets **of** a company or person 公司或个人的财产，资产。*70% of the **assets of** manufacturing companies were foreign-owned.* 制造公司 70% 的资产是外资所有。

assign to assign something **to** someone 将某物分配给某人。...*if there are two or more staff people **assigned to** one group of children.*……如果一组孩子分配两名以上的职员。

assimilate to assimilate people **into** a group 吸收、融合进某一团体。*These individuals may not be fully **assimilated into** the ruling class.* 这些个体可能没有完全融合进统治阶级。

assist to assist someone **in** a task or **with** a task 协助某人做某项事情。*The navy will **assist in** the trials.* 海军将协助进行审判。*His pupils will **assist** the local schools **with** English studies.* 他的学生将协助当地学校进行英语学习。

associate /əsˈəʊsɪeɪt/ ❶ to associate something **with** something else 将某事与另一事物联想起来。...*the firm confidence that we normally **associate with** the Victorian age.* ……谈到坚定的信心我们通常联想到维多利亚时代。❷ to associate **with** someone 与某人交往。*Vaughan has been **associating with** a known criminal.* 沃恩与一个出名的罪犯交往。

association in association **with** someone else 与某人联合起来。...*working **in association with** the Peruvian National Institute of Culture.*……与秘鲁国家文化院合作。

assure to assure someone **of** something 为某人确保一事情。*I believed that being an intellectual **assured** me **of** a higher life.* 我认为，成为知识分子可确保高质量的生活。

astonished be astonished **at** something or **by** something 对某事感到惊讶。*I was **astonished at** the speed of the reaction.* 我对反应的神速感到惊讶。*I am always **astonished by** their kindness.* 我总是对他们的善意感到惊讶。

astonishment astonishment **at** something 对某事的惊讶。...*her **astonishment at** her sister's departure.*……她对妹妹的离去感到惊讶。

atone to atone **for** something wrong 弥补过失。*Francis **atoned for** his lapse with inspiring play in the second half.* 弗朗西斯在下半时的比赛中发挥出色，弥补了过失。

attach ❶ to attach something **to** something else 将某物附在另一物上。*This string is **attached to** the outside of the peg.* 这绳子系在挂钩外部。❷ to attach **to** something 适用于某事，与某事有联系。*A certain romance **attaches to** opera singers.* 歌剧演员附带某种浪漫

情调。

attached be attached **to** someone or something 对某人、某物有依恋。*I really was very **attached to** him.* 我真心爱着他。

attack ❶ an attack **on** a person or place〔对某人或某地的〕进攻、袭击。*...attacks on defenceless civilians.*……对手无寸铁的平民进行袭击。❷ an attack **of** an illness〔某种疾病的〕发作。*...an attack of gastroenteritis.*……肠胃炎发作。

attempt ❶ an attempt **at** doing something 试图做某事。*He made an attempt at appearing to be in control.* 他试图显出掌握大局的样子。❷ an attempt **on** someone's life〔杀害某人的〕企图。*Fears that an attempt on Mr. Mandela's life might be made were being taken seriously.* 有人想刺杀曼德拉先生，这种可能性受到高度重视。

attend to attend **to** something or someone 办理〔某事〕；关心〔某人〕。*I shall attend to that matter shortly.* 我马上去办理那件事。

attendance ❶ attendance **at** an event or institution 出席或到场人数。*Saturday's attendance at the Wimbledon tennis championships was 28,077.* 周六参加温布尔登网球锦标赛的观众人数达28,077。❷ in attendance 护理，护卫；in attendance **on** someone 护理、护卫某人。*There was no longer any reason to keep Ashok in attendance on him.* 不再有理由让阿舒克继续护理他。

attest to attest **to** something〔作为某事物的〕明证。*This letter clearly attests to her sanity.* 这封信是她精神正常的明证。

attired be attired **in** clothes of some kind 穿着〔某种衣服〕。*He was at least six feet tall, elegantly attired in a fur-collared cashmere coat.* 他身高至少有六英尺，穿着毛领开司米外套，十分高雅。

attitude someone's attitude **to** something〔对某事物的〕态度。*...his own personal attitude to life.*……他个人的人生态度。

attract to attract someone **to** someone or something 将某人的注意力吸引到某人或某事上。*...that quality which had first attracted him to her.*……当初他被她吸引到的那种品质。

attraction ❶ someone's attraction **to** something〔某事物对某人的〕吸引力。*I was unable to account for this strange attraction to a country I had never seen.* 我无从解释从未见过面的一个国家竟有这么奇怪的吸引力。❷ the attraction **of** something〔事物的〕吸引力。*Half the attraction of climbing is playing with danger.* 攀登的一半魅力来自挑战危险。

attribute /əˈtrɪbjuːt/ to attribute something **to** a person or cause 认为某事物是由某人或某一原因引起的。*The death of Mrs Thurston was attributed to the horrors she had witnessed.* 瑟斯顿太太的死因被认为是目击了令人毛骨悚然的事物。*...a remark attributed to Lord Northcliffe.*……据认为是诺思克利夫勋爵说的话。

attuned be attuned **to** something 适应、熟悉某事。*...being attuned to other people's moods.*……熟悉他人的情绪。

audition to audition **for** acting or singing work, or **for** someone such as a director 试听〔演员等〕的发音。*...when Elizabeth Taylor auditioned for the lead in National Velvet.*……当伊丽莎白·泰勒试演《玉女神驹》中主角时。

augur to augur well or ill **for** something 预示某人某事物的吉或凶。*This augurs well for your career.* 这是你事业发达的吉兆。

auspices under the auspices **of** someone 在某人的帮助、支持下。*The committee was assembled under the auspices of the Sunday Times.* 委员会在《星期日时报》的赞助下召开了。

authority ❶ authority **over** someone 对某人的权力。*...men with complete authority over their children.*……对子女有绝对权威的男子。❷ an authority

on a particular subject〔某学科的〕权威。…*Edith Standen, a distinguished* **authority on** *tapestry.*……伊迪丝·斯坦登，杰出的挂毯权威。

avail ❶ to avail yourself **of** something 利用〔某事物〕。*Some people might wish to* **avail** *themselves* **of** *the ministry's services.* 某些人也许想利用部里的服务。❷ **to no avail; be of no avail** 无益的，没有用的。*The young lieutenant continued to plead with the captain, but* **to no avail.** 年轻中尉继续向上求情，但没用。*It seemed as if all the pleading and threats were* **of no avail.** 似乎软硬两手都无效。

available be available **for** someone, **as** something, or **for** a purpose 可达到的、可适用的、可得到的。…*cutting down the food supplies* **available for** *each person.*…… 削减每人的食品供应定量。*Geography is also* **available as** *a B.Sc. course in the college.* 地理作为大学理学士课程也在开办。…*the police man-power* **available for** *this task.*……此项任务可用的警力。

average **on average** 平均；平均说来。*People move house* **on average** *once every eight years.* 人们平均每八年搬家一次。

aversion an aversion **to** something〔对某事的〕厌恶。…*the average citizen's profound* **aversion to** *doing what he or she is told.*……一般公民对任人差遣深恶痛绝。

avid be avid **for** something〔对某事的〕渴望，贪婪。*More and more correspondents arrived—all* **avid for** *good, sensational stories.* 越来越多的记者来了，都想猎取好的轰动新闻。

awaken to awaken **to** a fact 意识到某一事实。*In middle age, they* **awaken to** *the realization that they don't know anyone.* 人到中年，他们觉悟到自己谁也不认识。

award to award something **to** someone〔向某人〕颁发，授予。…*medals*

awarded to *those who fought in the Free French Forces during the Second World War.*……颁发给第二次世界大战中加入自由法国部队的战士的奖章。

aware be aware **of** something 注意到，意识到。…*waiting for some sign that he was* **aware of** *her presence.*……等待他注意到她出现的迹象。

awash be awash **with** something 被某物淹过了。*The plain was* **awash with** *water.* 平原被洪水淹过了。

B

back to back **onto** a place 表示背靠某处。…*in our little garden, which* **backs onto** *the other gardens of the square.* ……我们的小花园背靠广场中的其他花园。

background the background **to** an event 某一事件的背景；a background **of** a particular kind of thing 某种事物的背景。*The* **background to** *the case had been the subject of great controversy.* 该案子的背景曾引起广泛争议。…*against this* **background of** *continuing unrest.*……面对这持续动乱的背景。

backlog a backlog **of** things to be dealt with 要处理的事情。…*the backlog of unprocessed applications.*……积压待处理的申请表。

bad ❶ be bad **at** doing something 不善于做某事。*The Romans were* **bad at** *science.* 罗马人不善于搞科学。❷ be bad **for** someone or something〔对某人或某事物〕有害的。*Nobody wants to talk about it because it's* **bad for** *business.* 谁都不愿谈起它，因为它妨碍业务经营。

badge a badge **of** quality or status〔质量或身份的〕标记。*A mastery of reading and writing was a* **badge of** *class.* 读书识字是阶级的标记。

bail to bail someone **out of** a difficult situation 帮助某人摆脱困境。…*even if he* **bailed** *me* **out of** *financial trouble now.*……即使他现在帮我摆脱财政困境。

balance ❶ to balance **on** something 在某物上保持平衡。*Soon the bird learned to* **balance on** *the edge of my hand.* 不久鸟儿能够在我的手掌上站稳了。❷ to balance one thing or idea **against** another 权衡两者利弊。*He had to* **balance** *what they wanted* **against** *what their rivals wanted.* 他不得不权衡他们的要求和敌人的要求的利弊得失。❸ a balance **between** things or **of** things 均衡状态。…*the* **balance between** *teaching and research.*…… 教学与科研的平衡。…*a* **balance of** *forces within society.*……社会中的力量平衡。❹ be **off balance** 不稳定；迷惑。*He was almost thrown* **off balance**. 他差点失去平衡。❺ be **in the balance** 不能确定。*Everything was still* **in the balance**. 一切仍在未定中。❻ **on balance** 总的来说。*On balance, there seems little doubt that they are following the wiser path.* 总的来说，他们无疑走对了路。

balk ❶ to balk **at** something unpleasant 不愿从事某事。*However, Mr Sorrell is likely to* **balk at** *such a price.* 然而索雷尔先生很可能对这种价格望而生畏的。❷ to balk someone **of** something 阻止某人做某事。…*in order to* **balk** *the court* **of** *any opportunity of making a decision.*……以便阻止法庭利用机会作裁决。

ban ❶ to ban someone **from** an activity or place 禁止某人从事某项活动或进入某地。*They had* **banned** *me* **from** *all contact with them.* 他们禁止我与他们接触。*They were* **banned from** *state schools.* 他们被禁止在州立学校上学。❷ a ban **on** something 对某事的禁止、禁令。*The* **ban on** *publicity may now be lifted.* 对宣传的禁令可以取消了。

banish to banish someone or something **from** a place or thing or **to** another place 从某地放逐某人到另一地；从某事物中排除某物到另一地方。…*to* **banish** *hunger and poverty* **from** *the earth.*……在地球上消灭饥饿和贫困。*Even the Foreign Secretaries are* **banished**

to another room. 连外国的部长都被赶到另一个房间。

bank ❶ to bank **with** a particular bank 与某银行有往来。*The case involved a company which* **banked with** *Barclays.* 案子牵涉到与巴克莱银行来往的公司。❷ to bank **on** something happening 指望某事物。*It is possible that he may relent, but don't* **bank on** *it.* 他有可能手下留情，但不要太指望这情况会发生。

bar to bar someone **from** a place or **from** doing something 阻挡某人进入某地或做某事。*Foreign relief agencies were* **barred from** *the disaster area.* 外国赈济机构被禁止进入灾区。*The defendant is almost invariably* **barred from** *participating in his trial.* 被告几乎全被禁止参加审判。

bare be bare **of** something 空了的。*The rooms were largely* **bare of** *furniture.* 房里一般空无一物。

bargain ❶ to bargain **with** someone **for** something 就某事与人讨价还价。*He's now in a better position to* **bargain with** *Russia.* 他现在更有能力与俄国讨价还价。*Japanese steel producers usually join forces to* **bargain for** *coal supplies.* 日本钢铁厂家通常联手为供煤讨价还价。❷ to have not bargained **for** something 未料到会发生某事或某事发展到的程度。*This was one complication he had not* **bargained for**. 这件麻烦事他倒没有料到。

bark to bark **at** someone or something 朝某人或某事物叫喊。*Their dog came in and started* **barking at** *me.* 他家的狗进来朝我狂吠。*'Just do me a favour!' he* **barked at** *the crowd.* "帮我一把！"他向人群喊道。

barrier a barrier **to** something〔某事情的〕障碍。…*the single greatest* **barrier to** *reform.*……改革唯一的最大障碍。

base ❶ to base something **on** or **upon** something else 把某事基于另一事物之上。…*a class system* **based on** *land ownership.*……以土地所有制为基础的阶级

制度。❷ a base **for** a system, method, or particular task〔某一系统、方法、任务等的〕基础。*It forms a **base for** later discussion.* 它是以后讨论的基础。

basic be basic **to** something〔对某事物来说〕是基本的。*...the fear of the unknown which is **basic to** the behaviour of all animals.* ⋯⋯害怕未知世界是所有动物的行为基础。

basis ❶ the basis **for** or **of** an idea, system or method〔想法、系统、方法的〕根据。*Past experience is the best **basis for** a sound judgement.* 经验是正确判断的最佳基础。*Curiosity is the **basis of** learning.* 好奇心是学习的基础。❷ **on the basis of** something 在某事物基础上。*No fair-minded juror would convict me **on the basis of** such evidence.* 任何持公平观念的陪审员都不会凭这种证据给我定罪。

bask to bask **in** the sun 晒太阳取暖；to bask **in** approval or attention 受到赞许或注意而过分得意。*They **basked in** the warmth of public approval.* 他们深受公众的赞许，心里得意洋洋的。

bastion a bastion **of** something which is preserved; a bastion **against** something which is resisted〔某物的〕捍卫者；〔反对某物的〕堡垒。*...the **bastions of** privilege at the apex of the class structure.* ⋯⋯处于阶级结构顶点的特权堡垒。*...the principal **bastion against** this aggression.* ⋯⋯反击这次入侵的主要堡垒。

bathe ❶ to bathe **in** water 游泳，戏水。*Bathing in the sea is no longer possible there.* 那海里再不可以游泳了。❷ be bathed **in** light or sweat 光线充足或汗流浃背。*The stage was **bathed in** blue light.* 舞台笼罩于蓝光下。*Gant realized that his body was **bathed in** a sweat of relief.* 甘特意识到自己通体流汗，但松了一口气。

battle ❶ a battle **between** two groups〔两个群体中的〕斗争；a battle **with** or **against** another group〔与某人的〕斗争，搏斗。*...the **battle between** the gods and the giants.* ⋯⋯众神与巨人的战斗。*...the God who helped us in our **battle with** the British.* ⋯⋯保佑我们与不列颠人作战的上帝。*...its **battles against** the government.* ⋯⋯它与政府的斗争。❷ a battle **for** something, **against** something, or **over** something〔为了某事、制止某事或就某种纠纷而进行的〕斗争。*...the **battle for** safer and healthier working environments.* ⋯⋯为安全、生的工作环境而战。*He did fight in the **battle for** New York Island.* 他真的参加了夺取纽约岛的战斗。*...the **battle against** cancer.* ⋯⋯抗癌斗争。*...the **battle over** next year's budget.* ⋯⋯就明年预算的斗争。

beam to beam **at** someone 朝某人愉快地微笑。*They **beamed at** each other.* 他们相视而笑。

bear to bear down **on** or **upon** someone or something 向某人或某事物迅速逼近。*...swerving to avoid a huge lorry that **bore** down **on** them.* ⋯⋯为避开冲过来的大卡车而转向。

beckon to beckon **to** someone 向某人召唤。*He **beckoned to** me: 'Come here, Hugh.'* 他向我招手："过来，休。"

beg to beg **for** something 乞求某物；to beg money or food **from** someone 向某人乞讨钱或食物。*Peter **begged for** more stories.* 彼得乞求再讲个故事。*...kids **begging** cigarettes **from** passers-by.* ⋯⋯向过路人讨香烟抽的小孩。

begin ❶ to begin **with** something or **by** doing something 以某事开始。*The pamphlet **begins with** the heading 'A party of Nationalism and Patriotism.*' 传单以"民族主义、爱国主义的党"的标题开头。*He **began by** apologizing profusely about what had happened.* 他首先为所发生的事拼命道歉。❷ to begin **as** something of a particular kind 以某类事开始。*This book **began as** a survey of higher education.* 此书以高等教育概论作为开头。❸ to begin **with** a particular letter 以某一字母开始。*All govern-*

ment agencies have a code name *beginning with* OD. 所有政府机构的代码都以 OD 开始。

belief a belief **in** something〔对某事物的〕信仰及信赖。...affirming their *belief in* his innocence.……发誓他们坚信他无罪。

believe ❶ to believe **in** the existence of something 相信某事物存在。I don't *believe in* God. 我不相信上帝。❷ to believe **in** something you are in favour of 相信某事〔肯定某事物的价值〕。They *believe in* equality. 他们相信平等。

belong to belong **to** a person, thing, or group 属于某人、某事或某团体。...a toy telescope *belonging to* one of my children.……我孩子的玩具望远镜。He also *belonged to* an organization called the Young Front. 他还参加了一个称为"青年阵线"的组织。

beloved be beloved **of** a type of person 被某一类人深爱。...the big windows *beloved of* modern architects.……现代建筑师所钟爱的大窗户。

belt ❶ be **below the belt** 不公道；做小动作。I felt Weatherby's next question was a little *below the belt*. 我感到韦瑟比的下一个问题有点不公道。❷ **under your belt** 已获得的。He starts today's race with two victories *under his belt*. 他以两项胜利开始今天的比赛。

beneficial be beneficial **to** someone or something〔对某人或某事〕有益。...reforms *beneficial to* the mass of people.……对人民群众有益的改革。

beneficiary a beneficiary **of** something〔某事的〕受益者。They are perceived as *beneficiaries of* the industrial system. 他们被当作工业制度的受益者。

benefit ❶ to benefit **from** something or **by** something 从某事物中得益。The children *benefit from* knowing their fathers better. 孩子们从了解父亲中得益。One-parent families will *benefit by* this reform. 单亲家庭将从这个改革中得益。❷ **for the benefit of** someone 为了某人的利

益。...to use this tool **for the benefit of** all mankind.……使用这个新工具造福全人类。❸ be **of benefit to** someone; **to the benefit of** someone 对某人有利。Algeria was not willing to risk a single citizen in a cause that could be **of** no direct **benefit to** herself. 阿尔及利亚在这项没有直接利益的事业中不愿牺牲一个公民。...to forge stronger links between voters and politicians, **to the** lasting **benefit of** both.……在选民与政界之间加强联系，为了双方的长远利益。

bent be bent **on** or **upon** doing something 一心想做某事。They seemed *bent on* avenging his death. 他们似乎一心为他报仇。

bequeath to bequeath something **to** someone 将某物遗赠给某人。General Compson had *bequeathed* the gun **to** him. 康普森将军将枪遗赠给了他。

bereft be bereft **of** something 使丧失某事。...crumbling slums *bereft of* the most basic amenities.……缺乏最起码生活设施的破贫民窟。

beset be beset **by** or **with** difficulties, danger, or problems 被〔困难、危险、疑问〕所困扰。Daniel found himself *beset by* technical difficulties. 丹尼尔为技术难题所困。...a society that is *beset with* profound contradictions.……充满深刻矛盾的社会。

besotted be besotted **with** something 迷恋某事情。He was *besotted with* the country and its people. 他迷恋于该国家，该国人民。

bestow to bestow something **on** or **upon** someone 把某物给予某人。I want to thank them for the honour they want to *bestow on* me. 我要感谢他们赋予我荣誉。

bet to bet **on** the outcome of something 对某事打赌。Zvereva was asked if people should *bet on* her to win the Championship. 有人问斯维利瓦，人们是否应该打赌她会赢得冠军。

betray to betray someone or a secret **to**

an enemy 将〔某人或秘密〕出卖给敌人。*I know he would never **betray** me **to** anybody.* 我知道他绝不会把我出卖给任何人。*These phrases **betray** their real intentions **to** the opposition.* 这些词语把他们的真实意图透露给了反对党。

beware to beware **of** something 当心某事。***Beware of*** *becoming too complacent.* 当心别太自以为是。

bewildered be bewildered **by** something or **at** something 对某事感到迷惑。*The policemen, **bewildered by** the racket, had stopped too.* 警察们被纷乱弄昏了头，也都站住了。*'Just a minute', Uri said, somewhat **bewildered at** the rapid turn of events.* "等一下，"尤里说，事情急转直下，令他迷惑。

biased be biased **against** someone or something 对某人或某事有偏见；be biased **in favour of** or **towards** someone or something 对〔某人或某事〕偏心。*...this tendency of judges to be **biased against** workers in such cases.* ……法官在这种案子里对工人抱有偏见的倾向。*Educational opportunity is heavily **biased in favour of** middle-class, urban people.* 教育机会尤其偏向对中产阶级、城里人有利。*Home-ownership policies are **biased towards** the preferences of the rich.* 住房所有制政策偏袒富人。

bid ❶ to bid **for** something at an auction〔拍卖时〕叫价。*...if you are planning to **bid for** the property that you want at an auction.* ……如果你打算在拍卖会上竞买所要的财物。❷ a bid **for** something〔为购某一东西的〕出价〔尤指拍卖时〕。*Mobil has also made **a bid for** the company.* 美孚公司也出价购买该公司。

bill the bill **for** something that you are buying 付款单；a bill **for** a particular amount〔某一数额的〕账单。*The **bill for** my uniform came to ten pounds.* 我的制服账单达到十英镑。*He remembered the **bill for** more than twelve dollars that Boylan had paid.* 他记起博伊兰所付的账单超过十二美元。

bind to bind someone **to** a person, group, or thing 使某人受〔别人、某一团体或某一事物〕约束。*....the ties which **bind** him **to** his colleagues.* ……把他与同事团结在一起的纽带。

bit to bits〔将某物〕搞成碎片。*If it turns out you're not who you say you are, I'll blow you **to bits**.* 如果你不是你所说的身份，就把你揍扁。

blame ❶ to blame someone or something **for** a bad situation or event 为出现的坏情景或事件而谴责某人或某事物。*Each man has **blamed** the other **for** starting the fight.* 双方都指摘对方挑起战斗。❷ to blame a bad situation or event **on** someone or something 将出现某一不好的情景或事件归咎于某人或某事。*Police **blamed** the violence **on** excessive drinking.* 警方将暴力事件归咎于酗酒。

blasphemy blasphemy **against** something that is sacred〔亵渎神明的〕言辞或行为。*...alleged **blasphemy against** Islam.* ……据称亵渎了伊斯兰教。

blaze ❶ blaze **with** light, colour, or a strong feeling 闪烁、闪耀光亮或色彩，表现强烈的感情。*The cottage gardens **blaze with** irises and lilies.* 房舍园子里鲜花盛开，有鸢尾、百合。*Her face **blazed with** joy.* 她脸上喜气洋洋。❷ a blaze **of** light or colour 一片光亮，五彩斑斓。*When night falls, the village is a **blaze of** lights.* 夜幕降临，小村华灯闪闪。

blend ❶ to blend one thing **with** another 将某事物与另一事物混合；to blend two or more things **into** something new 将两种或两种以上的东西混合成新的东西。*...a dessertspoon of cornflour **blended with** a little milk.* ……一匙玉米面混合少许牛奶。*Bach and Brahms **blended into** this weird sound.* 巴赫和勃拉姆斯混合成这一怪异声音。❷ a blend **of** two or more things〔不同种类的〕混合。*These are a **blend of** a variety of oils.* 这是多种油的混合物。

❸ to blend in **with** or blend **into** the background 与某一背景协调。*Don't be conspicuous, blend in with your surroundings.* 不要太突出，要与环境相协调。*Tree snakes are green, but they blend so well into foliage.* 树蛇呈绿色，与树叶混在一起。

blind ❶ be blind **to** something〔对某事〕视而不见，不能察觉。*A bribe makes people blind to what is right.* 贿赂使人分辨不清是非。*Most customers are completely blind to what a waitress is doing.* 多数顾客根本看不见女招待的所作所为。❷ be blind **with** a feeling 被感情所蒙蔽。*A moment before, I'd been blind with anger.* 刚才，我气糊涂了。

blossom to blossom **into** a new form or state 长成或发展成新的形式或呈新的状态。*Karen began to blossom into womanhood.* 卡伦开始长大，变成成熟的女子。

blow ❶ a blow **on** or **to** a part of someone's body, **from** a weapon〔身体某一部位受到武器的〕重击。*He had received a blow on the cheek bone.* 他的颧骨吃了一拳。*He had been killed by a blow to the brain.* 他因脑部重击致死。*A single slashing blow from a sword had broken Tuku's back.* 背后一剑斩断了图库的背部。❷ a blow **to** someone or **to** their hopes or pride〔对某人或该人的希望或自尊心的〕打击。*...yet another blow to hopes of the early capture of the killer.* ……对早日抓获凶手的希望的又一打击。❸ a blow **for** something you support or **against** something you do not support 为某事业而奋斗；或反对某事情的斗争。*I did my best to strike a blow for modern science.* 我尽全力为现代科学奋斗。*President Garcia described the arrest as a blow against subversion.* 加西亚总统说，该逮捕行动是对颠覆行为的打击。❹ to blow money **on** something 乱花钱。*'I'm going to keep the money.' — 'To blow it on drinks?'* "我要留下这笔钱。" —— "喝酒乱

花掉？"

blueprint a blueprint **for** or **of** something in the future 计划，蓝图。*...a blueprint for survival.* ……生存计划。*Every cell in our bodies contains this essential blueprint of life.* 人体的每一个细胞包含这一生命基础蓝图。

boast to boast **to** someone **about** something or **of** something 向某人自吹自擂。*She boasted about her acquaintance with him to her friends.* 她向朋友吹嘘曾与他相识。*They boasted of their prowess.* 他们吹嘘自己能干。

boat by boat 坐船。*People could get to France and then come over by boat.* 人们可以坐船去法国再过来。

bode to bode well or ill **for** someone or something〔对某人或某事物〕预示凶吉。*It bodes well for his future.* 这对他的前途是吉兆。

boil to boil down **to** something 归结为某事物。*It boils down to mutual agreement.* 它归结为双边协议。

bolt to bolt something **to** or **onto** another thing 用螺栓将某物固定在另一物体上。*A two-way radio was bolted onto the roof.* 天花板上装着双向无线电。

bombard to bombard someone **with** questions or ideas 以连珠炮的问题或想法围攻某人；to bombard something **with** things 不断轰炸。*...bombarding them with a bewildering series of suggestions.* ……用一系列令人迷惑的建议围攻他们。*He bombards male insects with radioactive particles to sterilise them.* 他用放射性粒子轰击雄性昆虫，使它们不育。

bond a bond **of** a particular kind **between** two or more people〔两人、多人间的〕结合力。*...strengthening the bond between members of the group.* ……加强小组成员间的团结。*...a bond of mutual dependence and love.* ……相互依赖与爱恋的结合。

bone to bone up **on** a subject 专攻某一科目。*It is difficult for mature students* to **bone up on** the sciences. 成人学生专攻理科是困难的。

book ❶ a book **by** someone **about** something or **on** a particular subject〔某人所著关于某事或某一学科的〕书；a book **of** different pieces of writing〔不同文章组成的〕书。...the subject of a **book by** Morton M. Hunt. ……莫顿·M. 亨特所著书的题材。She had written a **book about** her childhood. 她写过一本关于自己童年的书。...a **book on** communism. ……关于共产主义的书。... a **book of** poems. ……一本诗集。❷ to book someone **for** committing an offence〔因某人犯过错而〕将其名字记下。This was the twenty-third time he had been **booked for** poaching deer. 他偷猎鹿只，这是第二十三次记录了。❸ to book **into** a hotel 预定旅馆房间。He's **booked into** the hotel for two nights. 他登记入住酒店两晚。

boom a boom **in** a particular activity or type of event〔某项活动或某类事件的〕突然增加。High profitability is helping to fund the **boom in** investment. 高利润率导致投资猛增。

boon a boon **to** someone〔对某人的〕好处、利益。Baby-sitters are a **boon to** parents. 保姆对家长大有帮助。

border ❶ the border **between** or **of** two countries〔两国间的〕边境；the border **of** one country **with** another〔一国家与另一国家的〕边界。...the **border between** the two American nations. ……两个美洲国家间的边界。...near the **border of** Spain. ……靠近西班牙边境。The **border with** Hungary was closed. 与匈牙利接壤的边界已经关闭。❷ to border **on** another country 与某国接壤。...other small countries that **border on** the Soviet Union. ……与苏联接壤的其他小国。❸ to border **on** another state, feeling, or way of behaving 接近〔某一状态、情感或行为方式〕。I cultivated an air of politeness **bordering on** subservience. 我培养了一种接近卑躬屈膝的礼貌态度。

borderline the borderline **between** two things〔两件事物的〕分界线；the borderline **of** something〔某事物的〕界限。The novel examines the **borderline between** fact and fiction. 小说探讨了事实与虚构的界线。I have not been able to discover where the **borderline of** fantasy begins and ends. 我尚未发现狂想分界线的起终点。

bored be bored **with** something or **by** something 对某事厌倦。By then he was **bored with** the project. 到那时他对这项目已经感到厌烦。He seemed **bored by** the proceedings. 他似乎厌倦了诉讼程序。

born ❶ be born **to** parents〔用于指婴儿〕出生于。The twins were **born to** a surrogate mother. 双胞胎由代孕妈所生。❷ be born **of** particular parents 具体指某一父母的孩子。...a thirty-nine-year-old lawyer, **born of** Quaker parents in California. ……出身加利福尼亚州公谊会教徒的三十九岁律师。❸ be born **of** a particular feeling or activity〔由于某一感情或行为〕而产生。...fear **born of** hate or distrust. ……由于憎恨或不信任产生的害怕。

borrow ❶ to borrow money or possession **from** someone or **off** someone 向某人借钱或东西。Jeremy had to **borrow** a cloth **from** the barman. 杰里米只得向酒保借了一块布。He was persuaded to authorize the police to **borrow** his house key **off** the next-door neighbour. 他终于同意授权警方向隔壁邻居借他家的钥匙。❷ to borrow an idea or word **from** a person, piece of writing, or language 从某人、某一作品或某一语言里引用其思想或言语。Its title is **borrowed from** Wilde's decorative phrase in De Profundis. 它的标题取自王尔德《自深深处》中的修饰语。

bother ❶ not to bother **with** or **about** something 犯不着〔干某事〕。We won't **bother with** the candles. 我们犯不着为蜡烛麻烦。...a mystery that he felt too con-

tented to **bother about** solving.……
他心满意足而犯不着解开的谜。❷ not to
bother **about** something 不用惦记〔某
事〕。Don't **bother about** me. I'm fine.
别惦记着我。我很好。

bothered be bothered **about** some-
thing worrying 为某事而烦恼。You're
getting all **bothered about** nothing.
你真是无事烦恼。

bound ❶ be bound **by** a rule, law, or re-
striction of some kind 受〔某规则、法
律或某种规定〕限制。They are **bound
by** the rules of the game. 他们受制于
竞赛规则。❷ be bound **to** something
or someone 对〔某事或某人〕有义
务。I find myself more firmly **bound
to** my people than ever before. 我觉得
比以往任何时候都对人民负有义务。❸ be
bound **for** a destination 准备去某地。…
a plane **bound for** Jersey.……飞往泽
西的飞机。❹ be bound up **with** a par-
ti-cular problem, situation, or activity
〔和某一问题、情况或活动〕有密切关
系。The problem of poverty is **bound
up** inextricably **with** the problem of rich-
es. 贫困问题与财富问题纠缠一起，无法理清。

boundary ❶ the boundary **of** a coun-
try or region〔一国家或地区的〕分界
线；the boundary **between** two coun-
tries or regions〔两国或两地区的〕分
界线。…the **boundaries of** the new
states.……新国家的边界。…the **bound-
ary between** the Free State and the
Eastern Province.……自由州与东部省的
分界线。❷ the boundary **between** two
types of thing〔两类事物的〕界线。…
the child who seems automatically to
know the **boundary between** free-
dom and licence.……似乎不假思索便知道
自由与放纵的界线的孩子。

bow ❶ /bau/ to bow **to** someone 俯身
或欠身致敬。Agassi **bowed to** all four
sides of the court before hugging his
coach. 阿加西向球场四周致敬，然后拥抱
教练。❷ to bow **to** pressure, or some-
one's wishes, demands, opinions,

and so on 对〔压力、某人的愿望、要
求、意见等〕屈服。The Chancellor
bowed to City advice. 大臣屈服于城里
众议。❸ to bow **out of** an activity 退
出某项活动。David Lean **bowed out
of** appearing. 大卫·利恩退出现场。

boycott a boycott **of** something, **on**
something or **against** a thing or coun-
try 对某事物或对某国实行抵制。…the
boycott of examinations by academ-
ics.……学术界抵制考试。…the interna-
tional **boycott on** sporting links with
South Africa.……国际上抵制与南非的体育
关系。Hardliners called for a **boycott
against** British goods and companies.
强硬派要求抵制英国货物与公司。

brace to brace yourself **for** something
bad 稳定情绪，做好准备。Police are
bracing themselves **for** a spate of
shootings. 警方正在准备迎接枪战。

brag to brag **to** someone **about** some-
thing 向某人吹嘘某事。She had over-
heard him **bragging to** his comrades
about how he had been followed. 她
无意中听到他向同伴吹嘘自己如何受到追随
者拥护。

brainwash to brainwash someone **into**
thinking or doing something 用宣传促使
某人那样想、做。…consumers **brain-
washed into** believing that factory
products are superior. ……被不停地灌输
工厂产品质量好的思想的消费者。

brake a brake **on** or **upon** development
or activity 制止〔某一发展或行为〕。…
seeing age as a **brake on** progress.
认为年龄妨碍进步。

brand to brand someone **as** a particu-
lar kind of person 谴责某人为〔某类
人〕。They are **branded as** failures. 他
们被当成失败者。

breach ❶ a breach **of** an agreement or
rule 违反〔协议或规定〕。…a serious
breach of prison regulations.…… 严重
违犯狱规。❷ be **in breach of** an agree-
ment or rule 违反〔协议或规定〕。He
was technically **in breach of** con-

tract. 他在技术上讲已违约。❸ a breach **in** a wall or barrier〔墙上或障碍物上的〕缺口。*...the only breach in the wall's defences.*……城墙上唯一的缺口。
❹ a breach **between** two friends or relatives〔两位朋友或亲戚间的〕隔阂。*There had been a total breach between them some years after her second marriage.* 她再婚之后数年，两人彻底闹翻了。

break ❶ to break **with** a group, colleague or tradition〔与某团体、同事〕断交或决裂；放弃〔某一传统〕。*In 1960 he finally broke with the party.* 1960 年，他终于与该党决裂了。❷ a break **with** a group, colleague or tradition〔与某团体、同事〕断交或决裂，〔对某一传统的〕放弃。*...the catalyst in bringing about its break with Labour.*……造成它与工党决裂的促进因素。*The break with the past has been dramatic.* 与过去的决裂富有戏剧性。❸ to break someone **of** a habit 使某人放弃某一习惯。*Cecil used to chew his nails before I broke him of it.* 塞西尔过去喜欢咬指甲，我使他改了。❹ to break some bad or surprising news **to** someone 告诉某人某一坏消息或令人吃惊的消息。*On our return, I broke the bad news to Jimmy.* 我们回去后，我把坏消息告诉了吉米。❺ to break **for** a meal or drink〔中间休息时〕就餐、喝茶。*By mid-morning he was finished with this task, and broke for a cup of coffee.* 早晨过半，他完成了这任务，就喝杯咖啡休息。❻ a break **in** an activity or state〔对某一行为或状态的〕中断。*The fights were seen as a break in the monotony.* 打斗被看作打破单调乏味的插曲。❼ a break **from** something 改变〔乏味的或不愉快的事情〕。*It heralded a complete break from the apathy of their normal lives.* 它导致他们日常生活中彻底改变漠不关心的情况。❽ to break **into** a building 闯入，破门而入。*...the man who had broken into his home and murdered his wife.*……闯入他家杀

他妻子的那人。❾ to break **into** laughter, song or a run 突然笑起来、唱起歌来或跑起来。*When Rudolph saw her, he broke into a run.* 鲁道夫看见她，便跑起来。❿ to break **out of** an undesirable way of life 摆脱改变不如意的生活方式。*He feared to break out of the conventional life which had slowly suffocated him.* 他害怕改变令他慢性窒息的传统生活。⓫ to break **through** a barrier 突破障碍。*When they broke through the door, they discovered gold.* 他们破门而入，发现了金子。⓬ to break away **from** a person or group 脱离、背弃某人或某团体。*A group broke away from the parent body.* 一个小组脱离了母体机构。⓭ to break in **on** someone or a conversations or activity 打断某人、某一谈话或某项活动。*It seemed a pity to break in on his enjoyment.* 打断他的享受似乎可惜。⓮ to break out **in** spots or a sweat 出现斑点、冒出汗水。*When I saw their faces, I broke out in a sweat.* 我看到他们的脸时，我冒出了汗。

bridge ❶ a bridge **over** or **across** something such as a river 横跨某物的桥梁，例如横跨河流的桥梁。*...the bridge over the Charles River.*……查尔斯河上的桥。*...woined onto the castle by a covered bridge across the moat.*……连接城堡的是横跨护城河的有篷桥梁。❷ a bridge **between** different people, groups, or things〔人或物相互联系或接触的〕桥梁。*Industrial designers frequently act as a communication bridge between other team members.* 工业设计师经常充当其他队员之间的沟通桥梁。

brief in brief〔用于总结〕简单地说。*The facts, in brief, are as follows.* 简言之，具体事实为如下。

brim to brim **with** a particular emotion 充满某种情感。*The New Zealanders, who have trained this week, are brimming with confidence.* 新西兰人本周经过训练，可谓信心十足。

bring ❶ to bring a person or thing **with**

you **to** a place 将某人或某物随身带到某地；to bring something **to** a person 将某物带给某人。...*a book which she had **brought** back **with** her to France.*……她随身带回法国的书。*Occasionally she **brought** Caro **to** London.* 有时她把卡罗带来伦敦。*She **brought** the drink **to** me and set it on the table.* 她把饮料端给我，放在桌上。❷ to bring a quality or thing **to** or **for** a person, thing or place 给某人、某物或某地带来某一品质或事物。*A new pair of shoes **brings** more happiness **to** a child than a new car brings **to** a grown man.* 新鞋子给孩子带来的快乐，超过新汽车带给成年人的。*Small improvements in the population situation can **bring** massive benefits **for** the poorest countries.* 人口形势的些小改进，可以给赤贫国家带来莫大的好处。❸ to bring something **to** an end or stop 使某事中止。*It took several letters to **bring** the relationship **to** an end.* 写了几封信才断绝了关系。❹ to bring shame **on** a group 给某一团体带来耻辱；to bring trouble **on** yourself 给自己找麻烦。*This would have **brought** great shame **on** all concerned.* 这会使所有有关人士蒙受奇耻大辱。❺ to bring a response **from** someone 从某人处传来反应。*This last remark **brought** sniggers **from** the choir.* 这最后一句话令合唱团偷笑。❻ to bring someone or something **into** a particular state or situation 使某人或某事物进入某一状态或情景。*...sentiments which would later **bring** him **into** conflict with Party leadership.*……日后使他与党的领导发生冲突的意见。❼ to bring a charge **against** someone 正式控告某人。*No charge of murder was **brought against** them.* 并没有控告他们谋杀。❽ to bring someone out **in** spots 使某人身上起皮疹。*Sometimes people think some food or other **brings** them out **in** a rash.* 人们有时认为，某种食品令他们身上起皮疹。

brink on the brink **of** an event or experience 濒于（某事件或某一经历的）边缘。*Cunard was **on the brink of** bankruptcy.* 丘纳德已濒临破产。

bristle to bristle **with** a large quantity of things 大量的事物。...*five ships **bristling with** radar and radio antennae.*……架满雷达、无线电天线的五艘船。*This topic **bristles with** unanswerable questions.* 这个题目充满了没有答案的问题。

brood to brood **over** something, **on** something, or **about** something 忧闷地沉思某事。*I sat back and **brooded over** what I'd done.* 我坐下，沉思自己所做的事。*I **brooded on** the problem of the best use I could make of my freedom.* 我思索着充分利用自己的自由的问题。*Oldham found himself **brooding about** the police and the woman.* 奥尔德姆在沉思那个警察和女人的事。

browse to browse **through** a magazine or book 浏览〔杂志、书籍〕。*Browse through the following pages and choose a holiday just right for you.* 翻阅以下几页，并选择适合你的假期。

brush ❶ a brush **with** someone〔与某人〕小冲突。*We were still agitated by the **brush with** the police.* 我们仍为与警察的小冲突而感不安。❷ to brush **up on** a subject 重温某一课程。*He definitely needed to **brush up on** his knowledge of rural American customs.* 他很需要重温美国乡村习俗的知识。

bubble to bubble **with** a lively quality 充满活力。*His wife, Marie, **bubbled with** vitality.* 他妻子玛丽充满了活力。

buckle to buckle down **to** a task 下定决心做某事。*Crick could now **buckle down to** his thesis.* 克里克现在可以下定决心写论文了。

budge not to budge **on** a matter or not to budge **from** your idea or decision〔常用于否定〕对某事态度不变，无法改变主意或决定。*He refuses to **budge on** design principles he knows to be sound.* 他不肯更改自认为正确的设计原则。*But do what they might, the*

British would not **budge from** their immigration policy. 但不管他们怎么做，英国人都不会改变移民政策。

budget to budget **for** something 为某事编制预算。*Electricity, gas, and telephone bills can all be budgeted for.* 电费、煤气费、电话费都可以编制预算。

build ❶ to build something **into** a system or thing 将各部合在一起变为某一体系或某一事物。*...as you build greater challenges into your personal fitness programme.* ……当你增加个人健身计划的难度时。❷ to build something **on** or **upon** a principle or basis〔将某事〕建立在〔某一原则或基础上〕。*This morality was built on two foundations.* 这个道德建立在两个基础之上。❸ to build **on** something that has been achieved 依赖，指望〔某事〕。*The fourth job is to build on this progress.* 第四项工作有赖于这一进展。

bulge to bulge **with** a mass of something 某事物被另一东西鼓起。*I suppose you've come back with your pockets bulging with money.* 我想你是腰包鼓鼓地回家来了。

bulk **in bulk** 大量地。*When you deal in fine porcelain, you can't order in bulk.* 经营细瓷器时，不能大批订货。

bully to bully someone **into** doing something 胁迫某人做某事。*They try to bully us into buying their products.* 他们试图胁迫我们购买他们的产品。

bulwark a bulwark **against** something undesirable or **of** something that is preserved〔作为某事的〕防御或保障。*...bulwarks against chaos.* ……反对动乱的堡垒。*...its past role as a bulwark of the regime.* ……其过去的作用是政权的保障。

bump ❶ to bump **into** a person or object 与某人或某物相撞。*As she backed away, she bumped into someone behind her.* 她后退时，与身后的人相撞。❷ to bump **into** someone 巧遇某人。*A week ago the two men had bumped*

into each other in Goodge Street. 一星期前，两个人在戈奇街相遇。

burden ❶ a burden **on** someone or something〔某人或某事的〕负担；be a burden **to** someone〔成为某人的〕累赘。*This system would place intolerable burdens on teachers.* 这个制度会给教师带来不堪承受的负担。*I tried not to be a burden to my father.* 我试图不成为父亲的负担。❷ to burden someone **with** a problem 用问题给某人增加负担。*However, I mustn't burden you with my problems.* 但我不能用我的问题给你增添负担。

burdened be burdened **with** or **by** something troublesome or heavy 肩负重担。*Many were burdened with the special equipment that their particular jobs demanded.* 许多人都背负着工作所需的专用设备。*He was burdened by a huge civilian population that had to be fed.* 他肩负着大批平民人口的吃饭问题。

burning be burning **with** anger or humiliation 感到极度气愤或羞辱。*The jailers were silently burning with rage.* 囚犯们的怒火在默默地燃烧。

burst ❶ to burst **into** tears, laughter, song, or flames 突然哭起来、笑起来、唱起歌、燃烧起来。*She burst into tears and fled.* 她突然哭起来，跑了出去。❷ to burst **in** on someone 突然打断某人说话。*He suddenly burst in on me during a meeting.* 他在开会时突然打断我的话。

bursting be bursting **with** energy, happiness, or excitement 充满〔能量、喜乐或激情〕。*The children were there, bursting with life as usual.* 孩子们在那里，惯常是生龙活虎的。

bury ❶ to bury a dead person **in** a place 将死人葬在某地。*He wished to be buried in the churchyard.* 他希望葬在教堂墓地。❷ to bury your face or head **in** something 将脸或头埋在某一东西里。*She buried her face in her hands and sobbed.* 她手捂着脸哭泣。

bus by bus 乘公共汽车。*He had returned home **by bus**.* 他是乘巴士回家的。

busy ❶ be busy **with** something 忙于某事。*...if you are **busy with** your hobbies.* ……如果你忙于业余爱好。❷ to busy yourself **with** something 忙于某事。*He **busied** himself **with** plates and cups and saucers.* 他忙于锅碗瓢盆。

butt the butt **of** jokes or **for** teasing〔常被嘲笑或戏弄的〕人或事，成为笑柄。*The **butt** of the satire is a pompous, ageing scientist.* 嘲笑的对象是架子十足的年迈科学家。*His brash matinees made Simon an obvious **butt for** humour.* 西蒙穿着露骨的女式晨衣，自然成了笑柄。

buy to buy something **from** someone 向某人买东西。*He had **bought** the equipment **from** a salesman.* 他是向推销员购买的设备。

buzz to buzz **with** conversation 充满谈话声。*The room **buzzed with** excited questions.* 房间里七嘴八舌，激动地提问。

by-product a by-product **of** a process or thing 副产品。*Oxygen is released into the atmosphere as a **by-product of** photosynthesis.* 氧气是作为光合作用的副产品而释放到大气中的。

C

cab by cab 坐计程车。*Mr and Mrs Simpson came **by cab**.* 辛普森夫妇是坐计程车来的。

cadge to cadge something **off** someone or **from** someone 向某人索取某物。*The troops **cadged** a few cigarettes **off** us.* 部队向我们索取了几支香烟。*...the drinks they could **cadge from** others.* ……他们从别人身上索取的饮料。

caked be caked **with** a substance 厚厚地覆盖着某物质。*His fingers were **caked with** grime.* 他的手指上沾满了煤灰。

call ❶ to call someone **by** a particular type of name 叫某人名字。*He never **called** her **by** her first name.* 他从不叫她名字的。❷ to call **on** someone 去某人家拜访。*Peter and I **called on** her in her cottage.* 彼得和我去她的村舍拜访。❸ to call **for** someone 接某人外出。*What time shall I call **for** you?* 我什么时候来接你呢？❹ to call **on** someone to do something 恳求某人做某事。*The keeper **called on** Father to help him.* 店主恳求爸爸帮他。❺ to call **for** something to be done 要求、需要做某事物。*He **called for** massive increases in defence spending.* 他要求大幅度增加国防支出。*Something more radical was **called for**.* 需要进行更激进的东西。

campaign to campaign **for** something or **against** something 发动〔拥护或反对某事的〕运动。*...**campaigning for** legal and political equality.* ……为法律和政治平等而奔走。*...environmentalists **campaigning against** nuclear weapons.* ……发动反核武器运动的环保派。

capable be capable **of** doing something 能做某事。*The workers were no longer **capable of** bringing about revolution.* 工人不再能够进行革命了。*The car is **capable of** a top speed of 170 mph.* 此车的最高时速可达 170 英里。

capitalize to capitalize **on** or **upon** something 利用某事物。*...people who have **capitalized on** violence.* ……利用过暴力的人们。

car by car 坐汽车。*We had to travel seventy miles **by car**.* 我们得坐车 70 英里。

care ❶ to care **for** someone 照顾某人。*She has **cared for** other people's babies.* 她照顾过他人的婴儿。❷ to care **for** or **about** someone 喜欢、关心某人。*Does he **care for** her?* 他喜欢她吗？*They **care about** each other.* 他们互相关心。❸ not to care **for** someone or something 不喜欢某人或某事。*General Ravenscroft didn't **care for** him much.* 雷文斯克罗夫特将军并不怎么喜欢他。*I didn't **care for** the way he called me 'mister'.* 我不喜欢

他叫我 "先生"。

case ❶ the case **for** doing or having something 做某事或拥有某事物的实例、情况。*This is clearly a **case for** breaking with tradition*. 这明显是打破传统的实例。 *...the **case for** more individual freedom*.……扩大个人自由的情况。 ❷ the case **for** or **against** someone 〔法庭上辩控双方的〕证词。*...the **case for** the defence*.……辩方证词。 *...the **case against** David Poindexter*.…… 指控大卫·波因德克斯特的证词。

cash to cash in **on** a situation 从某种状况中获得利润或利益。*I don't blame businessmen for **cashing in on** their success*. 我并不责备商人乘胜赚钱。

cast ❶ to cast an actor **as** a character in a play 选派某人担任戏剧中的角色。*I remember being **cast as** Julius Caesar*. 我记得被指派饰演凯撒大帝。 ❷ to cast doubt **on** something 对某事产生怀疑。*The opposition were **casting** doubt **on** the official conclusion*. 反对党对官方结论产生怀疑。

catch ❶ be caught **in** an unpleasant situation 卷入或陷入某一不利情况中。*She was **caught in** a cruel dilemma*. 她进退维谷。 ❷ to catch up **with** someone 赶上某人。*Kevin raced to **catch up with** him*. 凯文跑步追赶他。 ❸ to catch up **on** something 补做某事。*This will help you **catch up on** the housework*. 这会帮助你赶完家务。 ❹ be caught up **in** a situation 陷入某一状况。*You are bound to be **caught up in** events*. 你必然会陷入事件中。 ❺ to catch up **with** a criminal 发现罪犯。*The police **caught up with** them in the end*. 警察最终发现了他们。

categorize to categorize someone or something **as** a particular thing 将某人或某事物分类。*Many of them had been **categorized as** insane*. 他们许多人被认为是疯子。 *The group would have been **categorized as** belonging to the extreme end of the political spectrum*.

该集团可认为属于政治极端分子。

cater to cater **to** or **for** people or their needs 迎合人们的需要。 *...a college **catering to** the rich*.……为富翁服务的学院。 *Newspapers **cater for** a variety of tastes*. 报纸迎合多种口味的需求。

cause cause **for** a feeling or type of behaviour 拥有某种情感或行为的理由。*There was some **cause for** concern*. 有关心的理由。 *They were unable to see any **cause for** rejoicing*. 他们无法看清兴高采烈的理由。

cede to cede territory or power **to** another country or person 将〔领土或权力〕让给〔别国或别人〕。*Part of the mainland was **ceded to** Great Britain*. 部分大陆让给了英国。 *His government had to **cede** power **to** the black majority*. 他的政府被迫将政权让给黑人多数派。

ceiling a ceiling **on** something〔价格或工资等的〕封顶。*...the 6 per cent **ceiling on** sales growth*.…… 销售增长6%的上限。

central be central **to** something 首要的、重要的。*Information technology is **central to** improving productivity*. 信息技术对提高生产率十分重要。

centre to centre or be centred **round**, **around**, or **on** something 以某事物为中心。*College life is **centred round** hall, chapel and lodgings*. 大学生活围绕着礼堂、教堂和公寓房。 *...a training programme which is **centred around** the study seminar*.……以研讨班为中心的培训课程。 *Interest has **centred on** the use of solar energy*. 人们主要关注太阳能的使用。

certain be certain **of** something or **about** something 确信某事。*It was so dark that no-one could be **certain of** what was happening*. 天那么黑，没有人确知发生了什么。 *People are not **certain about** the consequences*. 人们不能确知后果如何。

certainty with certainty 可以断言。*We couldn't say **with certainty** that* *the child would be abnormal.* 我们不能断言这孩子属于不正常。

certify to certify someone or something **as** being a particular thing 证明某人或某事为某物。*Exported beef must be **certified as** coming from approved farms.* 出口牛肉必须经过验证，确实产自经认可的畜牧场。*Nevertheless, we cannot **certify** the moon **as** completely uninhabited.* 但我们不能证明，月球上完全无人居住。

chafe to chafe **at** or **under** an undesirable situation〔因不快的事而〕恼怒或不耐烦。*The neighbouring farmers **chafed at** the delay.* 附近的农户对于拖延很不耐烦。*They had been **chafing under** the stern rule exercised by the village headman.* 他们在村里头人的严厉统治下敢怒不敢言。

champion a champion **of** a cause, principle, or group of people 某一事业、原则、一群人的捍卫者。*...a **champion of** the First Amendment.*……《美国宪法第一修正案》的捍卫者。*...the **champion of** the proletariat.*……无产阶级事业的捍卫者。

chance ❶ the chance or chances **of** something happening〔发生某事的〕机会。*They had a good **chance of** winning the 1953 election.* 他们大有机会赢得1953年大选。*His **chances of** success are pretty good.* 他很有希望获胜。❷ **by chance** 偶然；意外。*...a man whom he might have met **by chance**.*……他可能巧遇过的人。

change ❶ a change **of** something〔某事物的〕变化。*The world went through a great **change of** climate.* 世界的气候发生了大变化。❷ a change **in** a particular thing or person〔某事物或某人的〕变化。*There would be a major **change in** Egyptian foreign policy.* 埃及外交政策会出现大变。❸ be a change **from** something 改变，变化。*The decision was a sharp **change from** past procedure.* 这个决定是对以往程序的剧烈

变动。❹ to change **from** one thing to or **into** another 将某事物改变成另一事物或使之进入另一阶段。*The country gradually **changed from** forest to muddy plain.* 那国家渐渐从森林变成了黄土平原。*Britain **changed** her foreign policy **from** one of force to one of appeasement.* 英国的外交政策从武力转向了绥靖。*His laughter **changed** abruptly **to** a cry of pain.* 他的笑声突然变为喊痛声。*His face seemed to have **changed into** a mask of hatred.* 他的脸似乎变成了憎恨的面具。❺ to change **into** a different set of clothes 换上〔衣服〕。*She **changed into** her street clothes.* 她换上了上街穿的衣服。❻ to have change **for** a banknote 有零钱找。*Have you got **change for** a fiver?* 你能兑开五元钱吗？

characteristic be characteristic **of** someone or something〔某人或某物〕特有的，典型的。*...that reliance on themselves which had been **characteristic of** the British.*……英国人特有的自力更生。*...those large, curved tiles so **characteristic of** East Anglia.*……很具有东英吉利亚特色的弯曲大瓦。

characterize ❶ to characterize someone or something **as** a particular thing 将某人或某事物的特点描述成一事物。*His published diary will cover more than 2,000 pages, and he **characterizes** it **as** an autobiography.* 他出版的日记厚达2,000多页，他称之为自传。❷ be characterized **by** a particular feature 以某事为特征。*...public awareness that is **characterized by** strong feelings of distrust.*……以强烈的不信任感为特征的公众觉悟。*The future is more likely to be **characterized by** inflation than unemployment.* 未来的特征更可能是通货膨胀，而不是失业。

charge ❶ to charge a sum of money **for** goods or a service 收取货款或服务费。*They **charge** ten pence **for** them.* 他们（卖货）收取货款十便士。*The museum will still **charge for** admission.* 博

物馆参观仍要收费。❷ to charge someone **with** an offence 以某事指控某人犯罪。*A grand jury* **charged** *Williams* **with** *murdering Cater.* 大陪审团指控威廉斯谋杀凯特。*Evangelina was* **charged with** *sedition.* 伊万杰里娜被指控扰乱治安。❸ the charge **against** an accused person〔对某人的〕指控。*The judge announced that he was dropping all* **charges against** *Franklin.* 法官宣布撤销对富兰克林的一切指控。❹ **in charge; in charge of** someone or something 负责，经管。*I'm* **in charge** *now.* 现在由我负责了。*I was* **in charge of** *Sarah and Pam.* 我负责照顾萨拉和帕姆。…*the man* **in charge of** *the building.*……主管此楼的人。

charged be charged **with** a quality or feeling 充满着某一特性或情感。…*an atmosphere that was highly* **charged with** *emotion.*……充满着情感的气氛。

chat ❶ to chat **to** or **with** someone **about** something 跟某人闲聊某事。*Jane* **chatted to** *Nell* **about** *all the people she'd heard from.* 简与内儿闲聊所有与她通信的人的事。*He strolled down the road and* **chatted with** *the passers-by.* 他在马路上走，与过路人闲聊。❷ a chat **with** someone **about** something〔与某人就某事的〕闲聊。*I had a* **chat with** *Joy Lemoine* **about** *old times.* 我与乔伊·莱莫恩闲聊过去的事。

chatter to chatter **about** something 唠叨，喋喋不休。*We caught twenty or thirty fish and* **chattered about** *it for weeks.* 我们抓了二三十条鱼，并吹嘘了几个星期。

cheat ❶ to cheat **at** a game〔玩游戏时〕作弊。*I never* **cheat at** *cards!* 我打牌从不作弊！❷ to cheat someone **of** or **out of** something 从某人处骗得某物。*She is likely to be robbed or* **cheated of** *her land.* 她的地有可能被抢走或被骗走。*I bet he* **cheated** *you* **out of** *that trust money.* 我敢说他骗走了你那笔信托款项。

check ❶ to check **on** or check up **on** someone or something 调查，核定。*Poi-*rot **checked on** *a point here and there.* 波洛在四处调查搜集证据。*The Council had* **checked up on** *her and decided that she was too old.* 地方议会调查了她，决定她年纪太大了，不合适。❷ to check **with** someone 与某人核对、商量。*You won't do anything without* **checking with** *the Organization?* 你不与组织商量，是不会采取行动的吧？❸ to check **into** or **out of** a hote 办理住店手续或旅馆结账手续。*He* **checked into** *a small boarding house.* 他办理了宿舍的入住手续。*The following morning he* **checked out of** *the hotel.* 第二天一早，他办理了旅馆结账手续。❹ to check in **at** a hotel or airport 办理住店或登机手续。*He* **checks in at** *the hotel at four o'clock.* 他于四点办理了住店手续。

cheque ❶ by cheque 用支票付款。*The groundsmen are also paid* **by cheque.** 场地管理员也是用支票付酬的。❷ a cheque **for** a particular amount〔某一金额的〕支票。*He will receive a* **cheque for** *300 and a glass tankard.* 他会收到一张三百英镑的支票和一只玻璃大啤酒杯。

choke to choke **on** something 被〔吃的或喝的东西〕哽住。*Miller seemed about to* **choke on** *his drink.* 米勒似乎差点被喝的饮料所呛。

choked be choked **with** something 被某物塞住。…*a little fountain* **choked with** *mud.*……被淤泥所堵塞住的小喷泉。

choose ❶ to choose someone or something **as** a particular thing 选择〔某人或某物〕为某一事物。*A few weeks ago you were* **chosen as** *the new Bishop of Jarrow.* 几个星期之前你被选中做杰罗的新主教。❷ to choose someone or something **for** a particular purpose or occasion 为某一目的或某情况选择某人或某事。*Mr Stokes had been* **chosen for** *the job.* 已选择斯托克斯做那工作。*I* **chose** *a yellow dress* **for** *that night.* 我选定穿黄裙子出席那晚会。

chum to chum up **with** someone 与某人成为好友。*You could have* **chummed**

up with Maclean. 你是可以与麦克莱恩成为好友的。

cipher *in cipher* 用密码编写。*Most of us wrote in cipher.* 我们多数人用密码写信。

circumference *in circumstance* 圆周长。*Its artificial lakes are ten or twenty kilometres in circumference.* 其人工湖的周长为一二十公里。

circumstance *in the circumstances; under the circumstances* 在这种情形下。*In the circumstances his sense of humour was amazing.* 在这种情况下，他的幽默感很惊人。*Under the circumstances this was hardly surprising.* 这种情况下，这毫不奇怪。

cite *to cite something as* an example, a reason or evidence 引述某物为〔例证、理由、证据〕。*She cited differences of opinion as the reason for her departure.* 她举出观点不同作为她离开的理由。*Low wages were cited as the main cause for dissatisfaction.* 低工资被引证为人心不满的主要原因。

clad *be clad in* particular clothes 身穿某种衣服。*She was clad in 17th-century costume.* 她身穿 17 世纪的服饰。

claim ❶ a claim *for* something 要求、索取应得之物。*...a claim for compensation.* ……索取赔偿。❷ someone's claim *to* a particular status〔某人〕因其身份相应得到的权力或资格。*The Labour Party could reassert its claim to popular leadership.* 工党可以重新要求得到人民的领导权。❸ a claim *on* or *upon* someone or their time 对某人或其时间的要求。*They have a claim upon our loyalty.* 他们要求我们效忠。

clamour *to clamour for* something you want 大声地要求。*I was always clamouring for work.* 我一贯大声要求工作。

clamp ❶ *to clamp* one thing *to* another 用夹具夹住某物。*...a steel trap clamped to the cygnet's leg.* ……天鹅腿上夹着钢圈套。❷ *to clamp down on* people or their activities〔对人或其活动〕施

加压力或取缔它。*The authorities were seeking to clamp down on trade union activity.* 当局在寻求压制工会活动。

clash ❶ *to clash with* someone *over* something 对某事与某人有重大分歧、冲突。*Its chairman was already clashing with Benn over this proposal.* 其主席已经为这建议与本冲突了。*Catholic youths clashed with police in Belfast.* 天主教青年在贝尔法斯特与警察冲突了。❷ *to clash with* another thing〔与另一事〕不相称，有冲突。*The use of reason would have clashed with the strong mystical element.* 使用理性会与强烈的神秘因素发生冲突。

class *to class* someone or something *as* a particular thing 将某人或某事归类为某一种。*Such men should not be classed as common labourers.* 这种人不应归入普通劳动者的行列。

classify *to classify* someone or something *as* a particular thing 将某人或某物归类为某一种。*Literacy education is classified as 'education for the disadvantaged'.* 扫盲教育被列为"生活条件不好者的教育"。

claw *to claw at* someone or something 搔〔某人或某物〕。*Connie clawed at his face.* 康妮搔他的脸。

cleanse *to cleanse* someone or something *of* something〔使某人或某物〕彻底清洗掉〔不想要的东西〕。*His body should be cleansed of all sin.* 他的躯体应清洗掉所有罪孽。

cling ❶ *to cling to* someone or something 紧抓着〔某人或某事物〕。*She clung to Mrs Hochstadt's arm.* 她紧抓着霍克施塔特夫人的手臂。❷ *to cling to* an idea or way of behaving 坚持〔观点、行为方式〕。*Both parties clung to the principles of social democracy.* 双方都坚持社会民主的原则。

clogged *be clogged with* things 被某物阻塞。*Herald Square was clogged with people.* 哈罗德广场上人山人海。*Our minds are clogged with* false *opinions.* 我们的头脑中充斥着错误的观点。

close /kləus/ ❶ be close **to** a place, thing, or state 接近某地、某事物或某种状态。*The restaurant was quite close to the airport.* 餐馆离飞机场很近。*This is close to the truth.* 这与真相差不多。*I had been close to being killed.* 我差点被杀。❷ be close **to** someone 跟某人关系密切。*I had grown so close to Hattie that it hurt to see her leave.* 我已经与哈蒂变得非常亲密，看到她离开令我痛苦。❸ /kləuz/ to close in **on** someone 从四面八方朝某人逼近。*The Mandinkas closed in on Soumaoro's forces.* 曼丁哥人从四面八方逼近索毛罗的部队。

closeted be closeted **with** someone 与某人作私人会晤。*Worried airline officials have been closeted with their bankers all this week.* 苦恼的航空公司官员整个星期都与他们的银行家们关在一起商议。

close-up in close-up 以特写镜头的方式。*...pictures of terrible casualties, shown in close-up.*……重大伤亡的特写镜头。

clothed by clothed **in** particular clothes 身着某一服装。*She was clothed in a crumpled school uniform.* 她身穿皱巴巴的校服。

clue the clue **to** something〔某事的〕线索。*I had the clue to something that had long baffled me.* 我对长期困惑不解的事有了线索。

clutch to clutch **at** something 试图抓住某事物。*She clutched at my hand.* 她试图抓住我的手。

cluttered be cluttered **with** objects 被某物体塞满。*...a kind of platform, cluttered with crates and churns.*……一种平台，塞满了板条箱和搅乳器。

coach by coach 乘长途公共汽车。*We usually go by coach.* 我们通常坐长途汽车去。

coast ❶ on the coast 在海边。*The family was at one of their other houses on the coast.* 那家人正在海边别墅里，他们

有好几幢别墅呢。❷ off the coast 海岸附近的海里。*...a ridge 250 miles off the coast of Mexico.*……离墨西哥海岸250英里的山脉。

coat to coat a surface or object **in** something or **with** something 为某物加一层外皮。*Shake the pan to coat the mushrooms in fat.* 翻动煎锅，使蘑菇包上油。*...glass coated with aluminium.*……铝膜玻璃。

coax ❶ to coax someone **into** doing something 哄某人做某事。*He may be able to coax her into going along with him.* 他也许能哄她同去。❷ to coax someone **out of** a place or state 哄某人离开某地或摆脱某一状态。*He wouldn't let anyone coax him out of his house again.* 他不肯让别人再把自己哄出家门了。*She would tenderly coax the poor girl out of her depression.* 她温柔地把那可怜的姑娘哄得开心起来。

code in code 用密码。*...information typed in code.*……密码情报。

coerce to coerce someone **into** doing something 迫使某人做某事。*The employers tried to coerce them into signing an illegal agreement.* 雇主试图迫使他们签订非法合同。

coexist to coexist **with** another thing, person, or group〔与另一事物、人或团体〕共处。*...a fish species which can coexist with other marine life.*……可与其他海洋生物共处的鱼类。

cohabit to cohabit **with** someone 与某人同居。*She has no intention of cohabiting with the father of her baby.* 她不打算与孩子的父亲同居。

coil to coil **round** or **around** something 盘绕某物。*...a tree with a snake coiled round it.*……盘着一条蛇的树。

coincide to coincide **with** another event 与另一事件同时发生。*Dottie's departure coincided with Toby's marriage.* 多蒂的离去与托比的结婚同时发生。

collaborate to collaborate **with** someone or **in** something or **on** something

就某事与某人合作。*We should col-laborate with other colleges in putting forward proposals.* 我们应与其他大学一起合作提建议。 *…a system in which a university and an industrial firm collaborate on major programmes of research.* ……大学与工业公司合作进行重大研究项目的制度。

collide to collide **with** someone or something 与某人或某物猛撞。*He collided with one of the men from the ship.* 他与船上的一名水手猛撞。 *The car stalled as it collided with the bank.* 汽车与河岸相撞抛锚了。

collision a collision **with** something or **between** two things〔与某物〕相撞或〔两事物的〕相撞。 *…the danger of collision with another ship.* ……与其他船只相撞的危险。 *…a collision between two cars.* ……两车相撞。

colour in **colour** 彩色的〔用于电影、电视节目或相片〕。*They had photos of themselves printed in colour.* 他们有自己的彩色照片。

comb to comb a place **for** something 彻底搜寻某物。*The district had been combed for recruits.* 搜遍该区招募新人。

combination in **combination with** something or someone 与某事、某人联合。*They were tested in combination with other chemicals.* 它们与其他化学品一并测试。*The head teacher, in combination with his colleagues, arranges the teaching of the groups of pupils.* 校长与同事们一起安排各组学生的教学。

combine to combine one thing **with** another 与另一事物相结合。*Her writing combines objectivity with a deft management of style.* 她的文章结合了客观性与熟练的文笔。 *…a perfect example of professional expertise combined with personal charm.* ……职业专长与个人魅力相结合的完美例子。

come ❶ to come **to** a place 来到某地。*At last he came to Philadelphia.* 他终于来到了费城。❷ to come **from** or **out of** a place 从某地来。*Whole families came from neighbouring villages to look at her.* 一家一家的人从邻村赶来看她。 *Roger and Maurice came out of the forest.* 罗杰与莫里斯从森林中出来。❸ to come **from** a place 出生于某地。*She comes from New Zealand.* 她出生于新西兰。*Where do you come from?* 你是哪里人？ ❹ to come **from** something 源于某物。*The wealth of industrial society could only come from the toil of the masses.* 工业社会的财富只能来自群众的劳作。❺ to come **to** a person or **to** their mind 被想起。*Vague thoughts and memories came to her.* 她产生了含糊的思想与记忆。*A scene came to his mind.* 他想起一个场面。❻ to come **to** or **into** a particular state 进入某一状态。*The argument came to an end.* 争论结束了。*They hid when I came into sight.* 他们看见我就躲了起来。*He first came into prominence when he finished fifth in the Tokyo Olympics.* 他在东京奥运会获得第五名，初露头角。❼ to come **to** or **onto** a particular topic 开始谈论某一主题。*I'm going to come to that in a minute.* 我很快会谈到那个的。 *You then come onto the whole question of Northern Ireland.* 接着你会谈起整个北爱尔兰问题。❽ to come **to** a particular amount 总计，达到。*My income now comes to 65 a week.* 我现在的收入达到每周65英镑。❾ to come **on**, **upon**, or **across** something or someone 偶然找到或遇到〔某事或某人〕。*A few hours later they came upon a beautiful plain.* 几个小时后，他们来到一个美丽的平原。 *Sometimes he came across snapshots of himself and Hilary.* 有时他翻到自己与希拉里的快照。❿ to come **as** a surprise, shock, or relief 出现时带来某一状态〔如：使人惊奇、震惊或放心〕。*The news came as a relief.* 该消息使人放心。⓫ to come **in** a particular form or colour 有某种形式或颜色。*This device comes in two parts.* 这个装置由两部分组成。*Few peo-*

ple realise that ladybirds **come in** different colours. 人们不知，瓢虫有不同的颜色。⑫ to come **by** a possession 获得某物。*Everyone knows how Barbara* **came by** *her fur coat.* 人人知道，芭芭拉是如何获得皮大衣的。⑬ to come **between** two people 破坏两人间的友谊。*I believe he wanted to* **come between** *you and Celia.* 我认为他想离间你和西莉亚。⑭ to come **under** criticism or attack 遭受批评或袭击。*It would soon* **come under** *very heavy pressure.* 它很快会受到沉重的压力。⑮ to come **under** someone's authority or control 受某人管辖或控制。*Day Nurseries* **come under** *the Department of Health and Social Security.* 托儿所受卫生和社会保障部管辖。⑯ to come down **to** a particular consideration〔用来指最重要的考虑〕可归结为。*When it* **comes down to** *it, they're all on the side of the employers.* 总而言之，他们都偏袒雇主。⑰ to come in **for** blame or criticism 受到谴责或批评。*His Department has* **come in for** *special criticism.* 他的部门受到特别的批评。⑱ to come out **with** a remark 忽然说出或宣布。*He actually* **came out with** *a word of praise.* 他真的赞誉了一番。*He* **came out with** *'Of course you have met my niece before.'* 他忽然说，"你当然是见过我侄女的。" ⑲ to come round **to** something 回心转意。*We shall have to* **come round to** *their way of thinking.* 我们得想他们所想。*He had* **come round to** *loving her.* 他还是爱上了她。⑳ to come up **against** a problem or difficulty 碰到问题或困难。*Everyone* **comes up against** *that hurdle sooner or later.* 大家迟早得碰到那个难题的。㉑ to come up **for** discussion or election〔某人或某事物〕有待讨论或选举。*Financial obligations and partnerships now* **come up for** *review.* 现在要讨论财政义务和伙伴关系。㉒ to come up **to** a particular standard 达到某一标准。*It never really* **came up to** *expectations.* 它从未真正达到期望值。㉓ to

come up **with** a proposal or suggestion 提出建议。*The people of a neighbouring kingdom* **came up with** *a tempting proposition.* 邻国的人民提出了诱人的建议。

command ❶ be **in command** 指挥；be **in command of** a situation or group of people 指挥某一场面或人群。*Colonel Wentworth was* **in command**. 温特沃思上校在指挥。*Jones was* **in command of** *the attack.* 琼斯在指挥进攻。❷ **under** someone's command 由某人指挥。*…troops* **under** *French* **command**. ……法国人指挥的部队。❸ **at** someone's command 听凭某人支配。*…a writer who has both elegance and passion* **at** *his* **command**. ……既优雅又激情的作家。

commend to commend something **to** someone 向某人推荐某事物。*I* **commend** *this book* **to** *anyone interested in family morals.* 我向任何关心家庭道德的人推荐此书。*This tidy division of functions may* **commend** *itself* **to** *theoreticians.* 如此细巧的功能分工可能会受理论家的推荐。

commensurate be commensurate **with** something 与某事物成比例的。*Their position in the social hierarchy is not* **commensurate with** *their income.* 他们的社会地位与收入不相称。

comment to comment **on** or **upon** something 评论某事。*The presenter* **commented on** *the huge capacity of computers.* 主持人评论了电脑的大容量。

commentary a commentary **on** or **upon** something 现场报道；集注。*…a series of* **commentaries on** *Jane Austen.*……简·奥斯汀评论集。*It was a terrible* **commentary on** *her frustration and loneliness.* 那是对她的挫折和孤独的苛评。

commiserate to commiserate **with** someone **on** or **over** something unfortunate 同情某人遭受不幸的事。*I* **commiserated with** *him* **on** *his ill luck.* 我同情他遭受厄运。

commit ❶ to commit yourself **to** something 献身于某事。*At the age of 40, he has **committed** himself more and more **to** motor racing.* 40 岁时，他越来越多地投身于赛车。❷ to commit money or resources **to** something 调拨资金或资源用于某事。*The company must **commit** its entire resources **to** the project.* 公司必须倾注全部财源于这个项目。

committed be committed **to** something〔对某事〕尽忠的，坚定的。*He is **committed to** his own career.* 他忠诚于自己的事业。

common ❶ be common **to** several people or things〔几个人或几件事情〕共有的。*...the fear of dogs **common to** all tramps.*……所有流浪者都怕狗。*...the ugly style **common to** engineering and technical writing.* ……工程技术文章所共有的破文笔。❷ **in common with** someone or something 与某人或某事一样；to have something **in common** 有共同之处。*Young, **in common with** his contemporaries, has realised that the old combinations work best.* 扬和同龄人都认识到，旧的组合最有效。*The two nations had little **in common**.* 两国之间没什么共同之处。

communicate ❶ to communicate **with** someone 与某人交流〔情况或思想〕。*We're trying to **communicate with** all different kinds of people.* 我们试图与各种各样的人沟通。*You've got to be able to **communicate with** each other.* 你俩要学会相互沟通。❷ to communicate an idea or feeling **to** someone 向某人交流思想或感情。*The function of reading aloud is to **communicate** the writer's meaning **to** one or more listeners.* 朗读的功能是向一个以上的听者传达作者的意思。

company ❶ in someone's **company** 与某人一起。*...spending the whole day **in the company** of young children.*……一整天都和小孩子在一起。❷ **in company with** someone 与某人结伴。*He returned to the office **in company with** his colleagues.* 他与同事们一起回到办公室。

comparable be comparable **to** something or **with** something 可与某事物相比较；a comparable thing **to** something else〔可与另外事物相比较的〕事物。*The length of a sound wave is **comparable to** the size of a human skull.* 声波的波长相当于人头部的大小。*The efficiency of electric cars is **comparable with** that of petrol cars.* 电动汽车的效率可与汽油汽车相匹敌。*...government support on a **comparable** scale **to** that given to owner-occupiers.*……政府支持的规模与给予私房主的支持相类似。

compare to compare one thing or person **to** another 将某事或某人比作；to compare one thing or person **with** another 将某事或某人与另一事或人作比较。*He can be **compared to** a patient undergoing psychoanalysis.* 他就好比接受精神分析的病人。*As an example, I'll **compare** freedom **with** marriage.* 作为例证，我要将自由与婚姻作一比较。

comparison **in comparison to**; **in comparison with**; or **by comparison with** someone or something 与某人或某事比较起来。*In comparison to her, Valechka was a model of discretion.* 与她相比，瓦列契卡可谓审慎的模范。*Man is immeasurably privileged **in comparison with** most of his fellow creatures.* 与大多数动物相比，人类非常得天独厚。*They are well off **by comparison with** almost anybody else.* 与绝大多数人相比，他们算生活得不错。

compatible be compatible **with** something or someone 与〔某事物或某人〕合得来的，相容的。*Private ownership is **compatible with** a high degree of equality.* 私有制与高度平等是相容的。*I wanted lawyers who would be **compatible with** each other.* 我要请的律师应能互相协调。

compensate ❶ to compensate **for** something 对〔坏掉、丢失了的事物〕给予

补偿。*Artificial snow cannot* **compensate for** *the general lack of real snow.* 人造雪无法补偿降雪的普遍缺乏。*The sense of relief more than* **compensates for** *any losses you may incur.* 如释重负的感觉远胜于蒙受的损失。❷ to compensate someone **for** something 因为某事向某人赔偿。...*plans to* **compensate** *patients* **for** *damage caused by medical negligence.* ……向病人赔偿因医疗疏忽造成损害的计划。

compete to compete **against** someone or **with** someone 与某人竞争或对抗。*He has* **competed against** *the finest athletes in Britain.* 他与英国最好的运动员比赛过。*US companies are having to* **compete with** *giants from Europe and Japan.* 美国公司不得不与欧洲、日本的巨头竞争。

competent be competent **at** or **in** a particular skill, job or subject〔在技能、工作、学科等方面〕有能力、有技能或有知识。...*an educated man, who was also* **competent at** *his job.* ……受过教育的、工作能力又强的人。*People can be helped to be* **competent in** *personal affairs.* 可以帮助人们增长处理个人事务的才干。

competition in competition **with** someone or something 与某人或某事物竞争。*We are not* **in competition with** *people who sell equipment at the lowest prices.* 我们不与以最低价销售设备的人竞争。

complacent be complacent **about** a situation 对某一状况而自满。*The Department are giving a warning not to be* **complacent about** *the success in cutting accident statistics.* 部门里发出警告，不要因为成功降低意外发生次数而沾沾自喜。

complain to complain **to** someone **about** something 向某人抱怨某事；to complain **of** something 诉说、抱怨某事。*Thomas knew that people had* **complained to** *Uncle Harold about*

his fights. 托马斯知道有人就他打架的事向哈罗德叔叔抱怨。*She never* **complained about** *the noise or the traffic.* 她从不抱怨噪音太大、交通繁乱。*The officers* **complained of** *a shortage of staff at Risley.* 官员们抱怨里斯利那里人手太少。

complement ❶ a complement **to** a particular activity or thing〔对某项活动、某事的〕补充。*The quiet good humour of his wife made a perfect* **complement to** *his more ebullient nature.* 他妻子拥有恬静的好脾气，而他热情奔放，真是相得益彰。❷ a specified complement **of** people or things〔人员或事物容许的〕数额，编制名额。*By the time the crew reached the west coast, 44 of the original* **complement of** *150 were dead.* 船员抵达西海岸时，150 人的原班队伍中已有 44 人死亡。*He lacks a full* **complement of** *teeth.* 他的牙齿已不齐全。

complementary be complementary **to** something 与某事物互补。*The roles of the sexes are* **complementary to** *one another.* 两性的角色是互补的。

complete complete **with** something〔用来提及外加的东西〕带有某物的。*He bought a lovely Beverly Hills mansion,* **complete with** *swimming pool.* 他买了贝弗利山一幢优美的住宅，带有游泳池的。

complex a complex **about** a problem or bad experience〔某一方面的〕情结。...*a boy who had an inferiority* **complex about** *his size.* ……对自己的身材有自卑感的男孩。

complexities the complexities **of** something〔某事的〕复杂性。*He worked hard to master the* **complexities of** *tax law.* 他勤奋工作，以掌握复杂的税务法。

compliance compliance **with** an order,law, or set of rules 遵从，顺从〔命令、法律、制度〕。*The Department of the Environment expects* **compliance with** *EC standards to be achieved by the end of this year.* 环境部希望在年底前做到符合欧共体标准。

compliment ❶ to compliment someone **on** something or **for** doing something〔因某事或某人做了某事而〕对他们表示赞美或恭维。*Thomas tried to smile, to **compliment** Mrs Jardino **on** her sense of humour.* 托马斯满脸堆笑，以恭维贾丁诺夫人的幽默感。*She is to be **complimented for** handling the situation so well.* 她把情况处理得这么好，难能可贵。❷ **with** someone's **compliments** 致意，问候。*Send him a copy of the dictionary **with** our **compliments**.* 把我们的字典寄一本给他，请他指正。

comply to comply **with** an order, request, or set of rules 遵从〔命令、要求、制度〕。*New vehicles must **comply with** certain standards.* 新车辆必须符合某些标准。

composed be composed **of** particular things or people 由某些事物或某些人组成或构成。*The book is **composed of** essays written over the last ten years.* 本书收录近十年所撰写的论文。

composite a composite **of** several different things 由不同事物组成的事物。*This scene is a **composite of** features from villages in North Wiltshire where Tanner lived.* 本场景由坦纳故居所在地北威尔特郡乡村景色组合而成。

composition in composition〔用来表示某物构成的成分〕构成。*The organization is mainly working class in composition.* 该组织的构成主要是工人阶级。

compounded be compounded **of** different things or **from** different things 由不同的事物混合而成。*The old soldier cast me a glance, **compounded of** despair and amusement.* 老兵瞥了我一眼，眼神中混杂着绝望与有趣的感受。*His acting is **compounded from** theories of different kinds.* 他的演技由各种理论交融而来。

comprised be comprised **of** particular things or people 包括某些事物或人。*The medical profession is largely comprised of responsible, caring, and competent practitioners.* 医务界主要由负责任、充满爱心、精明能干的执业医生组成。

compromise a compromise **between** two things 折衷，妥协。*Co-operative tenure is a **compromise between** owning and renting.* 合作形式的房屋居住权是拥有和租赁的折衷。

con to con someone **into** doing something 欺骗，哄骗〔某人做某事〕。*Barry may **con** unsuspecting people **into** paying him for golf lessons.* 巴里会哄骗毫无提防的人付钱上高尔夫球课。

conceal to conceal something **from** someone〔向某人〕掩盖或隐瞒某事。*We had to worry about **concealing** our intentions **from** the Mexicans.* 我们得为向墨西哥人掩盖意图而操心。

concede to concede something **to** someone 将某物让给某人。*The government has **conceded** the political initiative **to** fundamentalist opponents.* 政府已将政治主动权让给了原教旨主义政敌。*...the title she **conceded to** Steffi Graf last year.* ……去年她把头衔让给了斯台菲·格拉夫。

conceive ❶ to conceive **of** something 想象某事。*I can **conceive of** no circumstances in which we would give in.* 我无法想象我们会让步。❷ to conceive one thing **as** another thing; to conceive **of** it **as** another thing 认为某事为另一事物。*A politician **conceives** the world **as** being a variety of conflicting values.* 政治家认为世界由各种冲突的价值观所构成。*The need to **conceive of** the house **as** a place of recreation and work.* 需要把房子构想为娱乐、工作场所。

concentrate to concentrate **on** or **upon** something 精神集中于，专心于某事。*Once you've got all these distractions, you can't really **concentrate on** the play.* 你有这么多的分心因素，也就无法专心看戏了。*Mr Hattersley **concentrated** particularly **on** the provisions made for women in the social charter.*

哈特斯利先生特别关注社会宪章中关于妇女的规定。

concentration ❶ concentration on something 集中精力于某事物。*His concentration on civil rights has improved his popularity.* 他专注于公民权，改善了他的受欢迎程度。❷ a concentration of a thing or substance〔事物或物质的〕聚集。*A low concentration of fertilizer may be used in the solution.* 可用低浓度化肥溶液。*Large concentrations of capital were in the hands of merchants.* 商人手中有大量的资金。

concern ❶ concern about, over, or at something 担心，忧虑。*I would share your concern about prison conditions.* 我对你忧虑监狱条件抱有同感。*...the growing public concern over the treatment of circus animals.*……公众对马戏团动物的待遇忧虑日增。*The teachers expressed their concern at the increasing levels of classroom violence.* 师对课堂暴力日益加剧表示担心。❷ to concern yourself with or about something 忙于某事；关心某事。*I'd dearly love to see more women concerning themselves with such vital issues.* 我很高兴地看到更多的妇女关心这种重要问题。*It's interesting you should concern yourself so much about Dave.* 你这么关心戴夫，真是有趣。❸ be of concern 令人担忧的。*Increasing zinc pollution is also of concern.* 锌污染加剧也令人担忧。

concerned be concerned with something or about something〔对某事〕担心的。*I'm more concerned with efficiency than expansion.* 我担心效率超过担心发展。*We are very concerned about the breakdown in family life.* 我们很担心家庭生活的破碎。

conclude ❶ to conclude from evidence or facts that something is true 从证据或事实得出结论。*It would be easy to conclude from this that the whole idea was a failure.* 由此可以下结论，整个想法都错了。❷ to conclude with something

以某事结束。*The article concluded with a demand for more American aid.* 文章以增加美援的要求结束。

conclusion in conclusion 最后。*In conclusion, let me suggest a number of practical applications.* 最后，我想提出一些实用方法。

concomitant ❶ be concomitant with something 伴随的。*I was aware of the high moral standards concomitant with the name I bore.* 我体会到我的名字所伴随的道德高标准。❷ a concomitant of something 伴随物。*Decreased mobility is often a concomitant of old age.* 行动不便往往随着老年而到来。

concur to concur with someone or something that they say 同意某人或某人的话。*When we are satisfied, we will concur with those calling for sanctions.* 我们满意之后，就会同意制裁的号召。*We've concurred with everything MacGregor has ordered, and it's been to no avail.* 我们对麦格雷戈唯命是从，却无济于事。

condemn ❶ to condemn something as bad or unacceptable 宣称某事物不好或不能接受。*The remark has been widely condemned as racist.* 这句话被广泛谴责为种族歧视。❷ to condemn someone for something 谴责某人所做的事。*The Council condemned the Government for allowing the sale of fireworks to children.* 地方议会谴责政府许可向儿童出售烟竹。❸ to condemn someone to a particular punishment or unpleasant situation 宣告某人要受的惩罚；使某人处于不愉快的境地。*...a murder for which her mother had been condemned to death.*……她母亲为之伏法的谋杀。*Lack of education condemns them to extreme poverty.* 缺乏教育使他们处于赤贫。

condense to condense a speech or piece of writing into a shorter form or into a shorter time 将演讲或作品压缩到更短时间。*Act One was condensed* *into about seven minutes.* 第一幕被压缩至七分钟左右。

condition ❶ a condition **of** something or **for** something to happen or exist 某事物发生、存在的条件。*We insist on the granting of human rights as a **condition of** financial aid.* 我们坚持保证人权是经济援助的条件。*The right of our nation to independence is a **condition for** world peace.* 我们国家的独立权利是世界和平的条件。❷ **out of condition** 健康状况不好。*The men are exhausted and badly **out of condition**.* 那些人精疲力尽，身体不好。

conditional be conditional **on** or **upon** something 依赖某事物的。*The issue of a licence was **conditional on** the production of certain documents.* 要发执照，首先得拿出某些文件。*Their support was **conditional upon** further reductions in public expenditure.* 他们支持的条件是，进一步削减公共支出。

conducive be conducive **to** something 有助于某事物。*The absence of natural light and sunshine is not **conducive to** mental and physical well-being.* 缺乏自然光和阳光不利于身心健康。

confer ❶ to confer **with** someone 与人商议。*In 1943 Churchill went in the Queen Mary to **confer with** Roosevelt.* 1943 年丘吉尔坐 "玛丽女王" 号去与罗斯福会谈。❷ to confer a title or award **on** or **upon** someone 授予某人头衔或奖项。*Baron de Reuter's title was **conferred upon** him in 1871.* 德·路透的男爵头衔是 1871 年授予的。

conference **in conference** 在开会。*The party remained **in conference** until 1 o'clock.* 那批人开会开到一点钟。

confess to confess **to** something 承认〔错误、罪行等〕；to confess **to** someone 向某人承认。*Fourteen per cent **confessed to** travelling on public transport without paying.* 14% 的人承认坐公交车不付钱。*The man's companion claimed that Mr X had **confessed to**

him. 某先生的同伴宣称 X 先生已个别承认。

confide ❶ to confide a secret **to** someone 向某人吐露秘密。*Last month he **confided to** me his latest scheme.* 上个月他向我吐露了最新的计划。*A 15-year old pupil **confided to** her parents that she was pregnant.* 15 岁的学生向父母吐露自己怀孕了。❷ to confide **in** someone 信赖某人并向某人吐露秘密。*Lonnie doesn't believe in **confiding in** doctors.* 朗尼不相信医生是可以信赖并且谈心的。

confidence confidence **in** a person or thing〔对某人或某事的〕信心。*She has an unshaken **confidence in** her own abilities.* 她对自己的能力具有不可动摇的信心。

confine to confine yourself **to** a particular thing or place, or to be confined **to** it 限于，不出〔某范围〕。*Unionist MPs have **confined** themselves **to** matters relating specifically to Northern Ireland.* 爱尔兰统一主义议员以具体涉及北爱尔兰的事务为限制。*The conflict was **confined to** that area.* 冲突局限于那个地区。*A number of those previously **confined to** bed have become mobile.* 许多卧床不起的人可以走动了。

confirm to confirm someone **in** a belief, opinion, or intention 使〔某人的信仰、观点或意志〕更坚定。*It **confirmed** him **in** his belief that England was no longer the sort of place in which he wished to live.* 它坚定了他的信念，即英格兰不再是他要居住的地方。

conflict ❶ /ˈkɒnflɪkt/ to conflict **with** something 冲突，不一致。*My wife thought that my plans might **conflict with** a book that she and her first daughter were having published.* 我妻子认为我的计划会与她和大女儿的出书计划相抵触。❷ /ˈkɒnflɪkt/ **in conflict** 冲突；**in conflict with** someone 与某人发生冲突。*Full employment and economic viability are **in conflict**.* 完全就业与经济成长性格格不入。*Many parents were alarmed to find themselves **in conflict**

with the church. 许多家长吃惊地发现自己与教会有冲突。

conform to conform **to** or **with** a law, demand, or wish〔与法律、要求、愿望等〕相符合，相一致。*Imported drugs must have packaging that **conforms to** UK standards.* 进口药品的包装必须符合英国标准。*It was held that all intellectual activity must **conform with** an accepted, approved ideology.* 大家认为，所有的智力活动都必须与公认的、经批准的意识形态相一致。

conformity **in conformity with** something 依照。*This new Act is not **in conformity with** international law.* 这一新法案与国际法不相符。

confronted be confronted **by** or **with** something 面临〔不愉快的或困难的事〕。*Bill stared, as if **confronted by** a policeman about to make an arrest.* 比尔瞪大眼，似乎面对着准备抓人的警察。*The controllers were **confronted with** a sudden build up of traffic.* 监督员面临突然聚集的车流。

confuse to confuse someone or something **with** another person or thing 将〔某人或某事物与别的人或事物〕混淆。*You must be **confusing** me **with** my sister.* 你一定把我与妹妹混淆了。*I had noticed that several times she **confused** left **with** right.* 我注意到，她数次左右不分。

congratulate to congratulate someone **on** or **upon** something; to congratulate someone **for** doing something 向某人祝贺某事。*Let me be the first to **congratulate** you **on** a wise decision.* 让我第一个来祝贺你的英明决策吧。*Councils were being **congratulated for** economising.* 人们祝贺地方议会节俭有方。

connect ❶ to connect one person or thing **to** or **with** another 把〔某人或某事〕与别的人或事相联系。*There was a lack of qualified staff to **connect** lamps **to** the cable network.* 缺少合格人员把灯泡连接到电缆网络上。*A causeway **connects** the island **to** Guernsey.* 有堤道把该岛与格恩西连接。*The Communist Party is more interested in **connecting** itself **with** the mainstream of the Labour movement.* 共产党更热衷于与工人运动的主流联系起米。❷ to connect **with** a train, bus, plane, or coach〔与某一交通工具〕联运。*This train **connects with** a bus service to Worcester.* 这趟火车与公共汽车联运直达伍斯特。

connected be connected **with** something〔与某事〕有关联的。*You need two references, preferably from people **connected with** the racing industry.* 你需要两份推荐书，最好是赛车业内有关的人写的。

connection ❶ a connection **to** or **with** something; a connection **between** two things 连接点，联系。*...the rail **connection to** the tunnel.* ……铁轨与隧道的连接点。*Mr Ikeda has denied any **connection with** the case.* 伊克达先生已否认与案子有任何瓜葛。*Musicologists are investigating the **connection between** Schumann's mental illness and his music.* 音乐学家正在探究舒曼的精神病与他的音乐的关系。❷ **in connection with** something 与某事有关。*Harry Hearns had been arrested **in connection with** a fatal shooting.* 哈里·赫恩斯涉嫌开枪杀人而被捕了。

conscience **on** your **conscience** 因为某事而内疚。*I can't accept it, I'd have all those poor people **on** my **conscience**.* 我不能接受它，否则会为了那些可怜的人而良心不安的。

conscious be conscious **of** something 知道，察觉到的。*Recalling it now, she was **conscious of** a sharp pang of guilt.* 现在回顾起来，她感到严厉的内疚刺痛。*...squirming a little, **conscious of** his filthy appearance.* ……知道自己外表丑陋，感到有点难为情。

consent to consent **to** something 同意，容许〔某事〕。*The Vice-President announced that he would **consent to** several television appearances.* 副总统宣

布同意在电视上露面几次。

consequence ❶ the consequence **of** a situation or event〔情景或事件的〕结果。*Higher mortgage rates are a **consequence of** higher interest rates.* 提高按揭率是由利率提高引起的。❷ **in consequence of** something 作为〔某事的〕结果。*Five workers were laid off **in consequence of** a dispute in which they were playing no direct part.* 五名工人由于一场争端而被开除了，尽管他们自己并没有扮演直接角色。❸ **of consequence** 重要的。*These are fringe parties, **of** no real **consequence**.* 这些是非主流党派，无关大局的。

consider to consider a person or thing **as** something 认为某人或某事如何。*I **consider** twenty-nine minutes **as** the absolute limit.* 我把29分钟当作绝对极限。*They do not **consider** a child **as** important.* 他们并不看重孩子。

consideration **under consideration** 在考虑中。*Further debt reduction moves have been **under consideration**.* 正在考虑进一步减除债务的措施。

consign to consign someone or something **to** a particular place, position, or person 将〔某人、某事物〕交到某地、某一位置或交付某人。*Her daughter had been **consigned to** Lizzie's care.* 她女儿已经交付莉齐照顾。*This dreadful Government deserves to be **consigned to** the dustbin of politics.* 这届可怕的政府应该扔进政治垃圾桶里。

consist ❶ to consist **of** particular things or people 由某些事物或某些人组成。*The trap **consists of** a hollowed-out coconut chained to a stake.* 圈套是用椰子壳拴在柱子上做成的。*The sample **consisted of** 10,000 adult males.* 样本由一万名成年男子组成。❷ to consist **in** a particular activity or thing 存在于某一行动或某事物中。*Progress in future may **consist in** finding ways of reducing the Gross National Product.* 未来的进步也许存在于发现减少国民生产总值的方法。

consistent be consistent **with** something 一致。*These proposals are quite **consistent with** the modified plan.* 这些建议与修订后的计划颇一致。

console /kənsəʊl/ to console someone **with** something or **by** doing something 以某事或做某事来安慰某人。*I lay in the bath and **consoled** myself **with** Bob Dylan's latest album.* 我躺在浴缸里，用鲍勃·迪伦的最新唱片安慰自己。*She tried to **console** me **by** saying that I'd probably be happier in a new job.* 她说我换个工作也许更开心，以此来安慰我。

consort /kənsɔːt/ to consort **with** a particular person or group 与某人或某群人结交。*More important, you should not have **consorted with** the enemy.* 更重要的是，你不该认敌为友。

conspire to conspire **with** someone **against** another person 与某人密谋反对另一人。*He feels that you **conspired with** the students to weaken the authority of the senior staff.* 他觉得你串通学生，以削弱高级职员的权威。*The restrictions are there to prevent people **conspiring against** the state.* 建立限制制度是为了防止人们阴谋颠覆国家。

constrained be constrained **by** someone or something 受〔某人或某事〕约束的。*A lot of men feel **constrained by** society's image of masculinity.* 许多男人觉得为社会的男性形象所束缚。

constraint a constraint **on** someone; constraints **of** something 对某人的限制；限制性的事物。*The **constraint on** most doctors is lack of time.* 大多数医生的局限是没有时间。*…the **constraints of** the market economy.* ……市场经济的制约。

construe to construe a situation, an event, or a statement **as** something〔把某一情景、事件或声明〕解释为某事物。*The judge could have **construed** my attendance at the trial **as** a violation of the bail order.* 法官可以将我出席

审判看作违反假释令。

consult to consult **with** someone **about** something 与某人商量某事。*He became suspicious on receiving another request to **consult with** the chairman of the town council.* 他又接到通知，要求他咨询镇议会主席，不禁心中狐疑。*She made no secret of her annoyance that she was not **consulted about** the legal implications of the agreement.* 他们没有就协议的法律含义与她商量，她丝毫不掩饰自己的怒气。

consultation ❶ consultation **with** someone **about** something, or **between** two or more people〔就某事与某人的〕磋商，〔两人或更多人之间的〕磋商。*Budgets will be fixed after **consultation with** heads and governors.* 与部门领导和州长们磋商之后，就可定下预算。*It's a question of winning **consultation about** management plans.* 那是赢得关于管理计划的磋商的问题。*There would still be a long process of **consultation between** the Foreign Office, Buckingham Palace, and the Kremlin.* 英国外交部、白金汉宫与克里姆林宫之间仍需进行长期磋商。❷ **in consultation with** someone 征询某人意见。*They have promised to implement reforms **in consultation with** black leaders.* 他们允诺在征询黑人领袖之后实施改革。

consumption **for** someone's **consumption** 供某人消费。*Some of this meat would be unfit **for** human **consumption**.* 这里某些肉不适合人类食用。*... what politicians say **for** public **consumption**.* ……政治家说给公众听的东西。

contact ❶ contact **with** someone or **between** two or more people 与某人的联系；〔两人或多于两人之间的〕联系。*We are the only people who have any real **contact with** the general public.* 我们是唯一一真正接触公众的人。*There was very little **contact between** the people in the University.* 该大学的人与人的联系很松散。❷ **in contact with** someone or something 保持〔与某人、某事物的〕联系。*We were very closely **in contact with** our writers.* 我们与作者保持密切的联系。

contempt ❶ contempt **for** someone or something 轻视、藐视〔某人或某事物〕。*Rani made no secret of the **contempt** she felt **for** the older woman.* 雷妮公开鄙视那老妇人。*...a cynical **contempt for** truth, justice, or decency.* ……玩世不恭地轻视真理、正义或体面。❷ **beneath contempt**; be **beneath** someone's **contempt** 为人不齿。*...a despicable act, **beneath contempt**.* ……为人不齿的卑劣行为。*The poor were **beneath** her **contempt**.* 她对穷人不屑一顾。❸ **in contempt** 蔑视；**in contempt of court**〔法律术语〕蔑视法庭。*The court order ruled that they are theoretically **in contempt**.* 法庭裁决，他们在理论上算蔑视法庭。*His words were held to be **in contempt of court**.* 他的话被认为是蔑视法庭。

contemptuous be contemptuous **of** someone or something 轻蔑某人或某事。*The Prime Minister was **contemptuous of** Press criticisms.* 首相轻蔑新闻界的批评。

contend to contend **with** a problem or difficulty 与困难拼搏。*They had to **contend** daily **with** appalling conditions.* 他们不得不天天与恶劣条件抗衡。

content /kəntent/ ❶ be content **with** something 对〔某事物〕满意的。*A lot of unattached ladies in mid-life seem to be **content with** their lot.* 许多未婚中年妇女似乎安安分守己。❷ to content yourself **with** something 满足于某事。*She hadn't said much but had **contented** herself **with** smoking cigarettes and smiling.* 她说话不多，满足于抽烟和微笑。

contention be **in contention**; be **in contention for** something 欲赢得某事物；可望赢得。*Three players are **in contention** to win the title.* 三位选手想赢得冠军。*Warwickshire are still very* much **in contention for** the championship. 沃里克郡队仍很有希望赢得锦标。

context ❶ **in context** 全面地。I think one has to see the oil issue **in context**. 我想，石油问题必须全面地理解。❷ **out of context** 片面地；断章取义。This remark was taken completely **out of context**. 这句话完全是断章取义。

contingent be contingent **on** something 因事而变的。Grants are to be **contingent on** continuing academic progress. 资助得视学业不断进步而定。

continue to continue **with** something 继续某事物，以某事物接续。He was prepared to let them **continue with** the task. 他准备让他们继续完成该任务。The series **continued with** a performance of The Threepenny Opera. 系列剧以演出《三便士剧》接续。

contract ❶ /kɒntrækt/ to contract **with** someone to do something 与某人签订合同做某事。A general practitioner **contracts with** the state to provide a medical service. 一般执业医生与州政府签订合同，提供医疗服务。❷ /kɒntrækt/ **under contract to** someone 立约为某人工作。I was then **under contract to** a finance company. 我当时与一家财务公司立过约。

contrary /kɒntrəri/ ❶ **on the contrary** 相反地。There was nothing dowdy or ugly about her dress; **on the contrary**, she had a certain private elegance. 她的裙子一点不寒酸也不难看，相反，她有一种独具的优雅。❷ **to the contrary** 意思相反的〔地〕。This method, despite thousands of published statements **to the contrary**, has no damaging effects whatsoever. 这种方法丝毫没有破坏效果，尽管人们发表了成千上万的声明反对它。❸ be contrary **to** something 与某事物相反。She claimed that this was **contrary to** the sex discrimination act of 1975. 她宣称这违反了 1975 年性别歧视法案。

contrast ❶ /kɒntrɑːst/ a contrast **with**

or **to** another thing〔与另一事物的〕对比；a contrast **between** two things〔两个事物的〕对比。His work would give the dancers a good **contrast with** their usual style. 他的作品会给舞蹈者的常规风格提供很好的对比。The ship was spartan, a poor **contrast to** her sumptuous successors. 此船简朴，与豪华的后继船不可同日而语。There could hardly be a greater **contrast between** the two painters. 这两位画家之间再没有更大的反差了。❷ **in contrast with** something; **in contrast to** something 和某事物形成对比；和某事物对照。It has been a decade of outstanding creative achievement, **in contrast with** the depressing Seventies. 这是创作成就杰出的十年，与萧条的七十年代形成对照。Gordon's friends were uncertain, **in contrast to** their usual boldness of manner. 戈登的朋友们举棋不定，这与平时的大胆举动形成对照。❸ /kəntrɑːst/ to contrast one thing **with** or **to** another thing 将某一事物与另一事物进行对比。I cannot help **contrasting** her attitude **with** that of her friends. 我不禁将她与她朋友们的态度进行对比。His accent **contrasted** curiously **with** the earthiness of his language. 他的口音与他的粗俗语言形成奇怪对比。Phaedrus is a bizarre person when **contrasted to** the people that surround him. 菲德鲁斯与周围的人相比是个怪人。

contribute to contribute **to** something or **towards** something 促成、贡献给某物。The worry and strain **contributed to** a long and painful illness. 操心和紧张促成了长期的病痛。They had **contributed towards** the cost of the scheme. 他们出钱支付了计划的部分费用。

control ❶ control **over** something or **of** something 控制、管理。Workers should have more influence and **control over** production. 工人应扩大对生产的影响和控制力。Steve Cowper called on the group to take **control of** the clean-up operation. 史蒂夫·考珀号召该

小组去管理清扫活动。❷ be **under control** 受到控制。*The Asian republic of Uzbekistan has been brought **under control**.* 亚洲的乌兹别克斯坦共和国的局势已经得到控制。❸ **beyond** someone's **control; outside** someone's **control** 无法控制。*The delays were caused by events **beyond** the company's **control**.* 拖延是由公司无法控制的事件造成的。*...motives so deep that they are **outside** our conscious **control**.* ……不受我们的意识控制的深层动机。❹ **in control of** something or someone 控制，掌握。*She was **in control of** herself completely.* 她完全掌握分寸。*I was beginning to feel that I was **in control of** events.* 我开始感到自己能控制局面。

convenience **at** someone's **convenience** 在方便的时候。*I left the blankets outside my room for my landlady to remove **at her convenience**.* 我把毯子放在我房间门口，让房东太太可以随时拿走。

converge to converge **on** or **upon** a particular place or person 朝某地或某人聚集。*Seventy trucks and thirty personnel carriers **converged on** the square.* 七十辆卡车与三十辆装甲运兵车集中到广场上。*Two men **converged on** the card players and told them gambling was illegal.* 两个人冲向打牌人，宣布赌博非法。

convergence a convergence **of** or **between** two or more things〔某两个或以上事物的〕会聚。*...the predicted **convergence of** the industrialized societies.* ……工业化社会不出所料的会聚融合。*The President's formula has ended a movement towards **convergence between** the states.* 总统的方案结束了各州融合运动。

conversant be conversant **with** a particular task or topic 精通〔某件事或某话题〕。*You will need to be fully **conversant with** the running of the household.* 你需要全面了解其家政情况。

converse ❶ /kənvɜːs/ to converse **with** someone 交谈。*None of them had ever been left alone to **converse with** Captain Paget.* 他们当中没有一个能与佩吉特上尉单独交谈。❷ /kɒnvɜːs/ the converse **of** something 相反的事物。*Another cliche, the **converse of** the first, is that people who live in the same place all their lives are insular and bigoted.* 另一个陈词滥调与第一个正相反，即终生住一地的人封闭而固执。

conversion conversion **from** one belief, system, or method **to** another 转变信仰、转换〔系统、方法〕。*...the **conversion from** guerrilla fighting to organized warfare.* ……从游击战到有组织战争的转变。

convert /kənvɜːt/ to convert something **from** a particular state **to** a different state, or **into** something else 改装；换算。*They slept on pallets in a dormitory **converted from** a storehouse.* 他们睡在仓库改成的宿舍里的硬板床上。*He knew the formula for **converting** kilometres **to** miles.* 他知道公里换算成英里的公式。*Trying to run with an injured ankle may **convert** a mild injury **into** a severe one.* 脚踝扭伤了再跑步，轻伤会变重伤的。

convey to convey something **to** a particular place or person 将某物运送去某地或给某人。*Thousands of Angolans had been **conveyed to** the square in military trucks.* 数千名安哥拉人被军用卡车送到广场上。*She feels no hesitation **conveying** such feelings **to** her daughter.* 她毫不迟疑地把这种感情传达给女儿。

convict /kənvɪkt/ to convict someone **of** or **for** a crime 宣判某人有罪。*...a judge who **convicted** five men **of** a single murder.* ……一位法官宣判五个人共犯一宗谋杀。*Only two were subsequently **convicted for** motoring offences.* 后来只有两个人被宣判犯有违章行驶。

conviction the conviction **of** someone **for** a crime〔对某人的〕定罪。*...the trial and **conviction of** Oliver North.* ……奥立弗·诺思的审判与定罪。...

a criminal **conviction for** fraud. ……欺诈的刑事定罪。

convince to convince someone **of** something or **about** something 使某人确信、承认。The talks did **convince** her **of** how urgently they wanted progress. 会谈后使她确信，他们迫切需要进步。A senior consultant is far from **convinced about** the worth of Blythe's work. 一位高级顾问根本不承认布莱思工作的价值。

convoy be **in convoy** 结队。...one of eight trucks moving **in convoy**. …… 结队前行的八辆卡车之一。

co-operate to co-operate **with** a person, rule, or order 与人合作，服从条例或命令。100 prison officers have been suspended for refusing to **co-operate with** new shift arrangements. 由于拒绝服从新的当班安排，100 名典狱官被停职。

co-ordination co-ordination **between** people or things〔人们之间或事物之间的〕协调。...the problem of poor **co-ordination between** different parts of the Health Service. …… 卫生机构各部门之间不协调的问题。

cope to cope **with** a difficult task, problem, or situation 应付，对付〔艰巨的任务、问题或险峻的局势〕。...schools that specialize in **coping with** handicapped children. …… 专门照料残障儿童的学校。People who have just arrived are going to have problems **coping with** our demands. 新到的人将难以应付我们的要求。

corrective a corrective **to** a particular attitude, account, or quality〔对某事物的看法、计算、质量的〕矫正物。This analysis provides an important **corrective to** the traditional view. 这种分析对传统观点是重要矫正物。

correlate to correlate **with** something 与某事物相关。Age often **correlates with** conservatism. 老年往往与保守相关联。

correspond ❶ to correspond **with** something or **to** something 与某事物相符合。This view **corresponds** less and less **with** reality. 这种观点与现实越来越不符。He finds it difficult to make his words **correspond to** the music. 他难以使自己的歌词与乐曲相配。❷ to correspond **with** someone 和某人通信。He began to **correspond with** other shell collectors. 他开始与其他贝壳收藏者通信。

correspondence correspondence **with** someone or **between** people 与某人通信或两人间的通信。He is engaged in **correspondence with** nearly one hundred writers. 他忙于与近百位作家通信。I have seen some of the **correspondence between** the War Office and the Colonel. 我已看到国际部与上校的部分通信文件。

couched be couched **in** a particular style of language 用某一语言风格表达。Here was a resolution **couched in** forthright terms. 这是一个直抒胸臆的决议。

counsel to counsel someone **about** or **against** something 就某问题对某人提出忠告，或表示反对。He **counselled** each of us **about** our present and future goals. 他对我们每个人的当前与未来目标提出忠告。I would strongly **counsel** the new administration **against** complacency. 我竭力建议新政府不要自鸣得意。

count ❶ to count **against** someone 对某人不利。It would **count** heavily **against** me if I got the Director into trouble. 如果我让董事陷入麻烦，就对我非常不利了。❷ to count **as** something 被视为某物。Horses are usually free, but a horsebox **counts as** a trailer and you will be charged accordingly. 马匹一般免费，但运马的拖车与别的拖车一样，要相应收费。❸ to count **for** something 有价值。So all his feeling, thinking, and writing **counted for** nothing. 他的一切感觉、思想、写作都一钱不值。❹ to count **on** or **upon** someone or something 信赖、依靠、指望。Give my apologies—I'm afraid they were **counting on** me. 我很抱歉，恐怕他

们在指望我去呢。**⑤** to count **to** or count up **to** a particular number 顺数到某个数。*I **counted up to** one thousand seven hundred.* 我一直数到一千七百。**⑥** to count **towards** something 被包括进。*I think his exams will **count towards** his apprenticeship.* 我想他的考试包括在学徒期之中。

counter to counter something **with** a particular action or **by** saying or doing something 以〔某行动、言语或行为〕来反对、反击某一不好的或有害的事物。*Labour should **counter** this propaganda **with** a series of press statements.* 工党应该发表一系列声明来反击这种宣传。*Disease problems are **countered by** rotating crops.* 庄稼的病害问题可通过轮流种植不同的农作物来解决。

coupled be coupled **with** something 与某事物联系起来。*He had similar linguistic abilities, **coupled with** a love of exotic places and cultures.* 他具有类似的语言能力，而且还热爱异国他乡及其文化。

course be **on course** 在规定的航线或方向上；be **off course** 偏离了规定的航线或方向。*He was at the wheel again, with the Morning Rose back **on course**.* 他又在驾驶了，"晨玫瑰"号回到了规定的航线。*Northerly winds swept Phillips and his crew **off course**.* 北风把菲利普斯和全班水手刮得偏离了航向。

court **①** at **court** 在宫廷；在朝廷。*The king had commanded his presence **at court**.* 国王命令他到宫里来。**②** in **court** 在法庭。*The latter made a statement that was used against the judge **in court**.* 后者发表声明，用于法庭上反驳法官。**③** out of **court** 不经法庭；私下。*Be careful about settling **out of court** without first consulting the union.* 不咨询工会就在法庭外私下解决了，要注意影响。**④** on **court** 在球场上。*On **court**, Billie Jean has taken risks.* 在球场上，比利·琼已冒足了风险。

courteous be courteous **to** someone 对人彬彬有礼。*He was quiet, and courteous **to** the staff.* 他不大说话，对职员彬彬有礼。

cover **①** to cover one thing **with** another 用某物覆盖另一物。*Pour this mixture into a pie dish and **cover** it **with** mashed potatoes.* 把调好的混合物倒在馅饼盘子里，再覆盖上土豆泥。**②** to cover up **for** someone 为某人掩盖或隐瞒。*Once I'd **covered up for** you, it was my word against theirs.* 一旦我为你隐瞒，我就违背了对他们的诺言了。

covered be covered **in** something or **with** something 被某物覆盖着。*Her mouth was bruised and **covered in** blood.* 她的嘴巴撞伤了，满口是血。*Malpas in Cheshire, like most of the country, is **covered with** a blanket of snow.* 柴郡马尔帕斯与周围的乡村一样，是一片冰天雪地。

crack **①** a crack **between** two things〔两个事物之间的〕裂缝。*He made a **crack between** two of his fingers and peeped through.* 他分开手指缝观看。**②** a crack **in** something〔某物上的〕裂缝，裂纹。*Water appeared to be seeping though a **crack in** the wall.* 墙上裂缝好像渗水了。**③** to crack down **on** someone or something 打击，严惩，镇压。*...the Special Investigation Unit assigned to **crack down on** the drug trade.* ……指派去严惩毒品交易的特别调查组。

craving a craving **for** something 渴望。*The **craving for** imported goods continues.* 进口商品热迟迟不退。

crawling be crawling **with** something 充斥着。*...cheeses covered in mould and **crawling with** maggots.* ……长满霉、爬满蛆的奶酪。

craze a craze **for** something 狂热。*...the **craze for** inflatable bananas.* ……对外形饱满像充了气的香蕉的狂热。

crazy be crazy **about** something〔对某事〕狂热。*Julie was **crazy about** music and liked to sing.* 朱莉是音乐迷，喜欢唱歌。

credit **①** to credit someone **with** something; to credit something **to** someone 认为某人拥有某事物；把某事物归功于某人。*I used to **credit** you **with** a bit of common sense.* 我曾经认为你有点常识。*The original songs were not **credited to** a composer or lyricist in the programme.* 节目上并未注明原歌的作曲家或作词家。❷ credit **for** doing something 称赞。*He's never had enough **credit for** the job he did.* 他做的工作从未得到充分的赞誉。

crick a crick **in** your neck〔颈背肌肉的〕痛性痉挛，落枕。*I got a **crick in** my neck lying on this bed.* 躺在这张床上，我落枕了。

crime a crime **against** a moral code, rule, or standard〔违犯道德准则、制度或标准的〕罪过。*The Labour leader condemned the killings as a **crime against** humanity.* 工党领袖谴责该杀戮为违反人道罪。

criterion a criterion **for** something or **of** something 标准。*Competition should be the only **criterion for** assessing mergers.* 竞争应成为评估兼并的唯一标准。*Economic relationships should be dominated by the **criterion of** ownership.* 经济关系应由所有制标准来支配。

critical be critical **of** someone or something 对某人或某事指出缺点。*The family has always been **critical of** their achievements.* 那家人始终有批评他们的成就。

criticize to criticize someone **for** or **over** something 因某人的错误或愚蠢的事而批评他。*Francis **criticized** the players **for** being greedy and lacking pride in their performance.* 弗朗西斯批评球员们太贪婪，表现得缺乏自尊。*He was increasingly **criticised for** obstinacy.* 他因固执日益受到批评。*Some of her colleagues have **criticized** her **over** the introduction of the new tax.* 她的某些同事批评她推出新税种。

cross ❶ a cross **between** one thing and another〔两种不同的〕混合物。*The*

black gown made him look like a **cross between** a preacher and an avenging angel.* 黑袍一上身，他看上去像牧师与复仇天使的混合物。❷ to cross one animal or plant **with** another 动植物杂交。*The main hybrid used in pig farming was **crossed with** the British Saddleback variety.* 养猪中所用的主要杂交来自英国黑脊胡猪种。❸ to cross a word or words **off** a list 划掉。*We **crossed** the days **off** our home-made calendars.* 我们将这些日子在自制日历中划去。

crowd ❶ to crowd **around** or **round** someone or something 聚集在某人或某事物周围。*Children were always **crowding around** the ticket booth.* 孩子们总是围绕售票亭聚集。❷ to crowd **into** a place 拥入某地。*Outside, shiny cars **crowd into** the square.* 外面有乌黑发亮的汽车拥入广场。

crowded be crowded **with** something 拥挤的，被某物占满的。*The pier was **crowded with** anxious parents waiting for their children.* 码头上挤满焦急等候子女的家长。

cruel be cruel **to** someone 对某人残酷的。*How could you be so **cruel to** poor Rhoda?* 你怎么能对可怜的罗达这么残忍？

cry ❶ to cry out **against** something 大声反对某事物。*People are **crying out against** the new laws.* 人们大声疾呼反对新法律。❷ to cry out **for** something 要求某事物。*The VAT office is **crying out for** new staff.* 增值税税务所要求增加人手。

cull to cull information or ideas **from** a particular source 从某一来源中挑选出情报或主意。*The story is **culled from** legend.* 故事是从传说中挑选出来的。

culminate to culminate **in** or **with** something 以……告终。*Their last tour **culminated in** four nights at Wembley Stadium.* 他们上一次出游中，最后四夜是在温布利球场度过的。*The whole event will **culminate with** the traditional fireworks on Friday night.* 整个活动

将在星期五晚上以燃放传统烟火而达到高潮。

cure ❶ a cure **for** an illness or disease〔对某疾病的〕疗法。*Eating is the best cure for jet-lag.* 吃东西是克服时差反应的最佳办法。❷ to cure someone **of** a habit or attitude 矫正某人的不良行为或态度。*He must try and cure himself of this tendency to daydream.* 他必须设法矫正自己做白日梦的倾向。

curse a curse **on** or **upon** someone 对某人的诅咒。*There is a curse on this family.* 这家人中了诅咒。

cursed be cursed **with** something 受某事物之苦。*It is the elephant's misfortune that it has been cursed with a pair of tusks.* 大象受象牙之祸，真是不幸。

cut ❶ to cut **across** a place 穿过某地〔尤指抄近路〕。*We cut across the grass to a relatively secluded spot.* 我们穿过草地来到比较僻静的地方。❷ to cut **through** something 穿过某事物。*Their voices cut through the murmured prayers.* 他们的说话声穿过低沉的祈祷声。❸ a cut **in** something〔费用、质量、数量等的〕削减。*President Bush announced a ten per cent cut in US forces.* 布什总统宣布，美国裁军百分之十。❹ to cut back **on** something 降低〔支出、质量〕。*Many manufacturers cut back on the quality of the keyboard.* 许多制造商降低了键盘的质量。❺ to cut down **on** something 减少消耗。*You should cut down on dairy produce.* 你们应该减少生产奶类制品。*...companies who need to cut down on administrative waste.* ……需要削减行政浪费的公司。❻ to cut someone off **from** something 切断某人的来往，使某人与外界隔绝。*Success threatened to cut her off from him.* 成功之后，她和他有断绝来往的危险。*Liverpool prides itself on its uniqueness, the way it is cut off from the rest of the country.* 利物浦为自己与众不同而骄傲，因为它与国家其他地方隔绝开了。❼ to cut someone out of an activity 不容许某人做某事。*I don't think I should be cut out of the trip.* 我想我不应该被排除在出游活动之外。❽ be cut out **for** something 适合于〔某一工作或活动〕。*I'm not really cut out for this kind of work.* 我不适合做这种工作。❾ be cut up **about** something〔对某事〕不高兴。*They sent her home; she seems awfully cut up about it.* 他们打发她回家，她似乎大为不快。

cutback a cutback **in** something such as expenditure, quality, or amount〔在花费、质量、数量等方面的〕削减。*...the cutback in public services.* ……公用事业的削减。

D

dab to dab **at** something 轻触某物。*He dabbed at her cheek with a handkerchief.* 他用手帕轻触她的脸颊。

dabble to dabble **in** an activity 涉足某活动。*I sometimes dabbled in commercial art.* 我有时涉足商用艺术。

dally to dally **with** an idea or plan 不认真地考虑意见或计划。*He began to dally with the idea that she might be looking for him.* 她可能在找他，他开始随便地思索这个问题。

damage damage **to** something 对某物的损坏。*It can cause damage to the liver, heart, and kidneys.* 它会损害肝脏、心脏、肾脏。*My only concern is the damage to your reputation.* 我唯一关心的是对你的名誉的损害。

dance ❶ to dance **with** someone 与某人跳舞。*Alverio says he was dancing with friends at a nightclub.* 埃弗利奥说，他在夜总会与朋友跳舞。❷ to dance **to** a particular kind of music 按着某类音乐节拍跳舞。*They do not dance to classical music.* 他们并不按古典音乐的节拍跳舞。

danger ❶ be in danger；in danger **of** something 处于某种威胁之中。*Do you realize that you may be in danger?* 你知道你自己可能有生命危险吗？

*It is **in danger of** collapsing.* 它有倒塌的危险。❷ **out of danger** 脱离危险。*Once he was **out of danger**, the doctors were able to investigate the causes which led to his collapse.* 他脱离危险之后，医生终于能够调查他病倒的原因。

date ❶ a date **with** someone 与异性约会。*He was late for his **date with** Julie.* 他与朱莉约会时迟到了。❷ to date **from** or date back **to** a particular time 从某时追述起；追溯到某一时间。*... a rococo shop front that **dates from** about 1760.* ……约建于 1760 年的洛可可风格店面。*The use of money **dates** back **to** the time when human societies first became large and efficient.* 金钱的使用可追溯到人类社会初次扩大、效率提高的时期。

dawn to dawn **on** or **upon** someone 某人慢慢地明白。*It never **dawned on** her that her life was in danger.* 她从没意识到，自己的生命有危险。

day by day 在白天。*The birds feed mainly **by day**.* 鸟儿主要在白天觅食。

deal ❶ to deal **with** something 处理，对付〔某事物〕。*When they had **dealt with** the fire, another crisis arose.* 他们处理好火灾后，又出现另一场危机。*They have to **deal with** children who've been drinking in the lunch-hour.* 他们不得不对付午餐时间喝酒的孩子。❷ to deal **with** a particular subject 论及，涉及，研究〔某一主题〕。*The book **deals with** the pursuit of Rommel's army after El Alamein.* 本书讨论阿拉曼战役之后追击隆美尔军队的事。❸ to deal **in** a particular type of goods 经营某类商品。*He **dealt in** all domestic commodities.* 他经营各类家用商品。

dealings your dealings **with** someone 与某人有交往〔尤指商业上的往来〕。*I kept him informed of my **dealings with** cabinet ministers.* 我始终让他了解我与内阁部长们的交往。*I've never had any **dealings with** Gertrude.* 我从未与格特鲁德做过生意。

dear be dear **to** someone 在某人看来极为珍贵的。*...long stretches of sand with rocks and pools so **dear to** children.* ……大片的沙滩，有孩子们喜爱的石子与水池。

debate ❶ a debate **on**, **over**, or **about** something 对某事的辩论、讨论。*... this **debate on** the future guidelines for social spending.* ……关于社会支出的未来指导方针的讨论。*...the **debate over** the extent and scope of public ownership.* ……关于公有制范围的讨论。*the unending **debate about** tobacco.* ……关于烟草的无休止辩论。❷ to debate **with** someone 与某人进行辩论或讨论。*He **debated with** his foreman on the state of the crops.* 他与工头讨论庄稼的情况。*Bernstein **debated with** himself for a while.* 伯恩斯坦与自己辩论了一番。

debt in debt 欠债。*Her husband drank and was deep **in debt**.* 她丈夫酗酒，且债台高筑。

deceive to deceive someone **into** doing something 欺骗某人去做某事；故意使某人误解。*One can easily be **deceived into** feeling everything was justified.* 人们很容易蒙受欺骗，感到一切事情都有正当理由。*Readers were **deceived into** the mistaken belief that the advertisements were genuine.* 读者受骗，误以为那些广告是真的。

decide to decide **on** or **upon** something 下决心，对某事决定。*Have you **decided on** how we should act?* 你有没有下决心，我们该怎么行动？*Already their first production had been **decided upon**.* 他们的第一批生产早已确定。

decision a decision **on** or **about** something 对某事的决定。*A **decision on** the issue might not be necessary.* 也许没有必要就这个问题作出决定。*He never made a swift **decision about** anything.* 他从不很快下决心。

decked be decked **with**, **in**, or out **in** something 用某物装饰。*...raised* *mounds **decked with** garlands and flowers.*……以花环花朵装饰的土丘。… *twin beds **decked in** rich cream-coloured brocade.* ……用浓奶油色织锦装饰的双人床。*They were **decked out in** embroidered coats.* 她们用绣花上衣打扮自己。

decline a decline **in** something or **of** something〔某事物的〕下降，衰亡。… *a **decline in** standards.* ……标准下降。 …*the **decline of** the Liberal Party.*…… 自由党的衰落。

decrease a decrease **in** something〔某事物的〕降低，减少。*The tax on fuel will encourage a **decrease in** petrol consumption.* 燃油税将鼓励人们减少汽油消费。

dedicate ❶ to dedicate yourself **to** something 将自己奉献给某事。*He **dedicated** himself **to** the solution of routine problems.* 他全力以赴地解决日常问题。❷ to dedicate a book or piece of music **to** someone〔在自己所著的书或音乐作品上〕题词、献词。*She **dedicated** her first book 'Under the Net' **to** Raymond Queneau.* 她将自己写的第一部书《网下》献给雷蒙德·昆诺。

dedicated be dedicated **to** something 专心于某事。*…a man **dedicated to** his craft.*……专心本行的人。

default ❶ **by default** 因某事未发生；因疏忽。*Much of what I was doing had fallen to me **by default**.* 我做的许多事情都是临时冒出来的。❷ **in default of** doing something 不做某事〔法律用语，尤指不还债，不出庭〕。*You can even be sent to prison **in default of** payment.* 你若不还清债务，甚至会坐牢的。❸ to default **on** an amount of money 拖欠欠款。*The film company has already **defaulted on** one payment.* 电影公司已经拖欠了一次货款。

defect ❶ /diːfɛkt/ a defect **in** or **of** something 不足之处，缺陷。*There are a number of **defects in** this view.* 这个观点有不少缺陷。*…the **defects of** Western society.*……西方社会的不足之处。❷ /difɛkt/ to defect **from** one place or organization to another 叛变投敌。*The composer's son **defected from** Russia earlier this year.* 作曲家之子今年叛逃，已离开俄国。*Taylor **defected to** the Liberals in 1906.* 泰勒于 1906 年投靠了自由党。

defence defence **against** something 用于防护的屏障。*…a baby's **defence against** infection.*……婴儿的防感染屏障。

defer to defer **to** someone 遵从某人的意愿。*Children were expected to **defer to** their parents in everything.* 要求儿童一切行动听从家长的指示。

deference **in deference to** someone or **to** their wishes 出于对〔某人或其意愿的〕尊重。*He changed his name to Weinreb **in deference to** his grandfather.* 根据祖父的意愿，他改名为温布布。

defiance **in defiance of** a rule or order 不顾规则或命令。*His son had come **in defiance of** his father's strict orders.* 他儿子无视他父亲的严令来到了。

deficient be deficient **in** something 缺乏某物。*Cow's milk is **deficient in** vitamins C and D.* 牛奶缺乏维生素 C 和 D。

deficit **in deficit** 赤字。*…a country whose balance of payments was permanently **in deficit**.*……一个收支始终出现赤字的国家。

definition **by definition** 依据定义为。*A democracy has **by definition** to be independent.* 民主国家依据定义必须是独立国家。

deflect to deflect someone **from** something 使某人改变原先的意图。*She had no reason to be **deflected from** her usual mode of life.* 她没有理由改变惯常的生活方式。

degenerate /dɪdʒɛnəreɪt/ to degenerate **into** or **to** something 堕落、衰退到某一程度。*Her work has **degenerated into** a series of sexual puns and metaphors.* 她的作品堕落到大用色情双关语与隐喻。*Their acting often **degenerated to** an infantile level.* 他们的表演往往降低到儿戏水平。

degree **by degrees** 渐渐地。*Her hatred of Philip had grown **by degrees** to be the dominant passion of her life.* 她对菲利普的愤恨渐渐加深，成为生活中的主导情感。

delight ❶ the delights **of** an activity or experience〔做某事的〕快乐。*The Victorians developed a great passion for the **delights of** cruising.* 维多利亚时代的人开始非常热衷乘船出游取乐。❷ to delight **in** an activity or experience 喜爱，以某事为乐。*He **delights in** controversy.* 他喜爱争论。

delude to delude someone **into** believing something 哄骗某人使他误信某事为真。*We must not **delude** ourselves **into** imagining that we are being educated.* 我们不可欺骗自己，以为正在受教育。

deluge to deluge an organization or place **with** something 使〔某组织或某地〕泛滥某物或被某物淹没。*They **deluged** the Ministry **with** letters.* 他们的信件潮水般涌到部里。*Five minutes later the hotel was **deluged with** uniformed police.* 五分钟之后，旅馆里就到处是穿着警服的警察了。

delusion **under a delusion** 错觉。*She continued to drink, **under** the **delusion** that she was immune to it.* 她继续喝酒，误以为自己不会醉。

delve to delve **into** something 在某物中搜寻。*They **delved into** their desks for their pens.* 他们在书桌里翻找钢笔。*… **delving into** the secrets of nature.……*探索自然的奥秘。

demand ❶ a demand **for** something〔对某物的〕需求，要求。*There was a heavy **demand for** goods and services.* 商品和服务的需求很大。❷ the demands **of** a type of activity〔某项活动的〕要求。*… the **demands of** factory work.……*工厂工作的要求。

demonstrate to demonstrate something **to** someone 向某人证明某事；向某人演示某事。*They need to **demon-strate to** children just what cheating means.* 他们需要向儿童演示，欺骗意味着什么。*The appropriate action is then **demonstrated to** them.* 然后向他们演示了正确的动作。

denounce ❶ to denounce someone or something **as** a particular kind of thing 谴责某人或事物为某种东西。*They were being **denounced as** traitors.* 他们被谴责为叛徒。❷ to denounce someone **for** something they have done 因某人所做的事而谴责某人。*But many in the crowd **denounced** him **for** not going far enough.* 但人群中许多人谴责他走得不够远。

denude to denude something **of** a quality or feature 使某物裸露，失去某品质或特点。*Winds swept the plain, **denuding** it **of** all vegetation.* 大风刮过平原，把植物剥去了。

depart ❶ to depart **from** a way of doing things 违背、超出传统习惯。*He **departed from** custom on this occasion by taking a bath.* 他洗了一个澡，违背了这种场合的习惯。*The party **departed from** the principle that all members were equal.* 党违反了全体党员一律平等的原则。❷ to depart **from** a place 离开某地。*They finally **departed from** the stage.* 他们最终离开了舞台。❸ to depart **for** a place 出发去某地。*The man was already late in **departing for** Bilyarsk.* 那人出发去比利亚斯克时已经迟了。

depend to depend **on** or **upon** something or someone 依赖，依靠，取决于〔某事物或某人〕。*France **depended** equally **on** Algerians and Moroccans.* 法国同等地依赖阿尔及利亚人与摩洛哥人。*He argued that security **depended upon** disarmament.* 他争辩说，安全取决于裁军。

dependent be dependent **on** or **upon** someone or something 依靠，取决于〔某人或某事物〕。*They are still **dependent on** their parents.* 他们仍在依赖父母亲。*Now, as never before, one's* future is almost wholly **dependent upon** education. 如今，人们的前途比以往任何时候都几乎全依赖于教育。

depict to depict someone or something **as** a particular kind of thing 将某人、某物描绘为某一种事物。In the picture, judges are **depicted as** sheep. 在图中，法官被描绘为羊只。The human hunter is often **depicted as** a savage killer. 猎人常常被描绘为野蛮的杀手。

deprive to deprive someone **of** something they have or want 从某人处剥夺某事物。The players were **deprived of** their instruments. 演员们被剥夺了乐器。She was **deprived of** sleep for fourteen days. 连续十四天不让她睡觉。

derive ❶ to derive pleasure or an advantage **from** something 从某处获得快乐或利益。They **derive** enormous pleasure **from** their grandchildren. 他们从孙辈那里获得很大乐趣。How was I to **derive** any sort of living **from** that one acre? 靠那一英亩地我怎么谋生呢？**❷** to derive or be derived **from** a particular source 源出于某物。Soil **derives from** many kinds of rock. 泥土来源于多种岩石。...principles **derived from** religious doctrine.……源自宗教教义的原则。

descend ❶ to descend **on** or **upon** a place or person 突然访问；袭击。Silence would **descend on** the meadow. 寂静降临到草地。...schoolgirls **descending upon** him with teasing cries.……女学生嬉笑着扑向他。**❷** to descend **to** a type of behaviour 降低身份或人格。All too soon they will **descend to** spreading scandal and gossip. 他们很快会沦落到散布丑闻、谣言的地步。

descended be descended **from** someone 为某人的后裔。He was **descended from** the founder of the Settlement. 他是该殖民地创立者的后裔。

describe to describe someone or something **as** a particular thing 把某人或某事物说成。One Labour M.P. **described** him **as** 'the most hated man in Par-

liament'. 一位工党议员把他说成是"议会中最遭憎恨的人"。She **described** Mr Black's allegations **as** being completely untrue. 她说布莱克先生的指控完全不属实。

design **by design** 蓄意的。...events which did not occur **by design**.……不是蓄意造成的事件。

designate /dɛzɪgneɪt/ to designate someone or something **as** a particular thing 委任或给某人或某物某个称号。The Prime Minister **designated** Mahathir **as** his successor. 首相指定马哈蒂尔为接班人。...areas **designated as** 'wilderness'.……称为"旷野"的地区。

desire desire **for** something 对某事的渴望。The **desire for** home ownership is still strong. 拥有房屋的欲望仍很强。You cannot suppress the **desire for** liberty. 你不能压制对自由的渴望。

desist to desist **from** doing something 不再做某事。...forlorn hopes that they would **desist from** snowballing each other.……但愿他们不再相互扔雪球的无望之希望。The publishers persuaded the author to **desist from** such references. 出版商劝作者放弃这些参考文献。

despair to despair **of** doing something; to despair **of** something existing or being successful 对某事绝望。He **despaired of** ever having the courage to ask her. 他放弃了鼓起勇气问她的希望。We would be very unwise to **despair of** democracy. 我们对民主绝望的话，就很不明智了。

desperate be desperate **for** something 极需要某事物。I was **desperate for** money at the time. 我当时急需要钱。He was my idol— was **desperate for** him to win. 他是我的偶像——我渴望他能获胜。

destined ❶ be destined **for** a particular experience or thing 某经历或某事是命中注定。...horses **destined for** slaughter.……注定要屠宰的马匹。He seemed **destined for** a conventional career in the City. 他似乎命中注定要在城

里从事一辈子的传统职业。❷ be destined **for** a place 去某一地方。*...a flight destined for Italy.*······去意大利的航班。

detach ❶ to detach yourself **from** a situation or a group of people 摆脱，离开〔某种情势或某群人〕。*Arab Africa had begun to detach itself from external control.* 阿拉伯非洲开始摆脱外部控制。*She detached herself from the group and wandered over towards me.* 她脱离该团体，向我靠拢。❷ to detach one thing **from** another 使某物脱离另一事物。*...a scheme to detach the western states from the rest of the United States.*······使西部诸州脱离美国的计划。

detail details **of** or **about** something 某事的细节。*The bank gave no details of the agreement.* 银行未提供协议的细节。*Give me a few details about your wife's route to Swaziland.* 给我讲讲你太太去斯威士兰之行的情况。

detention in detention 被拘留。*He was in detention awaiting trial.* 他被拘留候审。

deter to deter someone **from** doing something 阻止某人做某事。*That will not deter him from breaking the law again.* 那不会阻止他再次犯法。

detract to detract **from** something good 贬低。*This should not be allowed to detract from their achievement.* 不应允许它贬损他们的成就。

detrimental be detrimental **to** something〔对某事〕有害的，不利的。*Plantation forestry is also detrimental to wildlife.* 植树造林也有害于野生动物。

develop to develop **from** one thing to or **into** another thing〔使某人或某物〕发育、发展、成长为另一种事物。*She has developed from a youthful, smiling enthusiast to a hardened professional.* 她已从一个充满朝气、满面笑容的热心者，成长为老练的专业人员。*Some of them developed into very strange creatures indeed.* 其中一些发育成极怪异的动物。

development a development **in** a field of activity or a type of thing〔某项活动或某类事物的〕发展或进展。*...some exciting new developments in cancer science.*······癌科学的某些惊人新进展。

deviate to deviate **from** a particular method, standard, or idea 违背，偏离〔某一方法、标准或思想〕。*...people who deviate from society's ideas of what is normal.*······偏离社会正常观念的人们。*We have never deviated from our belief that abortion is a moral evil.* 我们从未违背堕胎不合道德的信念。

devoid be devoid **of** a quality or thing 缺乏某种品质或事物。*His work is totally devoid of merit.* 他的工作毫无价值。

devolve to devolve or be devolved **to**, **on**, or **upon** someone 将职务、工作移交给某人。*Considerable powers would be devolved to the regional administrations.* 会把很大的权力交给地区行政当局。*The labour of finding food should devolve on the men.* 找食物的差事应交给男子。

devote to devote yourself, your time, your energy **to** something 为某事奉献出〔一生、时间、精力等〕，献身于某事物。*They devote themselves to working for social justice.* 他们献身于为社会正义而努力。*...those who devote their energies to party politics.*······把精力奉献于党派政治的人。

devoted ❶ be devoted **to** someone or something 热爱某人或某事物。*Nicola remained devoted to her sister.* 尼古拉始终热爱妹妹。*For the last two years of his life he was devoted to weight-training.* 在他生命中最后的两年里，他非常热爱健身运动。❷ be devoted **to** a particular subject or activity 致力于，专为某一对象或活动而设。*Reykjavik has a surprising number of museums devoted to a single artist.* 雷克雅未克拥有大量专为一位艺术家设立的博物馆。*Much of his personal time is devoted to* helping charitable organizations. 他的大量私人时间都致力于帮助慈善组织。

diagnose to diagnose someone's symptoms **as** a particular illness 诊断某人的病症为某种疾病。*They all died from a disease diagnosed as consumption.* 他们均死于诊断为痨病的一种病。

dialect **in dialect** 用方言。*He could recite the Declaration of Independence in dialect.* 他会用方言背诵《独立宣言》。*He spoke in Sicilian dialect.* 他说西西里方言。

diameter **in diameter** 直径。*...bottles 9 inches in diameter.*……直径9英寸的瓶子。

dictate /dɪkteɪt/ to dictate **to** someone 向某人发指令。*There was no doubt who would be dictating to the generals.* 谁向将军们发指令是毋庸置疑的。

die ❶ to die **of** or **from** a particular disease or illness 死于某种疾病。*Before he could retire, he died of a heart attack.* 他尚未退休就死于心脏病。*A man who worked at the nuclear processing plant has died from a rare form of leukaemia.* 一位核处理厂的男子死于一种罕见的白血病。❷ to die **in** a particular event or accident 在某一事件或事故中丧生。*One of her daughters died in the disaster.* 她的一个女儿在灾难中丧生。*A leading human rights activist has died in a car crash.* 一位人权活动领导人死于车祸。❸ to be dying **for** something 极想要某物。*I'm dying for a cigarette.* 我极想抽烟。

differ to differ **from** something else 不同于别的事。*Your position differs from mine in some respects.* 你的立场在某些方面与我不同。

difference ❶ a difference **between** two things or people〔两件事或两人之间的〕不同。*She could tell the difference between the snarl of a lion and that of a leopard.* 她能分辨狮吼与豹啸。❷ a difference **in** something〔某方面的〕不同。*They stood back to back*

measuring their **difference in** size. 他们背靠背站着，比较高矮。

different be different **from**, **to**, or **than** someone or something 与某人或某物不同；a different thing **from**, **to**, or **than** another thing 与另一事物不同的事物。*Judy's home was very different from Etta's.* 朱迪的家与埃塔的大不相同。*... customs which are different to a Jewish person's customs.*……与犹太人习俗不同的习俗。*The atmosphere was different than our earlier meetings.* 气氛与我们以前的见面不一样。*They clearly had a different perspective from my own.* 他们的观点明显与我的不同。

differentiate ❶ to differentiate **between** two things or people 就两人或两个事物进行区别。*...his inability to differentiate between sexual and platonic relationships.*……他无法分辨性关系与精神恋爱。❷ to differentiate one thing or person **from** another 将一事物或人与另一事物或人区别开。*...the works which differentiate you from your many imitators.*……将你与大量模仿者相区别的作品。

difficult be difficult **for** someone to do something 某人做某事有困难。*It was difficult for me to adjust to the new syllabus.* 要我适应新的教学大纲很困难。*A few precautions can make life difficult for criminals.* 采取一些预防措施，可以使罪犯难以得逞。

difficulty **in difficulty** 处境困难。*He went to the aid of a swimmer in difficulty.* 他去帮助遇溺的游泳者。

dilute to dilute one liquid **with** another 用一种液体稀释〔另一种溶液〕。*Dilute the milk with water.* 牛奶要掺水。

diminution a diminution **of** something or **in** something 某事物的减少。*...a diminution of freedom.*……限制自由。*...a diminution in contentment.*……减少知足感。

dine to dine **on** a particular food 进餐。*...dining on a casserole of fresh* leeks.……吃新鲜韭葱焙盘菜。

dip ❶ to dip **into** a book or particular subject 浏览某本书或某学科。*If you want to know more, we suggest you* **dip into** *'The English Legal System by K.T. Eddey.* 如果想知道详情，请浏览 K.T. 埃迪的《英格兰法律制度》。*You only have to* **dip into** *Victorian literature to see that this was not the case.* 你只消查一下维多利亚时代的文献，就可知道情况不是如此。❷ to dip **into** an amount of money 从自己的储蓄中取出钱。*It is normal for people to* **dip into** *their savings from time to time.* 不时动用储蓄，也是常有的事。

direct ❶ to direct someone **to** a place 给某人指路。*The police had* **directed** *him* **to** *the wrong courtroom.* 法警给他指错了法庭的位置。❷ to direct criticism, anger, threats, and so on **at** someone or **against** someone〔对某人〕批评、生气、威胁等。*The boos and whistles were* **directed at** *the manager, not the team.* 倒彩和口哨是冲着经理来的，而不针对队员。…*the rising tide of racism* **directed against** *immigrants.*……针对移民的种族主义浪潮日益高涨。

disabuse to disabuse someone **of** an idea or belief 消除某人的错误想法或信仰。*She longed to* **disabuse** *him* **of** *this mistake.* 她渴望能消除他的这一错误想法。

disadvantage ❶ be **at a disadvantage** 处于不利地位。*Once again, the Government has put the less well-off* **at a disadvantage**. 政府又使穷人处于不利地位了。❷ **to the disadvantage of** someone 对某人不利。*The terms of trade have moved* **to the disadvantage of** *the third world.* 贸易条款有变动，不利于第三世界。

disagree ❶ to disagree **with** someone **about**, **on**, or **over** something 就某事与某人意见不一。*I* **disagree with** *them about maintenance.* 我不同意他们关于维修的意见。*We'll just have to* **disa-** gree over *that.* 我们对那事只得存异了。*It would be inaccurate to say that they* **disagree on** *most issues.* 说他们在大多数事上意见不一是不确切的。❷ to disagree **with** an action or proposal 反对〔某一行为或提议〕。*No one would* **disagree with** *the first suggestion.* 没有人会反对第一条建议。

disagreement a disagreement **with** someone or **between** people〔与某人的〕分歧，或〔两人之间的〕分歧。*She dropped out of university after a* **disagreement with** *her tutor.* 她与大学里的导师闹僵后便退学了。…*the public* **disagreement between** *Sir Alan and Nigel Lawson is causing embarrassment to the Government.*……艾伦爵士与奈杰尔·劳森的公开分歧使政府十分尴尬。

disappointed ❶ be disappointed **in** someone or **with** someone 对某人感到失望。*Rudolph had the feeling that she was* **disappointed in** *him for not telling her.* 鲁道夫觉得，她由于自己不向她吐露之事而对他感到失望。*I'm afraid the children are very* **disappointed with** *me.* 恐怕孩子们要对我很失望了。❷ be disappointed **with** or **at** something 对某事感到失望。*I know he was* **disappointed at** *my reaction.* 我知道他对我的反应感到失望。

disapprove to disapprove **of** something or someone 不赞成〔某事或某人〕。*Tom* **disapproved of** *Sonny's tactics.* 汤姆不赞成桑尼的策略。

discharge /dɪstʃɑːdʒ/ to discharge someone **from** hospital, prison, or a job 准许某人出院、获释或离职。*A few weeks ago I was* **discharged from** *the Air Force.* 我几个星期前从空军退伍了。

disconnect to disconnect one thing **from** another 使两物断开。**Disconnect** *the machine* **from** *the electricity supply.* 使机器断开电源。

discontented be discontented **with** something 对某事不满意。*She was* **discontented with** *the form of Victorian* *religion*. 她不满意维多利亚宗教的形式。

discourage to discourage someone **from** doing something 劝某人不要做某事。*It is good sense to **discourage** older people **from** eating more than they need.* 劝老人吃饭七分饱是有道理的。

discourse /dɪskɔːs/ a discourse **on** a particular topic〔对某一主题的〕论述。*They listened politely to his **discourse on** human relations.* 他们有礼貌地听他讲人际关系主题。

discrepancy a discrepancy **between** two things〔两件事情的〕差异，不一致。*...the **discrepancy between** private affluence and public squalor.*…… 私人殷富与公众肮脏贫困之间的矛盾。

discriminate ❶ to discriminate **between** things 辨别两件事物。*He was unable to **discriminate between** colours.* 他不能辨色，有色盲。❷ to discriminate **against** someone 歧视某人。*Bernstein claimed that teachers **discriminate against** working-class children.* 伯恩斯坦声称，教师们歧视工人阶级的孩子。❸ to discriminate **in favour of** someone 袒护某人。*The landlords tend to **discriminate in favour of** young childless couples.* 房东一般对没有孩子的年轻夫妇格外开恩。

discuss to discuss something **with** someone 与某人谈论某事。*We were willing to **discuss** the matter **with** our colleagues.* 我们愿与同事们谈论此事。

discussion **under discussion** 在讨论中。*...the people who are going to use the items **under discussion**.*……将使用正在讨论的东西的人。

disdain disdain **for** something or someone〔对某人或某事的〕蔑视。*She was full of **disdain for** politics.* 她对政治充满蔑视。

disentangle to disentangle one thing **from** another 使某事物从另一事物中摆脱出来。*He **disentangled** his head **from** the netting.* 他的头摆脱了织网的纠缠。*Religion cannot be **disentangled***

from *Ireland's problems.* 爱尔兰问题无法摆脱宗教的纠缠。

disgrace ❶ **in disgrace** 失宠；不体面地。*His brother had died here **in disgrace**.* 他兄弟在此可耻地死去。❷ a disgrace **to** a place, profession, or group of people〔某地、某一职业或某个群体的〕不光彩的事。*...an action condemned as a **disgrace to** England.*……被谴责为英格兰耻辱的行动。*These articles can only be described as a **disgrace to** journalism.* 这些文章只能说是新闻界的耻辱。

disguise ❶ to disguise something or someone **as** another thing or person 将某物或某人伪装起来。*He **disguised** himself **as** a student.* 他把自己打扮成学生。*...a laser gun **disguised as** a pair of binoculars.*……伪装成望远镜的激光枪。❷ **in disguise** 伪装的〔地〕。*I'd come back one day **in disguise**.* 我日后会化了装回归。

disgusted be disgusted **with** or **at** someone or something 厌恶某人或某事。*I'm absolutely **disgusted with** Barry; it was a ridiculous idea.* 我很厌恶巴里，那个主意真好笑。*Our members are **disgusted at** this iniquitous situation.* 我们的会员对这一不公正情况十分反感。

disillusionment disillusionment **with** something or someone 对某事或某人失望，幻想破灭。*...public **disillusionment with** politics.*……公众对政治的失望。

dislike dislike **of** or **for** something or someone〔对某人或某事物的〕反感。*...a **dislike of** public expenditure.*…… 不喜欢公共支出。*...our cat's total **dislike for** all other cats.*……我家的猫对所有其他的猫深恶痛绝。

disloyal be disloyal **to** someone 对某人不忠实。*We may feel it is **disloyal to** our parents to recognize how important these other people are.* 我们可能感到，承认其他人对自己很重要是对自己父母的不忠。

dismiss ❶ to dismiss someone **from**

a place or their job 让某人离开某地或解雇某人。*He was **dismissed from** his job in the Press and Publicity Department.* 他被解除了在新闻出版部的职位。❷ to dismiss something **as** untrue, foolish, or unimportant 认为某事不真实、愚蠢或不重要而不予理会。*Tim Jones **dismissed** the policies **as** 'half-baked and unrealistic'.* 蒂姆・琼斯认为这些政策"不成熟、不现实"。*Her aspirations were **dismissed as** self-delusion.* 她的热望被贬损为自欺欺人。

dismount to dismount **from** a horse or a bicycle 下马或跨下自行车。*He was **dismounting from** his horse to greet Luciana.* 他正下马迎接卢西亚娜。

disparity a disparity **in** something or **between** two things 某方面的差距，或两个事物间的不同、差别。*...regional **disparities in** unemployment.*……失业状况的地区差别。*...the **disparity between** rich and poor.*……贫富差异。

dispense to dispense **with** something 省却，免除〔某事〕。*The job could be done more cheaply by **dispensing with** safety equipment.* 省去安全设备可减少此项工作的开支。

display on display 陈列。*He had all his machines and tools **on display**.* 他把所有的机器和工具都拿出来陈列。

displeased be displeased **with** something or **at** something 对某事不快。*She remained obviously **displeased with** both of us.* 她显然对我俩依然抱着不满。*Philip was not altogether **displeased at** finding him on the same plane.* 菲利普对发现他同机旅游并非十分不快。

disposal at someone's disposal 由某人做主。*...the most intimidating weapons **at** the state's **disposal**.*……该国所支配的最可怕武器。*He said he remained **at** Mr Aziz's **disposal**.* 他说自己听从阿齐兹先生的调遣。

dispose to dispose **of** something or someone 处理或舍弃某物，对付某事；除掉某人。*Cameron had **disposed of** some of the gold.* 卡梅伦已处理了部分黄金。*Stein will have to be **disposed of**.* 斯坦因必须除掉。

dispute ❶ /dɪˈspjuːt/ to dispute **with** someone **over** something 就某事物与某人进行争论。*...a neighbour who **disputed with** them **over** some land.*……与他们有土地争执的邻居。❷ /ˈdɪspjuːt/ a dispute **between** people **over** something or **about** something〔就某事在两人中进行的〕争论。*The case arises from a **dispute between** Sir Ian and John Samuels **over** money.* 本案源自伊恩爵士与约翰・塞缪尔斯的金钱争议。*The Committee failed to resolve a **dispute about** skyscrapers.* 委员会没有解决关于摩天大楼的争端。❸ in dispute 有争议。*His right to attend is **in dispute**.* 他的参与权有争议。

disqualify ❶ to disqualify someone **from** something 取消某人某一方面的资格。*Mr Saunders was **disqualified from** legal aid.* 桑德斯先生被取消了获得法律援助的资格。*He has been **disqualified from** sitting in the House of Commons.* 他已被取消旁听下议院的资格。❷ to disqualify someone **for** doing something 由于某事而取消某人的资格。*He was **disqualified for** infringing the rules.* 他因犯规而被取消资格。

disregard disregard **for** something or **of** something 漠视某事。*...Jefferson's **disregard for** the constitution.*……杰斐逊漠视宪法。*He felt angry at the **disregard of** his scientific judgement.* 他对于自己科研判断力被忽视感到恼火。

disrespect disrespect **for** something or someone 不尊敬〔某事物或某人〕。*He tried to reduce such **disrespect for** authority among his men.* 他试图在部下中减少这种不敬权威的作风。

dissatisfied be dissatisfied **with** something〔对某事〕不满意，不满足。*They became **dissatisfied with** pastries from local bakeries.* 他们对当地面包房烤的面包

开始不满意。

dissent to dissent **from** a proposal or idea 不同意〔某建议或主意〕。*Our friends would* ***dissent from*** *that description of their labours.* 我们的朋友会不同意那样描述他们的劳动。

dissimilar not be dissimilar **from** or **to** something〔与某事〕不无相同的，不无相似的。*His classification is not entirely* ***dissimilar from*** *Goldthorpe's.* 他的分类与戈德索普的不无相同。*In appearance, he is not* ***dissimilar to*** *the popular image of Don Quixote.* 外表上，他与唐·吉诃德先生的公众形象不无相似。

dissociate ❶ to dissociate yourself **from** someone or something 脱离〔某人或某事物〕。*They sought to* ***dissociate*** *themselves* ***from*** *the ranchers.* 他们想脱离大农场主。❷ to dissociate one thing **from** another〔在思想上〕将某事物与另一事物分开。*Art seemed* ***dissociated from*** *the material conditions of life.* 艺术似乎与物质生活条件分开了。

dissolve ❶ to dissolve something **in** a liquid 将某物溶入某一液体。*...pills which* ***dissolve in*** *water.*……溶于水的药片。❷ to dissolve **into** a particular state 开始进入某一状态。*His relief had* ***dissolved into*** *further anxiety.* 他的宽慰已瓦解为进一步的焦虑。

dissuade to dissuade someone **from** doing something 劝阻某人。*Intervention might* ***dissuade*** *them* ***from*** *using nuclear weapons.* 外来干预可能会阻止他们动用核武器。

distance ❶ **in the distance** or **into the distance** 在远处。*He thought he heard new sounds* ***in the distance****.* 他以为自己听到了远处有新的声音。*He would stare* ***into the distance****.* 他会望着远处出神。❷ to distance yourself **from** something or someone 疏远〔某人或某事物〕。*He* ***distanced*** *himself* ***from*** *the Labour Party.* 他疏远了工党。

distaste distaste **for** someone or something 不喜欢〔某人和某事物〕。*...his growing* ***distaste for*** *the values of his generation.*……他对于他同代人的价值观渐渐反感。

distasteful be distasteful **to** someone 令人厌恶的。*Any attitude she adopted would have been* ***distasteful to*** *him.* 她的任何态度都令他厌恶。

distinct be distinct **from** something else〔和某事物〕不同的。*...conventions* ***distinct from*** *the Fine Art tradition.*……与美术传统不同的习俗。

distinction a distinction **between** two things〔两件事情的〕区别。*...the* ***distinction between*** *creative work and servile labour.*……创作与奴役的区别。

distinguish to distinguish **between** two things 将两事物区别开来；to distinguish one thing **from** another 将一事物与另一事物区别开。*...the failure to* ***distinguish between*** *income and capital.*……没有区分收入与资本。*Many people found it difficult to* ***distinguish*** *reality* ***from*** *fantasy.* 许多人难以区分现实与幻想。

distract to distract someone **from** something 分散注意。*Daisy said his presence* ***distracted*** *her* ***from*** *writing.* 黛西说，他在旁边出现，干扰了她写作。

distrustful be distrustful **of** someone or something 对〔某人或某物〕不信任。*It saddened her that he was so* ***distrustful of*** *her.* 他如此不信任她，令她不快活。

diverge to diverge **from** something 背离。*Their views* ***diverge from*** *those of their contemporaries.* 他们的观点与其同龄人背离。

divest to divest someone **of** something 解除某人的权力等。*By doing this they would* ***divest*** *themselves* ***of*** *their status as Christian ministers.* 他们这样做，就放弃了基督教教士的地位。

divide ❶ to divide something **into** parts or groups 将某事物分成部分或组别。*...proposals to* ***divide*** *the Nature Conservancy Council* ***into*** *three.*……

将自然保护委员会一分为三的建议。*The children are **divided into** three age groups.* 孩子们分成了三个年龄组。❷ to divide something **among** or **between** a group of people 将某事物分配给某几人。*Diminishing resources will have to be **divided among** more people.* 越来越稀少的资源得分配给越来越多的人。*The land was **divided between** two brothers.* 土地由两兄弟分。

divided be divided **on** or **over** a particular matter 就某事有分歧。*Ministers are still **divided on** whether to go ahead with the plan.* 对是否推进该计划，部长们仍有分歧。*Opinions are **divided over** how many viewers a religious channel would attract.* 至于宗教频道会吸引多少观众，舆论大有分歧。

divorce to divorce one thing **from** another 将某事与另一事物分开。*The condition of roads could not be **divorced from** any other aspect of transport.* 路面情况不能与其他交通状况分开来讲。

do ❶ to do something **about** a problem 为解决某一困难而做某事。*There was nothing he could **do about** it.* 他对此事毫无办法。❷ to do away **with** something 废除某事物。*Proposals were put forward to **do away with** air forces and limit military expenditure.* 有多人建议废除空军、限制军费开支。❸ to do **without** something 不用也行。*It was warm enough to **do without** a jacket.* 天气很暖和，不穿夹克也行。

dole on the dole 领取失业救济金。*Most actresses spend more time **on the dole** than working.* 许多女演员领失业救济金的时间比工作时间都长。

dominance dominance **over** someone or something〔对某事物或某人的〕优势，支配。*...man's **dominance over** his fellow creatures.* ……人类支配动物。

dominion dominion **over** someone or something〔对某人或某物的〕统治，管辖。*He favoured some sort of **dominion over** South America.* 他赞成对

南美洲拥有适当统治权。

donate to donate something **to** a person or organization 将某物捐献给某人或某机构。*Members were asked to **donate** their kidneys **to** the charity after death.* 成员被要求在死后把肾脏捐献给慈善机构。*Our minibus was **donated to** us by a local public house.* 我们的小型公共汽车是当地一家酒馆捐赠的。

doomed be doomed **to** a particular state 注定要出现某一状态。*His attempt to achieve this was **doomed to** failure.* 他试图做到这一点，但注定要失败的。

dose to dose someone **with** a medicine or drug 给某人一定剂量的药。*Some are reputed to have **dosed** themselves **with** pain-killing drugs.* 据说某些人自己服用了止痛药。

dote to dote **on** or **upon** someone 热爱，宠爱〔某人〕。*You know how she **dotes on** you all.* 你知道她多么宠爱你们大家啊。

double to double **as** someone or something 兼作〔某人或某物〕。*The living room **doubled as** an office.* 起居室兼作写字间。

doubt in doubt 拿不定主意。*She may want to ask advice when she is **in doubt**.* 她拿不定主意时可能来求教。

drain a drain **on** or **upon** someone's energies or resources 消耗某人的〔精力或资源〕。*The **drain on** our resources has already gone too far.* 我们的资源消耗已经太过分了。

draped be draped **in** something or **with** something 用某物覆盖。*I walked out, **draped in** a blanket.* 我身披毛毯走了出去。*Three sides of the table were **draped with** Union Jacks.* 桌子的三面覆盖着英国国旗。

draw ❶ to draw someone **into** a situation 使某人涉及某处境。*He and David had been **drawn into** a ferocious argument.* 他和大卫被拖入了激烈的争论。❷ to draw **on** or **upon** something 使用，利用。*He was able to **draw on**

vast reserves of talent. 他能够利用大批的后备人材。

dread a dread **of** something or someone〔对某事物或某人的〕恐惧。...a **dread of** being alone.……对独处的恐惧。

dream to dream **of** something or **about** something 梦想、梦见某事物。I had **dreamed of** China since childhood. 我从小就梦见中国。He had once **dreamed of** being a footballer. 他曾梦想当足球队员。When you are young you **dream about** all sorts of things. 人年轻时会有各种梦想。

dress to dress **for** a particular occasion or activity 穿晚礼服〔因要出席某一场合或活动〕。...Englishmen who **dressed for** dinner in the jungle.……因参加密林宴会而穿礼服的英国人。

dressed be dressed **in** particular clothes 穿着某一服装。I was **dressed in** slacks and a jersey. 我身穿运动衫和宽松裤。

drill ❶ to drill **for** oil or water 为寻找〔石油、水〕而进行挖掘。Nor will it be long before we **drill for** oil on ocean floors. 到海底钻探石油的日子不远了。❷ to drill something **into** someone 训练某人学会某事。...the training rules that had been **drilled into** him.……训练他学会的培训规则。

drink to drink **to** someone or something〔向某人、为某事〕祝酒。He took a bottle with him to **drink to** the health of his hosts. 他带上一瓶酒，为主人的健康干杯。

drive to drive someone **to** or **into** a particular state 使某人或逼迫某人进入某一状态。These disasters **drove** men **to** desperation. 这些灾难把人逼入绝境。Filling in the form only **drove** his mind **into** further confusion. 填表格只能使他的思想更加混乱。

drool to drool **over** or **at** someone or something 对某人或某物流露出兴奋的神情。You were **drooling over** that idiotic woman. 你很有兴趣地注视着那疯婆。

drop ❶ to drop in **on** someone 顺便拜访某人。You must **drop in on** me sometime. 你什么时候一定要来看我。❷ to drop out **of** an institution, agreement, or competition 退出〔某机构、协议、竞争等〕。Jenny asked me if I would like to **drop out of** law school. 珍妮问我，是否想从法学院退学。...the virus that forced him to **drop out of** the Commonwealth Games.……迫使他退出英联邦运动会的病毒。

drum to drum ideas, knowledge, or behaviour **into** someone 反复向某人灌输思想、知识或行为。This knowledge had been **drummed into** her. 这种知识已灌输给了她。

due ❶ be due **to** a particular cause 由于某一原因。Death was **due to** natural causes. 是自然死亡。❷ be due **for** something 应得到。I reckon we're **due for** a rest. 我想我们应该休息一下了。

duplicate /ˈdjuːplɪkət/ **in duplicate** 一式两份。...a form which I had to read and sign **in duplicate**.……表格我得看一遍，签上名，一式两份。

duress **under duress** 被迫；被胁持。The statement appeared to have been made **under duress**. 该声明似乎是胁迫下作出的。

duty ❶ **on duty** 值班。She had to be **on duty** at the hospital. 她不得不在医院值班。❷ **off duty** 下班。You can go **off duty** now. 你可以下班了。

dwell to dwell **on** or **upon** a fact or memory 细想，详论〔事实、记忆〕。He had **dwelt on** the new experiences of the day. 他详细讲述了当天的新鲜经历。

E

eager be eager **for** something 渴望。He will be **eager for** advice and information. 他将渴望取得建议和信息。

earmark to earmark something **for** a particular purpose 为某一目的指定或

安排某事。...the money **earmarked for** supplies.……安排来采购供给品的款项。

earth **on earth** 世界上。...the coldest place **on earth**.……世界上最寒冷的地方。

ease ❶ **at ease; at ease with** someone 安心;与某人相处融洽。*She began to feel more at ease.* 她开始安心了一点。*You will soon feel at ease with your fellow students.* 你很快和同学和睦相处的。❷ **for ease of** something 为方便起见。*For ease of riding, they wore a coat that was cut away in front.* 为方便骑马,他们穿上了裁去前摆的外套。

east **east of** a place 某地以东。*It is being constructed on a site a few miles east of Liverpool.* 它正在利物浦以东数英里的地方建造。

easy ❶ **not be easy about** something 不能坦然地做某事。*I have never been able to feel easy about being in debt, even temporarily.* 我从来不能欠了债还坦然对待,哪怕是暂时欠债。❷ **be easy for** someone to do something 某人做事很容易。*It will not be easy for any newcomer to stay the course.* 新手要坚持到底是不容易的。❸ **to go easy on** something 节省某物。*For those who want to lose weight, it is best to go easy on the rice and bread.* 要想减肥,最好少吃米饭面包。

eat to eat **into** a substance or resource 腐蚀,分解。*Copper or iron pans are not suitable as vinegar eats into them.* 不能用铜锅铁锅,因为醋含有腐蚀性。

eavesdrop to eavesdrop **on** someone 偷听某人谈话。*I don't like eavesdropping on people talking on the phone.* 我不喜欢偷听别人打电话。

economize to economize **on** something 节省。*They had to economize on staff.* 他们只得减少员工人数以节省开支。

edge ❶ an edge **to** someone's voice 言语中流露出某种情绪。*There was a definite sharp edge to his melodious voice.* 他的圆润嗓音中明显露出逼人的情绪。❷ an edge **over** someone 略胜一筹。*He was the eldest, which gave him an edge over the other boys.* 他是长兄,所以比其他男孩强。❸ be **on edge** 紧张。*She'd been on edge and had tried not to show it.* 她很紧张,还试图掩饰。

edged be edged **with** something 由某物形成的一条边。...a path **edged with** round, white stones.……圆白石砌边的小径。

effect ❶ the effect **of** something **on** the thing or person affected〔某事对一事物或人的〕影响。...the withering **effect of** welfare on the morale of those receiving it.……福利金对被救济者的士气具有逼退效果。❷ **in effect** 实际上。*Each of the frog's feet is, in effect, a small parachute.* 实际上,蛙爪都长得像小降落伞。❸ **to this effect; to that effect** 大意为。*I was about to say something to this effect.* 我准备说差不多相同的话。❹ **for effect** 为了加深印象。*I've never cried, except for effect, since I was twelve.* 除装哭外,我自十二岁起就不哭了。

elaborate /ɪˈlæbəreɪt/ to elaborate **on** something 阐述〔某一内容〕。*She would not elaborate on her earlier pronouncements.* 她不会阐述先前的声明。

elect to elect someone **as** something or **to** a particular group 选举某人担任某一职务或选举某人进入某一群体。*In 1956 he was elected as Senator for the Armed Forces.* 1956年他当选为负责军队的参议员。*I was elected to the Assembly.* 我当选为议员。

elevate to elevate something **to** or **into** something 将某物提高到更重要的地位。*Fourteen of the colleges were elevated to the status of State Universities.* 十四所大学升格为州立大学。...where dancing becomes **elevated into** an art form.……那里的舞蹈被提升为艺术。

elicit to elicit a response or a piece of information **from** someone 从某人处探出反应或情报。*They gave up trying to elicit some response from him.* 他们放弃了寻求他的反应的尝试。*Cameron* *elicited from* her the fact that Cal was still sleeping. 卡梅伦从她那里知道卡尔还在睡。

eligible be eligible **for** something〔对某事物〕有资格。*Students with dependants may be **eligible for** an extra allowance.* 有家属要扶养的学生有资格获得额外津贴。

eliminate to eliminate something undesirable **from** something 消除某事物。*...the desire to **eliminate** risk **from** human life.*……消除人生风险的欲望。

emanate to emanate **from** a place, thing, or person 从〔某地、某事物或某人处〕传出。*...as if she could feel the holiness that **emanated from** them.*……似乎她能感悟他们传出的神圣物质。

embargo an embargo **on** trade 贸易禁令。*...the long-standing US **embargo on** trade with Cuba.*……美国长期禁止与古巴做贸易。

embark to embark **on** or **upon** a new project or course of action 开始或从事新项目或行动步骤。*...if you are **embarking on** a long period of training.*……如果你要从事长期培训。

embarrassed be embarrassed **by** something, **about** something, or **at** something 对某事感到尴尬。*I felt **embarrassed by** all this helpfulness.* 对这么多的帮助我感到不好意思。*He seemed terribly **embarrassed about** what had just been said to us.* 他似乎为刚才对我们说的话极为不安。*The two officers seemed **embarrassed at** such candour.* 两位官员似乎对这种直率态度感到尴尬。

embarrassment ❶ embarrassment **at** something〔对某事感到的〕尴尬。*...their **embarrassment at** walking in on me.*……他们对闯入我处感到尴尬。❷ an embarrassment **to** someone〔令人困窘或不安的〕人或事物。*The prisoners had become an **embarrassment to** the authorities.* 那些囚犯已经令当局十分尴尬。

embedded be embedded **in** something 嵌入某事物。*...a detailed model em-*

bedded in a block of plastic.……嵌入塑料块的细密模型。

embellished be embellished **with** things 用某物来美化。*...simple clothes **embellished with** hand embroidery.*……点缀有手工绣花的简朴衣服。

emblazoned ❶ be emblazoned **with** a design 用某一设计装饰某物。*...a casket **emblazoned with** the de Charny crest.*……装饰着德查尼纹饰的棺材。❷ be emblazoned **on** an object 装饰在某物上。*...a backdrop **on** which was **emblazoned** the imperial double-headed eagle.*……饰有帝国双头鹰标志的背幕。

emblem an emblem **of** a person or thing〔某人或某物的〕象征，标志。*...a ruler's staff, an **emblem of** kingship.*……国王的象征——权杖。

embodiment the embodiment **of** a quality〔某一品质的〕化身，体现。*She was the **embodiment of** loyalty.* 她是忠诚精神的化身。

embroidered ❶ be embroidered **on** cloth 在布面上刺绣。*...black slippers with little flowers **embroidered on** them.*……绣有小花的黑拖鞋。❷ be embroidered **with** a design 绣有某种图案。*Oriental silks **embroidered with** designs of bamboo and dragons.*……绣有竹和龙图案的东方丝绸。

embroil to embroil someone **in** an argument or scandal or **with** a person or group 使某人卷入争论或丑闻中去，或陷入与别人或团体的争吵中。*The episode **embroiled** Benn **in** a major political storm.* 这段插曲把本恩卷入了政治大风暴。*He had no intention of becoming any further **embroiled with** Bill Potter.* 他不打算跟比尔·波特再吵下去。

emerge ❶ to emerge **from** or **out of** a place, situation, or experience 从〔某一处所、情景或经历〕中出来。*...when the two inspectors **emerged from** the flat.*……两位检查员从公寓中出来时。*...the new nations which* *emerged out of the disintegration of Austria-Hungary.*……奥匈帝国瓦解时诞生的新国家。❷ to emerge **from** an investigation〔事实等〕经调查暴露出来。*One general problem emerged from our discussions.* 我们在讨论中发现了一大问题。

emigrate to emigrate **from** the country you leave **to** another country 从某国移居外国。*...a young man who had emigrated from Germany in the early 1920s.*……二十年代初移民离开德国的年轻小伙子。*He emigrated to Canada.* 他移民去了加拿大。

empathize to empathize **with** someone 体恤某人。*...so that they may empathize with the less fortunate.*……以便他们可以体恤不幸的人。

emphasis emphasis **on** something〔对某事的〕强调。*...our culture's heavy emphasis on the need for beauty in women.*……我们的文化强调妇女对美的需求。

employ to employ someone or something **as** something 使用某人或某物为某东西。*...the factory where he was employed as an assistant to a senior salesman.*……他担任高级营业员助理的那家工厂。

empty be empty **of** something 缺少某物。*The street was empty of cars.* 大街上没有汽车。

enamoured be enamoured **of** someone or something 热衷于某人或某物。*I was always enamoured of the theatre.* 我一直酷爱看戏。

encased be encased **in** something 置于某东西里。*From childhood, our feet are encased in shoes.* 我们从小就把脚穿在鞋子里。

enclose ❶ to enclose something **in** or **with** a letter or document sent by post 将某物放入信件或文件中邮寄。*The cheque was enclosed in a letter.* 支票夹在信中邮寄。*...return envelopes enclosed with charity appeals.*…… 装有

慈善呼吁的回信信封。❷ be enclosed **in** something or **by** something 被某物围住或圈住。*His nose was enclosed in the mask.* 他的鼻子包在面具里。*...a tennis court enclosed by wire fencing.*……铁丝网围住的网球场。

encounter ❶ someone's encounter **with** another person〔与某人〕意外相遇；an encounter **between** two people〔两人之间的〕意外相遇，冲突。*My own encounters with the woman confirmed everything I had heard about her.* 我自己与该女的接触，证实了我听说的关于她的一切。*...any encounter between the heroine and the man she loved.*……女主人公与她所爱的男人之间的任何冲突。❷ someone's encounter **with** something 遭遇某事。*It was my first encounter with pure terror.* 那是我第一次遭遇恐怖的事情。

encroach to encroach **on** or **up on** something 占用。*A small housing estate had encroached on the slopes.* 一个小住宅区占用了坡地。

encrusted be encrusted **with** something 用某物充当薄而硬的外壳。*The knocker is encrusted with paint.* 门环罩有油漆。

encumber to encumber someone **with** something 某物妨碍某人自由活动。*...passengers encumbered with suitcases.*……受手提箱之累的旅客。

end ❶ the end **of** a period of time, situation, activity, or object〔时间、情景、活动、物体等的〕结束、末尾、尽头。*...by the end of that year.*…… 到该年年底。*...at the far end of the room.*……在房间那一头。❷ an end **to** a situation〔某一情形的〕结束。*An end to civil service secrecy will only come about through intense pressure.* 结束公务不公开状况，只有通过施加大压力才能实现。❸ to end **with** particular words 以某些词作为结束。*The letter ended with a curious request.* 该信件末尾提出了奇怪的要求。❹ to end **with** or **in** a particular part, thing, or event 以某事物作为最后一个项目。*The meal normally **ended with** dessert.* 进餐通常以甜点作为最后一道菜。… *long straight streets, each **ending in** a piazza.*……笔直的长街，均以广场为终点。❺ be **at an end** 结束。*The romantic years were now **at an end**.* 浪漫岁月结束了。❻ **in the end** 最后、终于。*He had, **in the end**, become genuinely fond of her.* 他终于真正喜欢上了她。❼ **on end** 连续。*It is designed to fly at well over 65,000ft for days **on end**.* 它可以在 65,000 英尺以上的高度连续飞行数日。

endear to endear someone **to** something else 使某人喜爱。*It's not an approach that **endears** him **to** critics.* 那不是使他喜爱批评家的办法。

endemic be endemic **in** a place or society〔某地或某一社会的〕流行病。… *the pollution that is now **endemic in** the Mediterranean.*……现已在地中海流行的环境污染。

endow to endow someone or something **with** a quality or thing 使某人赋有某一品质或拥有某事物。*Sickness **endows** the mind **with** a new perceptiveness.* 疾病赋予头脑一种新的洞察力。

enemy an enemy **of** a person, group, or thing〔某人、某团体或某事物的〕敌人，对手。…***enemies of** the state.*……国家的敌人。

enfold to enfold someone **in** your arms 拥抱某人。*Ginny **enfolded** him **in** her arms and rubbed his head.* 金尼拥抱他，揉着他的头。

engage to engage **in** an activity 从事某一活动。*You may not **engage in** conversation with them.* 你不可以和他们交谈。

engaged ❶ be engaged **in**, **on**, or **upon** an activity or task 忙于某一活动或任务；be engaged **with** something or someone 忙于某事或面晤某人。*Paul was **engaged in** a chess game.* 保罗忙于下棋。*I shall be **engaged on** church business on Sunday evening.* 礼拜天晚上我将从事教会事务。*Mr Smith was **engaged with** a client.* 史密斯先生正在面晤一个客户。❷ be engaged **to** someone 与某人订婚。*She told us all she was **engaged to** him.* 她告诉我们大家，她与他订婚了。

engraved ❶ be engraved **on** an object 刻在某物上。*The date is **engraved on** the base.* 日期刻在基座上。❷ be engraved **with** a design 刻有某种花样。… *a stone **engraved with** strange figures.*……刻着奇怪人像的石头。

engrossed be engrossed **in** something or **with** something 全神贯注。*He was completely **engrossed in** his book.* 他在全神贯注地看书。*He was far too **engrossed with** his task to bother about us.* 他埋头工作，根本不管我们。

engulfed be engulfed **by** something or **in** something 被某物包围、吞没。*Miraculously, they had not been **engulfed by** the avalanche.* 他们奇迹般地没被雪崩吞没。*The raging ocean that covered everything was **engulfed in** total darkness.* 惊涛骇浪的海洋淹没了一切，真是一片黑暗。

enlarge to enlarge **on** or **upon** a subject 细说。*I went on to **enlarge on** the difficulties of naming a cat.* 我接着细说给猫命名的困难。

enlist to enlist **in** the army, navy, or air force 参军。*Jamie had **enlisted in** the army at Georgetown.* 杰米在乔治敦参了军。

enmeshed be enmeshed **in** something 陷入某事物中。…*at a time when India was **enmeshed in** turmoil.*……当时印度正陷于动乱。

entailed be entailed **in** an action or activity 牵涉到。…*despite the difficulties **entailed in** establishing what people eat.*……尽管要确定人们吃什么很困难。

entangled be entangled **in** or **with** something 纠缠于，缠绕〔某物〕。*Parker had risked becoming **entangled in** the investigation.* 帕克冒受调查

连累的危险。 *Our limbs got **entangled with** each other.* 我们的手脚相互缠绕。

enter ❶ to enter **into** negotiations or an agreement 缔约，达成协议。*The TUC were not prepared to **enter into** discussions.* 工会代表大会尚未准备参加会谈。❷ to enter **into** something 某事物里含有某一因素。*All sorts of emotional factors **enter into** the relationship.* 关系中渗透着各种感情因素。❸ to enter someone or something **for** or **in** a race or competition 让某人、某事物加入比赛。*I **entered** her **for** the race myself.* 我亲自替她报名参赛。*Also **entered in** this race is Gold Ace.* 戈尔德·埃斯也参加了这场比赛。❹ to enter something **in** a written record 将某事记录在案。*The grades were **entered in** a book.* 分数记录在案。

enthuse to enthuse **over** something or **about** something〔对某事〕极为热心。*There is plenty to **enthuse over**.* 可以热衷的事情很多。*...as they **enthused about** the success of their latest campaign.*……他们对刚刚获胜的竞选兴奋不已。

enthusiasm enthusiasm **for** something〔对某事物的〕热情。*...her **enthusiasm for** new experiences.*…… 她热衷于新鲜经历。

enthusiastic be enthusiastic **about** something 热情的，热心的。*My parents were not altogether **enthusiastic about** the theatre as a profession.* 我父母对戏剧职业并不怎么热心。

entitle to entitle someone **to** something 给某人获得某物的权力。*You are **entitled to** this money, so why not claim it?* 你有权得到这笔钱，为什么不去认领？

entrance ❶ the entrance **to** or **of** a building or place〔某一建筑物或某一处所的〕大门。*...in front of the main **entrance to** the building.*……大楼正前。*...the **entrance of** the cave.*……山洞的洞口。❷ entrance **to** an institution〔进入某机构的〕资格。*There is no examination for **entrance to** secondary*

schools. 进中学不用考试。

entrust ❶ to entrust something **to** someone 将某事交某人照顾。*I was **entrusting** my life **to** them.* 我把性命都托付给了他们。❷ to entrust someone **with** something 委托某人照顾某事。*At first he will only be **entrusted with** minor jobs.* 起初只能委托他做次要的工作。

entry ❶ the entry **to** a place〔某地的〕入口。*...the **entry to** the tunnel.*……隧道口。❷ entry **into**, or **to** a group or area of activity 加入某一团体或进入某活动区域。*...the qualifications needed for **entry into** elite occupations.*……加入精英职业的资格。*'A levels' are the basic qualification for **entry to** higher education.* A 级是上大学的起码资格。❸ an entry **in** a written record **for** a particular date〔写入日记、账本或清单等的〕项目，并附有日期。*...the **entry in** his diary.*……他日记中的记载项。*...my diary **entry for** Sunday, 25 May.*……我在 5 月 25 日星期日写的日记。

entwine to entwine something **with** or **in** something else 将一物缠绕在另一物上。*She **entwined** her arm **with** his.* 她挽起他的手臂。*One second later, her fingers were **entwined in** my own.* 说时迟那时快，她的手指叉住我的手指。

envelop to envelop someone or something **in** something else 使某人或某物被另一物围绕。*Our heads were **enveloped in** smoke.* 我们的头笼罩在烟雾中。

envious be envious **of** someone or something they have 妒忌某人或某人所拥有的事物。*They may be **envious of** your success.* 他们可能妒忌你的成功。

epitome the epitome **of** a quality or type of thing 缩影。*His wealth of knowledge made him seem the **epitome of** a philosopher.* 他知识渊博，俨然是一位哲学家。

equal ❶ be equal **to** something 与某事一样。*His influence is at least **equal to** that of any politician.* 他的影响力至少不亚于任何政客。❷ be equal **to** a task 胜任工作。*...as soon as they feel **equal***

to the challenge.……一旦他们感到能应付挑战。

equality equality **of** something or **in** something〔某事物的〕平等；the equality **of** one group **with** another〔某一群体与另一群体〕平等。*...equality of opportunity.*……机会的平等。*...equality in* pay rates.……薪酬标准的平等。*...the political, social, and economic equality of* women with men.……男女在政治、社会、经济上的平等。

equate to equate one thing **with** another 认为某事与另一事物等同。*War should on no account be equated with* glory. 战争绝对不应该与荣耀相等同。

equip to equip someone or something **with** useful things or **for** a task or activity〔为某人或某物〕配备，装备。*...huge bulldozers equipped with* special blades.……配有专用刀具的巨型推土机。*We're not equipped for* winter travel. 我们没有冬季旅行的装备。

equivalent ❶ the equivalent **of** something 相同的事物或数量，等值。*They would be expected to spend the equivalent of* a month's wages on their costumes. 他们可望将大约一个月的工资用于买服装。❷ be equivalent **to** something 相当于。*The poor had to borrow from the rich, at rates equivalent to* 250 per cent a year. 穷人只得向富人借贷，年利率相当于 250%。

escape ❶ to escape **from** someone or something unpleasant 逃脱某人或摆脱不愉快的事。*She had escaped from* two unfortunate marriages. 她已经摆脱了两次不幸婚姻。❷ to escape **from** a place **to** a safer or better place 逃离某地去更安全或更好的地方。*Two of the sentenced men escaped from* prison. 两个刑事罪犯越狱。*I escaped to* a quiet spot under a hedge. 我逃避到树篱下面的安静场所。

essence in essence 本质上。*This was in essence* the theory that Lipset and Bendix had advanced to account for

their findings. 这在本质上就是利普塞特与本迪克斯为解释自己的发现而提出的理论。

essential ❶ be essential **to** or **for** the occurrence of something 某事出现所必不可少的。*The outboard motor was essential for* our escape. 尾挂发动机是我们逃跑所必需的。*Calcium is essential to* health. 钙是健康的必需品。❷ be essential **to** someone or something 人或事物的基本构成。*Feathers are essential to* a bird. 羽毛是鸟儿的基本构成部件。

establish ❶ to establish contact **with** someone or something, or a relationship **between** two people or things 与某人或某事物接触，或在两人或两物之间建立某种联系。*...the proposal to establish* contact **with** pressure groups.……与压力团体接触的建议。*...the relationship established between* the psychiatrist and the patient.……心理医生与病人之间建立的关系。❷ to established yourself or something **as** something 使某人任某职或安顿某事物。*It helps him to establish* himself **as** one of the gang. 它帮助他在帮派中立足。

estimate ❶ /ˈestɪmeɪt/ to estimate something **at** a particular amount 对某事物估价。*The fire caused damage estimated at* more than half a million pounds. 火灾造成的损失估计为 50 多万英镑。❷ /ˈestɪmət/ an estimate **for** the cost of something〔工程的〕估价。*...the enormous estimate for* repairing the Mercedes.……修理奔驰车所需的高额估价。

estranged be estranged **from** someone 疏远某人。*He knows I am estranged from* my father. 他知道我与父亲很疏远。

evict to evict someone **from** a building 将〔房客或佃户〕逐出。*...attempts to evict* families **from** their homes.……将整户人家从家中逐出的尝试。

evidence evidence **of** or **about** something〔某事物的〕证据。*It was visible evidence of* his wealth. 那是他的财富的明证。*Until recently there has been very little evidence about* how the *brain functions.* 到目前为止，关于大脑如何运作的证据不多。

evolve to evolve **into** something new 进化为新的事物；to evolve **from** one thing **to** another 从某事物进化为另一事物。*Early horses* **evolved into** *the forms we know today.* 早期的马进化成我们今天熟悉的形态。*The French revolution* **evolved from** *the protest of a few lawyers* **to** *a popular movement.* 法国革命从少数律师的抗议演变为人民的运动。

exact to exact something **from** someone 强索费用。*...his reluctance to* **exact from** *the Germans a forfeit they could not pay.*……他不愿意向德国人强要他们付不出的罚金。

example **for example** 例如。*On this farm,* **for example**, *we've got very light soil.* 例如，这个农场的土质很松软。

excel to excel **at** or **in** an activity 擅长。*He does not* **excel at** *games.* 他并不擅长游戏。*Athletes devote their lives to* **excelling in** *some single sport.* 运动员终身致力于在某个单项中获胜。

exception ❶ an exception **to** a rule or tendency〔规则或倾向的〕例外。*Royal visitors were the one* **exception to** *the tendency of the great to travel with fewer people.* 重要人物出外所带随从倾向于减少，皇家访问者是唯一的例外。❷ **with the exception of** something 除某物以外。*With the exception of Gower, none of the batsmen scored more than 20.* 没有一个击球手得分超过20，高尔是例外。

excerpt an excerpt **from** a piece of writing or music〔作品或音乐的〕节录。*...an* **excerpt from** *a letter to her mother.*……她写给母亲的信的一段摘录。

exchange ❶ to exchange one thing **for** another 以某物换取另一物。*...coupons which can be collected and* **exchanged for** *goods.*……票证可以收集起来换取东西。❷ to exchange things of a particular kind **with** someone 和某

人交换某物。*I* **exchanged** *letters* **with** *these people.* 我与这些人通信。❸ **in exchange for** something 交换某物。*...the boy who had given him a marble* **in exchange for** *a biscuit.*……用弹子跟他换饼干的男孩。

exclaim to exclaim **over** something or **at** something 因某事惊叫起来。*They had* **exclaimed over** *my volume of Vermeer prints.* 他们看到我那本弗米尔画作复制品集，便惊叫起来。*The guests* **exclaimed at** *how well he looked.* 看到他身体不错，客人们惊叫着。

excluded be excluded **from** a place or activity 被排除在外。*I dislike being* **excluded from** *foreign policy discussions.* 我不喜欢被排除在外交政策讨论之外。

exclusive ❶ be exclusive **to** a particular company or place 为某公司或地方所特有的。*You could try and get some special stuff made,* **exclusive to** *us.* 你可以设法制造一些特殊材料，为我们所独家拥有。❷ be exclusive **of** a particular amount or group 不包括某一数量或团体。*The Astors had thirty servants in the 1930s,* **exclusive of** *three daily cleaners.* 阿斯特斯家在三十年代有三十名仆人，三名清洁工不算在内。

excursion ❶ an excursion **to** a place 去某地短途旅行，远足。*...an* **excursion to** *the Greek temples at Paestum.*……去希腊帕埃斯图姆的神庙远足。❷ an excursion **into** a new field of activity 涉足新的领域。*...a relatively rare* **excursion into** *contemporary music.*……比较少地涉足当代音乐。

excuse ❶ /ɪkˈskjuːs/ an excuse **for** something 借口。*I was trying to think up an* **excuse for** *leaving him.* 我在找借口离开他。❷ /ɪkˈskjuːz/ to excuse someone **for** doing something wrong or rude 原谅某人做错事或粗鲁的行为。*Excuse me* **for** *interrupting, Professor.* 请原谅我插一句，教授。❸ to excuse someone **from** taking part in an activity〔因某原因而〕使某人免于做某事。

*He is to be **excused from** duty for one year.* 他将免于值班一年。

exempt ❶ be exempt **from** tax or a duty 免除交税或责任。*Harold was **exempt from** military service.* 哈罗德被免除兵役。❷ to exempt someone **from** a tax, duty, or obligation 免除某人的税款、责任或义务。*This system **exempted** those on low incomes **from** paying tax.* 该制度规定低收入者免税。

exercise ❶ an exercise **in** doing something 练习。*This problem was put to me as an **exercise in** logic.* 这个问题供给我作为逻辑学练习。❷ the exercise **of** power, responsibility, or judgement 行使〔权力、责任或判断力〕。*The **exercise of** judgment is a higher function than the ability to count and calculate.* 行使判断力比计数计算能力更高级。

exit an exit **from** a place〔某地的〕出口。*...the north **exit from** the gardens.*……花园的北门。

exonerate to exonerate someone **from** blame 宣布某人无罪。*We've promised Captain Imrie a statement **exonerating** him **from** all blame.* 我们承诺替伊姆里船长发表一个声明，宣布他无罪。

expand to expand **on** or **upon** what you have said 详细阐述某事。*Marx does not **expand on** the social processes lying behind this situation.* 马克思并没有讨论这种情况出现背后的社会过程。

expel to expel someone **from** a place or organization 将某人驱逐出某地或某一组织。*Grigorenco was deprived of his pension and **expelled from** the party by his local committee.* 格里高仁科被剥夺了养老金，并被地方党委开除出党。

experiment ❶ to experiment **with** or **on** animals or things 对动物或物品进行实验。*Professor Skinner is still **experimenting with** pigeons.* 斯金纳教授还在做鸽子实验。*I started **experimenting on** Jonathan's machines and realized I had hit on something unique.* 我开始对乔纳森的机器做试验，并发现自己找到了独特的东西。❷ to experiment **with** something new 试验新的东西。*We are already **experimenting with** these strategies.* 我们已经在试验这种战略。❸ an experiment **with** or **on** animals or things 对动物或物品的试验。*...the results of his **experiments with** plants.*……他的植物试验结果。*...her **experiments on** what diets babies choose.*……她对婴儿挑选什么食物进行实验。❹ an experiment **in** a particular kind of activity〔对某一活动的〕试验。*...an **experiment in** industrial organization.*……工业组织方面的试验。

expert ❶ an expert **on** or **in** a subject; an expert **in** doing something〔某方面的〕专家。*...an **expert on** constitutional law.*……宪法专家。*Professor Hick is an **expert in** oriental religions.* 希克教授是东方宗教的专家。*David was an **expert in** judo and karate.* 大卫是柔道与空手道专家。❷ be expert **at** doing something 善于做某事。*They have to be **expert at** dealing with any problems that arise.* 他们必须善于处理任何出现了的问题。

explain to explain something **to** someone 向某人解释。*I **explained** my predicament **to** the air hostess.* 我把自己的难处向空姐解释了。

explanation ❶ an explanation **for** or **of** an event or situation〔对某事件或情景的〕解释、原因。*The most obvious **explanation for** my lack of success was that I was a bad writer.* 我很少成功，原因明显是因我不会写文章。*...to obtain from Perris an **explanation of** his extraordinary behaviour.*……从佩里斯处取得其异常行为的解释。❷ an explanation **of** something〔对某事物的〕详细描述。*The secretary-general proceeded with an **explanation of** the WPA's legal position.* 秘书长接着详述了 WPA 的法律地位。

exponent an exponent **of** an idea or activity〔某种思想或活动的〕倡导者

或代表者。*Janet Roberts is an expo-nent of the 'social work' approach.* 珍妮特·罗伯茨是"社会福利工作"法的倡导者。

export ❶ /ɪkspɔːt/ to export goods **from** one country **to** another 将货物从一国出口到另一国。*Thousands of sheep are being illegally exported from Brit-ain to Europe.* 成千上万的绵羊正从英国非法出口到欧洲。❷ /ekspɔːt/ the export **of** goods **to** another country 货物出口到另一国家。*India earned 4.3 million pounds from the export of frogs legs to the West in 1976-77.* 印度在 1976-77 年度向西方出口蛙腿,赚取了 430 万英镑。

expose ❶ to expose a person or thing **to** something 〔人或物〕接触某物。*... after a child has already been exposed to the disease.*……孩子接触该病之后。

❷ to expose someone or something **as** deceitful 揭露某人或某事是欺诈的。*Soon I will be exposed as a fraud.* 我的骗子行径很快会被揭露。

expressive be expressive **of** something 表达某一事物的。*The work seems ex-pressive of pride, power, and sorrow-ful pessimism.* 作品似乎表达出自尊、权力以及悲观情绪。

extend ❶ to extend **to** something 向某事物延伸。*His radicalism did not ex-tend to the field of economics.* 他的激进观点并没有延伸到经济学领域。❷ to ex-tend something **to** someone 向某人提供某事物。*He extended his hand to Ellen.* 他向埃伦伸出手来。*I write to ex-tend a welcome to you.* 我写信向你表示欢迎。

extent to a particular **extent** 在某一程度上。*To a certain extent, dying of a heart attack is related to prosperity and good living.* 在某种程度上说,心脏病死亡与富裕、与高水平生活有关。

extort to extort money or something else **from** someone 向某人勒索钱物。*His mother attempted, on several oc-casions, to extort money from him.* 他母亲三番五次试图勒索他的钱。

extract ❶ /ɪkstrækt/ to extract some-thing **from** a place, person, or thing 从某地、某人或某物中榨出某物。*... when you have extracted the juice from the pulp.*……你从果肉中榨汁之后。*I'd only used the threat to extract in-formation from him.* 我只是利用威迫榨取他的情报。❷ /ekstrækt/ an extract **from** a book or tape 从书籍、录音带中选取的东西。*... in this extract from his diary.*……在他的这段日记摘录中。

extrapolate to extrapolate **from** in-formation that you have 从已有的信息中推断。*It attempts to extrapolate from established data.* 它试图从确证数据中推断。

extreme ❶ an extreme **of** circum-stance or behavior 〔某环境或行为〕的极端。*The root of Ecuador's extremes of poverty and wealth is in land ten-ure.* 厄瓜多尔的贫富悬殊的根源是土地保有权。❷ **in the extreme** 非常地。*Her manner was friendly and welcoming in the extreme.* 她的举止很友好,极其欢迎的样子。

extricate to extricate someone **from** a situation or place 从某种情况下或某地解救或释放某人。*... the effort of ex-tricating myself from those miniature ravines.*……我自己从这些小峡谷中逃脱的努力。

eye an eye **for** something of a particu-lar kind 对某类事物有眼光或鉴赏力。*You've got an excellent eye for detail.* 你对细节很有非凡的眼光。

F

face to face up **to** a problem or diffi-cult situation 勇敢地面对。*This will not help offenders face up to their crimes.* 这不会帮助犯罪者正视其罪行。

faced be faced **with** a problem or dif-ficulty 面临问题或困难。*We were then faced with a terrible dilemma.* 我们当

时面临着可怕的困境。

fact in fact 事 实 上。*In fact, there is a problem of over-crowded prisons everywhere.* 事实上，到处都有监狱人满为患的问题。

faculty a faculty **for** doing something 做某事的特殊才能。*...people who develop the **faculty for** looking at things in different ways.*……养成以不同方式看待事物的才能的人。

fail ❶ to fail **in** an attempt or area of activity〔在尝试或活动中〕失败。*She failed in her attempt to swim to France.* 她想游泳去法国，但没成功。❷ **without fail** 必 定。*Every afternoon, he would without fail take a nap.* 每天午后他必定要午睡。

fair ❶ be fair **to** someone or **on** someone〔某事物〕对人公正的，公平的。*The situation is just not **fair on** the children or their parents.* 形势对儿童或家长就是不公平。❷ be fair **to** another person 公平地对待别人。*He always was **fair to** everybody around him.* 他总是公平地对待周围的人。

faith faith **in** something or someone〔对某事物某人的〕信任、信赖。*I've got **faith in** human nature.* 我相信人性。

faithful be faithful **to** someone or something〔对某人、某事物〕忠实的。*They wish to remain **faithful to** their heritage.* 他们希望继续忠实于自己的传统。

fall ❶ and fall **in** an amount or level〔数量或水平上的〕下降。*...a 3 per cent **fall in** industrial output.*…… 工 业产量下降3%。❷ to fall **from** one level or amount **to** another 从某一水平或数量上下降到另一层。*He **fell from** third place **to** twentieth in the rankings.* 他的排名从第三下降到第二十。❸ to fall **for** someone or something attractive 突然开始喜爱〔某人或某物〕。*Richard **fell for** her the moment he set eyes on her.* 理查德对她一见钟情。❹ to fall **for** a lie or trick 陷入骗局。*Unaware of these tactics, Mr Khan **fell for** every trap.* 坎先生没提防这些陷阱，不断中计。

❺ to fall **into** an unwanted state 陷入不佳局面。*Their ideas had simply **fallen into** disuse.* 他们的主意被弃之不用。❻ to fall **to** someone 成为某人的责任。*The task of informing Phil Cavilleri **fell to** me.* 通知菲尔·卡维勒里的任务就落到我身上。❼ to fall back **on** a resource or method 求助于，依靠〔资源、方法〕。*They may **fall back on** a variant of the original proposals.* 他们可能变相动用原建议。*This time there was no reserve to **fall back on**.* 这次没有预留物资（预备队、替补队）可以利用。❽ to fall behind **with** something that you are doing 拖欠、落后。*Unfortunately, we have **fallen behind with** the payments.* 不幸的是，我们拖欠付款了。❾ to fall in **with** a proposal 同意，赞成〔提议〕。*I didn't know whether to **fall in with** this arrangement.* 我不知道是否赞成这种安排。❿ to fall in **with** a person or group of people 与〔某人或某群人〕做朋友。*Phil **fell in with** a perky survivor called Ros and started begging.* 菲尔与一个活跃的幸存者罗斯混熟了，并开始乞讨。⓫ to fall out **with** a friend or colleague 与朋友或同事争吵、闹翻。*I've **fallen out with** certain members of the band.* 我已经与乐队某些成员闹翻了。

falling-off a falling-off **of** something or **in** something〔数量或质量的〕下降。*There was a definite **falling-off of** active interest.* 积极参与的劲头确有下降。*A **falling-off in** business was expected.* 营业预计下降。

familiar ❶ be familiar **to** someone 为某人所熟悉；a familiar thing **to** someone 某人熟悉的事情。*His name was **familiar to** me.* 我熟悉他的名字。*This is not, or not yet, a **familiar** term **to** most voters.* 这个名词大多数选民都不熟悉，或尚未熟悉。❷ be familiar **with** something 熟悉，精通。*I am, of course, **familiar with** your work.* 我当然熟悉你的工作。

familiarize to familiarize someone

with something 使某人熟悉某事物。 *He had to **familiarize** himself **with** the ship.* 他只得去熟悉该船。 *In her early puzzles, she wanted to **familiarize** readers **with** the idea of a crossword.* 在她早期编的字谜中，她想让读者熟悉纵横字谜的概念。

famous be famous **for** something 以某事而著名。 *The church is **famous for** the tomb of William Hogarth.* 该教堂以威廉·贺加斯之墓而闻名。 *The council is **famous for** spending the most amount of money on education.* 该委员会以教育支出最多而著称。

fan a fan **of** something or someone〔某事物、某人的〕热情崇拜者。 *...fans of Elvis Presley.*……"猫王"埃尔维斯·普雷斯利的歌迷。

fantasize to fantasize **about** something 奢望，幻想。 *She does not dare to **fantasize about** her novel being widely acclaimed.* 她不敢奢望自己的小说广受喝彩。

far not far **from** a place 离某地不远。 *...a villa not **far from** Hotel Miranda.*……离米兰达饭店不远的一幢别墅。

fascinated be fascinated **by** something or **with** something 对某事物极感兴趣、着迷。 *I'm **fascinated by** the whole world of politics.* 我对整个政界着迷。 *Babies may become **fascinated with** one thing for several weeks.* 婴儿可能对一件东西着迷数个星期。

fashion ❶ be **in** fashion 流行。 *Such ideas were now no longer **in fashion**.* 这种观念目前已不流行。 ❷ be **out of** fashion 过时。 *Hats are **out of fashion**.* 礼帽已经过时。

fasten to fasten **on** or **upon** something or fasten on **to** something 固定在另一物上。 *A vicious serpent leapt upon him and **fastened on** his arm.* 一条毒蛇跳到他身上，缠住了手臂。 *The kids **fastened on to** their families like iron filings to a magnet.* 孩子像铁屑黏上磁铁一样依附于家庭。

fault at fault 有错。 *It was 1976, I believe, if my memory is not **at fault**.* 我认为是 1976 年，如果没记错的话。

favour ❶ in favour; in favour **of** something 支持；有利于〔某事〕。 *A national opinion poll in the Daily Mail showed 78% to be **in favour**.*《每日邮报》的全国性民意测验表明78%的支持率。 *He was **in favour of** modernising the trade unions.* 他支持工会的现代化。 ❷ in someone favour 有利于某人。 *The computer seems to be programmed so that the error is always **in** the bank's **favour**.* 电脑编程似乎做了手脚，差错总是有利于银行方面。 *...a series of court decisions **in** his **favour**.*……一系列有利于他的法庭裁决。 ❸ in favour **of** another thing 代之以别的事物。 *He had long ago discarded a horse and cart **in favour of** a motor truck.* 他早就抛弃了马拉车，代之以汽车了。 ❹ be **out of** favour 不受欢迎；不流行。 *Their views are very much **out of favour** now.* 他们的观点如今已不大受欢迎了。 ❺ a favour **to** someone 对某人的恩惠。 *He had persuaded her, as a personal **favour to** himself, to move her bank account.* 他劝她看在他的分上把银行账户挪一下。

favourable be favourable **to** something 倾向于、有利于某事物。 *Most people were **favourable to** the idea.* 大多数人赞成该主意。 *...an atmosphere **favourable to** expansion.*……有利于扩张的气氛。

fear ❶ to fear **for** someone or something 为某人或某事担忧。 *Local people **fear for** her safety.* 当地的人为她的安全担心。 *He **feared for** his brother after hearing about the escape attempt.* 听说企图跑之事之后，他很为兄弟担忧。 ❷ someone's fear **of** a frightening thing or person〔对吓人的东西或人的〕恐惧。 *She was brought up with no **fear of** animals.* 她从小到大就不怕动物。 ❸ fear **for** someone or something〔对某人或所关心的事的〕担忧。 *...trembling with **fear for** the children.*……

为孩子担忧而发抖。*They left Beirut because of **fears for** their safety.* 由于担心安全问题，他们离开了贝鲁特。❹ **in fear of** experiencing something bad 生怕经历某些不如意的事。*Raymond now lived **in fear of** dismissal.* 雷蒙德成天害怕被解雇。❺ **for fear of** doing something 生怕、以免做某事。*They did not mention it **for fear of** offending him.* 他们没有提起它，以免他生气。

fearful be fearful **of** something 害怕某事物。*...parents who are **fearful of** letting their feelings take over.......* 害怕感情用事的家长。*The survey showed that women were particularly **fearful of** crime.* 调查发现，妇女特别害怕犯罪现象。

feast to feast **on** or **off** food of some kind 大吃某一食物。*Flies **feast on** rotting flesh.* 苍蝇大吃腐肉。*...**feasting off** cold roast duck.......* 大吃冷烤鸭。

feature ❶ a feature **of** something〔某事物的〕特征。*Continuous rapid economic growth was never a permanent **feature of** the system.* 持续高速的经济增长决不是该制度的永久特征。❷ a feature **on** a particular topic〔某一主题的〕特写。*The local newspaper recently ran a **feature on** drug abuse.* 当地报纸最近刊登了关于吸毒的特写。❸ to feature **in** an event or thing 在某事件、某物中起重要作用。*One athlete who could have been expected to **feature in** several events was Daley Thompson.* 可望参加多个项目的一位运动员是戴利·汤普森。*This picture **features in** a show of fine paintings at the Scottish National Portrait Gallery.* 这幅画参加了苏格兰国家肖像画廊的精美画展。

fed up ❶ be fed up **with** something or someone 对某事或某人厌倦。*I'm **fed up with** people talking to me as if I was an idiot.* 我受够了人们像对待白痴一样对我说话。*We met all sorts of people who got **fed up with** boarding school.* 我们遇见了各种各样的人，他们厌倦了寄宿学校。❷ be fed up **of** doing

something〔用于非正式口语里〕厌倦做某事。*I'm **fed up of** waiting for you.* 我等你等得不耐烦了。

feed ❶ to feed an animal **on** or **with** food of some kind 用某种食物喂养。*I told her to **feed** the cat **on** bread and milk.* 我让她给猫喂面包和牛奶。*They used to **feed** it **with** warmed goat's milk.* 他们一度用加热的山羊奶喂它。❷ to feed food of some kind **to** an animal 给动物喂养某类食物。*...the root vegetables we **feed to** cattle.......* 我们喂牛的块根蔬菜。❸ to feed **on** or **off** food of some kind 依靠某类食物为生。*Foxes **feed on** rodents, beetles, and berries.* 狐狸以啮齿动物、甲虫和浆果为生。*...tiny snails which **feed off** the surface film of algae.......* 小蜗牛吃的是藻类的表膜。❹ to feed something **into** a machine or appliance 向机器或某装置里输送原料。*Vents in the door **feed** air **into** the radiators.* 门上的通风口向散热器送风。*This new data is **fed into** the computer.* 这个新数据输入到电脑中。

feel ❶ to feel **like** a type of person 感觉像某种人。*I **felt like** a murderer.* 我的感觉像凶手。❷ to feel **like** a thing of a particular kind 看似某类事物。*It **feels like** winter.* 感觉像冬天。❸ to feel **like** something or **like** doing something 想要某物或想干某事。*I **feel like** a stroll.* 我想去散步。*I wondered if you **felt like** coming out for a drink.* 不知道你是否愿意出来喝两杯。❹ to feel in a particular way **about** something 对某事的意见、态度或反应。*We **feel** very positive **about** the future.* 我们对未来充满信心。*They might not be sure of how they **feel about** this war.* 他们可能无法确定对这场战争的态度。❺ to feel something **for** someone 对某人怀有某一情感。*I **felt** desperately sorry **for** myself.* 我深感悔悟。*...the love he **felt for** his father at this moment.......* 他此刻对父亲的爱。❻ to feel **for** something 摸找某物。*His left hand **felt for** the button under the arm of the chair. 他的左手在椅子扶手下摸找按钮。❼ to feel **for** someone in misfortune 同情某人。I **felt for** Byron, but it could have been worse. 我同情拜伦，但情况可能会更糟。❽ a feel **for** something 对某物的直觉。...his shrewd, intuitive **feel for** the newspaper business.……他对报业具有精明的直觉。

feeling ❶ your feelings **for** someone you like〔对某人的〕感情。My **feelings for** him had grown deeper. 我对他的感情加深了。❷ your feelings **about** something〔对某事的〕预感。...negative **feelings about** computers.……对电脑的否定预感。❸ a feeling **for** something〔对某事物的〕理解、鉴赏力。You have to have some **feeling for** the quality of the work. 你必须对此工作的质量拥有一定的鉴赏力。

ferry by ferry 乘渡船。They crossed the river **by ferry**. 他们乘渡船过河。

festooned be festooned **with** things 饰以花彩。The houses are **festooned with** posters. 屋子里拉上了装饰海报。

fetch to fetch something **for** someone 为某人取来某物。'Bet, **fetch** a shawl **for** your stepmother.' "贝特，帮继母拿条围巾。"

feud ❶ a feud **between** two people or groups〔两人或两团体间的〕世仇；a feud **with** another person or group〔与另一人或团体的〕不和。...the lasting **feud between** the two families.……两个家族的世仇。His father became involved in a **feud with** another villager. 他父亲卷入与另一村民的不和。❷ to feud **with** someone 与某人结世仇。He **feuded with** the formidable Ernest Bevin. 他与可怕的欧内斯特·贝文结了仇。

fiddle to fiddle **with** something or fiddle **about with** something 胡乱摆动。Delaney **fiddled with** the curtain cord. 德莱尼摆弄着窗帘索。...**fiddling about with** a light.……摆弄电灯。

fidelity fidelity **to** something or someone〔对某事或某人的〕忠实。...fidelity to the cause.……忠于事业。Vita's **fidelity to** Harold.……维塔对哈罗德的忠实。

fidget to fidget **with** something 烦躁不安地或心不在焉地弄某物。Mother stood in front of the mirror, **fidgeting with** her new hat. 母亲站在镜子前摆弄新帽子。

fight ❶ to fight **for** something 设法获得某事物；to fight **against** something 竭力制止某事。Trade unionists have **fought for** effective laws. 工会分子已经为实施法律奋斗过了。You can't **fight against** progress. 你无法制止进步的。❷ to fight **with** or **against** an enemy 与敌人搏斗、打架；to fight **with** people on your side 与自己人一起打仗。He was always **fighting with** his brother. 他动不动就与兄弟打架。...bandits **fighting against** each other.……内讧的土匪。He had **fought with** the 15th Punjab Regiment in Burma. 他曾在缅甸与第15旁遮普团并肩作战。❸ to fight **about** or **over** something 为某事物打架。They **fought about** money. 他们为钱而打架。...robbers who start **fighting over** the profits.……为分赃而打架的强盗。❹ a fight **against** something bad 防止某事，战胜某事物；a fight **for** something desirable 为某事物而战。...the **fight against** pollution.……防止污染的战斗。...her **fight for** freedom.……她为自由而战。❺ a fight **with** someone or **against** someone〔与另一人的〕斗争；a fight **between** people〔两人间的〕斗争。Eight soldiers have been injured in a fist **fight with** local people. 八名士兵在与当地老百姓打架时受伤。The referee stopped his **fight against** Watson in the fifth round. 裁判员制止了第五回合他与沃森的打斗。There would be **fights** sometimes **between** the workers. 有时工人中间会发生打斗。

figment a figment **of** someone's imagination〔某人想象中的〕事情。I thought this man Broum was another

figment of your over-active imagination. 我以为布龙这个人又是你过于活跃的想象力的产物。

figure ❶ to figure **in** something 出现，被提及。*Loneliness **figures** quite a lot in his conversation.* 他的谈话中经常提及孤单。*None of the accused **figured in** the report.* 没有一名被告出现于报告之中。❷ to figure **as** a particular thing 扮演某种角色。*...the many debates in which he **figured as** a Minister of the House of Commons.* ……在许多次辩论中他扮演下议院一位部长。*...a photograph which **figured as** part of the evidence.* ……充当证据的照片。

file ❶ to file **for** divorce or bankruptcy 申请离婚或破产。*I instructed my solicitor to **file for** divorce.* 我指示律师申请离婚。❷ **on file** 备档。*We have half a dozen reports already **on file**.* 我们有五六份报告已经归档。

fill ❶ to fill a container or place **with** something or fill it up **with** something 将某物装满或填满〔容器、某地〕。*She **filled** the bottle **with** water.* 她把瓶子装满水。*He **filled** the car **up with** petrol.* 他给汽车加满汽油。❷ to fill someone **with** a feeling 使某人陷入某一感情。*This thought **filled** her **with** dismay.* 想到这，她充满了惊惶。❸ to fill in **for** someone 临时补缺。*...to see friends about **filling in for** him on sentry duty.* ……去看朋友，替他临时补缺站岗。❹ to fill someone in **on** something 向某人提供情况，使某人熟悉。*'Kleiber's security company said Stuart.' **Fill** me **in on** that.* "克莱伯保安公司，"斯图尔特说。"给我提供说明它的情况吧。"

filled be filled **with** something 充满某事物。*The house was **filled with** all kinds of books.* 屋子里堆满了各种书籍。*He was **filled with** apprehension.* 他忧心忡忡。

find ❶ to find something **for** someone 为某人寻找某事物。*The next step was to **find** a new job **for** the clean-er.* 下一步是为清洁工找到新工作。❷ to find pleasure or consolation **in** something 在某事物中找到快乐或安慰。*We may **find** purpose and healing **in** the love of God.* 我们可以在热爱上帝中找到目标和安慰。❸ to find **for** or **in favour of** one of the people in a court case 法庭就某一案子作出有利于某人的裁决。*The judge had **found for** the husband.* 法官的裁决对丈夫有利。*If the court finds **in favour of** his appeal, Senna may retain his title.* 如果法庭就森纳的上诉作出有利于他的裁决，他就可以保留他的冠军。❹ to find **against** one of the people in a court case 法庭就某一案子作出对某人不利的裁决。*The European Court of Justice may **find against** the United Kingdom on these issues.* 欧洲法院就这些问题的判决可能不利于英国。

finish ❶ to finish **with** something or **by** doing something 以某事或做某事而告结束。*The day had **finished with** a quarrel.* 那天以争吵而告终。*I **finished by** describing Jeremy in some detail.* 我结束时详细描述了杰里米。❷ to finish **with** someone or something 终止与某人或某事关系。*Come and have a gossip after M's **finished with** you.* M 与你的事结束后，可过来聊聊。*They've both just **finished with** their girlfriends.* 他俩都刚刚与女朋友吹了。

finished be finished **with** something 完成某事物。*He was almost **finished with** the puzzle when the phone rang.* 电话铃响时，他快解出字谜了。

fire ❶ **on fire** 着火。*His clothes were **on fire**.* 他的衣服着火了。❷ **under fire** 受到攻击。*The radio headquarters was **under fire** from interior ministry troops.* 电台总部遭到内务部部队的攻击。*This unfair system has come **under fire** from critics.* 这一不公平制度已受到批评家的攻击。❸ to fire bullets or questions **at** someone 向某人射击或提问。*He saw Germans and Americans **firing at** each other in the square.* 他看到德军和

美军在广场上交火。 …*suddenly* **firing** **at** *him strings of words to spell*.……突然提出一批单词让他拼写。

first at **first** 起初。 *At* **first** *she was nervous*. 起初她很紧张。

fish to fish **for** something 寻找某物。 …*the river in which I used to* **fish for** *salmon*.……我当年抓鲑鱼的河流。 *Morph* **fished for** *the key to the back door*. 莫夫在摸后门钥匙。 *He was happy to see her* **fishing for** *compliments*. 他很高兴看到她博取别人对她的赞美。

fit ❶ be fit **for** a person, thing, or purpose 适合。 …*palaces* **fit for** *noblemen*.……适合贵族住的宫殿。 *This meat is not* **fit for** *human consumption*. 这种肉不能给人吃。 …*subjects* **fit for** *serious painting*.……适合认真描画的题材。 ❷ to fit **into** a space or group 找到足够的地方容纳某物。 *All my clothes* **fit into** *one suitcase*. 我的全部衣服装得进一个手提箱。 …*odd things that don't* **fit into** *any category*.……不属于任何范畴的怪物。 ❸ to fit a part **to** an object; to fit an object **with** a part 用某物安装于某东西上。 *13-amp fuses should not be* **fitted** **to** *low-powered appliances*. 13 安培熔断器不应安装于低功率电器上。 *The dinghies had been* **fitted with** *searchlights*. 救生艇上装了探照灯。 ❹ to fit in **with** an arrangement, system, method, or idea 符合。 *This would* **fit in with** *his theories about civilisation*. 这符合他的关于文明的理论。 *They have claimed that the new tests will* **fit in with** *normal teaching*. 他们宣称，新的测验会适用于正常教学。 ❺ a fit **of** laughter, rage, etc 一阵大笑、怒火 等。 *He had broken the door down in a* **fit of** *jealousy*. 他醋性大发，把门砸了。

fitted be fitted **to** or **for** an environment or task 适应环境或适合完成某任务。 *He is exactly* **fitted to** *the society that made him*. 他恰好适合曾造就自己的社会。 *She is confident that the laboratory is* **fitted for** *the investigation*. 她坚信实验室适用于该研究。

fix ❶ to fix your eyes or thoughts **on** or **upon** someone or something 将目光或思想注意到某物上。 *His eyes were* **fixed on** *her*. 他注视着她。 *His attention now appears* **fixed on** *the German question*. 他的注意力似乎集中于德国问题。 ❷ to fix **on** something 选定某事物。 *We seem to have* **fixed on** *the same day for supermarket shopping*. 我们似乎选定了同一天去超市购物。 ❸ to fix someone up **with** something 为某人安排某事物。 *I told him that I didn't know anyone who could* **fix** *him* **up with** *a job as a taxi-driver*. 我告诉他，我不认识任何可以安排给他出租车司机工作的人。

flair a flair **for** something 〔某方面的〕天分。 …*someone who has a* **flair for** *selling a product*.……销售产品的天才。

flames in **flames** 燃烧着。 *Their home was* **in flames**. 他们家燃烧着。

flanked be flanked **by** or **with** people or things 被人或物夹持。 *She was marching along* **flanked by** *two Danish girls*. 她在两名丹麦姑娘的左右陪伴下大踏步前进。 …*green meadows* **flanked** **with** *towering cypress tress*.……参天柏树夹着的绿草地。

flash ❶ to flash a look or smile **at** someone 朝某人望一眼或笑一下。 *Maurice* **flashed** *a smile* **at** *Ralph*. 莫里斯朝拉尔夫笑一下。 ❷ to flash back **to** something 回忆，回想〔某事〕。 *Soshnick's mind* **flashed back to** *the notorious lipstick murders*. 索希尼克回想起臭名昭著的唇膏谋杀案。

flaw a flaw **in** something 缺陷。 …*this obvious* **flaw in** *their theory*.……他们的理论中有这一明显缺陷。

flecked be flecked **with** marks or things 有〔斑点或东西〕。 *Its stem is tall and white,* **flecked with** *brown scales*. 其茎干又高又白，点缀着褐色鳞叶。

flick to flick **through** a magazine, a book, or documents 快速翻阅〔杂志、书、文件〕。 *When he returned to his office, he* **flicked through** *the mail*. 他

回到办公室后，翻看了一下邮件。

flinch to flinch **from** something 不想或不做某种不愉快的事。*Ms Amiel flinches from the idea of trials.* 埃米尔女士不愿想起审判的事。*...men who would not flinch from assassinating a president.*……不惜刺杀总统的人。

flip to flip **through** a book or a magazine 很快地翻阅书籍或杂志。*...an abandoned magazine I flipped through on a train.*……我在火车上翻阅过的一本人家丢掉的杂志。

flirt ❶ to flirt **with** someone 调情。*She saw him flirting with Carol Swanson.* 她看到他在与卡萝尔·斯旺森调情。❷ to flirt **with** an idea or something new 假装对某一主意或某一新事物感兴趣。*Vice-chancellors flirted with the idea of private fees last year.* 副首席法官们去年曾考虑过私人费用的主意。

flock to flock **to** a place or event 聚集到某地或某一事件中。*Thousands flocked to the slopes of Glencoe and Aviemore.* 千百人聚集到格伦科和阿维莫尔的山坡上。

flood ❶ to flood **into** a place 大量地拥入。*...the refugees flooding into Malawi.*……大量拥入马拉维的难民。❷ to flood a place **with** things 使某地充满某物。*...to prevent their home markets being flooded with imports.*……防止国内市场充斥着进口货。

flow to flow **from** something 来自某事物。*...the benefits which might flow from my death.*……源自我的死亡的利益。

flower be **in** flower 盛开。*At the foot of the trees, the primroses were in flower.* 在树根处盛开着樱草花。

fluctuation a fluctuation **in** something or **of** something〔某事物的〕波动。*...high winds and fluctuations in temperature.*……大风与气温波动。*...my mother's wild fluctuations of affection and selfishness.*……我母亲的喜怒无常和自私自利。

fluent be fluent **in** a language 语言流利的。*He was fluent in French.* 他的法语很流利。

flush be flush **with** a surface 与某物在同一平面上。*...a slab almost flush with the ground.*……与地面几乎平齐的石板。

flushed be flushed **with** an emotion or **with** success 充满感情的；因成功而非常激动。*Carlo leaned back, his face flushed with gratification.* 卡洛挺直身体，高兴得满脸通红。*Mrs Bradley resumed her seat, flushed with success.* 布拉德利太太回到座位，因成功而非常激动。

fly ❶ to fly **at** someone 进攻某人。*She flew at me and slapped me across the face.* 她扑过来，打我的耳光。❷ to fly **into** a rage or panic 勃然大怒；惊惶失措。*Ramiro flew into a temper.* 拉米罗勃然大怒。

fob to fob someone off **with** something unsatisfactory 以假货或次货敷衍或欺骗人。*He may try to fob you off with a prescription for pills.* 他会试图用药丸处方敷衍你的。

focus ❶ to focus something such as your eyes, your attention, or a camera **on** someone or something〔眼睛、注意力、照相机等〕焦距对准某人或某物。*I propose to focus attention on one resource—fuel.* 我提议把注意力集中到一种资源——燃油。*Watson focused his binoculars on the treetops.* 华生把望远镜对准树冠。*The zoo management intends to focus on education and conservation.* 动物园管理层打算着重于教育和环境保护。❷ the focus **of** attention 注意的焦点。*He expected to be the evening's chief focus of attention.* 他渴望成为今晚的主聚焦点。*By the spring of 1973, the focus of debate had shifted.* 到1973年春，辩论的焦点已经变化。❸ a focus **on** something 对某事物的关注。*...shifting from a concern with the present to a focus on the future.*……从关心现在变为关注未来。❹ be **in** focus 清楚或对准焦距。*All he had to do was to keep* his mind and his eyes *in focus*. 他只要集中精力、双目注视就可以了。❺ be **out of focus** 模糊或没有对准焦距。...*as a result of being photographed **out of focus**.*……由于拍照时没有对准焦距。

foil a foil **for** something or **to** something 某物的陪衬。...*a young orator who is a **foil for** Socrates in this dialogue.*……在这篇对话中做苏格拉底陪衬的年轻演说家。*Cranberries are a good **foil to** fat meat.* 越橘是肥肉的好佐料。

foist to foist something unwelcome **on** or **upon** someone 将某事物强加于人。*Goodness knows what type of manager they might **foist on** us.* 天知道他们会塞给我们什么样的经理呢。

follow ❶ to follow one thing or action **with** another 使某事物或行为〔在空间或时间上〕跟随另一事物或行为。*To **follow** one crop of wheat **with** another and another is inviting trouble.* 一季季地连续种植小麦是自讨苦吃。*She **followed** her education **with** a stint at a Swiss finishing school.* 她在毕业后即上了一家瑞士仪表进修学校准备进入社会。❷ to follow **from** a fact 从某一事实中得出结论；必然发生。*It **follows from** all this that many bureaux are resistant to change.* 由此可见，许多政府机关在抵制变革。

fond be fond **of** someone or something 爱好，喜欢。*Angela was very **fond of** her parents.* 安杰拉很爱自己的父母。*Mr Kinnock is **fond of** quoting the Italian communist Antonio Gramsci.* 金诺克先生喜欢引用意大利共产党人安东尼奥·葛兰西的话。

fool to fool around **with** something 瞎摆弄。*Nino Valenti was sitting at the piano **fooling around with** the keys.* 尼诺·瓦伦提坐在钢琴边瞎弄键盘。

foot ❶ on foot 步行。*I preferred to enter **on foot**.* 我宁愿步行进去。❷ **on** your **feet** 站立着。*He's been **on his feet** all day.* 他整天都站着。❸ **to** your **feet** 站起来。*I tried to get **to my feet** but could*

not. 我想站起来，却不成。

footing **on** a particular **footing** 站在某一立场；**on** a particular **footing** with someone 和某人站在同一立场。*This puts agriculture **on** a very precarious **footing** indeed.* 这就把农业放在十分危险的境地。*The school's constitution puts parents **on** an equal **footing** with staff.* 学校规定，家长与教职工是平等的。

forage to forage **for** food or other things 寻找食物或其他东西。*Squirrels are **foraging** everywhere **for** sustenance.* 松鼠在四处觅食。

foray a foray **into** a field of activity〔对新的环境或活动的〕尝试。...*in the forty years since his first **foray into** journalism.*……在他涉足新闻工作的四十年间。

force ❶ to force something unwelcome **on** or **upon** someone 将某事强加于人。*Their frequent returns to Scheidegg were **forced on** them by bad weather.* 他们频频回到夏德克，是由于恶劣天气造成的。❷ to force someone **into** doing something or **into** a difficult or unpleasant situation 强迫某人做某事或使之处于不愉快的境地。*Mr Hansen was **forced into** resigning over the affair.* 汉森先生被迫为此事辞职。*The drive for competition has **forced** thousands of workers **into** the job queues.* 竞争的驱动迫使千万名工人待业。❸in **force** 存在；生效。*Demonstrations are barred under the emergency regulations still **in force**.* 仍然有效的紧急条令禁止示威游行。❹ in **force** 大规模的。*One of the guards said that they intended to return **in force** to carry out the order.* 一名卫兵说，他们打算派大部队来执行命令。

forefront in the forefront of something; at the forefront of something 在〔某事物的〕最前部，最重要的。*American television is **in the forefront of** telecommunications technology.* 美国电视站在通信技术的前沿。*Some employers were **at the forefront of** campaigns to extend safety legislation.*

某些雇主站在延长安全立法运动的最前线。

foreign be foreign **to** someone 非某人固有的，陌生的。*The crime had an ingenuity and subtlety foreign to an Englishman.* 此罪行具有英国人感觉陌生的创意与巧妙。*Everything about his life was foreign to her.* 关于他的一生，她一概不知。

forerunner the forerunner **of** something 先驱者，开路人。*...working class organizations that are the forerunners of workers councils.*……作为工人理事会先驱的工人阶级组织。

foretaste a foretaste **of** something in the future〔对未来事物的〕浅尝，预兆。*These pictures were a foretaste of the coming age of space exploration.* 这些图片是正在来临的太空探索时代的先期迹象。

forget to forget **about** something 遗忘了某事物。*The Count had momentarily forgotten about the letter.* 伯爵暂时遗忘了那封信。

forgetful be forgetful **of** something 对某事物不考虑、疏忽。*Howard, forgetful of the time, was still working away in the library.* 霍华德忘记了时光的流逝，还在图书馆里工作着。

forgive to forgive someone **for** doing something 原谅、宽恕某人所做的事。*Forgive me for using these pompous words.* 请原谅我使用这些夸张的语汇。

form ❶ a form **of** something 形式。*Stick-fighting was more an art than a form of combat.* 棍战是艺术，而不是打斗形式。❷ **in the form of** something 以某种形式。*...exercise in the form of walks or swimming.*……散步、游泳形式的锻炼。

forward to forward a document **to** someone 将文件转递给某人。*Regional officials forwarded the results to head office.* 地方官把结果转递给总部。

founded be founded **on** or **upon** a basis or fact 建立在事物的基础上；依据事实。*...a novel which is doubtless founded on a mass of historical data.*……无疑是依据历史资料写成的小说。

framed be framed **in** something or **by** something 给某物框住。*Matron was framed in the doorway.* 护士长站在门口。*...pictures of mountains framed by trees.*……树木覆盖山脉的照片。

frank be frank **with** someone **about** something〔就某事对某人〕坦率的。*Now, Hugh, I want you to be perfectly frank with me.* 休，你就跟我实话实说吧。*He's quite frank about everything else.* 他对别的事情都很坦率。

fraternize to fraternize **with** someone 与某人建立友谊。*...when they saw me fraternizing with the lower class.*……当他们看见我与"低下阶层"交往。

fraught to fraught **with** a quality or **with** things 充满某一特征或事物。*This way of lift is fraught with danger.* 这种生活方式险象环生。*These proposals are fraught with explosive social consequences.* 这些提议充满了爆发性的社会后果。

free ❶ be free **of** or **from** something 不受某事影响的。*They seemed free of racial prejudice.* 他们似乎没有种族偏见的。*...ensuring that they are free from harmful bacteria.*……保证它们不带有害病菌。❷ be free **with** advice, money, or etc. 慷慨。*She is not known for being free with her money.* 她并不以花钱大方而著称。*They are pretty free with their comments.* 他们很随便地加以评论。❸ to free someone or something **from** something or **of** something 使某人或某物脱离某物。*...to free the world from hate and misery.*……使世界摆脱仇恨与痛苦。*He had freed her of the responsibility of feeling guilty.* 他使她从罪疚感释放出来。

freedom ❶ freedom **from** something〔不受某事影响的〕状态。*...freedom from hunger.*……不挨饿。❷ freedom **of** speech or action 言行自由。*Will you allow them freedom of choice?* 你允许他们自由选择吗？

fresh be fresh **from** a place 刚从某地来。...*bread* ***fresh from*** *the oven*.……刚出炉的面包。*Nick Faldo arrived,* ***fresh from*** *his victory in the U.S. Masters Tournament.* 尼克·福尔多刚从美国大师赛凯旋而来。

fret to fret **about** something or **over** something 对某事不愉快。*She* ***fretted about*** *her appearance.* 她对自己的模样感到烦恼。*Nothing can be gained by* ***fretting over*** *results.* 为结果而烦恼于事无补。

friend ❶ be friends **with** someone 和某人友好，与某人交朋友。*You used to be great friends with him, didn't you?* 你曾与他很要好，是不是？❷ a friend **of** someone or **to** someone〔某人的〕朋友。*She has become a close* ***friend of*** *the President and his wife.* 她已成为总统夫妇的密友。*She became a* ***friend to*** *them for the rest of their careers.* 她在他们后半辈子生涯中始终是朋友。

friendly ❶ be friendly **to** or **towards** someone 对某人友好。*Everyone is so* ***friendly to*** *everyone else.* 大家彼此都很友好。*I have noticed that your father is not as* ***friendly towards*** *me as he used to be.* 我注意到，你父亲对我不如以前那样友好了。❷ be friendly **with** someone 成为某人的朋友。*I became* ***friendly with*** *a young engineer named Sy Glist.* 我与一个名叫席·格立斯特的年轻工程师交了朋友。❸ be friendly **to** someone or something 支持某人或某事。...*a big corporation very* ***friendly to*** *the President.*……非常支持总统的一家大公司。

friendship someone's friendship **with** someone else〔某人与另一人的〕友谊；a friendship **between** two people〔两人之间的〕友谊。*I wanted to maintain my* ***friendship with*** *her.* 我想同她保持友谊。...*a study of the* ***friendship between*** *two South London youths.*……关于两位伦敦南区青年之间的友谊的研究。

frighten to frighten someone **into** doing something 吓得某人做某事。...*a bombing campaign aimed at* ***frightening*** *the Peruvians* ***into*** *boycotting the elections.*……旨在恐吓秘鲁人去抵制选举的轰炸战役。

frightened ❶ be frightened **of** something or someone 害怕某事或某人。*He felt a little* ***frightened of*** *going back.* 他感到有点害怕回去。*I have a reputation now and people are going to be* ***frightened of*** *me.* 我如今已经有了名声，人们会怕我的。❷ be frightened **for** someone or something 替某人或某事害怕。*Only days ago we were* ***frightened for*** *our lives.* 才几天前，我们还为性命担忧呢。

fringed be fringed **with** things or **by** things 以某物作边界。*Her eyes were large and* ***fringed with*** *long false eyelashes.* 她的眼睛很大，周围是长长的假睫毛。...*a bay of blue water* ***fringed by*** *palm trees.*……棕榈树围绕的蓝色海湾。

front in front 在前面；in front of something 在某物前面。...*a device which computes the speed of the car travelling* ***in front***.……计算开在前面的汽车车速的装置。*An actor has to go out every day and prove himself* ***in front of*** *an audience.* 演员必须天天出去，在观众面前证明自己。

frontier ❶ the frontier **between** or **of** two countries〔两国之间的〕边界；the frontier **of** one country **with** another〔一国与另一国的〕边界。...*the* ***frontier between*** *the United States and Canada.*……美国与加拿大的边界。...*along the* ***frontier of*** *the two Germanies.*……沿着两个德国的边界。...*the north-west* ***frontier of*** *India.*……印度的西北边界。*Greece was manning her* ***frontier with*** *Bulgaria.* 希腊正在她与保加利亚的边界上驻军。❷ the frontiers **of** knowledge or a field of activity 知识边缘，新领域。...*the way in which technology can expand the* ***frontiers of*** *knowledge.*……技术可以拓展知识领域

的方法。

frown ❶ to frown **at** something or someone 朝〔某事或某人〕皱眉。*He frowned at his reflection in the mirror.* 他对镜子中的自己皱皱眉。*The President frowned at the suggestion that his council had wasted the money.* 总统对于说他的委员会浪费了金钱的暗示深为不满。❷ to frown **upon** or **on** something 不赞成某事。*Television is frowned upon.* 人们不赞成电视。*In the past, the Edinburgh festival committee frowned on prize-giving.* 在过去，爱丁堡艺术节组委会不赞成颁授奖项。

fruits the fruits **of** someone's work or success 某人的工作成果或成就。*You are now in a position to enjoy the fruits of your labours.* 你现在有条件享受自己的劳动成果了。

frustrated be frustrated **by**, **at**, or **with** something 对某事感到不满、灰心。*They are frustrated by having no outdoor space to play in.* 他们为没有室外玩耍场地而不满。*They may get frustrated at their own failure.* 他们可能因自己失败而气馁。*...frustrated with the slow pace of reform.* ……对改革步子缓慢而灰心。

full ❶ be full **of** something 充满着。*He seemed full of energy.* 他看起来精力充沛。*...a garden full of fruit trees and roses.* ……一种满果树与玫瑰的花园。❷ **in full** 全部。*The company would be unable to pay its creditors in full.* 公司无法足额偿还债权人。*It is worth quoting in full what the chairman said.* 主席的话值得全文引用。

fun **for fun** 开玩笑。*...whether you wish to run just for fun or to compete in races.* ……不管你想跑着玩玩还是参加赛跑。

function ❶ the function **of** a person or thing; a person's or thing's function **as** something〔人或事物的〕功能、职能、作用。*The function of criticism is to help the student to improve.* 批评的功能是帮助学生进步。*He could no longer fulfil his function as breadwinner for the family.* 他不再能够胜任养家活口的职能。❷ to function **as** something 起某一作用的。*...a room which had previously functioned as a playroom for the children.* ……曾充当孩子的玩耍室的房间。

fundamental be fundamental **to** something 对某事具有重大意义。*Close links with suppliers are fundamental to the success of its business.* 与供应商密切联系对于其业务的成功意义重大。

furious be furious **at** or **with** someone or something 对〔某人或某事〕大发雷霆。*Many people are furious at the Duke for going to the funeral.* 许多人为公爵参加葬礼而对他感到十分愤怒。*Rubenstein is furious with the decision.* 鲁本斯坦对该决定大发雷霆。

furnish to furnish someone **with** something 向某人提供某物。*They did not furnish us with an opportunity to meet as a group.* 他们没有向我们提供在小组内会面的机会。

furnished be furnished **with** furniture 配有家具。*It was furnished with ordinary office furniture of the better sort.* 它配有高档的普通办公室家具。

fuss ❶ to fuss **over** someone 对某人过分体贴。*Boys don't like a mother fussing over them.* 男孩不喜欢母亲的过分体贴。❷ to fuss **about** something or **over** something 为某事大惊小怪。*A great many women nowadays fuss about their weight.* 许多妇女现在对体重大惊小怪。*John Ford didn't like an actor fussing over his role.* 约翰·福特不喜欢为角色焦虑不安的演员。❸ the fuss **over** or **about** something or someone 为某事或某人大惊小怪。*There was a tremendous fuss about seating arrangements.* 座次的安排给弄得手忙脚乱。*It was silly to make such a fuss over a woman whom he had only seen half a dozen times.* 为才见过五六次的女人这样大惊小怪，未免很傻。❹ to make a fuss **of** someone 对某人过分体贴或无微不至

地关怀。*I hugged her and made a great fuss of her.* 我抱住她，对她十分宠爱。

fussy be fussy **about** something〔对某事〕挑剔的。*She was very fussy about pronunciation.* 她对发音十分挑剔。

G

gain ❶ to gain **in** a quality or ability〔在质或能力方面的〕增加。*Barenboim's playing seemed to gain in confidence as time went on.* 巴伦博伊姆的演奏似乎随着时间的推移而增强了信心。❷ to gain **on** someone or something 赶上某人或某事物。*She kept gaining on me all the way down the long hill.* 在长长的下山路上，她不断地赶上我。

gallop at a gallop 飞跑。*The dogs would follow at a gallop, yapping and yelping.* 狗会猛追，一边狂吠着。

galvanize to galvanize someone **into** doing something 激发某人做某事。*She embarked on a mini-tour aimed at galvanizing her supporters into turning out to vote.* 她着手进行了一次小型巡回活动，以便策动支持者出来投票。*You've got to galvanize people into action.* 你得激发人们采取行动。

gamble to gamble **on** a race or a particular result 对〔赛事或某一结果〕打赌。*...families ruined by gambling on the horses.* ……因参加赛马赌博而破产的家庭。*The Swapo High Command seems to have gambled on a certainty.* 西南非洲人民组织总司令部似乎在对确定的事打赌。

gamut a gamut **of** something 全范围。*Fulham were capable of putting their supporters through a whole gamut of emotions.* 富勒姆能够充分操控支持者的情绪。

gap a gap **in** something or a gap **between** two things 某一缺口空白或两

事物之间的差距。*...closing the gap in military technology.* ……填补军事技术上的空白。*A central theme of the report is that the gap between rich and poor has grown.* 报告的中心主题是贫富差距扩大了。

gape to gape **at** someone or something 吃惊地凝视某人或某物。*Crowds gathered to gape at the players.* 人们围拢来观看那些演员。

gasp a gasp **of** a particular emotion〔因某种情感而引起的〕深呼吸。*A gasp of disbelief rang out.* 不相信的叹息冲口而出。

gateway a gateway **to** somewhere or something〔某地或某物的〕门径，关口。*Cockermouth is situated at the northern gateway to the English Lake District.* 科克茅斯位于英格兰湖畔区的北门。*Wealth has not proved to be a gateway to happiness.* 财富并没有证明为喜乐的门径。

gaze to gaze **at** someone or something 注视某人或某物。*He gazed at me steadily.* 他盯着我看。

geared be geared **to**, **towards**, or **for** a particular purpose 适应某一需要。*The whole training programme has been geared to this one event.* 整个培训计划都是针对这一事件。*Policies will be geared towards sustaining the strength of the pound.* 政策的取向将是保持英镑的强势。*The team where geared for action.* 该队是针对行动而设立的。

general in general〔用于提及某物的主要特征时〕总的说来。*In general, they seem to share amply in the prosperity of the Republic.* 一般来说，他们似乎充分分享着共和国的繁荣。

get ❶ to get **at** something or someone 抓住某事物或某人。*The bull was trying to smash the fence to get at me.* 公牛试图冲破围栏来追我。❷ to get a particular feeling **from** or **out of** something 从某事物中得到某种感受。*What you get from the culture of*

Ceylon depends on your attitude. 你从锡兰文化中得到的感受取决于自己的态度。*What does anyone get out of acting?* 人们从演戏中得到什么呢？❸ to get **into** an activity, situation, or way of behaving 陷入或从事于〔某一活动、情景、某种行为〕。*I'm going to need a quick start to **get into** the mood.* 我将需要快速的启动，以进入角色。*I'm not going to **get into** an argument about it.* 我不准备为它陷入争端。❹ to get **over** an unpleasant experience, illness, or difficulty 越过，克服。*George did not **get over** his homesickness for some time.* 乔治一度无法克服思乡之情。*One mother **got over** this problem by leaving her baby with someone else.* 一位母亲通过将婴儿交别人看管而克服了这个问题。❺ to get **out of** something 避免。*We'll do anything to **get out of** working.* 我们会千方百计避免工作。❻ to get **round** a rule, problem, or difficulty 回避〔规定、问题、困难〕。*The most valuable architect is the one who can **get round** the planning system.* 最有价值的建筑师能够回避规划系统。❼ to get **round** someone 说服某人。*She could always **get round** him in the end.* 她总是能够说服他的。❽ to get **through** a particular task, problem, or unpleasant experience 完成任务；渡过某段不愉快的经历。*It is difficult to **get through** this amount of work in such a short time.* 要在这么短的时间内完成这个工作量是困难的。*We just hope we can **get through** the game without any further injuries.* 我们只希望不受更多的伤害就结束游戏。❾ to get **to** someone 影响某人。*The fatigue and backache are **getting to** me now.* 我已经感到疲劳和腰背痛。❿ to get **along with** someone 与某人和睦相处。*I **get along** very well **with** Donald.* 我与唐纳德相处得不错。⓫ to get away **with** something 做坏事而逃脱。*Pupils disrupt classes and **get away with** unruly behaviour.* 学生破坏课堂纪律，不守规矩，却得不到惩罚。⓬ to

get down **to** something 开始认真对待某事。*The two of them **get down to** business here tomorrow.* 他们两人明天在这里正式工作。⓭ to get in **with** someone 结交某人。*She takes good care to **get in with** the people who matter.* 她小心翼翼地与要员结交。⓮ to get on **with** someone 与某人友好相处。*The children have to learn to **get on with** each other.* 孩子们得学会彼此友好相处。⓯ to get on **with** something 取得进展。*...a life spent hiding my feelings and **getting on with** the job.*……我一辈子都隐藏自己的感受并努力工作。⓰ to get on **to** a topic 在演讲或谈话中将主题转入另一话题。*Somehow we **got on to** grandparents.* 我们辗转谈到了祖父母。⓱ to get on **to** someone 同某人联系。*Get on to my secretary and arrange an interview.* 找我秘书联系安排约见。⓲ to get round **to** doing something 挤出时间做某事。*Most people take weeks to **get round to** filling the forms in.* 多数人过了几个星期才有空填表格。⓳ to get through **to** someone 到达某人处；被某人理解。*...words which will **get through to** a child.*……会被孩子接受的话。⓴ to get up **to** something 干某事。*Many see school trips as an excuse for children to **get up to** mischief.* 许多人认为学校旅行是孩子干坏事的借口。

gist the gist **of** something〔某事情的〕主旨、要点。*She strove to catch the **gist of** our quarrel.* 她尽力想了解我们争吵的要点。

give ❶ to give something **to** someone or something 将某物给某人或另一事物。*I pulled out a packet of cigarettes and **gave** them **to** him.* 我抽出一包香烟交给他。*Priority will have to be **given to** unemployment.* 得优先考虑失业问题。❷ to give in **to** someone or something 对某人或某事物让步。*I feared she'd think me weak for **giving in to** him.* 我担心她会因为我向他让步而认为我软弱。*Jessica re-*

fused to **give in** to self-pity or despair. 杰茜卡拒绝屈服于自怜和绝望。❸ to give something **over** to someone 交给某人。 A whole page had to be **given over to** readers letters. 得用整整一版刊载读者来信。❹ to **give up on** someone or something 放弃某人或某物。 The lifts take so long to reach the ground floor that you usually **give up on** them. 电梯要很长时间才能到达底层，所以通常不乘电梯。❺ to give something up **to** a particular thing 将某事物贡献于另一事物。 The last afternoon of the Christmas term was **given up to** a tea-party. 圣诞节学期的最后一个下午用来举行茶会。

given be given **to** a particular kind of behaviour 有某种习惯或倾向。 David was not **given to** daring acts of bravado. 大卫并没有沉湎于鲁莽的虚张声势行为。

glance ❶ to glance **at** something or **through** pages or documents 迅速读、浏览文件。 I **glanced at** your letters this morning. 我今天早上看了看你的来信。 ...**glancing through** the job advertisements. ⋯⋯浏览招聘广告。❷ to glance **off** something 被弹回。 The ball **glanced off** his foot into the net. 球在他的脚上弹了一下进网了。❸ **at a glance** 一眼就⋯⋯。 He could tell **at a glance** that she was upset. 他一眼就看出她很心烦意乱。

glare to glare **at** someone or something 怒视某人或某物。 We froze, **glaring at** each other in hatred. 我们站住，相互怒视着。

gloat to gloat **over** something or someone 对某事、某人沾沾自喜。 It is worth noting how many independent schools **gloat over** their Oxford entry success rates. 值得注意的是，有多少的独立学校对学生成功入读牛津大学的比率沾沾自喜。

glory to glory **in** something 因某事而得意、自豪。 The women were **glorying in** this new-found freedom. 妇女们对这种新获得的自由不胜自豪。

glow to glow **with** a particular emotion 因情绪激动而面色发红。 Mrs

Volkov **glowed with** the pride of having produced a child. 沃尔科夫太太为生孩子的自豪感而面色发红。

glutton a glutton **for** something 贪吃，酷爱某物。 He never got tired, and he was a **glutton for** work. 他不知疲倦，酷爱工作。

gnaw to gnaw **at** something 啃某物。 The insects continued **gnawing at** the wood. 昆虫继续啃着木头。

go ❶ to go **about** a task, activity, or problem 着手〔任务、活动或问题〕。 ...those trying to **go about** their normal business.⋯⋯试图着手正常业务的人。❷ to go **against** someone, or their advice or wishes 不理会某人或忽视某人的劝告或愿望。 The head is only answerable to the governors, who rarely **go against** him. 首长只对州长们负责，而他们很少忽视他的愿望。❸ to go **against** someone〔常用于法庭〕对某人不利。 The verdict **went against** his brother. 裁决对他的兄弟不利。❹ to go **before** a judge or jury 被提交给法官或陪审团进行讨论或作出判决。 The measure **went before** an ecclesiastical committee. 该措施提交给了教士委员会供讨论。❺ to go **beyond** something 越过，超出〔某事物〕。 Mr Baker's warning **went beyond** Friday's statement. 贝克先生的警告超出了星期五的声明。❻ to go **by** certain information or evidence 依照〔某一情报、证据〕。 Don't **go by** what he says. 不要根据他的话行事。❼ to go **for** a particular product or method 选择〔某一产品、方法〕。 Do you go for organization or do you prefer flair? 你选择依靠组织，还是喜欢依靠个人才干工作呢？❽ to go **for** someone 进攻某人。 He **went for** me with a bread knife. 他手持面包餐刀攻击我。❾ to go **into** a job, subject, or arrangement of some kind 加入、从事、深入研究。 When you **go into** a deal, you can't lay down the law. 你从事交易时，不能置法律于不顾。 ...training programmes for people *wishing to go into business.……* 为希望从商的人而设的培训计划。❿ to go **on** or **into** something〔金钱或资源〕用于某事物上。*A fair amount of money goes on research.* 一笔相当多的钱用于研究。*Most of the aid has gone into urban projects.* 大部分援助投入了城建项目。⓫ to go **over** something 仔细检查，考虑。*Potential buyers should go over all the details.* 潜在购买者应检查全部细节。⓬ to go **through** an unpleasant event or experience 经历某一不愉快的事件或有不愉快的经历。*She had to go through the indignity of travelling in the luggage van.* 她只得有失体面地坐在行李车内旅行。⓭ to go **through** things such as a collection of papers or clothes 检查。*He went through Guy's books to find something about Poland.* 他检查了盖伊的书，发现了有关波兰的情况。⓮ to go **towards** a particular scheme or purchase 作为对某一方案或购买某物的部分付款。*The funds will go towards security and educational activities.* 基金将用于保安与教育活动。⓯ to go **with** something 和某物调和。*White wine goes with fish.* 白葡萄酒可以和鱼同吃。⓰ to go **without** something 没有某物也能行。*Prisoners may have to go without a bath for a week.* 囚犯可能一个星期没澡洗。⓱ to go ahead **with** a decision or action 开始执行某一决定或行动。*…Sotheby's determination to go ahead with the sale.……* 索思比决心执行该销售。⓲ to go along **with** someone or something 接受某人或某物。*We have to go along with whatever government comes to power.* 我们得接受当政的任何政府。⓳ to go back **on** a promise or agreement 违背。*Now you're going back on what you told me earlier.* 你正在违背以前对我讲过的东西。⓴ to go down **with** a disease or illness 患病。*Seven of the English boys went down with influenza.* 英国男孩中有七人得了流感。㉑ to go in **for** a par-ticular kind of thing or a competition 从事，参加〔某事或某一竞赛〕。*They have decided to go in for information technology.* 他们决定从事信息技术。㉒ to go on **with** something 继续某一事情。*'Don't interrupt,' he replied, and went on with his tale.* "别打岔，"他回答，并继续讲故事。㉓ to go out **with** someone 与某人谈恋爱或有性关系。*She goes out with younger men.* 她与年纪更小的男人谈恋爱。㉔ to go through **with** a decision or action 继续做某事。*He hoped they would not go through with their treatment.* 他希望他们停止对自己的治疗。

good ❶ be good **at** doing something 擅长做某事。*He was good at hiding his disappointments.* 他善于掩饰自己的失望。❷ be good **for** someone or something 对某人或某事有用，适合于某人或某事。*Post-war welfare thinking assumed that the arts were good for the people.* 战后的福利思维假定，艺术对人民有益。*It's great to see all these people here, it's good for the game.* 看到这些人来这里真好，对比赛有利。❸ **for good** 永远。*The theatre closed down for good.* 该剧院永远关闭了。

grab to grab **at** something 企图抓住某事物。*He grabbed at the drawer where the pistol was.* 他去抓放手枪的抽屉。

graduate /ˈgrædjʊeɪt/ ❶ to graduate **from** a school or institution **in** a particular subject 毕业于某学校或机构及某一专业。*Volpin graduated from Moscow University in 1946.* 伏尔平 1946 年毕业于莫斯科大学。*She was educated at Edinburgh University and graduated in law.* 她在爱丁堡大学受教育，法律专业毕业。❷ to graduate **from** one thing **to** another 进而做较难或较重要的事。*There are stadium groups and arena groups, and they have graduated from the latter to the former.* 有体育馆组和竞技场组，是从后者向前者逐步发展的。

graft to graft one thing **onto** or **to** another thing 移置，嫁接。*…modern* political structures **grafted onto** ancient cultural divisions.…… 现代政治结构移植到古老的文化分野。 Cuttings from the fruit tree will have been **grafted to** another kind of tree. 果树的切枝将嫁接于另一种树木。

grant to grant something **to** someone 依法授予某人某物。 Has his government **granted** favours **to** businessmen? 他的政府给予商人优惠政策了吗?

grapple ❶ to grapple **with** someone 与某人扭打。 …detectives **grappling with** an unidentified man.…… 侦探与不明身份者扭打着。 ❷ to grapple **with** a problem or difficulty 努力解决难题或克服困难。 English Victorian novelists were **grappling with** guilt and melancholy. 英国维多利亚时代小说家在与罪责、与忧郁作斗争。

grasp ❶ to grasp **at** something 急着接受。 The specialists had given him some hope, but he was not **grasping at** it. 专家们曾给予他一线希望，但他并不急着抓住它。 ❷ be **within** someone's **grasp** 能力所及。 It looked as if Jones had victory **within** his grasp. 似乎琼斯已经胜券在握。

grass to grass **on** someone 出卖某人。 The rumour started that I had **grassed on** them. 谣言四起，说我出卖了他们。

gravitate to gravitate **to** or **towards** a particular place, thing, or activity 受〔某地方、某事物或活动的〕吸引。 Like many a French-speaking Belgian, she inevitably **gravitated to** the French capital. 她就像许多操法语的比利时人一样，不可避免地被法国首都所吸引。 Jordan resigned from the Communist Party and had since **gravitated towards** the Labour Party. 乔丹辞去了共产党内的职务，后来被吸引到了工党。

greeting in greeting 友好地。 They kissed each other **in greeting**. 他们友好地亲吻。

grieve to grieve **for** or **over** someone or something 为某人或某事而感到悲痛或伤心。 …**grieving over** the death of someone I loved.…… 为我所爱的人的逝世而伤心。 His step-mother had **grieved for** the motherless child. 他的继母为失去母亲的孩子而伤心。

grin to grin **at** someone 咧着嘴笑。 Fontane was **grinning at** his friend. 方坦对朋友咧着嘴笑。

grind to grind away **at** a task 刻苦工作或学习。 Millions of children are forced to spend precious hours of their lives **grinding** away **at** pointless tasks. 千百万孩子被迫将大好时光花在毫无意义的作业上。

groan ❶ to groan **about** something 抱怨。 …moaning and **groaning about** his bellyache.…… 他呻吟抱怨着肚子痛。 ❷ to groan **beneath** or **under** the weight or difficulty of something 受到压力而嘎吱作声，受某事之苦。 The bed **groaned beneath** her as she sat down. 她坐下时床铺嘎吱作声。 The fathers of many daughters **groan under** the weight of paying large sums for marriage ceremonies. 不少有女儿的父亲深受支付大笔婚礼费用之苦。

groom to groom someone **as** something or **for** a particular position 培养某人为可担任某职位的人。 Barber told me I had been chosen to be **groomed as** editor. 巴伯告诉我，我已被选中，要培养做编辑。 Clive Lloyd has been **grooming** him **for** the West Indies captaincy for a long time. 克莱夫·劳埃德德长期来一直在培养他做西印度群岛的船长。

grope to grope **for** something 暗中摸索。 Its citizens are **groping for** a sense of identity. 它的公民正在摸索身份认同感。

ground ❶ to ground an opinion or argument **on** something 根据某事提出意见或论据。 They had **grounded** their appeal **on** the common law. 他们根据不成文法作出上诉。 ❷ on certain **grounds**; **on the grounds of** something 以某事为理由。 Mr Coverly pleaded not guilty **on the grounds** that cucumbers could not be classed as firearms. 柯弗利先生以黄瓜不能算武器的理由不承认自己有

罪。*They started making cuts, **on the grounds of** paper shortage.* 他们借口纸张短缺而开始删减。

grounded be grounded **in** a fact or situation 使某事扎根于。*...if parental pronouncements are **grounded in** reality.*……如果父母的声明有现实根据。

grounding a grounding **in** a particular subject 某一学科的基础、底子。*It is desired that all instructors have a better **grounding in** general culture.* 希望所有讲师对一般文化有更好的底子。

groundwork the groundwork **for** something〔为某事打基础的〕准备工作。*Chairman Mao provided the **groundwork for** future economic success by creating full employment.* 毛主席创造了充分就业，为未来的经济成功打下了基础。

group a group **of** things or people 一组，一群。*...**a group of** cancan dancers from East Anglia.*……来自东英吉利亚的一群康康舞蹈者。

grow ❶ to grow **into** something 长成。*A small faction may **grow into** an extremist group.* 一个小宗派可能演变成一个极端组织。❷ to grow **into** an item of clothing 已长大能穿某件衣服了。*It's a bit big, but she'll soon **grow into** it.* 衣服有点大，但她很快会长大的。❸ to grow **on** someone 渐渐吸引某人。*She was someone whose charm **grew** very slowly **on** you.* 她这个人的魅力是慢慢吸引人的。❹ to grow **out of** a type of behaviour or interest 长大而戒除某种行为或嗜好。*My ambition was to become a comic strip artist but I **grew out of** it.* 我小时候想成为连环漫画家，但长大后这梦想就变了。❺ to grow **out of** an item of clothing 长得高大而穿不下原来的衣服。*It cost a small fortune and she **grew out of** it in three months.* 那衣服价格昂贵，而她穿了三个月就穿不下了。

grudge a grudge **against** someone 恶意。*Nor did Churchill harbour any **grudge against** Miss Cazalet.* 丘吉尔对卡扎勒特小姐也没有恶意。

grumble to grumble **about** something 发怨言，鸣不平。*A match with nine goals, some of them spectacular, should be nothing to **grumble about**.* 一场比赛进了九个球，其中有几个极漂亮，这没有什么可抱怨的。

guard ❶ to guard **against** something or guard someone **from** something 提防，预防。*...long-standing doubts over how one can **guard against** cheating.*……对如何提防作弊具有长期的怀疑。*I'm trying to protect him, to **guard** him **from** his enemies.* 我试图保护他，不受他的敌人的伤害。❷ on guard 警戒。*Police twirled their batons gently, **on guard** for possible trouble.* 警察轻轻转动着警棍，警戒可能出现的麻烦。❸ under guard 在别人看守之下。*Police have put another serviceman **under guard**.* 警察又将另一位军人看守起来。

guess ❶ to guess **at** something 猜想。*The degree of improvement can only be **guessed at**.* 改进的程度只能猜测一下而已。❷ at a guess 估计。***At a guess**. I'd say she must have got lost.* 我估计，她一定是迷路了。

guide ❶ a guide **to** a particular subject or place〔某一学科或某地的〕指南。*He published a professional **guide to** French music.* 他出版了一部法国音乐的专业指南。❷ to guide someone **through** something 领某人通过某一事物或物体。*Mr Lightbody went out of his way to **guide** me **through** the red tape jungle.* 莱特博迪特地带领着我穿越像丛林般烦琐的官方程序。

guilty ❶ be guilty **of** a crime 有罪的。*They were both found **guilty of** causing death by reckless driving.* 他们俩均被裁决犯有鲁莽驾驶罪引致他人死亡。❷ feel guilty **about** doing something 因做了自认为错的事情而产生犯罪感。*Perhaps women should be made to feel **guilty about** wearing furs.* 也许应该使妇女对穿裘戴皮感到内疚。

gulf a gulf **between** two things〔两事物间的〕鸿沟。*This is the real gulf between first division and non-league football.* 这就是甲级队与非俱乐部足球之间的真正鸿沟。

gun to gun **for** someone 伤害某人或持枪搜捕某人。*I don't want half an army gunning for me.* 我不想让大队人马搜捕我。

gunpoint at gunpoint 在枪口威逼下。*Twice he was challenged at gunpoint.* 他两次被人持枪查问。

H

hack ❶ to hack **at** something 猛劈某物。*We found Charlie hacking at the bacon with a knife.* 我们看到查利持一把刀猛砍咸肉。❷ to hack **through** something 从某物〔尤指从灌木〕中劈出一条路来。*The vegetation is so thick we will have to hack through it.* 植被很密，我们得劈出一条路来。

haggle to haggle **with** someone **over** something 与某人争论〔尤指讨价还价〕。*She haggled with the man until the matter had been settled.* 她与那人争论，直到问题得到解决。*After haggling over the price all day I was determined to make a deal.* 经过一整天的讨价还价，我决定成交了。

hail to hail someone or something **as** a particular thing 热情地称赞某人或某事为。*It was hailed as the most spectacular concert in the history of rock.* 它被盛赞为摇滚乐历史上最辉煌的音乐会。

hand ❶ to hand something **to** someone 将某物给某人。*This bulletin has just been handed to me.* 此公告刚刚交给我的。❷ to hand something **on** or **over** to someone 传给。*After investigation, the relevant documents are handed over to the DTI.* 经过调查，有关文件被移交给了DTI。❸ at hand 附近；迫近。*The day for which they had been fighting was close at hand.* 他们为之奋斗的

那天已经迫近。❹ **by hand** 手工；不通过邮局。*They scaled the wall and began tearing it down by hand.* 他们爬上墙，开始动手把它撕下来。*Applications can be delivered by hand.* 申请书可以派专人送来。❺ **on hand** 现有；手头上。*There were no less than twelve additional musicians on hand.* 追加的音乐家现有12位之多。

hang ❶ to hang **about** or **around** a place 徘徊，逗留。*I was hanging around the Bush theatre one night waiting for an audition.* 一天晚上我在布什剧院附近徘徊，等待试演。*George was left to hang about the station.* 乔治被撇下，在车站走来走去。❷ to hang **over** someone or something 逼近，笼罩〔某人或某事物〕。*It's awful having a criminal case hanging over you.* 有刑事案子威胁着自己真讨厌。*A question mark hangs over the future of London as a leading financial centre.* 伦敦作为主要金融中心的未来打了问号。❸ to hang **onto** something 抓紧某物。*He has only a slim chance of hanging onto power.* 他保住权力的机会极小。❹ to hang **on** something 取决于〔某事物〕。*At such times, hope or despair hangs on the last phone call.* 此时，希望还是绝望取决于最后一个电话。❺ to hang around **with** someone 与某人待在一起无所事事。*I was becoming more cynical, probably from hanging around with newspapermen.* 我变得更加愤世嫉俗，也许是因为与报业人士混在一起的缘故。

hangover a hangover **from** the past 遗留物。*Their obsession with exports is an obvious hangover from colonial times.* 他们迷恋出口商品，显然是殖民时代的残留思想。

hanker to hanker **after** something or **for** something 渴求某事物。*Lucy had always hankered after a house of her own.* 露西始终渴望拥有自己的房子。*They still hanker for the past.* 他们还在依恋过去。

happen to happen **to** someone or something 某人和某物出了什么事。*It is a mystery what **happened to** Dibble; he just collapsed.* 迪布尔出了什么事，真是个谜，他就这样垮掉了。

happy be happy **about** or **with** something 对某事满意的。*Mr Henderson is not **happy about** the level of his shares.* 亨德森先生对自己的股份不满意。… *the self-realized woman who is **happy with** her job.*……才能得到发挥、对工作满意的女人。

hard be hard **on** someone or something〔对某人或某事〕苛刻的。*This sort of presentation can be **hard on** the listener.* 这种介绍可难为了听者。*These rough roads are **hard on** the car's suspension.* 崎岖不平的马路对汽车的悬架损伤很大。

hardback in hardback 精装。*I missed it when it was published **in hardback**.* 该书精装本出版时我未买到。

harmful be harmful **to** someone or something 有害的，致伤的。*Too much salt can be **harmful to** a young baby.* 盐放得太多对婴孩不利。

harmonize to harmonize **with** something 与某物相和谐。*It is absurd to suggest that modern architecture cannot **harmonize with** its setting.* 认为现代建筑不能与环境相和谐是荒唐的。

harmony in harmony **with** someone or something 与某人或某物和谐。… *the ecological importance of learning to live **in harmony with** the planet.*……学会与地球和谐相处的生态学意义。

harness to harness one thing **to** another 使一物被另一物利用。*These aspirations are **harnessed to** a political or religious programme.* 这些抱负都被利用于政治或宗教计划。

hatred hatred **for** or **of** someone or something〔对某人或某事的〕仇恨。… *periods of stifled **hatred for** Daniel's father.*……对丹尼尔父亲的仇恨被压抑的时期。… *the widespread fear and **hatred**

hazardous be hazardous **to** someone or **for** someone 危险的，冒险的。*Breathing asbestos-laden air may be **hazardous to** health.* 呼吸充满石棉的空气可能有害健康。*Strong winds are expected to make roads **hazardous for** drivers today.* 今天刮大风，可能使路上的汽车出危险。

head to head **for** a place 向某地前行。*As the travellers **head for** Stonehenge, the police are preparing to repel them.* 当旅行者向大石阵进发时，警察准备把他们赶走。

heap to heap praise or criticism **on** or **upon** someone 给某人大量的赞扬或批评。*The Chancellor took care last week to **heap** praise **on** Bernard.* 校长特地在上星期对伯纳德大加赞扬。

heaped be heaped **with** things 被某物堆满。*The boy balanced a tray **heaped with** his wares.* 男孩端着放满器皿的托盘。

hear ❶ to hear **from** someone 收到某人的来信，得到某人的消息。*She had not **heard from** her sister in Cleveland for many years.* 她已经好几年没收到克利夫兰姐姐的信了。❷ to hear **of** someone or something 听说。*The vast majority of these students had never **heard of** the Marshall Plan.* 绝大部分学生从未听说过马歇尔计划。❸ to hear **about** something 听到关于某事的消息。*I first **heard about** the shooting on the radio.* 我是最早在收音机上听到开枪之事的。

heart ❶ at heart 实质上。*He was, **at heart**, a kindly and reasonable man.* 他本质上是善良而通情达理的人。❷ by heart 凭记性。*Learn the above conversation **by heart**.* 请记住上面的对话。

heavy be heavy **with** something 充满某事物。…*a voice **heavy with** scorn.*……充满了轻蔑的口吻。

hedge to hedge **against** something 套期保值防止造成损失。…***hedging against** inflation.*……套期保值以防通货膨胀。

heir the heir **to** a throne, property, or a

position〔王位、财产、职位的〕继承人。…*M. Fabris, **heir to** the estate of Utrillo.*……M. 法布里斯先生是尤特里罗庄园的继承人。

heiress the heiress **to** a throne, property, or a position〔王位、财产、职位的〕女继承人。…*his wife Bodil, **heiress to** a fortune from a leading chemicals company.*……他妻子波迪尔是一家大化工公司财产的继承人。

help ❶ to help someone **to** something 为某人取食物。*Mr Stokes **helped** himself **to** rum.* 斯托克斯先生自己倒朗姆酒喝。❷ to help someone **with** 帮助某人做某事。*Grant has spent the last two years of his life **helping** his wife **with** her fight against cancer.* 格兰特将最近两年奉献于帮助妻子战胜癌症。❸ be **of** help; be **of** help **to** someone 对某人有帮助。*I sat with my head bent forward but this was **of** no **help** either.* 我低头坐着，但也没有什么用。

heralded be heralded **as** a particular thing 被宣布为某事物。*The miners strike was **heralded as** a new weapon in the class struggle.* 矿工罢工被宣布为阶级斗争的新武器。

hew to hew something **out of** or **from** rock or wood 从岩石或木头上雕刻某物。…***hewing** stone **out of** the mountain.*…… 上山采石。*Small memorials **hewn from** the rock mark the spot of an earlier massacre.* 岩石上雕出的小纪念碑，标志着从前大屠杀的现场。

hide to hide something **from** someone 对某人隐瞒、掩盖某事物。*He **hid** the ignition key **from** her.* 他把点火钥匙藏起不给她。

hiding in hiding 隐藏的。*He has been **in hiding** for almost a year.* 他已经躲藏快一年了。

high be high **on** drugs or alcohol 吸食毒品或酗酒。*There were rumours that one speaker was **high on** acid.* 传说一个发言人吸食过迷幻药。

hindrance a hindrance **to** someone or something〔起妨碍作用的〕人或事。*Private ownership was either a help or a **hindrance to** certain goals.* 私有制对某些目标可以起促进，或者阻碍作用。

hinge to hinge **on** or **upon** a particular thing or event 随某事物而定。*The immediate future of Poland **hinges on** more than a new Parliament.* 波兰的直接前途不仅仅靠新的议会。

hint ❶ to hint **at** something 暗示。*He seemed to be **hinting at** a coalition between the two parties.* 他似乎在暗示两党联合。❷ a hint **of** something 有某种迹象。*He would rarely give a **hint of** emotion.* 他很少表露感情的。

hire for hire **for hire** 供出租。*Three boxes with a view of the race-course were available **for hire**.* 能看到跑道的三个包厢可供出租。

hit ❶ to hit **on** an idea 忽然想起某个主意。*After discussing various methods of escape we **hit on** the following plan.* 我们考虑了多种逃跑方案，忽然想起了以下的计划方案。❷ to hit back **at** someone 反击某人。*They have been urging him to **hit** back **at** Mr Bush's campaign.* 他们在催促他反击布什先生的竞选活动。

hold ❶ a hold **over** someone 控制人。*His **hold over** the people enabled him to grind down all opposition.* 他对人民的控制很严，所以能压制所有的反对者。❷ to hold something **against** someone 因某事对某人抱有成见。*His refusal to cooperate will be **held against** him.* 他拒绝合作，这将对他不利。❸ to hold **to** an idea or opinion 坚持某一主张或意见。*I also **hold** strongly **to** the idea that the university should seek funding from industry and commerce.* 我还坚持认为，大学应该找工商界出资。❹ to hold **with** a particular activity or practice〔常用于否定句或疑问句〕支持，赞成〔某事〕。*I don't hold with play acting in church!* 我不赞成在教堂中上演话剧！❺ to hold on **to** something 抓紧；保住

Angelica sat staring ahead, **holding on to** the iron rail. 安杰莉卡坐着，目光凝视前方，手里抓紧铁栏杆。*Harry Lodge, from England, **held** on **to** third place overall.* 哈里·洛奇是英格兰选手，总体保持了第三名。❻ to hold out **for** something 坚持。*The United States and other countries are **holding out for** a full settlement.* 美国等国坚持全面解决。

holiday on holiday 在休假。*...an idea which grew while she was **on holiday** in Europe.*……她在欧洲休假时产生的想法。

homage a homage **to** someone or something〔对某人或某事物表示敬意的〕言行或事物。*'Blue Moon' is a charming romantic **homage to** Elvis Presley.* "蓝月亮"是献给埃尔维斯·普雷斯利的迷人的浪漫作品。

home ❶ to home in **on** something 朝某事物运动。*The shark turned, **homing** in **on** the stream of blood.* 鲨鱼转身，朝血流扑来。❷ at home 在家。*I find it very difficult to work **at home**.* 我发现在家里工作很困难。

honour ❶ an honour **to** someone or something〔给某人、某事增光的〕人或事物。*His mother was somewhat calmed by this **honour to** the family.* 他母亲为给家里带来的这一荣誉而稍有平静。❷ in honour **of** someone or something 为祝贺、纪念、欢迎某人或某事。*...a party given **in honour of** her arrival.*……欢迎她的聚会。

hooked be hooked **on** something 迷上某物。*Do we need to worry about the adolescent getting **hooked on** certain books?* 我们需要为青少年迷上某些书籍而担心吗？*...**hooked on** drugs.*……沉迷于毒品。

hope ❶ to hope **for** something 期望。*He could hardly have **hoped for** a better start to his career.* 他的事业的开端简直不能再好了。❷ in the hope **of** doing something 怀着某种希望心情。*We should try to spread our ideas in the hope of showing people what is possible.* 我们应该尽力传播自己的思想，以告诉人们什么能够做到。

horizon ❶ on the horizon 地平线上。*The domes and minarets of Delhi showed **on the horizon**.* 德里的圆顶、尖顶建筑出现在天际。❷ on the horizon; over the horizon 临近的。*...with inflation rising and an election **on the horizon**.*……通货膨胀增加，选举在即。*...the thought that **over the horizon** is another assignment.*……想到很快又有一个任务。

horseback on horseback 骑着马的。*People waited, watched by policemen **on horseback**.* 人们等待着，骑警在旁观。

hour on the hour 在某一正点。*Buses for London leave every day **on the hour**.* 去伦敦的班车每天正点出发。

howl to howl **with** laughter, pain, or anger 狂笑、嚎哭、吼叫。*The students **howled with** glee as they followed the brothers.* 学生们跟随着兄弟几个，一边高兴地喊叫。

hub the hub **of** a place or area 某地、某地区的中心。*Venice was the **hub of** the Mediterranean.* 威尼斯是地中海的中心。

hum to hum **with** a particular activity of feeling〔某地〕因某一种活动或激情而变得活跃起来。*The town was already **humming with** excitement.* 该城的人已经激动得活跃起来。

hunger ❶ hunger **for** something〔对某事物的〕渴求。*...this compulsive **hunger for** victory.*……这种对胜利的强迫渴求。❷ to hunger **for** something or **after** something 渴求、渴望。*She **hungers for** contact with her child.* 她渴望与自己孩子接触。*What makes people **hunger after** power?* 是什么令人们渴求权力？

hungry be hungry **for** something 渴求、渴望。*He knows what it is to be **hungry for** success.* 他懂得渴望成功意味着什么。

hunt ❶ to hunt **for** something 探求某事物。*Badgers are still about at night, **hunting for** acorns or beetles.* 獾在夜间也出来，找橡果和甲虫吃。❷ a hunt **for** someone or something 搜索某人或某事物。*Detectives have launched a **hunt for** the mother.* 侦探们已经开展寻找那母亲的活动。

hysterics in hysterics 歇斯底里的。*The audience were **in hysterics**.* 观众狂热极了。

I

idea ❶ someone's ideas **on** something or **about** something〔对某事物的〕观念。*...traditional **ideas on** how to feed sick children.*……病孩喂养的传统观念。*He had superficial **ideas about** politics.* 他对政治的理解很肤浅。❷ someone's idea **of** a particular thing〔对某件事物的〕印象。*...Mary Jordache's **idea of** a normal American family.*……玛丽·乔达奇对平常美国家庭的印象。❸ an idea **of** something or **about** something〔对某事的〕认识。*...occasionally flashing my torch to get an **idea of** my immediate surroundings.*……我偶尔晃动手中的火把，了解近旁的环境情况。*I had got quite the wrong **idea about** it.* 我对此的认识有错误。❹ the idea **of** something 概念、想法。*She cannot bear the **idea of** parting.* 她无法忍受分离的念头。*...the **idea of** freedom.*……自由的思想。❺ an idea **for** something new〔想创造新事物的〕念头。*I had this **idea for** a book.* 我想起要写一本书。❻ the idea **of** an action or scheme 目的。*The **idea of** these improvisations is to force the actors to find justifications for the way their characters behave.* 这些临时即兴演出的目的是，强迫演员为角色的行为找到理由。

ideal be ideal **for** a purpose or person; an ideal thing **for** a purpose or person 理想的、合适的。*All these oils are **ideal for** cooking, frying and salad dressings.* 这几种是煮、煎、拌色拉的理想食油。*It's a healthy, interesting holiday **ideal for** families.* 这是一个健康、有趣的假日，对家庭最适合。*A yellowish-brown is the **ideal** colour **for** camouflage.* 黄褐色是理想的伪装色彩。

identical be identical **to** or **with** something else 和某事物相同的。*The third diagram is **identical to** the first.* 第三个图表同第一个相同。*My view is **identical with** that of Mr Jefferson.* 我的观点与杰斐逊先生一样。

identify ❶ to identify **with** someone 与某人认同，同情某人。*Do you identify **with** the working class then?* 你与工人阶级打成一片吗？❷ to identify someone or something **with** a person or thing 认为某人或某事物与另一人或事物等同。*The planets were **identified with** gods.* 行星被认同为神仙。*I was **identified with** that issue.* 我被认为与那个问题相等同。❸ be identified **as** a particular person or thing 被识别出，被认出。*The victims have been **identified as** Hazel Danks and Joan Abbot.* 被害者已被识别出来，是黑兹尔·丹克斯与琼·阿博特。*The main concerns were **identified as** a good bus service and a low crime rate.* 主要关心的问题是良好的公共汽车服务和低犯罪率。*In each case, private contractors were **identified as** being at fault.* 各个个案中，都认为私人签约者有责任。

ignorant be ignorant **of** a fact or **about** a subject 不知道〔某一事实或学科〕。*They were **ignorant of** his plans.* 他们不知道他的计划。*...if the President is **ignorant about** major aspects of national policy.*……如果总统不知道主要的国家政策。

imbued be imbued **with** a quality or idea 充满。*...cultivated individuals, **imbued with** a sense of social pur-*

pose.……有教养的个人，充满了社会效果感。

immerse ❶ to immerse yourself **in** an activity 使自己沉浸于某一活动中。*I immersed myself totally in my work.* 我埋头于工作。*All the team had been immersed in the project for several months.* 整个团队都投入了该项目几个月了。❷ to immerse something **in** a liquid 使某物浸没于某液体中。*The foot was to be immersed in a bucket of the stuff.* 脚要浸泡在一桶该物质中。*Pilgrims are supposed to immerse themselves three times in the water.* 朝圣者要在水中浸三次。

immune be immune **to** or **from** something 对〔有害的或不好的事〕有免疫力。*We are virtually immune to certain diseases which cause death elsewhere.* 我们实际上对某些在其他地方能致命的疾病有免疫力。*This renders academics immune from criticism.* 这使学术界免于被批评。

immunity immunity **to**, **from**, or **against** something〔对有害事物或坏事物的〕有免疫力，不受影响。*Vaccines generate immunity to a disease.* 疫苗产生对某种疾病的免疫力。…*immunity from prosecution.*……不受迫害。…*their natural immunity against pests.*……它们对害虫的天然免疫力。

immunize to immunize someone **against** a particular disease 对某种疾病免疫。…*failing to have their children immunized against diphtheria.*……没有使他们的孩子对白喉免疫。

impact an impact **on** or **upon** something〔对某事的〕巨大影响。*Higher interest rates will have an impact on profits.* 提高利率会影响利润。

impale to impale something **on** or **upon** something sharp 用尖物刺某物。*Impaled on the hook was a small shark.* 刺在钓钩上的是一条小鲨鱼。

impart to impart information or a quality **to** someone or something 将消息、品质给予某人或某事物。*The news was*

imparted to John Curcuas. 消息传给了约翰·柯库阿斯。…*otherwise the kippers may impart their flavour to the raspberry mousse.*……不然腌鲑鱼会将味道染给莓子酱。

impatient ❶ be impatient **with** someone or something; be impatient **at** something 对某人、某事物不耐烦；be impatient **of** a kind of behaviour 对某一行为不能容忍的。*He was very impatient with students who did not listen carefully.* 他对不用心听讲的学生不耐烦。*Most prisoners seemed genuinely impatient with such ideas.* 大部分囚犯似乎对这些思想真的不耐烦。*They have often made me angry and impatient at their petty faults.* 他们常犯小错误使我生气、不耐烦。*Those with real power are usually impatient of too much deference.* 掌实权者通常不能容忍过分的听从。❷ be impatient **for** something 着急要某事物。…*leaders impatient for results.*……急于知道结果的领导。

impediment an impediment **to** development〔妨碍某事物发展的〕人或事。…*those who say that the unions are an impediment to progress.*……那些说工会妨碍进步的人。

impervious be impervious **to** something 不能渗透的。*I became impervious to influence of any kind.* 我不受任何外来的影响。*Slate is impervious to water.* 石板不渗水。

impinge to impinge **on** or **upon** someone or something〔对某人或某事物〕起作用或有影响。…*as the pressures of change impinge more heavily on the individual.*……随着变化的压力对个人影响加大。

implant /ɪmplɑːnt/to implant something **in** something or someone else 植入。*We might implant tiny sensors in the body.* 我们可以在体内植入小传感器。*She managed to implant a lot of enthusiasm in me.* 她得以向我灌输了大量热情。

implicate to implicate someone **in** an unpleasant situation 使某人和某种令人不愉快的情况有牵连。*But was it fair to implicate her in this sort of situation?* 但是让她卷入这种情形公平吗？

implication ❶ **by implication** 受牵连。*Her policies have failed and, by implication, so has she.* 她的政策失败了，而她本人也受牵连。❷ the implication **of** something〔某一物的〕含义，暗示。*...realising the scandalous implication of the remark.*……体会到该话有丑恶可耻的含义。

implicit be implicit **in** something〔某方面〕暗示，内含。*...the sense of shattering defeat implicit in his attitude.*……他的态度中所隐含的惨败感。

import /ˈɪmpɔːt/ to import something **from** another place **into** the place where you are 进口。*...goods imported from abroad.*……进口货（舶来品）。*200,000 parrots are imported into EC countries each year.* 欧洲共同体国家每年进口二十万只鹦鹉。

impose ❶ to impose a restriction, law, or penalty **on** or **upon** a person or activity 强使某人或某一活动接受某一限制、法律或惩罚。*They immediately imposed a ban on further advertising.* 他们迅速禁止了进一步的广告宣传。*...chafing at the restraint imposed on them by the previous government.*……因上届政府对他们的限制而恼怒。❷ to impose **on** or **upon** someone 强加于某人，打扰、麻烦某人。*'Would you care to join me?' — 'No, I couldn't impose on you.'* "你喜欢跟我一起去吗？" —— "不啦，我不能打扰着你。"

impregnate to impregnate something **with** a chemical 使某物浸泡化学液体。*...soft-wood impregnated with creosote.*……浸过杂酚油的软木。

impress to impress something **on** or **upon** someone 某事给某人留下深刻印象。*The authorities impressed on him the need for a psychiatric consultation for his son.* 当政者让他注意为儿子作心理分析咨询的必要。

impressed be impressed **by** something or **with** something 对某事有深刻印象。*I was impressed by his self-control.* 我对他的自制力印象深刻。*We are highly impressed with the way you have been working.* 我们对你的工作方式印象深刻。

impression someone's impression **of** a person or situation 对某人、某事的印象。*My first impression of Nigel Lever was a bad one.* 我对奈杰尔·利弗的初步印象不好。*One man described his impressions of that fateful day.* 一个人描述了那决定命运的一天给他留下的印象。

improve to improve **on** or **upon** a previous thing 改良，改进。*Our furnace is not perfect, but we are improving on it.* 我们的炉子不完美，但正在改进。

improvement an improvement **in** something or **of** something 对某事物的改进。*...the resultant improvement in health.*……结果导致身体健康得到改善。*...the gradual improvement of relations between East and West.*……东西方关系渐趋改善。

impunity **with impunity** 不受惩罚或伤害。*National distinctions cannot be trampled on with impunity.* 国家荣誉遭受了践踏，不能让触犯者不受惩罚。

inappropriate inappropriate **for** or **to** someone or something 不合适的，不恰当的；an inappropriate thing **for** someone or something〔对某人或某事物〕不合适的事。*Dependency is inappropriate for adults.* 依赖他人对成年人不合适。*...foreign ideas, inappropriate to hungry countries.*……外来观念不适合饥饿的国家。*Oddly, it never struck me as being an inappropriate name for him.* 奇怪的是，我从未想到，那个名字对他不合适。

incapable be incapable **of** doing something 没能力做某事。*He seemed incapable of expressing his feelings.*

他似乎无法表达自己的感情。…states **incapable of** self-defence.……没能力自卫的国家。

incarnation the incarnation **of** a quality 某一品质的化身。He became, in their eyes, the **incarnation of** evil. 在他们眼里他成了邪恶的化身。

incentive an incentive **for** or **to** a person or action〔对人或某行为的〕刺激或奖励。…an **incentive for** special effort.……对特别努力的奖励。…a real **incentive to** women.……真正鼓舞妇女的事。

incidence the incidence **of** something 发生率。…the high **incidence of** disease.……高发病率。

incidental be incidental **to** something 易与某事伴随发生。Was the killing **incidental to** the assault? 杀人是攻击引起的吗？

incite to incite someone **to** action of some kind 煽动某人干某事。Had Burr **incited** others **to** treason? 伯尔煽动别人造反了吗？

inclination an inclination **towards** something or **for** something〔对某一事物的〕倾向，意愿。How could I indulge even the faintest **inclination towards** self-pity? 我怎么能稍许沉湎于自怜呢？The condition of our lives destroys all **inclination for** culture and refinement. 我们的生活条件破坏了所有追求文化和文雅的倾向。

inclusive be inclusive **of** something 包括某事物的，连某事物在内的。The holiday costs around seven hundred pounds, **inclusive of** the flight. 度假花费约七百英镑，包括飞机票。

incompatible be incompatible **with** something 和某事物不相容的。…ideas that are **incompatible with** scientific knowledge.……与科学知识格格不入的观念。

inconsistent be inconsistent **with** something 与某事物不一致的。The actions of member countries remain **in-**

consistent with their stated ideals. 成员国的行动仍然与其声称的理想不一致。

incorporate to incorporate something **into** or **in** something new 将某事物包括进去。…where societies were not **incorporated into** more advanced civilizations.……当地社会未纳入更先进的文明。…**incorporating** Roman tiles **in** the arch.……在拱门中用罗马砖。

increase /ɪŋkriːs/ ❶ an increase **in** something or **of** something〔某事物的〕增加，增进。…the **increase in** crime.……犯罪增加。…the **increase of** learning and wisdom among the people.……人民的学识和智慧增加。❷ be **on** the increase 不断增长。Poverty is **on** the increase. 贫困不断扩大。

incumbent be incumbent **on** or **upon** someone 有责任的，有义务的。If you reject my answer, it is **incumbent on** you to find a better one. 如果你拒绝我的答案，就必须找到更好的。

incursion an incursion **into** a region〔对某地区的〕侵犯，袭击。…after their **incursion into** Yugoslavia.……他们入侵南斯拉夫之后。

indebted be indebted **to** someone **for** something 为某事感谢某人。I am **indebted to** the following individuals **for** their assistance. 我感谢以下个人的帮助。

independent be independent **of** something or someone 不受某事物或某人的支配。Its finances would be **independent of** official control. 其财务将不受官方支配。

index an index **of** a level or amount 某一水准或数量的指标。…the value of the pupil-teacher ratio as an **index of** the quality of teaching.……师生比率用作教学质量的指标之价值。

indication an indication **of** something 某一迹象。He gave no **indication of** what he was thinking. 他没有表露他的想法。

indicative be indicative **of** something

有某征兆。*Such symptoms were not in themselves necessarily **indicative of** recent exertion.* 这些症状本身并不一定表示近期劳累的征兆。

indict to indict someone **for** a crime 控告，起诉，告发〔某人〕。*He had been **indicted for** printing obscene and indecent advertising.* 他因印刷淫秽下流广告而被起诉。

indictment ❶ an indictment **against** someone **for** a crime 由于某项罪行而控告某人，起诉书。*An **indictment against** me for murder was being prepared.* 控告我谋杀的起诉书正在准备中。*His closest adviser is under **indictment for** fraud.* 他的亲密顾问因诈骗被起诉。❷ an indictment **of** something or someone bad〔对某事或某人的〕谴责。*...a matter which the 44 psychiatrists viewed as an **indictment of** their profession.*……44 名精神分析医师认为对其专业发出谴责的一件事情。*That elderly people are afraid to leave their homes at night is a shocking **indictment of** the times we live in.* 老年人晚上不敢出门一事，是对我们时代的惊人控诉。

indifferent be indifferent **to** something 对某事不关心。*She seemed **indifferent to** insect bites.* 她似乎对虫咬无动于衷。*British children and teenagers are **indifferent to** politics.* 英国儿童和青少年对政治不感兴趣。

indignant be indignant **at** something or **about** something; be indignant **with** someone〔对某事或某人〕感到愤怒。*The mother bird swooped, **indignant at** this invasion of her privacy.* 母亲鸟猛扑过来，抗议对她隐私的侵犯。*He wasn't **indignant about** his low pay.* 他对自己收入低并不感到气愤。*...pretending to be **indignant with** Frank.*……假装对弗兰克很愤怒。

indispensable be indispensable **to** someone or something〔对某人或某事〕不可缺少的。*I don't regard myself as **indispensable to** my household.* 我认为自己并不是家庭中必不可少的。*A degree is becoming **indispensable to** career success.* 学位对于事业成功正变得不可缺少。

indistinguishable be indistinguishable **from** something else 无法辨别的。*...a coffee substitute which is almost **indistinguishable from** real coffee.*……与真咖啡难以分辨的代咖啡。

indulge to indulge **in** an activity 沉溺于某一活动之中。*I don't have time to **indulge in** games.* 我没时间沉溺于游戏。

ineligible be ineligible **for** something 不合格的，无资格的。*...the numbers of unemployed who are **ineligible for** unemployment benefit.*……无资格领失业福利金的失业人数。

inequality inequality **in** something or **of** something; inequality **between** different groups〔某事物或两团体间的〕不平等。*...**inequalities in** housing.*……住房不平等。*...the basic **inequality of** strength **between** workers and their employers.*……劳工与雇主之间基本的力量不平等。

infatuated be infatuated **with** someone 迷恋某人。*He was for several years **infatuated with** her.* 他曾迷恋她数年。

infect to infect someone **with** a disease or feeling 使某人感染疾病；〔在感情上〕感染某人。*They cannot **infect** another person **with** this illness.* 他们不能把这疾病传染给另一个人。*...afraid that she would **infect** him **with** her own emotional disarray.*……担心她会令他感染了自己的情绪混乱。

infected ❶ be infected **with** a disease 感染疾病。*...people **infected with** hepatitis.*……染上肝炎的人。❷ be infected **by** a quality 被某一品质感染。*We were **infected by** their enthusiasm.* 我们为他们的热情所感染。

infer to infer something **from** some evidence 推断。*The change in the balance of economic power may be **inferred from** three developments.* 经济

力量平衡的变化可从三个发展中推断出来。

inferior be inferior **to** someone or something 次于某人或某物。*He does not feel himself socially **inferior to** the manager.* 他并不感到自己的社会地位低于经理。*...an oxygen mask much **inferior to** the one being used by the Germans.* ……质量远不如德国人所使用的氧气面具。

infested be infested **with** or **by** pests 受害虫骚扰。*...a field **infested with** aphids.* ……蚜虫肆虐的田块。*The backyard was **infested by** rats.* 后院中老鼠活动猖獗。

inflict to inflict something **on** or **upon** someone 使某人遭受不愉快的事。*...the torment which they **inflicted on** others.* ……他们使别人遭受的折磨。

influence ❶ influence **on** or **over** someone or something 给某人或某事的影响。*The Catholic church has an enormous **influence on** them.* 天主教会对他们有巨大的影响。*...to give people more **influence over** their own lives.* ……使人民对自己的生活有更大的影响力。❷ be under the influence **of** someone or something 在某人或某事的影响下。*John Wilkinson was much under the **influence of** his brother-in-law.* 约翰·威尔金森很受大伯的影响。*...driving while under the **influence of** drugs.* ……吸毒以后驾车。

influx an influx **of** people 涌入。*...an **influx of** tourists.* ……旅游者涌入。

inform ❶ to inform someone **of** something 将某事情告诉某人。*Holokov had **informed** him **of** the Englishman's death.* 霍洛可夫已经告诉他英格兰人之死。❷ to inform **on** someone who has done something wrong 告发某人。*It can be difficult for a child to **inform on** someone he knows.* 让孩子告发熟人可能是困难的。

information information **about** something or **on** something〔关于某事物的〕情况，消息。*...**information about** the university.* ……关于该大学的情况。*...**information on** transport and accommodation.* ……交通与膳宿的信息。

infringe to infringe **on** or **upon** someone or something 侵害某人或某事物。*...when they **infringe on** our own children's right to freedom.* ……当他们侵害我们孩子的自由权利。

infringement ❶ an infringement **of** or **on** someone's rights or freedom 对某人权利或自由的侵犯。*...an **infringement of** individual liberty.* 侵犯个人自由。*...an **infringement on** free speech.* ……侵犯言论自由。❷ an infringement **of** a rule 触犯法规。*This was not an **infringement of** the law.* 这不算犯法。

infuse to infuse someone or something **with** a quality 使某人或某事物获得某一特性；to infuse a quality **into** someone or something 将某特性注入某人或某事物。*His voice was **infused with** chilling venom.* 他的嗓音中注入了令人寒心的恶毒。*...to **infuse** confidence **into** the buyer.* ……向买家灌输信心。

ingrained be ingrained **in** people's minds or culture〔在人们心里或文化上〕根深蒂固。*The notion that idleness is wrong is deeply **ingrained in** our culture.* 闲散就是错误的观念，在我们文化中根深蒂固。

ingratiate to ingratiate yourself **with** someone 取悦某人。*...guests who wished to **ingratiate** themselves **with** their host and hostess.* ……希望取悦男女主人的客人。

ingredient an ingredient **of**, **in**, or **for** something〔某事物的〕材料，原料，成分。*Envy and resentment are not the **ingredients of** political stability.* 妒忌和怨恨不是政治稳定的成分。*...chemical **ingredients in** cosmetics.* ……化妆品中的化学成分。*It can be used as an **ingredient for** salads.* 它可以用来做色拉的材料。

inhabitant an inhabitant **of** a place 某地居民。*...the **inhabitants of** the* *neighbouring valley.*……邻近山沟的居民。

inherent be inherent **in** something or someone〔某人、某事物〕内在的，固有的。*...the dangers inherent in this situation.*…… 这 种情况所固有的危险。*...the contradictions inherent in my own personality.*……我个性中的内在矛盾。

inherit to inherit something **from** someone 从某人处继承某物。*He had inherited from his mother two houses in Florence.* 他从母亲处继承了佛罗伦萨的两所房子。

inimical be inimical **to** someone or something 含有敌意的。*The very nature of society is inimical to freedom.* 社会的本性是与自由为敌的。

initiate /ɪˈnɪʃieɪt/ to initiate someone **into** a type of knowledge or a group 向、将某人引进某种知识或群体。*Certain small groups were initiated into the dominant literary culture.* 某些小组引入了主流文学文化知识。

inject ❶ to inject someone **with** a drug; to inject a drug **into** someone 给某人注射药品。*Somebody injected her with* a lethal dose of morphine. 有人给她注射了致命剂量的吗啡。*She injected a sleeping drug into my arm.* 她给我的手臂注射了安眠药。❷ to inject a particular feeling **into** an event or situation〔在某一事件或工作中〕投入感情。*Phil injected some of the old energy into the performance.* 菲尔把以前的活力投入到演出中。

injection an injection **of** a liquid, a thing, or money〔液体、东西或钱的〕投入。*...a substantial injection of funds.*……资金的大量投入。

inkling an inkling **of** something 略知某事。*So you now have some inkling of the importance of the task that confronts us.* 你现在对我们面前的任务的重要性有所了解了吧。

inlaid be inlaid **with** a valuable or beautiful material 镶嵌有价值或漂亮的材料。*...a box inlaid with pearl shell.*……镶嵌着珍珠贝壳的盒子。*...marble lattice-work inlaid with garnets and turquoise.*……镶有石榴石和绿松石的大理石格子设计。

inoculate to inoculate a person or animal **with** a drug **against** a disease〔给人或动物〕接种，注射预防针。*Elderly patients were inoculated with living cancer cells.* 老年病人注射了活体癌细胞预防针。*The children should be inoculated against serious diseases.* 儿童应该注射预防严重疾病的针。

inquire ❶ to inquire **about** something or **as to** something 了解，打听消息。*We inquired about the precise circumstances surrounding the arrest.* 我们打听了关于该逮捕的准确细节。*He added a reminder to inquire as to the soil analysis.* 他补充了一项通知，要了解土壤分析情况。❷ to inquire **after** someone or their health 问候。*The King seldom inquired after his daughter.* 该国王很少问候女儿的情况。❸ to inquire **into** a matter 追究，调查〔某桩事〕。*The Government does not inquire into the committee's recommendations.* 政府并不调查该委员会的推荐建议。

inscribe to inscribe words **on** an object; to inscribe an object **with** words 在某一物品上刻字，将字刻在某物体上。*The names of the dead were inscribed on the wall.* 死者的姓名刻在了墙上。*...a grave inscribed with a quote from his book.*……刻有他的书籍引文的一个坟墓。

insensible ❶ be insensible **to** something 对某事无动于衷。*...insensible to the call of friendship.*……对友谊的召唤无动于衷。❷ be insensible **of** something 未察觉到。*...those children that lived and died insensible of their misery.*……那些孩子无论活着还是死去并不感觉到悲惨。

insensitive be insensitive **to** people's feelings or thoughts 无感觉的，无反应的。*Lucy was rude and insensitive to the feelings of others.* 露西很无礼，

也不顾及他人的感情。*He gradually became* ***insensitive to*** *the suffering he was causing.* 他渐渐对自己造成的苦难麻木不仁了。

inseparable be inseparable **from** something else 与某事物不可分的。*Culture is* ***inseparable from*** *class.* 文化与阶级是密不可分的。

insinuate to insinuate yourself **into** something 使自己悄悄潜入某事物中。*Yet the past invariably* ***insinuates*** *itself* ***into*** *our present life.* 但过去总是悄悄地潜入我们的现时生活。

insist to insist **on** or **upon** doing or having something 坚决主张做某事。*He* ***insisted on*** *staying for supper.* 他坚持留下吃晚饭。*We* ***insist upon*** *the highest standards of safety.* 我们主张实行最高的安全标准。

inspiration ❶ the inspiration **for** something 妙计。*The* ***inspiration for*** *the campaign came from Ron Bailey.* 竞选中的妙计来自罗恩·贝利。❷ an inspiration **to** someone〔鼓励或激励人的〕人或物。*...a place which has proved an* ***inspiration to*** *generations of our countrymen.* ……已被证明为激励着我们数代国人的地方。

inspire to inspire confidence or enthusiasm **in** someone; to inspire someone **with** confidence or enthusiasm 激发起某人的信心或热情。*...a doctor who is particularly good at* ***inspiring*** *confidence* ***in*** *children.* ……特别善于激发孩子自信心的一位医生。*Buy a copy of Do-It-Yourself Magazine to* ***inspire*** *you* ***with*** *enthusiasm.* 买一本《自己动手》杂志，以激发你的热情。

instance for instance 例如。*Take advertising,* ***for instance****.* 例如广告业。

instil to instil a feeling or an idea **in** or **into** someone 向某人灌输感情或思想。*...ideas* ***instilled in*** *his mind by his mother.* ……母亲灌输给他的观念。*You never know what fears may be* ***instilled into*** *a baby by a loud, angry voice.* 谁都不知道愤怒的大声讲话会给婴儿灌输什么样的恐惧。

instrument an instrument **of** or **for** a particular activity 某一类活动的工具。*...the power of the media as an* ***instrument of*** *mass control.* ……媒体作为控制大众工具的威力。*...an* ***instrument for*** *managing the economy.* ……经济管理的工具。

instrumental be instrumental **in** achieving something 对某事有帮助、起作用。*He was* ***instrumental in*** *foiling a disguised takeover bid.* 他对挫败变相的购并企图起作用。

insulate to insulate someone or something **from** or **against** something 使某人或某物与不良影响隔绝。*...He had* ***insulated*** *himself* ***from*** *the world.* ……他与世人不来往。*The industry is not* ***insulated against*** *shocks.* 工业并不是不会遭到打击的。

insurance an insurance **against** something bad that might happen 保险措施。*A family provides a sort of* ***insurance against*** *isolation.* 家庭可保证排除孤立无援感。

insure to insure yourself or your property **against** something 人身安全保险或财产保险。*His neighbour's house is not* ***insured against*** *fire.* 他邻居的房屋没有投保火险。

integral be integral **to** something 构成整体所必需的。*The actor is* ***integral to*** *the play.* 演员是演话剧所必需的。

integrate ❶ to integrate someone or something **into** a larger group 将某人或某物加入更大的团体、组织。*He has thrown away a chance to* ***integrate*** *himself* ***into*** *the organization.* 他已经放弃了加入该组织的机会。*Environmental considerations need to be* ***integrated into*** *the policy paper.* 环境因素需考虑在政策文件之中。❷ to integrate one thing **with** another 把一事与另一事结合起来。*...the extent to which the planning of education can be* ***in-***

tegrated with planning for the economy as a whole.…… 教育规划可以纳入整个经济规划的程度。

intended ❶ be intended **as** a particular thing 被打算为某事物。*This last remark was intended as an insult.* 最后这句话意在侮辱。❷ be intended **for** a particular person or purpose 是为某人、某一目标准备的。*The invitation had really been intended for someone else.* 请柬其实是给别人的。

intent be intent **on** or **upon** something 专心于某事。*They seem intent on harassing the players.* 他们似乎一心想骚扰运动员。…*they were so intent on what she was saying.*……他们专心听她的话。

interact to interact **with** someone or something else 与某人配合，与某事物互相作用。*The creature begins to interact with the world around it.* 该动物开始与周围世界交往。*Certain vitamins will interact closely with calcium ions.* 某些维生素会与钙离子相互作用。

interaction interaction **between** two or more things 两件或更多事物间的互相作用。…*interaction between children and grandparents.*……孩子与祖父母的交往。…*the subtle interactions between religions, morality, and politics.*……宗教、道德、政治之间的微妙作用。

intercede to intercede **for** someone in trouble **with** someone in authority 为他人向某人求情。*I interceded for him with his employer.* 我替他向他雇主求情。*Max came to my rescue and interceded with the professor.* 马克斯帮助我向教授求情。

interest ❶ an interest **in** something 某方面的〕兴趣。…*his interest in antiques and architecture.*……他对古玩与建筑感兴趣。❷ to interest someone **in** something 激发某人某方面的兴趣。*Miss Musson had attempted to interest her in learning to read.* 马森小姐曾试图激发起她的识字兴趣。❸ be **in** someone's **interest** 符合、为了某人的利

益。*It would not be in my interest to entrust the documents to you.* 把文件委托于你不会符合我的利益。*The paper should be closed down in the national interest.* 该报应服从国家利益予以关闭。

interested be interested **in** something 对某事感兴趣。*Too few people nowadays are interested in literature.* 如今对文学感兴趣的人太少了。…*people interested in buying property overseas.*……想在海外置业的人。

interface interface **between** things 两学科相接处、相互影响之处。…*the interface between technology and design.*……技术与设计的接合区域。

interfere ❶ to interfere **in** or **with** something 干涉，干预。*I don't want to interfere in your marriage.* 我不想干涉你的婚姻。*When you decorate your home, I do not interfere with your schemes.* 你装修房子时，我不干预你的计划。❷ to interfere **with** something 妨碍某事。*Get rid of any inhibitions which interfere with your playing.* 除去妨碍你打球的任何阻力。

interplay the interplay **of** or **between** several things 相互作用。…*the necessary interplay of theory and practice.*……理论与实践的必要相互作用。…*the interplay between fate, chance, and free will.*……命运、机会、自由意志之间的相互作用。

interpret to interpret something **as** a particular thing 理解，解释。*Your silence can upset people who interpret it as dumb insolence.* 你的沉默可以被解释为无声的傲慢，从而使人不痛快。*The report was interpreted as reflecting a more cautious attitude.* 报告被理解为反映了小心谨慎的态度。

intersect to intersect **with** another road or line 与某条路或某条线交叉。…*where the Church road intersected with the Club road.*…… 教堂路与俱乐部路的交叉处。

interspersed be interspersed **with**

things 由某些事物散布，点缀。… plain white crosses **interspersed with** cherry trees.……简朴的白色十字路口，点缀着樱桃树。His speech was **interspersed with** catcalls and noise. 他的演讲中夹杂着嘘声和噪音。

intertwined be intertwined **with** something 互相盘绕。Its history is **intertwined with** that of the labour movement. 它的历史与工人运动交织在一起。

interval ❶ an interval **between** two events〔两件事情之间的〕间隔；an interval **of** a particular length of time〔一段时间的〕间隔。…in the **intervals between** fighting.……在战斗的间隙。These seemed to occur at **intervals of** twenty years. 这些事情似乎以二十年为间隔而发生。❷ **at intervals** 时时。The supplies were replenished **at intervals**. 不时地补充储备。

intervene to intervene **in** a situation 调停某一局面。The State may **intervene in** disputes between employers and workers. 国家可以干预劳资纠纷。

intimacy intimacy **with** someone〔与另一人的〕亲密关系。Never before had he known such **intimacy with** another person. 他从未与别人有过这种亲密的关系。

intolerant be intolerant **of** something 不能容忍的。They tend to be **intolerant of** anything strange. 他们一般无法容忍任何陌生的东西。

intoxicated be intoxicated **by** or **with** something exciting陶醉、兴奋不已。…actors **intoxicated by** their press cuttings.……为他们的剪报所陶醉的演员。I felt **intoxicated with** the desolation of this world of ice and cold. 我对这个冰雪世界的荒凉感到兴奋不已。

introduce ❶ to introduce someone **to** someone or something new 引导某人接触某人或某一新事物。I **introduced** him **to** Colonel Burr. 我把他介绍给布尔上校。He **introduced** his young friend **to** romantic poetry. 他引导年轻的

朋友读浪漫派诗歌。❷ to introduce something new **into** or **to** a place or system〔某地或某系统〕引进、采用某一新事物。…when the fish were first **introduced into** Britain.……这种鱼刚刚引进到英国时。…changes which should be **introduced into** the training programme.……培训项目中应该引进的变动。…as new technologies are **introduced to** the workplace.……随着新技术引入工作场所。

introduction the introduction **to** a book or talk〔某本书或某一讲话的〕引言。…in his **introduction to** the report.……在他写的该报告的引言中。

intrude to intrude **on** or **upon** someone or something 打扰，侵扰。I shall not **intrude on** your grief. 我不会来打扰你的悲伤。

inundated be inundated **with** things 不胜负荷；应接不暇。They were **inundated with** letters. 他们对信件应接不暇。

invest ❶ to invest **in** a business or something useful 投资。Some companies have **invested in** so-called 'supercars'. 某些公司投资生产所谓的"超级汽车"。…families who have **invested** money **in** luxury villas.……投资买豪华别墅的家庭。❷ to invest someone or something **with** a power or quality 使某人或某物带有权力或特点。The singer **invested** the notes **with** a wealth of feeling and sensitivity. 歌唱家给音符赋予了丰富的感情色彩。The IBA should be **invested with** an additional power. 英国独立广播局应被授予额外的权力。

investigation an investigation **into** something 调查。Sherman ordered an **investigation into** her husband's death. 舍曼下令调查她丈夫的死因。

invisible be invisible **to** someone 某人看不见的。That should make us practically **invisible to** anyone approaching from the south. 那样从南面过来的人应几乎看不见我们的。

invite to invite someone **to** an event or

place or **for** a meal or activity 邀 请，招 待。*Why did Byrne invite them to his party?* 伯恩为什么邀请他们参加他的聚会？ *They repeatedly invited me to their apartment for dinner.* 他们不断请我去他们家吃饭。

involve to involve yourself or someone else **in** something 卷入。*Without thinking, I had involved her in a situation that might become violent.* 我没有经过思考，便把她卷入可能出现暴力的情况。

involved ❶ be involved **in** or **with** something 参与；对某事感兴趣。*I became increasingly involved in politics.* 我参政程度不断增加。 *...people directly involved with farming.*……直接从事农业的人。❷ be involved **in** something 现有的，不可避免的。*...the risks involved in selling a story to the popular press.*……把故事卖给大众出版社所担的风险。❸ be involved **with** someone 与某人有密切关系。*...being romantically involved with someone in the same profession.*……与某位同行有浪漫关系。

invulnerable be invulnerable **to** something harmful 不受伤害的，不能攻破的。*The nuclear submarine is almost invulnerable to attack.* 核潜艇几乎是坚不可摧。

irrelevant be irrelevant **to** something 与某事不相关的。*He felt that right and wrong were irrelevant to the situation.* 他觉得是非问题与此情况无关。

irritated be irritated **by** something or **at** something 被某事物激怒；be irritated **with** someone **for** doing something 由于某事而对某人发怒。*She was irritated by this suggestion.* 她被这个暗示所激怒。*He appeared irritated at the delay.* 他显然为拖延而发怒。*I felt irritated with myself for lying there day-dreaming.* 我为自己睡懒觉做白日梦而发怒。

isolate to isolate someone **from** other people 将某人与别人隔离。*His force*

was completely **isolated from** the rest of the army. 他的部队完全与其余的部队隔开了。

isolation in isolation 隔离；独立。*Health regulations require her to stay in isolation for four months.* 生法规要求她隔离四个月。*...a teacher working in isolation.*……独立工作的教师。

issue ❶ to issue someone **with** something 将某物发给或供给某人使用；to issue something **to** someone 向某人颁布、发表某事情。*The UN office in Maseru had issued us with refugee passports.* 马塞卢的联合国办事处给我们发了难民护照。*The Committee issued a statement to the press.* 该委员会向新闻界发表了声明。❷ at issue 在争论中；待裁决的。*The point at issue here is not the number of trained leaders but their social class.* 争论的问题并不是训练有素的领导者的数量，而是他们的社会阶级。

J, K

jab to jab **at** something 刺捅、击某事物。*He jabbed at me with his finger.* 他用手指捅我。

jar to jar **on** someone 使人产生不愉快的感觉。*The harsh, metallic sound jarred on her.* 刺耳的金属声使她不快。

jealous be jealous **of** someone 妒忌，羡慕。*Joseph's brothers were jealous of him.* 约瑟夫的兄弟们妒忌他。

jeer to jeer **at** someone 嘲笑。*Boys had jeered at him at school.* 上学时男孩们嘲笑他。

jeopardy be in jeopardy 处于危险中。*...when the future of the planet is in jeopardy.*……当地球的将来出现危险时。

jest in jest 开玩笑地。*It was said half in jest.* 那是半开玩笑时说的。

join ❶ to join **in** an activity 参加。*Some passers-by had also joined in the demonstration.* 某些过路人也参加了示威游行。

❷ to join one thing **to** another 将某事物与另一事物联起来。*Join one pipe to the other.* 将两根管子接起来。*The two islands are joined to the coast.* 两个岛屿与海岸连接着。❸ to join up **with** other people or another thing 联合起来。*The French division joined up with the rest of the Southern Army Group.* 法国师团与南军团的其他部队联合了。

joke ❶ to joke **about** something 以某事开玩笑；to joke **with** someone 与某人开玩笑。*Perhaps I am the only person to joke about the end of the world.* 也许我是唯一一拿世界末日开玩笑的人。*Don't joke with me!* 别跟我开玩笑！❷ a joke **about** something 某事物的笑话。*...wokes about computers.* ……关于电脑的笑话。

judge ❶ a good or bad judge **of** something 对某物在行或不在行的鉴赏家。*She was gregarious, well-read, and a good judge of style.* 她喜欢交际，博览群书，也很懂鉴赏款式。❷ to judge something **on** or **by** a factor or basis 按照某事判断。*Each case obviously has to be judged on its merits.* 显然个案应根据其本身的是非曲直来判断。*She will judge their progress by the extent to which they become fluent.* 她将根据他们的流利程度来判断其进步。❸ judging **by** or **from** facts or evidence 以事实或证据来判断。*Judging by its colour, it was no hotter than a glowing coal.* 从颜色看，它的热度不会超过燃烧的煤块。*I feel that Miss Gray will be our best choice, judging from her application.* 从格雷小姐的申请表看，我觉得她是最佳人选了。

judgement someone's judgement **on**, **about**, or **of** something 对某事作出的评价。*His judgement on individuals cannot seriously be taken into account.* 他对各位个人的评价不能当真。*You have to make your own judgement about what is reality and what is not.* 关于什么是现实、什么不是，你得自己去评判。*...society's judgement of risk.* ……社会对风险的评判。

juggle to juggle **with** things 摆弄东西。*...still juggling with figures and possibilities.* ……仍在摆弄数字与可能性。

jump to jump **at** an offer or opportunity 欣然接受。*I'm sure she'll jump at the chance.* 我肯定她会欣然接受该机会。

juncture **at** a particular **juncture** 在某一时刻。*It was at this juncture that his luck temporarily deserted him.* 就在这一刻，他的运气暂时离开了。

justification the justification **for** something or **of** something 某事的理由、借口。*There's no justification for what they've been doing.* 他们的所作所为毫无理由。*What is the social justification of university education?* 大学教育的社会理由是什么？

keen be keen **on** something or someone 热衷于某事，喜欢某人；be keen **about** something 对某事喜爱、着迷。*The headmaster was keen on music.* 校长是音乐迷。*You'd have to be keen about teaching.* 你得热爱教书。

keep ❶ to keep someone or something **from** doing something 阻止某人做某事。*Towels were stuffed in their mouths to keep them from crying out.* 他们的嘴巴塞了毛巾防止喊叫。*...the effort to keep French-speaking Quebec from being isolated.* ……防止说法语的魁北克孤立起来的努力。❷ to keep information **from** someone 对某人隐瞒消息。*He was convinced I was keeping some secret from him.* 他确信我瞒着他什么秘密。❸ to keep something **off** something else 不接近，驱散。*Keep those dogs off her!* 不要让狗靠近她！*It kept his mind off his acute anxiety about his friend.* 这使他暂时停止对朋友的焦急担心。❹ to keep **to** a rule or plan 坚持，固守。*Try to keep to a routine.* 要尽量建立常规。❺ to keep someone **out of** a situation 不让某人卷入某情况。*...keeping them out of trouble.* ……不让他们陷入麻烦。❻ to keep **away** from a place or thing 避开。**Keep away from dark alleys.** 要避开黑街小巷。❼ to keep in **with** someone 和某人保持友好。*I ought to try to* **keep in with** *him.* 我应该努力与他保持友好。❽ to keep on **about** something 继续谈论某事。*She* **kept on about** *the stupid car.* 她滔滔不绝地谈论那愚蠢的汽车。❾ to keep on **at** someone 对某人不停地说某事。*She* **kept on at** *the authorities until a visit was arranged.* 她不断找当局交涉，直到安排了走访。❿ to keep up **with** someone or something 跟上，不落后。*We simply cannot* **keep up with** *the demand.* 我们简直无法满足需求。

keeping be in keeping with something 和某事一致。*This extraordinary feat was* **in keeping with** *his character.* 这个非凡业绩与他的性格一致。

key the key **to** something〔开启某物的〕钥匙。*Human ingenuity is the* **key to** *the problem.* 人的才智是解决该问题的关键。

kind ❶ a particular kind **of** thing 一种，一类。*...a new* **kind of** *book.*……新的一种书。❷ something **of** a particular kind 某一种类的。*He was clearly sensitive to pressures* **of** *this* **kind**. 他显然对这种压力十分敏感。❸ be kind **to** someone 对某人和蔼。*Many of the staff were exceptionally* **kind to** *me.* 许多职员对我特别友善。❹ **in kind** 用实物支付。*...repayment* **in kind** *of huge debts.*……巨额债务用实物偿还。

knack a knack **of** or **for** doing something 技巧。*...her* **knack of** *finding good new books.*……她有找好看新书的技巧。*Others seem to have a* **knack for** *combining colours and patterns.* 其他人似乎对结合色彩与图案有一套。

knock ❶ to knock **on** or **at** a door or window 敲门，敲窗。*I had been* **knocking on** *the door for some time.* 我已经敲了一阵门了。*At dawn, the police came and* **knocked at** *his door.* 黎明时分，警察过来敲他的门。❷ to knock an idea or quality **out of** someone 使某人

失去。*Most of the refugees have had the fight* **knocked out of** *them.* 大多数难民已丧失了战斗意志。

know ❶ to know **about** something or **of** something 了解，知道。*He did not* **know about** *the funeral.* 他对葬礼不知情。*Only a handful of people* **knew of** *this discovery.* 只有几个人知道该发现。❷ to know **about** a subject 懂得某一学科。*Tom didn't* **know** *much* **about** *architecture.* 汤姆不大懂建筑。❸ be **in the know** 知情的，消息灵通的。*I heard this from someone who is* **in the know**. 我从消息灵通者那里得知此事的。

knowledge ❶ to your knowledge 据某人所知。*No government,* **to my knowledge**, *has yet been able to devise such a scheme.* 据我所知，还没有一个政府能够设计这种计划。❷ **without** someone's **knowledge** 别人不知道。*...to photograph them and record them* **without** *their* **knowledge**.……不让他们知道的情况下给他们拍照录音。

known be known **as** something 被称为。*Soon our neighbourhood became* **known as** *Dynamite Hill.* 不久我们这一带就被称为"炸药山"了。

L

label to label a person or thing **as** something 称为，列为。*His behaviour is* **labelled as** *eccentric.* 他的行为举止堪称古怪。

labour ❶ to labour **under** a delusion or burden 因幻想而吃苦头，为某事苦恼。*I still* **laboured under** *the delusion that everyone was a good guy at heart.* 我依然为人人都心地善良的幻想而吃苦头。❷ be **in labour** 分娩。*She was* **in labour** *for seven hours.* 她分娩花了七个小时。

lace ❶ to lace a drink or food **with** alcohol or drug 饮料或食品中掺了酒精

或毒药。*Food supplies are being **laced** with pesticides.* 粮食中给掺了杀虫剂。

❷ to lace a speech or piece of writing **with** language or ideas of a particular kind 讲话或作品中加入了某种语言或思想。*...plays **laced with** a mixture of intuition and common sense.* …… 掺和着直觉与常识的话剧。*The first round of talks was **laced with** rhetoric.* 第一轮会谈掺杂着花言巧语。

lack a lack **of** something 缺乏。*...his **lack of** ambition.* …… 他缺乏雄心。

lacking ❶ be lacking **in** a quality or thing 缺乏，不足。*Gaitskell thought him **lacking in** judgement.* 盖茨克尔认为他缺乏判断力。❷ be lacking **in** a place or thing 某地或某事物中缺少。*...a way of finding the love that was **lacking in** the home.* …… 寻找家中所缺少的爱心的方法。

laden be laden **with** something 满载着某物。*Their mules were **laden with** silver.* 他们的骡驮满了银子。

land ❶to land someone **in** a particular situation 使某人陷入某一境地。*...observations that would have **landed** him **in** jail.* …… 可导致他坐牢的评论。❷ to land someone **with** something 将某项工作强加到某人身上。*I never guessed I'd be **landed with** all the medieval stuff.* 我从未想到自己会承担一大堆的旧货。

❸ **by land** 由陆路。*Access **by land** may result in delays.* 从陆路走会造成拖延。

lapse to lapse **into** a state or way of doing something 堕落，陷入。*She **lapsed into** a deep sleep.* 她睡熟了。*...**lapsing into** her native tongue.* …… 她开始讲本族语。

large ❶ **at large** 在逃。*His kidnapper is still **at large**.* 他的绑架者仍然逍遥法外。

❷ **at large** 大部分。*...in the interests of the community **at large**.* …… 符合社区大多数人的利益。

lash to lash out **at** or **against** something or someone 鞭打，鞭挞。*...**lashing** out **at** them critically in social sit-uations.* …… 在社交场合攻击他们。*The slave **lashes** out **against** his immediate master.* 奴隶把直接主人鞭打一顿。

last **at last** 最终。***At last** the day came when his plans were completed.* 他完成计划的日子终于来了。

latch to latch **onto** someone or something 紧紧抓住。*She would look for women's liberation groups and **latch onto** them.* 她会寻找妇女解放组织并紧紧抓住它们。

late be late **for** an event or appointment 迟到。*I'm **late for** dinner as it is.* 其实我赶晚宴迟到了。

laugh ❶ to laugh **at** someone or something ridiculous 嘲笑某人或荒谬的事情。*I used to **laugh at** narrow-minded, old-fashioned people.* 我曾经嘲笑心地狭窄的老派人。❷ to laugh **at** or **about** something amusing 因某事物而发笑。*He did not **laugh at** the joke.* 他听了笑话并没有发笑。*...if parents can admit the feeling and **laugh about** it to-gether.* …… 如果家长能承认这种感情，就一起笑一下。

launch to launch **into** an activity 开始某一活动。*He **launched into** an attack on his opponent.* 他开始攻击对手。

lavish to lavish attention or money **on** or **upon** someone or something 慷慨而大量地给某人某事物。*His films have deserved the trouble he has **lavished on** them.* 他的电影值得他为之付出的麻烦。

law ❶ be **against the law** 违法的。*It's **against the law** to bribe people.* 贿赂人是违法的。❷ **within the law** 合法的。*Shimanov explained that he had always acted **within the law**.* 西马诺夫解释说，他一贯依法行事的。❸ **in law**, **by law**, **under the law** 遵照法律。*An employer's right to dismiss his employ-ees is sanctioned **in law**.* 雇主开除雇员的权利得到法律的认可。*Employers were required **by law** to report these ac-cidents.* 法律规定雇主要报告这些事故。*Homeworkers have few rights **under**

the law. 在家工作者很少有法定的权利。❹ be **above the law** 凌驾于法律之上。…*legislation that put the airlines* **above the law**.……使航空公司凌驾于法律之上的立法。

lay ❶ to lay an idea or problem **before** someone 详细地展示给某人。*He then went on to* **lay** *his own difficulties* **before** them. 接着他给他们展示自己的难处。❷ to lay blame or a responsibility **on** or **upon** someone 把某事归咎于某人或将责任推给某人。…*laying the blame* **on** others.……怪罪于别人。❸ to lay stress or emphasis **on** or **upon** something 强调。*The Government has* **laid** *great stress* **on** *harnessing private enterprise*. 政府十分强调利用私人企业。❹ to lay **into** someone 进攻某人。*Mounted police* **laid into** them. 骑警袭击他们。❺ to lay **off** something 停止。*Tom,* **lay off** *that sherry—it's terrible*. 汤姆，放下那雪利酒——差劲极了。

lead /li:d/ ❶ to lead **to** a situation or event 导致某种情况或事件〔尤指不好的事〕。*Their efforts had* **led to** *disaster*. 他们的努力导致了灾难。*The article* **led to** *a heated debate*. 文章引发了一场热烈的争论。❷ to lead **to** or **into** a different room or place 通往别的房间或地方。…*a door that* **led to** *the bedroom*.……通向卧室的门。…*the door* **leading into** *the living room*.……那门通向起居室。❸ to lead **off** a place 直通某地。…*the rooms* **leading off** *the courtyard*.……通向院子的房间。❹ to lead up **to** something 在某事之前。…*in the days* **leading up to** *the tour*.……旅行前的日子里。❺ **in the lead** 在先；领先。…*the kind of quick thinking that kept Leicester* **in the lead**.……思维敏捷使莱斯特遥遥领先。

leaf to leaf **through** a book or magazine 浏览书籍或杂志。…*surreptitiously* **leafing through** *a fashion magazine*.……偷偷浏览时装杂志。

league be **in league with** someone else 和某人联合、勾结。*She is* **in league with** *the Devil*. 她与魔鬼结盟。

leak to leak information **to** someone 向某人透露或泄露情报。*Sir Patrick's comments were* **leaked to** *the Press Association*. 帕特里克爵士的评论被泄露给了新闻协会。

lean ❶ to lean **towards** a belief or practice 倾向〔某一信仰或习惯〕。…*parents who naturally* **lean towards** *strictness*.……自然倾向于严厉的家长。❷ to lean **on** someone 给某人施加压力。*'I* **leaned on** *him a tiny bit,'* I admitted. "我有点要挟他，"我承认道。❸ to lean **on** someone 依靠某人。*Dr Lieberman* **leaned on** *her more each day*. 利伯曼博士一天天更加依赖她。

learn ❶ to learn **of** the existence or occurrence of something 得悉。*Reporters in Maseru soon* **learned of** *our arrival*. 马塞卢的记者不久就得悉我们到了。❷ to learn **about** a subject 学习某一课程。…*students who want to* **learn about** *modern society*.……想学习现代社会的学生。

lease to lease something **to** someone 向某人出租某物；to lease something **from** the person 从某人处租得某物。*96% of the available space has been* **leased to** *small companies*. 可用空间的 96% 已租给小公司。*John Rich* **leased** *the site* **from** *the Duke of Bedford*. 约翰·里奇从贝德福德公爵处租得场地。

least ❶ **at least** 至少。*At least three people were killed*. 至少有三人丧生。❷ **at least** 无论怎样；情况尚可。*At least he was safe*. 不管怎样，他是安全的。❸ **in the least** 丝毫不。*I am not* **in the least** *perturbed that I was found guilty*. 我被判有罪，却丝毫不感到不安。

leave ❶ to leave **for** a destination 去某地。*Kathy is* **leaving for** *Vienna in a fortnight*. 凯茜两周后去维也纳。❷ to leave something **with** someone 将某物留给某人。*Leave your phone number* **with** *the secretary*. 把你的电话号码留给

秘书。❸ to leave a matter **with** or **to** someone to deal with 将某事留给某人处理。*I will put the matter right—you* ***leave*** *it* ***with*** *me.* 我会把事情纠正的，交给我好了。*It was a difficult decision, and I* ***left*** *it* ***to*** *her.* 这是难以决定的，我把事情留给了她去办。*I'm happy to* ***leave*** *the rest* ***to*** *your imagination.* 我情愿把剩下的事任凭你去想象。❹ to leave someone **with** a feeling or problem 将某一感情或难题留给某人。*That* ***left*** *me* ***with*** *an agonizing problem.* 那样就把一个痛苦的问题留给我了。❺ to leave property or money **to** someone in your will 将遗产或金钱留给某人。*The wife* ***left*** *all her property* ***to*** *her husband.* 妻子把所有财产都留给了丈夫。❻ **on leave** 休假中。*Hayward was* ***on leave*** *from his regiment.* 海沃德休假离开他的〔军队〕团。

lecture a lecture **on** something or **about** something 讲座。*Adam had been going to* ***lectures on*** *philosophy.* 亚当在修哲学讲座。*...a lengthy* ***lecture about*** *Lithuanian history.* ……关于立陶宛历史的长篇讲座。

leer to leer **at** someone 用挑逗性的或敌意的目光看人。*Karen could see the prisoners* ***leering at*** *her.* 凯伦看到囚犯在逼视自己。

left be left **with** the remainder of something 遗留下。*I was* ***left with*** *only a mattress.* 只给我留下一个床垫。

legislation legislation **on** something 〔就某事的〕立法或法规；legislation **for** or **against** something 〔保护或防止某事物的〕立法或法规。*...* ***legislation on*** *immigration.* ……移民法规。*...* ***legislation for*** *the reform of the House of Lords.* ……改革上议院的立法。*...* ***legislation against*** *unofficial strikes.* ……反对非工会同意的罢工的立法。

lend ❶ to lend something **to** someone 将某物借给某人。*...the additional money* ***lent to*** *you.* ……借给你的附加款。❷ to lend a quality **to** something 给某事物带来某一特点。*Tradition* ***lends***

order ***to*** *the world.* 传统给世界带来秩序。

length ❶ at length 终于。*The coroner waited courteously and* ***at length*** *I resumed.* 验尸官礼貌地等候着，我终于重新开始了。❷ **at length** 长时间地。*They talked* ***at length*** *about the farm.* 他们长时间地谈论农场。

let ❶ to let someone **into** or in **on** a secret 让某人知道或向某人泄露秘密。*I can* ***let*** *you* ***into*** *a little-known fact about Colin.* 我可以给你透露一件关于科林的鲜为人知的事情。*They are going to* ***let*** *all of us* ***in on*** *their happy secret.* 他们准备让我们大家了解他们的快乐秘密。❷ to let someone **off** a duty 免除某人的工作。*He is* ***let off*** *domestic chores.* 他被免去了家务活。

letter ❶ a letter **of** inquiry, thanks, resignation, and so on 查询信，感谢信，辞职信等。*His father wrote a* ***letter of*** *congratulation.* 他父亲写了贺信。❷ **by letter** 以信的方式。*...whether arrangements are made* ***by letter*** *or phone.* ……不管是通过写信还是打电话安排的。

level ❶ be level **with** something else 与某物同水平。*Vulkan's knee was* ***level with*** *the top of my head.* 沃尔肯的膝盖与我头顶一样高。❷ be **on a level with** something else 和某物同等，同一水平。*Her eyes were* ***on a level with*** *his.* 她的眼睛与他的一般高。❸ to level criticism **at** or **against** someone or something 批评。*More serious charges were* ***levelled at*** *television during the Sixties.* 六十年代人们对电视提出更严肃的指控。*...criticisms he has* ***levelled against*** *gangsters and the police.* ……他对歹徒与警察提出的批评。❹ to level a look **at** someone 朝某人看。*A number of unfriendly glances were* ***levelled at*** *him.* 很多人向他投以不友好的目光。❺ to level **with** someone 告诉某人实情。*It was decent of her to* ***level with*** *me about her intentions.* 她把自己的意图如实告诉我，很够朋友。

liable be liable **for** a debt or accident 对〔债务或事故〕负法律责任。*The solicitor will be **liable for** all costs incurred.* 律师将负责所有的费用。

liaise to liaise **with** another person or group〔与某人或某团体联络〕。*We have been **liaising with** neighbouring police forces.* 我们在联络附近的警队。

liaison liaison **with** another person or group〔与某人或某团体的〕联络;liaison **between** different people or groups〔人们之间或团体之间的〕联络。*...better **liasion with** regional water authorities.*……更好地联络地区水管局。*The Government has been encouraging **liaison between** colleges and industry.* 政府正在鼓励大学与工业署多加联络。

liberate to liberate someone or something **from** something bad 将某人或某物解放。*...a group determined to **liberate** their country **from** oppression.*……一个决心把国家从压迫下解放出来的小组。

liberty be **at liberty** to do something 自由地做某事。*...someone whose name I am not **at liberty** to disclose.*……我不便透露姓名的某人。

lie ❶ to lie **to** someone **about** something 就某事向别人撒谎。*She never ever **lied to** us.* 她从不向我们撒谎。*Why had Waddell lied about giving Carlin the money?* 沃德尔为什么要对给卡林钱款的事撒谎? ❷ to lie **behind** a situation or event 成为某事的理由或原因。*...a detailed analysis of what **lay behind** the near disaster.*……对险些遭灾难的原因作详细分析。 ❸ to lie **with** someone〔决定权、责任、差错〕在于。*In many cases, the decision **lies with** the doctor.* 在许多情况下,决定权在医生手里。

light ❶ to light **upon** something 发现某物。*I could, I immediately realized, have **lighted upon** a more fortunate turn of phrase.* 我立即意识到,本来可以找到更吉利的措辞的。 ❷ **in the light of** something 根据,按照。*In the light of subsequent events, this was obviously a sound decision.* 按接下去的情势看,这一决定显然很对。

liken to liken one person or thing **to** another 将某人或某事物比作。*One newspaper had **likened** him **to** Hitler.* 有家报纸将他比作希特勒。

likeness ❶ a person's or thing's likeness **to** someone or something else 与某人或某事物的相似。*Her **likeness to** her son was startling.* 她与儿子惊人地相像。 ❷ a likeness **of** someone 画像,写真。*...a charming **likeness of** a radiant young queen.*……神采奕奕的年轻女王的迷人画像。

liking ❶ a liking **for** something 喜欢。*I can't understand my children's **liking for** white bread.* 我不理解孩子们为什么喜欢白面包。 ❷ be **to** your **liking** 合某人的意。*...watching to see whether this fragrant dish was **to** his **liking**.*……看看这盆香喷喷的菜是否合他的意。

limit ❶ a limit **to** something 限量。*There is a **limit to** the obligation we have to protect others.* 我们保护他人的义务是有限的。 ❷ a limit **on** something 对某事物的限量;a limit **of** a particular amount 某一量的限度。*There was a three-dollar **limit on** what we could buy.* 我们能买的东西限于三美元。*...an upper **limit of** two hundred pounds.*……两百磅的上限。 ❸ the limit **of** an area or thing〔某地或某事物的〕极限。*The helicopter flew to Bantry Bay, the **limit of** its range.* 直升机到了班特里湾,即它的航程极限。*...a job that would extend me to the **limit of** my talents.*……可以充分发挥我的才能的工作。 ❹ to limit yourself or something **to** a particular thing 限定某人或某事。*You must read round the subject, not **limit** yourself **to** one book.* 你必须在该学科中博览,不要限于看一本书。*The number of future universities is to be **limited to** thirty-six.* 将来大学的数量要限制在三十六所。 ❺ **within**

limits 在一定范围内。*Betting, **within limits**, can be an acceptable form of entertainment.* 一定范围内的赌博是可接受的娱乐形式。❻ **be off limits** 禁止进入的。*Moscow and Petrograd were **off limits**.* 莫斯科和彼得格勒是无法进入的。

limitation ❶ the limitations **of** something 局限性。*...a doctor so patently aware of the **limitations of** medical skill.*……对医疗技术的局限性一清二楚的一名医生。❷ a limitation **to** something or **on** something 对某事的限制或控制。*...physical **limitations to** growth.*……生长的生理极限。*...the **limitations on** trade union leaders powers.*……对工会领导的权力限制。

limited be limited **to** a particular place or group 局限于某地或某一团体。*Some slang expressions are **limited to** certain small areas.* 某些俚语局限于小区域使用。*This concession is **limited to** those on lower incomes.* 这种特许权仅限于低收入者。

line ❶ **along the line** 在某事发生的过程中。*Somewhere **along the line** they had gone wrong.* 他们在办事过程中出了差错。❷ **in line; in a line** 排队。*We had to wait **in line** at the counter.* 我们只得在柜台前排队。*The prisoners sat **in a line** and toyed with their food.* 囚犯们挨排坐着，玩弄着食物。❸ **in line** 循规蹈矩。*You need a very strict director to keep you **in line**.* 你需要一个严厉的主任来管束。❹ be **in line for** promotion, an award, or a job 有晋升、得奖、工作的希望。*His handling of the controversy has put him **in line for** promotion.* 他处理争端有功，有望被提拔。❺ **in line with** something 符合；和某物一致。*The results were **in line with** City expectations.* 结果符合市里的期望。*Tax allowances are being increased **in line with** inflation.* 收入免税额按通货膨胀率作相应提高。❻ be **on the line** 冒险。*We should be prepared to place our jobs **on the line**, if need be.* 必要时，我们应准备拿工作冒险。❼ be **out of line** 出格；

别出心裁。*They were severely punished for stepping **out of line**.* 他们因做事出格遭到严惩。*His views are **out of line** with those of most City economists.* 他的观点与市里多数经济师不一样。❽ **on the lines of** something; **along the lines of** something 类似。*...an economic union, **on the lines of** the EEC.*……一个类似于欧洲共同体的经济同盟。*...experiments **along the lines of** those used in the laboratory.*……类似于实验室所做的实验。

lined be lined **with** things 排列着某物。*The roads out of Prague are **lined with** cherry trees.* 布拉格的出城公路边排列着樱桃树。

linger to linger **over** something or **on** something 拖延；动作缓慢。*...**lingering over** their meals.*……慢慢地吃饭。*She was too busy to let her mind **linger on** alternatives.* 她太忙，没时间考虑替代计划。

link ❶ a link **between** two things; a link **with** something else〔联系两者的〕人或事物;〔与另一事物的〕联系。*...the **link between** love and fear.*……爱与恐惧之间的联系。*The university has always had close **links with** industry.* 该大学始终与工业界有着密切联系。❷ to link one thing **with** another or **to** another〔一事物与另一事物〕的联系。*...armaments industries intimately **linked with** national governments.*……与中央政府关系密切的军备工业。*...reports **linking** the bombing **to** Middle East terrorists.*……将炸弹爆炸与中东恐怖主义者相联系的报道。❸ to link up **with** someone else 与某人联系在一起。*We have no plans to **link up with** anyone else —we're determined to go it alone.* 我们没有计划与别人联系，我们决心独自干。

listen ❶ to listen **to** someone or **to** a sound 留心听某人说话或某一声音。*She was sitting **listening to** the radio.* 她坐着听收音机。❷ to listen **for** a sound that might come 留神听、等着

听某一声音。...*listening for feet on the stairs*.……留神听着楼梯上的脚步声。

littered be littered **with** things 堆满凌乱的东西。*The table is **littered with** dirty pans*. 桌上摊满了脏平锅。

live /lɪv/ ❶ to live **by** a principle or belief 靠原则、信仰生活。*I know a man who really tries to **live by** the Ten Commandments*. 我认识一位真想按十诫生活的人。❷ to live **for** something 为某事而生活。*She had **lived for** mealtimes*. 她为了吃饭而活着。❸ to live **off** a source of income 靠某种收入生活。*They have **lived off** the thriving tourist trade*. 他们靠兴旺的旅游业生活。❹ to live **on** a particular amount of money or kind of food 靠某一笔钱款过活或以某物为主食。*If you put it in the bank, you could **live on** the interest*. 你如果把它存入银行，就可靠利息生活。*Some birds **live on** meat*. 某些鸟类以肉食为主。❺ to live **through** an unpleasant or exciting time 度过，经历〔某一时光〕。*He **lived through** the Civil War*. 他经历过内战（美国南北战争）。❻ to live **with** an unpleasant situation 忍受。*They have to **live with** the consequences of their decision*. 他们只得忍受自己所作决定的后果。❼ to live up **to** someone's expectations 达到某人的期望。*The team just have not **lived up to** their early promise*. 该球队的表现未能达到他们以前的期望。

living for a living 谋生。...*men who play this game **for a living***.……玩这种游戏为生的人。

loaded be loaded **with** or loaded down with things 装着，装满东西。...*a cart **loaded with** explosives*.…… 装满炸药的大车。*Their Volkswagen was plainly **loaded down with** supplies*. 他们的大众牌汽车装满了供应品。

loan ❶ a loan **to** someone 向某人贷款；a loan **of** a particular amount 某一数量的贷款。...***loans to** Third World nations*.…… 给第三世界国家的贷款。...*a*

bank **loan of** two hundred thousand pounds.…… 二十万英镑的银行贷款。❷ the loan **of** something 借贷某物。*He has been offered the **loan of** Jonathan's yacht*. 乔纳森主动提出把游艇借给他。❸ to loan money or property **to** someone 将钱款或财产借贷给别人。*The money was **loaned to** Hall during the summer*. 该款在夏季贷给了霍尔。❹ **on loan to** a borrower 贷款给某人；**on loan from** the owner 从某人处贷款。*This painting was originally **on loan to** the National Gallery of Scotland*. 这幅画原先是借给了苏格兰国立画廊。...*a shotgun **on loan from** his father*.……向他父亲借来的鸟枪。

locked be locked **in** a disagreement with someone 因与某人意见不一致而僵持。*The two sides were **locked in** political arguments about the new tax*. 双方为了开征新税而僵持于政治辩论。*Mr Yeltsin is **locked in** a power struggle with the authorities*. 叶利钦陷入了与当局的权力斗争。

long to long **for** something 渴望。*I **longed for** a bath*. 我渴望洗个澡。

look ❶ to look **at** someone or something 看，查看。*She kept **looking at** Rudolph*. 她不停地看鲁道夫。*We shall be **looking at** ways of achieving a closer working relationship*. 我们要考察加强工作联系的途径。❷ to look **for** something or someone 寻找。*She helped me **look for** a law firm which would take me on*. 她帮助我找我愿意聘请我的律师事务所。*Well, aren't you going out to look for him?* 哎，你不是准备出去找他吗？ ❸ to look **like** something 看似某物。*The main hall **looks like** an aircraft hangar*. 大厅的样子像飞机库。*This play **looks like** a winner*. 这部话剧看起来要获奖。❹ to look **after** someone or something 照料。...*women **looking after** young children*.……照顾小孩的女人。❺ to look **into** a matter 调查。*In 1959 a working party was set up to look* *into* the problem.1959 年设立了工作队调查该问题。*They do not seem to have* **looked into** *the facts of these cases.* 他们似乎并没有去调查这些案子的事实。❻ to look **on** or **upon** someone or something 将某人或某物看作。*I no longer* **looked on** *him as my guide.* 我不再把他当作我的指导者。❼ to look **through** a collection of things 快速察看。*I made a few telephone calls and* **looked through** *the post.* 我打了几个电话，翻了翻邮件。❽ to look **to** someone for something 期待某人能带来某事。*...a public which still* **looked to** *the state for the protection of its environment.* ⋯⋯仍然指望国家来保护环境的公众。❾ to look **to** the future 期待未来。*We're* **looking to** *April 1992 for the big comeback.* 我们期待着 1992 年 4 月来个大回归。❿ to look back **on** something in the past 回顾。*When I* **look back on** *these incidents, I feel furious with myself.* 我回顾这些事件时，就对自己发脾气。⓫ to look down **on** someone or something 歧视。*You make people* **look down on** *the school.* 你使人们看不起该学校。⓬ to look forward **to** something 期待。*I'm very much* **looking forward to** *interviewing her.* 我十分期待着采访她。*I always* **looked** forward **to** *those meetings.* 我始终期待着这种会议的召开。⓭ to look out **for** something 提防。*Doctors and midwives have to* **look out for** *abnormalities.* 医生与助产士得提防出现反常情况。⓮ to look up **to** someone 尊敬。*I was happier in John's company because I* **looked up to** *him.* 由于我尊敬约翰，所以跟他在一起时觉得更高兴。

lookout be **on the lookout**; be **on the lookout for** something 留意。*Everyone is* **on the lookout for** *extra work.* 人人都留意找加班活。

loose be **on the loose** 无拘束；逍遥法外。*...a fear that the assassin may still be* **on the loose**.⋯⋯担心杀手依然逍遥

法外。

loss ❶ be **at a loss**; be **at a loss for** something 不知所措；困惑。*He was* **at a loss** *without his familiar office.* 他离开熟悉的办公室感到若有所失。*I've never been* **at a loss for** *an excuse.* 我从来不愁没有借口。❷ **at a loss** 亏损。*The zoo was running* **at a loss** *when he took over in July.* 他七月份接管动物园时，园内财务有亏损。

lost ❶ be lost **on** someone 对某人不起作用、没影响。*Sarcasm was always quite* **lost on** *John.* 约翰总是听不出挖苦的话。*The importance of this policy has clearly not been* **lost on** *politicians.* 政客们显然知道此政策的重要性。❷ be lost **without** someone or something 因缺少某人或某物而不知所措。*I am* **lost without** *him.* 我没了他便不知所措。*Schmidt admits he would have been* **lost without** *my advice.* 施密特承认，没有我的忠告他就寸步难行。

love ❶ someone's love **for** a person 对某人的爱。*Their* **love for** *each other is genuine.* 他们之间的爱情是真挚的。❷ someone's love **of** something 喜爱某物。*...his* **love of** *poetry.* ⋯⋯他喜欢诗歌。❸ be **in love**; be **in love with** someone 热恋着〔某人〕。*Our only crime was to fall* **in love**. 我们唯一的罪恶是坠入情网。*I was madly* **in love with** *Steve.* 我疯狂地爱着史蒂夫。

loyal be **loyal to** someone or something 忠诚的。*In the long run they will remain* **loyal to** *the party.* 从长远的观点看，他们会忠于党。

luck ❶ be **in luck** 运气好。*I was* **in luck**: *somebody had left their vehicle unlocked.* 我运气不错，因为有人没有锁住汽车。❷ be **out of luck** 运气不好。*They were* **out of luck** *because there was really little for them to take.* 他们运气不好，因为真的没什么可供拿走。❸ **with luck**〔希望某事发生〕如果顺利的话。*I might* **with luck** *never have to live with anyone again.* 如果运气好，我

就不必再与人同住了。

lull to lull someone **into** feeling safe 使某人镇静；消除某人的恐惧。...having lulled them into thinking what an amiable person he was.…… 哄他们相信他是多么和蔼可亲的人。 With Rick around, I had been **lulled into** a false sense of security. 有里克在身边，我便产生了虚假的安全感。

lumber to lumber someone **with** something 给某人增加负担或不便。 New families were unwilling to **lumber** themselves **with** too much land. 新的家庭不愿意承担太多的土地。

lust ❶ a lust **for** something or someone 对某事或某人的强烈愿望。 My lust for praise was inordinate. 我爱受赞扬的欲望过度膨胀。 ❷ to lust **for** or **after** something or someone 渴求。 I had lusted for revenge. 我渴望复仇。 She had lusted after other men. 她渴望有其他男人。

luxuriate to luxuriate **in** something 享受某事物。 I luxuriated in her affection. 我尽情享受她的爱恋。

M

mad ❶ be mad **about** something 对某物入迷。 She was **mad about** the cinema. 她对电影入了迷。 ❷ be mad **at** someone or something 发怒。 I guess they're **mad at** me for getting them up so early. 我想，他们对我这么早叫他们起来很愤怒。

made ❶ be made **of** a substance 由某材料制成。 ...a figure **made of** clay.……由陶土做的人像。 ❷ be made up **of** things 由某物组成。 Our bodies are **made up of** millions of cells. 我们的身体由千百万的细胞构成。

mainstay the mainstay **of** something 主干，支柱。 The short story has been the **mainstay of** science fiction. 短篇小说是科幻小说的主体。

make ❶ to make something **from** or **out of** a substance or thing 用某原料制成。 ...making soup from wild mushrooms.……用野蘑菇做汤。 ...making a shelf out of cardboard boxes.……用纸版做书架。 ❷ to make something **into** something else 将某物做成另一物。 You can **make** the leaves **into** soup. 你可以把叶子做成汤。 ❸ to make something **of** someone 使某人成为。 Harold's **made** fools **of** us all. 哈罗德把我们大家愚弄了。 ❹ to make something **of** something else 对某事物的观点。 I wondered what they **made of** my decision. 我不知道他们怎么看待我的决定。 ❺ to make **for** a destination 走向某地。 Peter had picked up his coat and was **making for** the door. 彼得拿起外套，向门口走去。 ❻ to make **for** something 导致。 Disappointment **makes for** bad manners. 失望会导致不礼貌。 ❼ to make off **with** something 偷窃。 The dog tried to **make off with** one of his sausages. 狗试图叼走他的一根香肠。 ❽ to make a cheque out **to** someone 给某人开支票。 ...a cheque **made out to** 'Lloyds Bank plc'.……开给"劳埃德银行"的支票。 ❾ to make property over **to** someone 移交，过户。 You should **make** the business **over to** me. 你应该将业务移交给我。 ❿ to make up **for** something 弥补。 We'll **make up for** the adventure you missed. 你错过了冒险，为此我们会弥补的。

making ❶ in the making 发展中。 He had the ability to smell out a story **in the making**. 他有能力嗅出正在发展的故事。 ❷ be **of** your own **making** 由自己造成的。 The effect of Dutch Elm Disease has been partly or wholly **of** our own **making**. 荷兰榆树病的结果是部分地或全部由我们自己造成的。

mania a mania **for** something 对某物的狂热、癖好。 My father had a **mania for** gardening. 我父亲是园艺迷。

margin margin **of** something or **for** something 余地。 ...to create a mar-

gin of safety by building stockpiles.……
建立储备以增加安全系数。 *They have
allowed a large* **margin for** *error.* 他们
留下了很大的差错余地。

mark ❶ a mark **of** a quality or situation
〔品质或状况的〕标记。*To be able to
ask for another version is a* **mark of**
status. 能够要求换另一个版本是地位的象
征。❷ to mark someone **as** a particu-
lar kind of person 将某人归为某类人。
My skill at typing **marked** *me* **as** *a girl
who had once had to work for a living.*
我的打字技术标志着我曾是打工谋生的女子。
❸ to mark someone down **as** a particu-
lar kind of person 记下某人并认为他
是某类人。*Gillian and I were* **marked
down as** *troublemakers.* 吉兰和我被人
认为是捣蛋鬼。

market ❶ the market **for** a product or
type of thing〔对某物的〕需求。*…
the once booming* **market for** *natu-
ral cereals.*……一度兴旺的天然谷物市
场。❷ a market **in** a product or type
of thing 某类产品或物品的交易。*…an
international* **market in** *drugs.*……一个
国际毒品市场。❸ be **in the market for**
something 想购买某物。*I wasn't real-
ly* **in the market for** *a pony.* 我其实并
不想买小马。❹ be **on the market** 待售。
There are far too few creative toys **on
the market.** 市场上有创意的玩具太少了。

married be married **to** someone 与某
人结婚。*I haven't been* **married to** *her
for long.* 我与她结婚不久。

marvel to marvel **at** something 赞叹。
I never ceased to **marvel at** *their deft-
ness and precision.* 我一直在赞叹他们的
灵巧和精确。

masquerade to masquerade **as** some-
one or something else 伪装某人或某
事；to masquerade **under** a false name
使用假名伪装自己。*…quick-dried
peas* **masquerading as** *fresh garden
peas.*……冒充新鲜豌豆的速冻豆。*…where
he might even now be* **masquerading
under** *an assumed name.*……在那里他

可能还在用假名。

master be master **of** a situation or
type of activity 精通。*Vermeer was also
master of the science of perspective.*
弗米尔还精通透视法这门学问。

masterpiece a masterpiece **of** a qual-
ity 杰作，名作。*…a speech which was
a* **masterpiece of** *ambiguity.*……堪称模
棱两可杰作的讲演。

mastery ❶ mastery **of** a skill 精通。*Mas-
tery of the game depends upon practice.*
要精通这种游戏，取决于练习。❷ mastery
over something or **of** something 控制。
It gave him a sense of **mastery over**
time. 它给了他控制时间的感觉。*…mas-
tery of the sea and air.*……制海权与制
空权。

match ❶ a match **with** or **against** an
opponent〔与对手的〕比赛；a match
between two people or teams〔两人
或两队之间的〕比赛。*We should win
the* **match with** *Yugoslavia.* 我们应该
打赢与南斯拉夫队的那场比赛。*The pre-
vious* **match against** *Coventry was a
draw.* 与考文垂队的上一场比赛打平了。*…
a* **match between** *two novices.*……
两个新手之间的比赛。❷ be a match **for**
someone or something 与某人或物势均
力敌。*In the matter of muscle, he was a
match for any two of them.* 论体力他一
个比得上他们两个人。❸ to match your-
self **against** an opponent 与对手较量。
Many amateurs were **matching** *them-
selves* **against** *the professionals.* 不少
业余选手在与职业队员较量。❹ to match
one thing **with** or **to** another 找到能
与某物相配合的事物；to match one
thing up **with** another 将某事物与另一
事物拼合。*…matching the skills and
needs of the applicant* **with** *vacan-
cies advertised by employers.*……将申请
者的技术与需求跟雇主的招聘岗位相配合。
*The approach and methods should be
matched to his previous experience.*
方法应与他先前的经历相配合。*They will
match up the decision* **with** *others of*

a similar nature. 他们会将该决定与类似的决定进行拼合。❺ to match up **to** an idea or description 与某一想法或描述相符。*Very rarely does that person **match up to** expectation.* 那人很少达到人们的期望。

mate to mate **with** another animal 与另一动物交配。*The dominant males **mate with** every female in the tribe.* 势力最强的雄性与部落中的每只雌性交配。

mean ❶ to mean a particular thing **by** a word or expression 某一词或词组意思为。*What do we mean **by** prosperity?* 我们说的繁荣是什么意思呢？ ❷ to mean something **to** someone 某事对某人有价值或重要的。*My medal may be a joke to you but it **means** a great deal **to** me.* 我的奖章对你来说也许是儿戏，但对我却很宝贵。❸ be mean **with** money 吝啬的。*He's **mean with** cash.* 他花钱很吝啬。❹ be mean **to** someone 刻薄的。*Don't be **mean to** him.* 不要刻薄对待他。

meant be meant **for** a particular person, thing, or purpose 针对；为了。*These children had simply no idea that books were **meant for** them.* 这些孩子根本不知道，书是给他们买的。*The beds were evidently not **meant for** comfort.* 那些床铺显然不是为了舒服而做的。

meantime **in the meantime** 与此同时。*I will persuade Dr Ford to come; **in the meantime**, you must sleep.* 我会劝福特大夫前来，同时你得睡觉。

measure ❶ to measure something **by** a particular factor 用某一因素测量、判断。*The grandeur of a house could be **measured by** the number of chefs in the kitchen.* 住宅的气派可由厨师的人数来衡量。❷ to measure one person or thing **against** another 与另一人或事物权衡。*It would be hard to **measure** the gains **against** the losses.* 很难权衡得失。❸ to measure up **to** a standard or someone's expectation 符合，够得上〔某一标准或某人的期望〕。*...people who fail to **measure up to** even*

the minimum standards. ……连起码的标准都达不到的人。

mechanics the mechanics **of** something 结构，技术性细节。*...the government's concern over the **mechanics of** the election campaign.* ……政府关心竞选的技术性细节。

meddle to meddle **in** something or **with** something 干预，干涉，插手。*Benjamin said that he refused to **meddle in** such matters.* 本杰明说他不愿插手这种事情。*I don't let anyone else **meddle with** my kitchen.* 我不让别人插手我的厨房间。

mediate to mediate **in** a dispute; to mediate **between** the people or groups involved 调解纠纷。*...when he tried to **mediate in** a school fight.* ……他想调解学校斗殴时。*...**mediating between** the author and his critics.* ……调解作者和批评者之间的矛盾。

meditate to meditate **on** or **upon** something 沉思。*He was left alone for half an hour to **meditate on** his sins.* 他被单独留下半小时，反省自己的罪恶。

meet ❶ to meet **with** or be met **with** a particular reaction 遇到，遭受。*The recommendation **met with** a storm of local protest.* 该建议在当地遭到抗议狂潮。*...when her opening move was **met with** silence.* ……她的开始行动遭到沉默的冷遇时。❷ to meet up **with** someone 遇见。*I **met up with** Mick Burke in the camp site.* 我在营地遇见了米克·伯克。

melt to melt **into** a crowd 消失在人群中。*He **melted into** the sea of faces.* 他消失在人海中。

member a member **of** a group or organization 〔某团体或组织的〕成员。*...working as **members of** a team.* ……作为团队的成员参加工作。

memento a memento **of** a person, event, or time〔某人、某事件、某一时代的〕纪念品。*...as a worthy **memento of** my visit.* ……作为我来访的有价值纪念品。

memorial a memorial **to** someone 纪念碑。...an elaborate **memorial to** Sir Walter Mildmay.……沃尔特·迈尔德梅爵士的精巧纪念碑。

memory ❶ someone's memory **of** something in the past〔对过去事物的〕记忆。The **memory of** hunger was fading from their minds. 挨饿的回忆在他们头脑中淡化了。❷ someone's memory **for** a type of thing〔对某种事物的〕记忆力。I have an almost photographic **memory for** what I read. 我阅读过的东西几乎能像照片一样记住。❸**from memory** 凭记忆。He quoted the poem **from memory**. 他凭记忆引用了该诗。❹ **in memory of** someone 为了纪念死去的某人。...the Austin Prize, founded **in memory of** the late W.H. Austin.……为纪念 W.H. 奥斯汀而设立的奥斯汀奖。

mention to mention something **to** someone 对某人提及某事。She had **mentioned** the book **to** a few friends. 她曾向几位朋友提起此书。

mercy be **at the mercy of** someone or something 任凭某人或某物摆布而无能为力。Men are **at the mercy of** forces which are cruelly vindictive. 人类在受着残酷的报复势力的摆布。

merge to merge **with** or **into** something else 结合，合并成为另一物。Now they too can **merge with** the urban landscape if they choose. 他们现在也可以选择融入城市的景观。In practice, these categories **merge into** each other. 实际上，这些范畴相互融合，混为一谈。

merger a merger **between** two organizations or **with** another organization〔两组织之间的或与另一组织的〕合并。...the **merger between** the Council and the Commission.……理事会与委员会的合并。We need to work out a **merger with** Boeing. 我们需要努力完成与波音公司的合并。

mess ❶ be **in a mess** 混乱。The US economy is now **in a mess**. 如今美国的经济是一片混乱。❷ to mess about **with**

something or mess around **with** something 搞乱某事物；草率处理某事物。It's silly to **mess about with** the one thing everyone agrees on. 将大家商量决定的唯一一件事，加以草率处理是愚蠢的。

metamorphose to metamorphose **into** something 变形，变质。Soon, respectable bank clerks were **metamorphosing into** hippies for two weeks. 不久，体面的银行职员要变成两个星期的嬉皮士。

metaphor a metaphor **for** something else; the metaphor **of** something that is used as an image〔某事物的〕隐喻，意象。In the work of many writers, nature becomes a **metaphor for** God. 在许多作家的作品中，自然变成了上帝的比喻。I have used the **metaphor of** the sea to express this. 我使用海的意象来表达这个。

mete to mete out punishment **to** someone 严惩某人。Exclusion is the sentence girls **mete out to** rule-breakers now. 排外是现在女孩子们惩罚犯规者的判决。

mid-air in mid-air 在半空中。The bird did a crazy half-turn **in mid-air** and darted away. 鸟儿在半空中疯狂地侧转，疾飞而去。

middle in the middle of a place, time, or thing〔某地、某一时刻、某事物的〕中间或中央。They were squatting **in the middle of** the road. 他们蹲在路中央。...the slam of car doors **in the middle of** the night.……半夜车门碰撞声。

midst in the midst of a situation or group 在某一情景或某一群体当中。We were **in the midst of** a violent thunderstorm. 我们处于暴风骤雨之中。...if Ernest sees her sitting alone **in the midst of** all these people.……假如欧内斯特看见她单独坐在人群中。

militate to militate **against** something 有巨大作用或影响；妨碍。Family tensions can **militate against** learning. 家庭关系紧张会妨碍学习。

mind ❶ not to mind **about** something 不介意。He didn't **mind about** not reaching Konya. 他不在乎没有到达肯尼亚。❷ be **out of** your **mind** 发疯。Have you gone **out of** your **mind**? 你是不是发疯了?

mindful be mindful **of** something 留意,关心。*Mindful of Ashok's warning, Kairi no longer spoke to him in public.* 凯里记着阿叔克的警告,不再在公共场合与他说话了。

mingle ❶ to mingle or be mingled **with** something else 混合,结合。*Smells of petrol and oil **mingled with** those of turpentine and paint.* 汽油润滑油的气味混杂着松脂油漆的味道。❷ to mingle **with** other people 与人厮混。*...flying in to Heathrow Airport in order to **mingle with** diplomats.*……飞到希斯罗机场,以便与外交官们相处。

minister to minister **to** people or their needs 为某人服务。*...**ministering to** the needs of her husband.*……侍候她丈夫的需要。

miracle a miracle **of** a quality or action 奇迹,非凡的事例。*I have been told that I was a **miracle of** goodness.* 我被告知,我是善良的非凡实例。*...a **miracle of** perception.*……感觉的奇迹。

mirrored be mirrored **in** something or **by** something 反射,映照。*Inequalities between the sexes were **mirrored in** life in general.* 男女不平等反映在日常生活中。*Diversity in animals and smaller plants is **mirrored by** the trees themselves.* 动物与小植物的多样性反映在树木上面。

miserable be miserable **about** something 为某事感到难受。*I was still feeling a bit **miserable about** the canary.* 我还在为金丝雀的事难过呢。

misgivings misgivings **about** something 担忧,顾虑。*I had some **misgivings about** turning up unannounced.* 我对作不速之客有顾虑。

mislead to mislead someone **into** doing something 骗某人做某事,误导某人做某事。*Make sure Nature hasn't*

misled you **into** thinking you know something you don't actually know. 不要让大自然误导你,把不知道的东西当作知道的。

miss to miss out **on** something 错过某机会,未得到某物。*...resentment about **missing out on** an important part of life.*……由于错过人生重大事件而耿耿于怀。

missing be missing **from** something 失踪的,找不到的。*The letter is **missing from** our files.* 此信件在我们档案中遗失了。

mistake ❶ by mistake 出错。*...the British diplomat they had killed by mistake.*……遭他们错杀的英国外交官。❷ to mistake one person or thing **for** another 把某人或某事误认为别的。*...young lecturers concerned not to be **mistaken for** students.*……年轻讲师关注到自己不可误被认为是学生。

mistaken be mistaken **about** something or **as to** something 误会。*How could she have been **mistaken about** a thing like this?* 她怎么会把这种事情弄错的呢? *He suggested hopefully that she might be **mistaken as to** her condition.* 他充满希望地说,她可能把自己的身体状况搞错了。

misunderstanding a misunderstanding **between** people **about** something or **over** something〔两人就某事产生的〕误会。*This often led to **misunderstandings between** the press and Marine officers.* 这往往造成新闻界与海军陆战队军官之间的误会。*...**misunderstandings about** discipline.*……对纪律的误会。*...the **misunderstanding over** the government's plans.*……对政府计划的误会。

mix to mix one thing **with** another 混合。*Mix the baking powder **with** the flour.* 将发酵粉与面粉混合好。*We seek to **mix** serious debate **with** humour.* 我们力求在严肃的辩论中掺入幽默。

mixed up ❶ be mixed up **in** a situation or activity 与某情况或活动有牵连。*I was getting **mixed up in** a conspiracy.* 我被卷入了阴谋。❷ **be mixed up with** something else 搞混弄错。*The computer had got the man's seat number **mixed up with** someone else's.* 电脑将那人的座位号与其他人的弄错了。

mixture a mixture **of** things 混合物。... *a **mixture of** cement and sand.*……水泥与沙的混合物。*...a **mixture of** contempt, envy, and hope.*……蔑视、妒忌与希望的混合。

moan to moan **about** something 抱怨，发牢骚。*They're always **moaning about** how long they've waited for the bus.* 他们一直在抱怨等候公共汽车的时间很长。

mock to mock **at** someone or something 取笑某人或某事。*They **mocked at** the respectable middle class.* 他们取笑体面的中产阶级。

mode a mode **of** something 方式。... *more conventionally acceptable **modes of** life.*……更符合世俗的生活方式。*Consider the tricycle as a **mode of** transport.* 把三轮车当作交通工具。

model ❶ a model **of** an object 模型。... *a **model of** a sailing ship.*……帆船模型。❷ a model **of** a quality 模范。*Sophia now became once again a **model of** efficiency.* 索菲亚现在又成了效率的典范。❸ to model something **on** something else 仿效某事物。*Mary had **modelled** her handwriting **on** Sister Catherine's.* 玛丽的笔迹是仿效凯瑟琳姐的。

moderation in moderation 有节制地。*Salted and smoked foods should be eaten **in moderation**.* 腌咸、熏制食品要少吃。

modification a modification **to** something or **of** something 修改。*It re-commended a number of **modifications to** the previous design.* 它建议对先前的设计作若干修改。*...unable to make rational **modifications of** their positions.*……无法对他们的立场作理性的修改。

moment ❶ at the moment 目前。*I'm* sorry, but she's not in **at the moment**. 对不起，她现在不在家。❷ **for the moment** 暂时。*The project seems to have been shelved **for the moment**.* 此项目似乎被暂时搁置了。❸ **of the moment** 现时的。*Everything is decided according to the mood **of the moment**.* 一切都是按现时的气氛决定的。

monopoly a monopoly **of** something or **on** something〔对某事的〕垄断、专有权。*...the Party's **monopoly of** power.*……该党的权力垄断。*Neither sex has a **monopoly on** thought or emotion.* 男女都没有思想或感情的专有权。

monument ❶ a monument **to** someone 纪念碑，纪念物。*So we built this **monument to** our dead.* 特立此碑，纪念亡者。❷ a monument **to** something or **of** something〔对业绩、成就等的〕永久性纪念或证明。*The scheme is a **monument to** bad planning.* 此计划是规划不当的证明。*...a precious **monument of** Parisian life.*……巴黎式生活的珍贵纪念。

mood be in the mood **for** something 想要。*He was **in the mood for** a chat.* 他想聊天。

moratorium a moratorium **on** something 禁止。*...a ten-year **moratorium on** whaling.*……十年禁止捕鲸期。

most at most; at the most 至多。*My job will only last two years **at most**.* 我的工作至多能持续两年。*I only have fifteen minutes or twenty minutes **at the most**.* 我最多有一刻钟或二十分钟。

motion ❶ in motion 在运转。*...the idea of seeing an atom **in motion**.*……看见原子运动的念头。❷ to motion **to** someone 向某人示意。*Kleiber **motioned to** him and he unlocked a wine-cellar door.* 克莱伯向他示意，他打开了酒窖的门。

mourn to mourn **for** someone or something 感到悲痛或哀悼。*I **mourned for** that lost labour.* 我为那件事前功尽弃而悲伤。

move ❶ be **on the move** 发展中。*The normal method is for the angler to keep on the move.* 通常的方法是，垂钓者要不停地走动。❷ to move **from** one place or home **to** another 从某地搬到另一地；to move **into** a new home or area 搬入新居或新地方。*They moved from Dundee back to Glasgow.* 他们家从邓迪搬回到了格拉斯哥。*Later he moved to Manchester.* 后来他搬家到曼彻斯特。*We'd just moved into a new apartment.* 我们刚刚搬到新公寓。❸ to move **in with** someone 与某人一起住。*He virtually moved in with the family.* 他实际上搬进去与那家人同住了。❹ to move **in on** a place or person 向某地、某人逼近。*The guards were about to move in on the little crowd.* 卫兵准备向那堆人逼近。❺ to move on **to** another thing 转向对付另一事物。*Jimmie moved on to the more tricky matter of protocol.* 吉米转而对付更棘手的协议问题。

muck to muck about **with** something 摆弄。*She was mucking about with a jug of flowers.* 她在摆弄一盆花。

multiply to multiple one number **by** another 将两数字相乘。*I had multiplied seventeen by ten and then doubled it.* 我把十七乘以十，再加倍。

mumble to mumble **to** yourself 自言自语。*She is still mumbling to herself in a vague way.* 她还在含糊地自言自语。

murmur to murmur **to** someone 轻声说。*'Poor chap,' Miss Darke murmured to Miss Craig.* "可怜的朋友，"达克小姐轻声对克雷格小姐说。

muscle to muscle in **on** something 强行挤入某事物以求分得利益。*They may resent the way you are muscling in on their territory.* 他们可能怨恨你强行挤入他们的领地。

muse to muse **on, over,** or **about** something 沉思，冥想。*I fell to musing on the revolution that is spreading through the land.* 我开始沉思正席卷全国的革命。*I began to muse over a* boyhood incident connected with the club. 我开始思考与该俱乐部有关的一件儿时的事情。*I was musing about the water.* 我在思考那水。

mutter to mutter **to** yourself 低语，咕哝。*I heard him muttering to himself.* 我听见他在顾自低语。

N

nag to nag **at** someone 不断挑剔，困扰。*Eva had made his life a misery by nagging at him.* 伊娃不断挑剔他们，使他的生活惨不忍睹。*Thoughts of Conrad constantly nagged at her.* 对康拉德的思念不断地困扰她。

name ❶ a name **for** a type of thing or person〔某类事物或人的〕名称。*Every language has a name for them.* 每一种语言都给它们一个名称。❷ **by name** 指名。*He mentioned you by name.* 他提到了你的名字。❸ **by the name of** something 名叫某某的。*...an English criminal by the name of James Griffiths.……* 名叫詹姆斯·格里菲思的英国罪犯。❹ to name a person or thing **after** someone 以某人名字命名〔在美国英语中用介词 **for**〕。*I hope that one day we will name something on Mars after him.* 我希望有朝一日以他的名字命名火星上的东西。*Hayman Creek was named for Charles Hayman.* 海曼河是以查尔斯·海曼的名字命名的。❺ to name someone **as** the person 任命某人为。*She had been named as his successor.* 她被任命为他的接班人。

native ❶ a native **of** a particular country or region 本国人，当地人。*He is a native of Northern Ireland.* 他是北爱尔兰的本地人。❷ be native **to** a particular country or region〔指动植物〕原产于某国或某地。*Both these species are native to America.* 这两个物种都是原产美洲的。

nature ❶ **by nature** 天生，生来。*We are **by nature** forgetful.* 我们天生善忘。❷ **by its nature** 本质所致。*Equality is contagious. **By its nature**, it cannot be contained.* 平等是传染性的，因而无法遏制。❸ be **in the nature of** something 理所当然。*It is **in the nature of** state visits that the host country receives lavish praise from the visitors.* 国事访问的性质决定了东道主要受到宾客的大肆称赞。

necessary be necessary **for** something; a necessary requirement **for** something 为某事所必要的。*The forest maintains the conditions **necessary for** its own existence.* 森林维持着本身存在的必要条件。*…space for play and the **necessary** peace **for** reading.* ……玩耍的空间与阅读所必需的安静。

necessity ❶ the necessity **for** something or **of** something〔某事的〕必要性。*They are coming to realize the **necessity for** reform.* 他们渐渐认识到改革的必要性。*…its judgement as to the **necessity of** the investigations.* ……它对调查的必要性的判断。❷ **of necessity** 必然，必定。*He has, **of necessity**, been careful in his treatment of white farmers.* 他当然必定小心对待白种农民。

need ❶ the need **for** something or **of** something 需要，缺乏。*He saw the **need for** change.* 他看到了改变的需要。*The party would have no **need of** such an arrangement.* 聚会不需要这种安排。❷ **in need**; **in need of** something 需要。*Should those **in need** rely on the good will of their fellow men?* 穷人应该依靠同胞的良好愿望吗？*We are badly **in need of** a rest.* 我们十分需要休息一下。

negative **in the negative** 否定地。*The controller replied **in the negative**.* 审计员的回答是否定的。

neglectful be neglectful **of** something 对某事漫不经心的。*He had been **neglectful of** his duties.* 他曾玩忽职守。

negotiate to negotiate **with** a person or group **for** something 为某事与人谈

判、协商。*…**negotiating with** the Government.* ……与政府谈判。*He was no longer **negotiating for** the lives of a few prominent people.* 他不再为少数要人的性命而谈判了。

nervous be nervous **about** something or **of** something〔对某事〕害怕的，胆怯的。*I began to get **nervous about** crossing roads.* 我开始对过马路感到紧张。*I have always been **nervous of** the sea.* 我一贯害怕大海的。

new ❶ be new **to** an activity, situation, or place〔对某一活动、情景、处所〕尚未习惯，不熟悉。*…the growing number of enthusiasts **new to** auctions.* ……越来越多不熟悉拍卖的热心人。❷ be new **to** someone 未经历过的，生疏的。*…a story that was **new to** me.* ……对我来说陌生的故事。

news ❶ news **of** something or **about** something 消息。*The Coast Guard called her with the **news of** Hooper's death.* 海岸警卫队给她打电话，告知胡珀的死讯。*…more encouraging **news about** England's cricketers.* ……关于英格兰玩板球者的令人振奋的消息。❷ be **in the news** 被报道。*South Africa has been much **in the news** recently.* 南非最近最常被报道。

next door next door **to** a building or the people who live there 与某一建筑物或某人相邻。*…Mrs Morris, who lives **next door to** Simon's parents.* ……莫里斯太太，她住在西蒙父母的隔壁。

nibble to nibble **at** something 小口咬某物。*I saw squirrels **nibbling at** the moist red berries.* 我看到松鼠在咬水淋淋的红浆果。

nice be nice **to** someone 对某人友好。*Find time to be **nice to** babies.* 抽空跟婴儿亲热亲热。

night ❶ **at night** 在夜里。*At night the streets are brilliant with neon signs.* 入夜，街道上霓虹灯火通明。*…if he were to have a car accident **at night**.* ……假如他在夜里出车祸。❷ **in the night** 在夜里某一时刻。*He woke **in the night** with a* *dreadful pain.* 他半夜醒来，感到痛得厉害。

nod ❶ to nod **to** someone or **at** someone in greeting 与某人点头打招呼。*I* **nodded to** *them and sat down.* 我向他们点头，并坐下来。*They smiled and* **nodded at** *us.* 他们笑着向我们点头。❷ to nod **at** something or someone 朝某事物、某人点头指出。*She* **nodded at** *the pictures of herself on the wall.* 她向墙上自己的照片点头指出。

nominate to nominate someone **for** an award or post, or **to** a body 获某项奖，去岗位、机构的提名；to nominate someone **as** something 任命，提名〔某人〕为。*She was four times* **nominated for** *an Oscar.* 她曾四次获奥斯卡奖的提名。*Trade unions* **nominate** *representatives* **to** *public bodies.* 工会提名代表参加公共机构。*...when Stevenson was* **nominated as** *democratic candidate.* ……当史蒂文森被提名为民主党候选人时。

north north **of** a place 某地以北。*Last year, a London furniture-maker opened a factory* **north of** *Newcastle.* 去年，一位伦敦家具制造商在纽卡斯尔以北开了一家工厂。

nostalgia nostalgia **for** the past 怀旧感。*...* **nostalgia for** *the sure values of faith and family.* ……对信念与家庭的确定价值抱怀旧感。

notable be notable **for** something 值得注意的。*The feature was* **notable for** *the brilliant quality of the writing.* 该特写报道文笔精彩，值得注意。

note be **of note** 有名的，著名的。*Raman's only previous score* **of note** *on this tour was 55.* 拉曼在这次巡回赛中唯一令人注目的前期得分是 55 分。

noted be noted **for** something 以某物著称。*...a man* **noted for** *his sense of humour.* ……以幽默感著称的人。

notify to notify someone **of** something; to notify something **to** someone 通知某人某事情。*...his failure to* **notify** *his colleagues* **of** *the contract.* ……他

忘了通知同事们合同已签。*The ship's master did not* **notify** *the losses* **to** *the authorities.* 该船的主人没有将损失通知当局。

notorious be notorious **for** something 〔因某事物而〕臭名昭著。*...across the Bay of Biscay, which was* **notorious for** *bad weather.* ……横跨比斯开湾，它以恶劣气候而臭名昭著。

numb be numb **with** a painful or unpleasant emotion or sensation 因疼痛或不愉快的情绪而麻木。*They look haggard and* **numb with** *grief.* 他们模样憔悴，因悲伤而麻木了。*His legs were* **numb with** *cold.* 他的双脚冻僵了。

numbered be numbered **among** a group of people or things 某人、某事物包括在某群体内。*One of his wins this week will be* **numbered among** *the classics.* 他本周的一场获胜堪称经典。

O

oath on oath; under oath 发誓。*Witnesses sometimes lie* **on oath**. 有时证人在发誓后也说谎。*He has been under pressure to testify before MPs* **under oath**. 他受到压力，要在议员面前发誓作证。

obedience obedience **to** a person or rule 顺从，服从。*...steadfast loyalty and* **obedience to** *our captains.* ……对我们的队长忠心不渝、唯命是从。

object ❶ /ˈɒbdʒɪkt/ the object **of** an action 〔某一行动的〕目标。*The* **object of** *these regular management meetings is to raise morale.* 这些定期管理会议的目标是提高士气。❷ the object **of** a feeling or reaction 〔某一感情或反应的〕对象，客体。*He became the* **object of** *considerable hero-worship.* 他成为颇为热烈的英雄崇拜的对象。❸ /əbˈdʒekt/ to object **to** something 不赞成。*...those who* **object to** *killing animals for food.* ……反对宰杀动物作食物的人。

objection an objection **to** something

反对，不赞成。*I have a great **objection to** publishing private correspondence.* 我很反对发表私人信件。

obligation someone's obligation to someone or something〔某人的〕责任、义务。*Their sense of **obligation to** the child is so intense that they are not thinking enough of each other.* 他们对孩子的责任感十分强，但对对方却考虑得不多。

oblivious be oblivious to something or of something 未觉察，不注意。*They were seemingly **oblivious to** the sights and sounds around them.* 他们似乎不注意周围的景致和声音。*She seemed **oblivious of** the attention she was drawing to herself.* 她似乎未察觉自己所吸引来的注意力。

obscure to obscure something from someone or something 将某事物掩盖住。*The cap of the man in front **obscured** most of the screen **from** Claude.* 前面那人的帽子使克劳德看不到大部分银幕。

obsessed be obsessed with or by someone or something 惦念或受到困扰。*She was **obsessed with** the past.* 她为过去所困扰。*I was **obsessed by** all sorts of doubts and fears.* 我受到各种各样的疑虑、恐惧的困扰。

obstacle an obstacle to something 障碍。*The main **obstacle to** the extension of talks was the employers.* 反对延长对话的主要障碍是雇主们。

obtain to obtain something from someone or something 得到某物。*We suggest you **obtain** advice **from** your bank manager.* 我们建议你向贵银行经理咨询。

occasion ❶ the occasion for an action or thing 时机，机会。*The crisis will be the **occasion for** fundamental change.* 此危机将引发根本变革。❷ **on occasion**; **on occasions** 偶然发生。*Suspension from school has an uneven effect but **on occasion** it has to be used.* 休学的效果时好时坏，但偶然不得不加以利用。

occupied be occupied in or with an activity 忙于某一活动；be occupied with someone or something 忙于应付某人或某事。*She was **occupied in** examining the gift.* 她忙于查看礼物。*Belinda seemed far too **occupied with** George.* 贝琳达似乎太专心于乔治了。

occur ❶ to occur in a type of thing or person〔在某类事物或某类人中〕出现，存在。*Most cases of stuttering **occur in** tense children.* 大多数口吃病发生在心理紧张的孩子身上。❷ to occur to someone 想到〔某一主意〕。*It **occurred to** me that the time will come when we are all dead.* 我想到，总有一天我们都会死的。

odds ❶ be at odds with someone or something 与某人不一致。*The Prime Minister appeared to be **at odds with** the Environment Secretary.* 首相似乎与环保部长意见不一致。❷ **against the odds**; **against all odds** 尽管极为困难或没有希望。*...when a Liberal wins a by-election **against the odds**.*…… 当自由党克服万难赢得补选。***Against all odds**, this story had a happy ending.* 这个故事尽管曲折，结局还是美满的。

off-chance on the off-chance 或许有可能。*Should we preserve all our millionaires **on the off-chance** that one of them may fight an occasional battle for freedom?* 我们是否应该保留所有的百万富翁，或许有朝一日其中有一个会为自由一战？

offend to offend against a law, rule, or principle 触犯，冒犯。*It **offends against** a well-established principle of family life.* 它触犯了根深蒂固的家庭生活原则。

offer ❶ to offer something to someone 向某人提供。*He had thought about **offering** his help **to** the police.* 他考虑过协助警方。*Catherine Parr **offered** apples **to** the young girl in the orchard.* 凯瑟琳·帕尔把苹果送给果园里的小姑娘吃。❷ **on offer** 出售中；供出售的。*I ran*

*my eye over the other belts **on offer.***
我浏览了一下其他正在出售的皮带。

office ❶ **in office** 执政。*The new president is not yet **in office.*** 新总统尚未执政。❷ **out of office** 在野。*They decided on a campaign to throw all the United Party councillors **out of office** in the election.* 他们决定从事竞选活动，要把所有的联合党议员赶下台。

offset be offset **against** or **by** something else 补偿或抵消某事物。*Such costs cannot be **offset against** income tax.* 这种支出不能抵扣所得税。*The formal politeness of her curtsy was **offset by** her captivating smile.* 她行屈膝礼表现出来的生硬为迷人的笑容所抵消。

old **of old** 从前的；古时候的。*We were like treasure hunters **of old** who had stumbled upon a fabled emperor's jewel vaults.* 我们就像从前挖到传说中的皇帝珠宝库的寻宝者一样。

onslaught an onslaught **on** someone or something 猛攻。*The bulldozers are mobilizing for their **onslaught on** some of the best countryside in the world.* 正在调动推土机，向世界上最好的乡村之一进攻。

open ❶ be open **to** something 乐于接受的。*She is tolerant and **open to** new ideas.* 她宽厚待人，乐于接受新思想。❷ be open **to** someone 对某人开放。*The gardens are **open to** the public at lunch time.* 花园在午饭时间向公众开放。*There is only one course of action **open to** you.* 你只有一条道路好走。❸ be open **with** someone 坦率。*He was so kind and **open with** me.* 他对我很友善，很坦率。

opening an opening **for** someone or something 空缺。*There is an **opening for** a head nurse in one of our hospitals.* 我们其中一家医院有一个护士长的空缺。

operate to operate **on** someone〔给某人〕动手术。*The doctor advised him to have the hand **operated on** by a top surgeon.* 医生建议他让外科医生高手为他掌动手术。

opinion someone's opinion **of** something or **about** something〔某人对某事物的〕观点，看法。*What is your **opinion of** social workers?* 你对社会工作人员的看法如何？*One seldom heard his **opinion about** anything in those days.* 当时很少听到他对任何事发表看法的。

opponent an opponent **of** someone or something 对手，反对者。*...sensational propaganda from **opponents of** the party.* ……该党反对者的轰动性宣传。

opportunity an opportunity **for** achieving something〔获得某事物的〕机会。*Existing **opportunities for** profit are shamefully unexploited.* 现成的获利机会很可惜未加利用。

opposed be opposed **to** someone or something 反对某人或某事物，与某人或事物对立。*The rest of the team were **opposed to** staying at Base Camp.* 剩下的队员反对留在基地。

opposite ❶ the opposite **of** or **to** someone or something 对立的事物。*In many ways, passion is the **opposite of** love.* 在许多方面，激情是爱情的对立面。*Think of a word that means the **opposite to** work.* 请找出一个意思与工作相反的词。❷ be opposite **to** someone or something 与某人或某事不相容，在某人或某事的对面；the opposite thing **to** something else 与某事物相对立的事情。*The other type of education system is entirely **opposite to** that.* 另一类教育制度与它截然相反。*Lying down, roll your head in the **opposite** direction **to** your legs.* 躺下，向双腿相反的方向转动脑袋。

opposition opposition **to** someone or something 反对。*...her **opposition to** his plan of joining the army.* ……她反对他的参军计划。

opt ❶ to opt **for** something 决定某事物，选择某事物。*Some defendants **opt for** trial by jury.* 某些被告决定选择陪审团审判。❷ to opt **out of** something 决定不参与某事。*...schools that **opt***

out of local authority control.……决定不受地方当局控制的学校。

optimistic be optimistic **about** something 对某事乐观。*We are extremely* **optimistic about** Sky Television. 我们对"蓝天电视"极其乐观。

option the option **of** doing something 〔做某事的〕选择权，选择。*...offering more people the* **option of** part-time employment.……给更多的人提供兼职的选择。

orbit in orbit; into orbit 绕轨道；进入轨道。*The astronauts of Apollo 9 had spent Christmas Day* **in orbit** round the moon. 阿波罗9号的宇航员在月球轨道上度过了圣诞节。*Sputnik II had gone* **into orbit**. 斯普特尼克二号卫星进入了轨道。

order ❶ in order 令人满意的。*I am in the process of putting my own affairs* **in order**. 我正在理顺自己的事情。❷ be **out of order** 出毛病；出故障。*Residents said the public telephone system was* **out of order** last night. 居民说，公用电话系统在昨晚出了故障。

orientated be orientated **to** something or **towards** something 兴趣朝某事物引导。*The new movement was strongly* **orientated to** gaining power. 新运动的目标强烈地指向增加权力。

origin in origin 起源。*Most health problems are environmental* **in origin**. 大部分健康问题起源于环境。

ornamented be ornamented **with** something 用某物点缀。*...a booklet* **ornamented with** sketches of flowers and baby birds.……用花卉、小鸟的速写装饰的小册子。

oscillate to oscillate **between** two things 在两事物之间犹豫、摆动。*His mood had* **oscillated between** gentle co-operation and physical violence. 他的情绪在温和合作与暴力之间摆动。

outcome the outcome **of** a situation or event 结果。*A fierce battle was taking place, the* **outcome of** which would

be critical. 一场激战正在进行，其结果是关键性的。

outcry an outcry **against**, **about**, or **over** something 〔对某事公开的〕强烈抗议。*He predicted an imminent* **outcry against** collective investment. 他预计，马上会有反对集体投资的强烈抗议出现。*There was a public* **outcry about** selling arms to the rebels. 对于向叛军出售武器，公众反应强烈。*...a growing public* **outcry over** the frequency of kidnappings.……对于频繁的绑架案，公众反应日益强烈。

outline ❶ the outline **of** an object 〔某一物体的〕轮廓。*I could see the* **outline of** the cliffs. 我看见了悬崖的轮廓。❷ an outline **of** a situation, plan, or idea 大纲、轮廓等。*The Government seeks an* **outline of** future plans. 政府寻求未来计划的大纲。❸ in outline 扼要的。*The tale has already been referred to* **in outline**. 故事内容已经被扼要提及。

outlook ❶ someone's outlook **on** something 〔对某事的〕看法。*What is new in human history is the power to change our* **outlook on** time. 人类历史的新花样是，有能力改变人们的时间观。❷ the outlook **for** someone or something 展望，前景。*The* **outlook for** food and energy prices is good. 食品、能源价格的前景不错。

outpouring an outpouring **of** something 倾泻，强烈感情的流露。*...a massive* **outpouring of** friendliness.……尽情倾泻友情。

outset ❶ at the outset 开始时。*Both men resolved* **at the outset** to tell the truth. 两人开始时就决定说实话。❷ **from the outset** 从一开始。*The conference was beset by controversy* **from the outset**. 从一开始，会议就充满了争端。

outskirts the outskirts **of** a city or town 市郊。*The hospital was on the* **outskirts of** town. 医院位于市郊。

overflow to overflow **with** something 充满、洋溢某事。*Her eyes* **overflowed**

with tears. 她热泪盈眶。

overgrown be overgrown **with** plants or weeds 植物或杂草等丛生。 *A little path, overgrown with weeds, led to the bridge.* 一条杂草丛生的小道通向桥梁。

overlap ❶ to overlap **with** something else 与某事物重叠。 *This land overlaps with land which is earmarked for acquisition.* 此地与准备征用的那块相重叠。 ❷ an overlap **between** things〔两事物间的〕重合或重叠。 *There is an overlap between attempted suicides and those who succeed in killing themselves.* 自杀未遂与成功自杀之间有重叠。

overloaded be overloaded **with** something〔某人或某事物〕装载或负荷过重。 *Large parts of the ocean are overloaded with toxic waste.* 大片的海洋上负荷着过多的有毒废物。

overview an overview **of** something 概览。 *...a broad overview of existing research.* ……现有研究的概览。

owe to owe something **to** someone 欠某人某物，将某物归功于某人。 *We all owe a great debt to Dr Whitefeet.* 我们都欠怀特菲特医生的重债。 *Many famous men have said they owe their success to their wives.* 许多名人说，其成功多亏了贤内助。

own to own up **to** doing something 坦白承认干了错事。 *No-one owned up to taking the money.* 没有人承认拿了钱。

P, Q

packed be packed **with** things 塞满。 *The room was packed with toys.* 房间塞满了玩具。

pad to pad **out** a speech or piece of writing **with** something 用空话拉长演说或文章。 *She has a habit of padding out her essays with a lot of long quotes.* 她习惯于用大量长引文充实自己的文章。

padded be padded **with** something 用某物填塞。 *The saddles were nicely padded with sheepskins and blankets.* 马鞍用羊皮、毯子垫得软软的。

painted be painted **with** something 涂有某物。 *...porcelain painted with intricate designs.* ……描有精巧图案的瓷器。

pair to pair up **with** someone; to pair off **with** someone 与某人结成或搭档。 *Disabled women have a greater chance of pairing up with able-bodied men.* 残疾妇女更有机会与健壮的男人结成夫妇。 *They show no inclination to pair off with each other.* 他们不像要成双成对的样子。

palm ❶ to palm somebody off **with** an excuse or lie 哄骗某人。 *Don't let them palm you off with half answers.* 别让他们用含混不清的答案哄骗你。 ❷ to palm something off **on** someone 哄骗别人接受自己不想要的物。 *See what kind of cement those crooks palmed off on me.* 看这些骗子哄我买了什么样的水泥吧。

panacea a panacea **for** a problem or illness 万灵药。 *Nationalisation is no panacea for bad relations.* 收归国有不是医治关系不良的万灵药。

pander to pander **to** someone or **to** their wishes 迎合，迁就。 *...pandering to his guests tastes.* ……迎合客人的口味。

pang a pang **of** a feeling or emotion 精神上的极度悲哀。 *She felt a pang of regret that she had given up the theatre.* 她追悔莫及，当年放弃了戏剧。

panorama a panorama **of** things or people 全景，全貌。 *We stood looking at the panorama of trees and tiny meadows.* 我们站着观看树木与小草地的全景。

paper ❶ to paper **over** a problem or difficulty 隐瞒或掩饰〔问题或困难〕。 *The Prime Minister was trying to paper over the crisis in the cities.* 首相试图掩饰城里的危机。 ❷ **on paper** 理论上。 *My financial position was good, on*

paper. 我的财政状况在账面上是好的。

par on a par with something 和某物同等、同价。*These recordings are nearly **on a par with** standard cassettes.* 这些录音几乎与标准录音带差不多。

parallel ❶ be parallel **to** something or **with** something 相似，平行。*...a section of School Road running **parallel to** Thayer Street.* ……与塞耶街平行的一段学校路。*The mystery of her family ran **parallel with** the mystery of the past.* 她家的秘密与过去的奥秘相似。❷ a parallel **between** two things 两件事中作比较。*White's article drew a **parallel between** Chiang and Stalin.* 怀特的文件将蒋介石与斯大林作了比较。❸ parallels **with** someone or something 能与某人或某事物相比拟的人或物。*His career and attitudes have interesting **parallels with** Pareto's.* 他的事业与态度与帕累托的有趣相似。

paralysed be paralysed **by** something or **with** a feeling〔由于某事物或某种情感而〕瘫痪。*I was **paralysed by** that sight.* 我看到那景象就瘫倒了。*Jimmie is nearly **paralysed with** tiredness and worry.* 杰米心力交瘁，几乎瘫痪。

paraphrase a paraphrase **of** something written or spoken 释义，意译。*His remarks sounded suspiciously close to a **paraphrase of** the Olympic motto.* 他的话令人怀疑是奥林匹克格言的翻版。

pardoned to be pardoned **for** doing something 被原谅做错某事。*Women must be **pardoned for** being less than enthusiastic about such a gift.* 妇女对这种礼物不那么热情，这是情有可原的。

parity parity **with** something or **between** two things〔与某事物的〕平等、相等；〔两事物的〕平等。*The women went on strike for **parity with** men.* 妇女为了男女平等在闹罢工。*The aim is to create **parity between** private and public tenants.* 目的是在私人租地者与公有租地者之间建立平等。

parody a parody **of** someone or some-

thing 为嘲弄某人或其作品而作的模仿滑稽作品。*He spoke in a **parody of** the local dialect.* 他模仿当地方言说话。

part ❶ to part **with** someone or something 和某人分离；放弃某物。*We were miserable at the prospect of **parting with** her.* 我们想到要与她分别，感到十分悲伤。❷ someone's part **in** an event 在某一事件中的作用。*He was arrested for his **part in** the demonstrations.* 他由于在示威中的作用而被捕。❸ **in part** 某种程度上；部分的。*In part, the relaxed atmosphere reflected new attitudes by the clergy.* 某种程度上，轻松的气氛反映了卫士们的新态度。❹ **on** someone's **part** 由某人做。*Pointless malice **on** her **part** is revealed as envy of your success.* 她表现出毫无意义的敌意，原来是妒忌你的成功。

partake ❶ to partake **of** something 吃，喝。*He did not **partake of** either meal.* 他两顿饭都没吃。❷ to partake **in** an activity 参加，分担。*I was made to **partake in** a good deal of menial work.* 我被迫参加大量无聊的工作。

parted be parted **from** someone or something 与某人或某物分手、分别。*He would not be **parted from** his only weapon.* 他不愿让他仅有的武器脱手离身。

partial be partial **to** something 对某物偏爱。*The vicar is very **partial to** roasted pheasant.* 区牧师特别偏爱吃烤野鸡。

partiality a partiality **for** something 对某物的嗜好。*...a child's **partiality for** splashing through mud and puddles.* ……孩子喜欢冲过泥水坑。

participant a participant **in** an activity, action, or system〔某项活动的〕参加者。*...an active **participant in** the political guidance of the country.* ……一个积极参加该国家的政治领导的人。

participate to participate **in** an activity, action, or system 参加。*The students enjoy **participating in** the music and drama activities on offer.* 学生们喜欢参加目前所提供的音乐及戏剧活动。

particular ❶ be particular **about** something 讲究的，苛刻的。*Hamsters are not especially **particular about** their food.* 仓鼠对食物不是很挑剔。❷ **in particular** 特别；尤其。*...a remorseless campaign against crime and, **in particular**, violent crime.*…… 反对犯罪，尤其是暴力犯罪的不懈斗争。

partnership a partnership **of** or **between** two people or groups; a partnership **with** one or more people or groups 合伙。*...forging a **partnership between** government and industry.*…… 建立政府与工业界的合伙关系。*... Britain's move towards **partnership with** Europe.*…… 英国朝着与欧洲合伙的运动。

party be party **to** a plan, agreement, or action 参与、了解、支持〔某项计划、协议、行动〕。*They simply wouldn't be a **party to** such a ridiculous exercise.* 他们就是不愿参与这种可笑的练习。

pass ❶ to pass something **to** someone 将某物传递给某人。*He took the ball from Dan and **passed** it **to** Graham.* 他从丹手里接过球，并传给格雷厄姆。❷ to pass **for** or **as** a particular person or thing 被当作，被视为〔某种人或事物〕。*Tonight, he wanted to **pass for** a gentleman.* 今夜，他想冒充绅士。*If Ashton were to grow a moustache they could almost **pass as** brothers.* 如果阿什顿留胡子，他俩可以看作两兄弟。❸ to pass **over** a subject 忽略、回避某一主题。*He **passed over** the events of that week.* 他回避了该周发生的事件。❹ to pass something **off as** something else 冒充某物。*The painting had been **passed off as** early Flemish, or Dutch.* 该画被冒充为早期佛兰芒人所作，或是荷兰人画的。❺ to pass something **on to** someone 将某物传给、交给或送给某人。*I was to **pass** the information **on to** her.* 我奉命将情报传递给她。

passion a passion **for** someone or something 热爱，酷爱。*He had a **passion for** detective movies.* 他酷爱侦探电影。

passionate be passionate **about** something〔对某事〕热情的。*He is intensely violent and **passionate about** everything.* 他这人暴戾，对一切都很热情。

passport a passport **to** something desirable〔获得某事物的〕保障。*Is education to be a **passport to** privilege?* 教育应该成为获得特权的护照吗？

patient be patient **with** someone or something 有耐性的。*Rudolph was **patient with** the old man.* 鲁道夫对老人很有耐心。

patrol be **on patrol** 在巡逻中。*They were constantly **on patrol**, ready for war.* 他们不断巡逻，准备打仗。

patterned ❶ be patterned **on** something 模仿某事物。*The Daily Dispatch was **patterned on** the British press.*《每日快电》是根据英国新闻界的做法行事的。❷ be patterned **with** designs of some kind 设计有某种花样的。*...ties **patterned with** flowers.*…… 有花卉图案的领带。

pay to pay **for** something 付款。*He often leaves a cafe without **paying for** his drink.* 他常常不付饮料款就离开咖啡馆。

payable be payable **to** a particular person or organization 付给某人或某一组织的。*It enables you to withdraw money by writing cheques **payable to** yourself.* 你可以开出支票来提取现金。

peculiar be peculiar **to** a person or thing 某人、某物独有的。*...a disease **peculiar to** modern civilisation.*…… 现代文明所特有的疾病。

pelt to pelt someone **with** things 为攻击某人而连续扔掷某物。*...**pelting** the actors **with** custard pies.*…… 向演员扔蛋奶馅饼。

peopled be peopled **by** or **with** people 住满人。*...a criminal world that seems to be **peopled by** businessmen rather than crooks.*…… 似乎充斥着商人而不是骗子的罪犯世界。*Britons still thought the American west was **peopled with**

cowboys and Indians. 英国人仍以为，美国西部住着牛仔和印第安人。

perceive to perceive someone or something **as** doing or being a particular thing 理解或认识某人、某事物为。*It is important that the president should be perceived as moving the country forward*. 总统应被理解为推动着国家前进，这一点很重要。

persevere to persevere **with** something 坚持。*Almost any 'cure' can claim to be effective if you persevere with it long enough*. 如果坚持使用某种"疗法"足够长的时间，几乎任何"疗法"都可声称有效的。

persist to persist **in** something or **with** something 坚持，固执。*Why did you not persist in your inquiries?* 你为什么没有坚持研究呢？*He persisted with his policy of mediation*. 他坚持其调停政策。

perspective ❶ a perspective **on** something or **of** something〔对某事物的〕透视、观察、观点。*As an infant you gain a strange perspective on time*. 婴儿对时间产生奇怪的观点。*...a shared perspective of the way in which society is organized*. ……观察社会组织的共同观点。❷ the perspective **of** a particular person〔某人的〕视点。*This study looks at things from the perspective of an individual purchaser*. 本研究从个别购买者的观点来观察事物。❸ **in perspective**; **into perspective** 比例正确；正确地观察。*We must keep the whole problem in perspective*. 我们必须正视整个问题。

pertain to pertain **to** someone or something 从属于某人或某事物。*...matters pertaining to education*. ……属于教育的问题。

phobia a phobia **about** something〔对某事物极端的〕恐惧。*Later, she developed a phobia about water*. 后来，她得了恐水症。

phone ❶ **by phone** 通过电话。*The ticket had been booked the previous*

Saturday by phone. 票子是上星期六用电话预订的。❷ be **on the phone** 在通话。*After speaking to the secretary on the phone, I never heard another word*. 在与秘书通电话之后，我再也没听到过。❸ be **on the phone**〔家里或办公室〕装有电话。*I wish Elizabeth was on the phone, it's so hard to get in touch with her*. 我希望伊丽莎白家能装上电话，找她真困难。

pick ❶ to pick **at** food 少量地吃食物。*His mother just picked at her food*. 他母亲只吃很少的东西。❷ to pick **on** someone 捉弄某人，选中某人去干不愉快的事。*The stronger people would always pick on the ones who were quiet*. 强人总是捉弄不声不响的人。

picture a picture **of** someone or something 相片，画。*In an oval frame was a picture of Guy's grandmother*. 盖伊祖母的画像装在椭圆形镜框内。

piled be piled **with** something 堆积。*...an apparently endless counter piled with food*. ……看上去没有尽头的柜台，堆满了食物。

pin ❶ to pin the blame for something **on** or **upon** someone 怪罪于某人。*The Court was unable to pin responsibility upon any one person*. 法庭没能裁定任何人有责任。❷ to pin your hopes or faith **on** someone or something 指望某人或某事。*The Treasury pinned its hopes on a sharp cut in borrowing*. 财政部将希望寄托在大幅削减借贷上。

pine to pine **for** something or someone 渴望或向往某事物或某人。*He had been pining for a moment like this*. 他一直在向往这样的时刻。

pivot to pivot **on** something 取决于某事。*Success or failure pivoted on a single exam*. 成败取决于一场考试。

place ❶ to place responsibility or pressure **on** or **upon** someone 让某人负责，对某人施加压力。*The responsibility placed upon us is too heavy to be borne*. 压在我们身上的责任重得难以承受。❷ **in place of** someone or something

代替。*Oil can be used in place of the margarine if preferred.* 如果喜欢，可用食油代替人造黄油。

plagued be plagued **by** someone or something; be plagued **with** something 受某人或某事物之苦。*...a cold, wet, disagreeable land plagued by constant winds.* ……不停刮风的、又冷又潮湿的讨厌地方。*The young romance was plagued with constant separations.* 不时的分离害苦了这场为时不长的罗曼史。

plan ❶ to plan **for** a particular thing or event 为某事物做准备。*A commission was established in Tokyo to plan for the needs of the city.* 在东京设立了委员会，为城市的需求做规划。❷ to plan **on** doing something 打算，想要。*I plan on staying in London for the foreseeable future.* 我打算在可预见的将来住在伦敦。❸ to have not planned **on** a particular thing 未料到。*I hadn't planned on the bad weather.* 我没有料到天气不好。

plane by plane 坐飞机。*Robert and I have decided to go by plane.* 罗伯特和我决定坐飞机去。

plastered be plastered **with** something 用某物涂抹。*Her face was plastered with white powder and her lips were bright red.* 她的脸扑了白粉，双唇涂得红艳艳的。

play ❶ to play **against** a person or team 与某人、某队比赛。*He is confident of playing against Scotland in the Calcutta Cup.* 他对在加尔各答杯与苏格兰队比赛感到信心十足。❷ to play **at** doing or being something 做游戏，假装。*When they were little girls they had played at being grown-ups.* 她们小时候玩做大人的游戏。❸ to play **on** or **upon** someone's feelings, attitudes or weakness 利用〔某人的感情、态度、弱点〕。*He used to play on their prejudices and their fears.* 他曾经利用他们的偏见与恐惧。❹ to play **with** a toy or a child 玩。*It is normal for lit-*

tle boys to want to **play with** dolls. 小男孩玩洋娃娃是正常的。❺ to play along **with** someone or something 假装同意。*I wouldn't play along with his plan to drop the union agreement.* 我不愿假装同意他放弃联盟协议的计划。❻ to play around **with** someone or something 摆弄。*We spent the whole afternoon playing around with bits of string.* 我们整个下午都在摆弄绳子。❼ to play people off **against** each other 挑动某人互斗。*Here was an example of one section of workers being played off against another.* 这里有一个挑动一组工人与另一组相互斗殴的例子。

pleased ❶ be pleased **with** someone or something 对某人或某事满意。*His employers were pleased with his efforts.* 他的老板对他的努力很满意。❷ be pleased **at** something or **about** something〔听到某一消息或对某事〕非常高兴。*Hamo was pleased at this praise of his great-uncle.* 哈莫看到赞扬他叔公便十分高兴。*He tried to feel pleased about the acceptance of his article.* 他尽力对文章被采纳这事感到高兴。

plot to plot **against** someone 密谋对付某人。*They plotted against him and decided to kill him.* 他们密谋对付他，并决定除掉他。

plough ❶ to plough **into** something 猛烈撞某物。*The car skidded before ploughing into the bank.* 汽车打滑，撞向河岸。❷ to plough money **into** something 投资某一事物。*...huge sums of money which could be ploughed into computing.* ……大量的金钱可投资于计算。❸ to plough **through** a meal or a piece of work 艰难地完成。*They must be given time to plough through their meals.* 必须给他们时间完成吃饭。

plump to plump **for** something 有信心地选择某事物。*Few gentlemen would now care to plump for an army career.* 如今很少有绅士想选择军人生涯。

plunge to plunge **into** an activity or subject 参加，投入。*He has a half-hour sleep before **plunging into** work.* 他睡了半小时，然后投入工作。

ply to ply someone **with** food, drink, or questions 反复让某人吃食品、饮料，或反复问他问题。*They had **plied** him **with** too much drink.* 他们劝他喝了太多的饮料。

point ❶ to point **at** or **to** someone or something 指向。*Lebel **pointed at** the door lock with his forefinger.* 莱伯尔用食指指向门锁。*Brody **pointed to** the table near the other side of the bed.* 布罗迪指指床铺另一边的桌子。❷ to point something **at** someone or something〔将某物〕指向。*I found him **pointing** an air-gun **at** a chicken.* 我发现他用气枪指着一只小鸡。❸ to point **to** someone or something〔证据〕针对，指向。*All the evidence **points to** him being the killer.* 所有证据都指证，他是凶手。❹ be **beside the point** 不相关的。*My actual guilt or innocence seems **beside the point** here.* 我到底有罪无罪似乎与此无关。❺ be **to the point** 相关的。*Make sure that your memos and letters are intelligible and **to the point**.* 要确保你写的便条信函明白切题。

poke ❶ to poke **at** someone or something 攻击。*Gretchen **poked at** his cheek with two fingers.* 格蕾琴用两个指头戳他的脸。❷ to poke **through** something or **out of** something〔从某事物中〕伸出。*...a wet armchair with a rusty spring **poking through** the fabric.* ……潮湿的扶手椅，生锈的弹簧戳穿了布椅面。*His huge hands **poked out of** a bright red silk smoking jacket.* 他的大手从鲜红色丝绸便服中伸出。

ponder to ponder **on** or **upon** something 考虑。*Mary **pondered** bitterly **upon** the meaning of life.* 玛丽痛苦地思考着人生的意义。

poor be poor **in** a quality or substance 贫乏。*Their food was **poor in** nutritional value.* 他们的食物营养价值差。

popular be popular **with** a person or group of people 受欢迎。*She is very **popular with** the general public.* 她很受人民大众的欢迎。

populated be populated **by** or **with** people or things 大量地居住着人或聚集着物品。*The town is heavily **populated by** immigrants.* 此城中移民很多。*...huge gardens **populated with** marble statues.* ……聚集大理石塑像的大花园。

pore to pore **over** something 审查某事物。*He was sitting in a corner, **poring over** the accounts.* 他坐在角落里查账。

portrait a portrait **of** a person 肖像，画像。*...that vivid **portrait of** the Queen.* ……那生动的女王肖像。

pose to pose **as** someone else 假扮成某人。*Two police officers managed to infiltrate the drugs syndicate by **posing as** yachtsmen.* 两名警官假扮游船主，渗入贩毒集团。

positive be positive **about** a fact or thing 乐观，积极对待。*I am trying to persuade them to be more **positive about** the future.* 我试图说服他们，要积极对待未来。

possessed ❶ be possessed **of** a thing, quality, or ability 具有某一事物、品质或能力。*...a young man **possessed of** exceptional ability, character and courage.* ……一个具有非凡的能力、性格和勇气的年轻人。❷ be possessed **by** someone or something 为某人或某事攫住、着魔。*Alexander was **possessed by** terrible sadness.* 亚历山大悲痛欲绝。

possession be **in possession of** something 占有。*MacDonald has been **in possession of** the letter for some weeks.* 麦克唐纳已占有该信件达数星期。

possibility the possibility **of** an event or result〔出现某事件或某一结果的〕可能性。*There was now no **possibility of** success.* 目前没有成功的可能。

post **by post** 邮寄。*Winners will be notified **by post**.* 优胜者将收到邮寄通知。

potter to potter **about** or **around** a place 游逛，闲逛。*He spent the Saturday afternoon **pottering about** his garden.* 他整个星期六下午都在花园里闲逛。

pounce to pounce **on** or **upon** someone or something 突袭。*Three men wearing stocking masks **pounced on** Mr Terence Culshaw.* 三个戴蒙面袜的人突袭了特伦斯·卡尔肖。*His colleagues were ready to **pounce upon** any slip he made.* 他的同事们随时准备攻击他的错误。

power ❶ the power **of** a person or thing 权力、力量。*His opponents were well aware of the **power of** his propaganda.* 他的反对者清楚他的宣传的力量。❷ power **over** someone or something 〔对某人某事的〕权力。*For once parents see a chance to wield real **power over** their children's future.* 这一次家长看到了对孩子的前途行使实权的机会。

pray ❶ to pray **to** a god 祷告。*He kneeled down and **prayed to** Allah.* 他跪下来向安拉祈祷。❷ to pray **for** someone 为某人祈祷。*They **prayed for** him in church on Sundays.* 他们在礼拜天去教堂为他祷告。❸ to pray **for** something 为得到某物、完成某事祈祷。*Lerwick was still **praying for** his friend's recovery three weeks later.* 勒威克三个星期后仍在为朋友的康复祈祷。

preach ❶ to preach **to** a group of people 向人群讲道。*There were only ten people in the congregation. but when I **preached to** them I felt faint and helpless.* 该教会只有十个人，但向他们讲道时，我感到无力无助。❷ to preach **against** someone or something 公开反对某人或某事。*He came to **preach against** the heretics.* 他前来公开反对异教徒。❸ to preach **at** someone 对某人唠叨；劝诫某人。*I've had enough of you **preaching at** me all the time!* 我已经受够了，你一直在向我唠叨！

precondition a precondition **of** something or **for** something 前提。*Economic growth is a **precondition of** any kind of human advance.* 经济增长是任何人类进步的前提。*A sense of loyalty to the planet is a **precondition for** our survival.* 对地球的忠诚感是我们生存的前提。

precursor a precursor **of** something or **to** something 先驱，先做之事。*The railways were the **precursor of** what was to come.* 铁路是后来事件的先驱。*Learning the Highway Code was a **precursor to** any actual driving.* 学习《公路法规》是开车上路之前做的事。

prediction a prediction **of** something or **about** something 预言，预告。*A **prediction of** the likely outcome of the next election was made by Alan Taylor.* 关于下次选举的结果预测是由艾伦·泰勒作出的。*...a number of alternative **predictions about** the future of higher education.* ……对高等教育未来的若干替代预测。

predilection a predilection **for** something 〔对某事物的〕爱好。*Why do the British have such a **predilection for** expelling Soviet spies?* 为什么英国人这么热衷驱逐苏联间谍？

predispose to predispose someone **to** a particular belief, way of life, or attitude 使某人倾向于某一信仰、生活方式或态度。*The stranger's role **predisposes** him **to** a distinctly 'objective attitude'.* 陌生人的角色使他确立了明显"客观"的态度。

preface ❶ a preface **to** a book 序言。*Granville-Barker had written a fine **preface to** the play.* 格兰维尔·巴克给话剧写了一篇好序言。❷ to preface an action or activity **with** something 开始讲话，以某物开头。*Each girl who spoke **prefaced** her remarks **with** 'sorry'.* 每个讲话的女孩子开头都说"对不起"。

prefer to prefer one thing **to** another 宁可。*There are men who **prefer** death **to** dishonour.* 有人宁可死不屈辱。

preferable be preferable **to** something else 胜过。*Gradual change is **preferable to** sudden, large-scale change.* 渐

变胜过大规模突变。

pregnant ❶ be pregnant **with** a child 怀有孩子; be pregnant **by** a man 怀有某人的孩子。*My mother was **pregnant with** me at the time.* 当时我母亲正怀着我。*Sarah was **pregnant by** another man.* 萨拉怀了另一个男人的孩子。❷ be pregnant **with** meaning or significance 富有, 充满。*She kept a silence which was **pregnant with** indications of how much more she could say.* 她保持沉默, 一种意在言外、意味深长的沉默。

prejudice prejudice **against** someone or something 对某人某事物有偏见。*Prejudice **against** women is becoming less severe.* 对妇女的偏见已变得不那么严重。

prejudiced be prejudiced **against** someone or something 有偏见的。*An increasing number of people believe the police are **prejudiced against** coloured people.* 越来越多的人认为, 警察对有色人种有偏见。

prejudicial be prejudicial **to** someone or something〔对某人的利益、对某事〕造成损害。*Such conduct would surely be **prejudicial to** the interest of the union.* 这种行为肯定会损害联盟的利益。

prelude the prelude **to** an event 序曲。*The speech has been hailed by his friends as the **prelude to** his return to office.* 该演讲被朋友称为他官复原职的序曲。

premonition a premonition **of** an event〔对某事物的〕预感。*His hand shook violently and he had a **premonition of** failure.* 他的手猛烈颤抖, 预感到失败的可能。

preoccupied be preoccupied **with** a particular idea or problem 出神。*Ike seemed completely **preoccupied with** his own thoughts.* 艾克似乎陷入了沉思。

prepare to prepare **for** an event or situation 准备。*Police in Wiltshire are **preparing for** a hippy invasion of Stonehenge.* 威尔特郡的警察严阵以待, 以防嬉皮士进犯巨石阵。

prepared be prepared **for** something 为某事准备。*Be **prepared for** powercuts by buying lots of candles.* 买了大量蜡烛以防停电。

prerequisite a prerequisite **for**, **of**, or **to** something 先决条件。*Freeing the press was a necessary **prerequisite for** full democracy.* 新闻自由是充分民主的必要前提。*...educated skills that are the **prerequisite of** progress for our country.*……我们国家进步的前提是技术培训。*A full stomach is the **prerequisite to** self-respect.* 填饱肚子是自尊的先决条件。

prescription ❶ a prescription **for** something 处方。*...an analysis of the nature of the crisis or a **prescription for** its cure.*……对该危机性质的分析或者处理危机的办法。❷ **on prescription** 按处方。*...pharmaceutical products supplied **on prescription**.*……按处方供应的药品。

present ❶ /preznt/ **at present** 目前。*I don't want to get married **at present**.* 目前我不想结婚。❷ **for the present** 暂时。*That's all **for the present**, Miss Livingstone.* 暂时就到这儿, 利文斯通小姐。❸ /prizent/ to present something **to** someone 将某物赠给某人。*The Princess of Wales **presented** a special award **to** Sir Alec Guinness.* 威尔士亲王向亚历克·吉尼斯爵士颁发了特别奖。❹ to present someone **with** something 赠给某人某物。*I closed our meeting by **presenting** him **with** a signed copy of my book.* 我送他一本签名拙作, 就此结束会面。❺ to present yourself **at** a particular place 出席, 到场。*The visitor **presented** himself **at** the vicarage.* 客人来到牧区牧师的住宅。

preside ❶ to preside **at** or **over** a formal gathering 主持会议。*He **presided at** Saturday's meeting alone.* 他独自主持星期六的会议。*He was the sixth judge to **preside over** the pre-trial hearings.* 他是主持判决前审理的第六位法官。❷ to preside **over** an event 管理某事件。*He **presided over** the rapid expansion of the company.* 他主管公司的快速扩张。

press ❶ to press something **on** or **upon** someone 将某物硬塞给某人。*They were flattered enough by the gifts that were **pressed on** them.* 他们被塞了许多礼物，感到受宠若惊。❷ to press **for** something 竭力要求。*He continued to **press for** a peaceful solution.* 他继续要求和平解决。❸ to press someone **into** doing something 迫使某人做某事。*The expedition to capture Brighton fishermen and **press** them **into** national service had been a total failure.* 抓布赖顿渔民加入国民军的远征彻底失败了。❹ to press ahead **with** or press on **with** an activity or task 坚持做某事。*The Commission will continue to **press ahead with** its controversial demands.* 委员会将继续坚持其有争议的要求。*They courageously **pressed on with** their vital repair work.* 他们勇敢地坚持十分重要的修理工作。

pressurize to pressurize someone **into** doing something 强迫某人做某事。*The West continued to **pressurize** the Prince **into** cutting his ties with that orgnization.* 西方继续强迫亲王与那家组织断绝关系。

pretence a pretence **of, at,** or **to** something 装腔作势，做作。*The industry has abandoned any **pretence of** restraint.* 该行业已放弃了任何装腔作势的克制。*Gone, now, was all **pretence at** sociability.* 如今，一切交际目的的装腔作势都不复存在。*She has never made any **pretence to** ladylike behaviour.* 她从不装出淑女的举止。

pretensions pretensions **to** something 自命，做作。*He was a modern man with no **pretensions to** education at all.* 他是个现代人，不去做作受过良好教育的样子。

prevail ❶ to prevail **on** or **upon** someone 说服、劝说某人。*Security staff **prevailed upon** the crowd to move back from the crash barriers.* 保安人员说服人群退后，离护撞栏远一些。❷ to prevail **over** someone or something 胜过某人或某事物。*Political arguments had **prevailed over** economic sense.* 政治争论压倒了经济观念。

prevent to prevent someone or something **from** doing something 防止某人、某事物做某事。*A storm was **preventing** rescue aircraft **from** landing.* 暴风雨使救援飞机无法着陆。

pride ❶ pride **in** someone or something 得意，自豪。*Everything Rattle says confirms his overwhelming **pride in** his Birmingham orchestra.* 拉特尔说的话都证明，他对自己所在的伯明翰乐队无比自豪。❷ to pride yourself **on** doing or being something 自豪地做或成为。*Cricket **prides** itself **on** being a gentlemanly game.* 板球成为绅士的自豪游戏。

principle ❶ **in principle** 原则上。*The Government has agreed to this measure **in principle**.* 政府原则上批准了这项措施。❷ **on principle** 根据原则。*Subordinates must be kept waiting **on principle**.* 按原则，下属必须长时间等待。

prise to prise something **out of** someone 强迫某人拿出。*They hoped that growing publicity would **prise** more money **out of** the California State Legislature.* 他们希望，知名度的提高会迫使加州立法机构拿出更多的款项。

privy be privy **to** something 私下知情。*Very few of them were **privy to** the details of the conspiracy.* 他们中很少有人对该阴谋的细节知情。

probability the probability **of** an event or result 可能性。*Such radio-telescopes would greatly increase the **probability of** success.* 使用这种射电望远镜会大大增加成功的可能性。

probe ❶ to probe **into** something 探究，深入。*Humming birds gather nectar by **probing** deep **into** the blossoms with long thin tongues.* 蜂鸟把尖细的长舌深深刺入花朵取花蜜。❷ to probe **for** something 探测某物。*He went ahead in the first car, **probing for** road blocks.* 他坐第一辆车向前推进，探测

路障。

proceed ❶ to proceed **with** something 开始或继续做某事。*They were having difficulty in trying to decide how to* **proceed with** *the project.* 他们难以确定如何从事该项目。❷ to proceed **against** a person or organization 起诉某人、某一组织。*Subsequent police investigation found no grounds for* **proceeding against** *him.* 其后的警方侦查没有找到起诉他的根据。

proceeds the proceeds **of** an event or activity 收入。*The land was bought out of the* **proceeds of** *the Exhibition.* 土地是用展览的收入来购买。

procure to procure something **for** someone 取得某事物。*He offered to* **procure** *extra comforts* **for** *the prisoner.* 他提出为因犯取得额外的舒适设备。

produce ❶ to produce evidence or an argument **for** or **against** something〔为支持某事或反对某事〕提供证据或论据。*He* **produces** *no evidence* **for** *his beliefs.* 他提不出证据支持自己的观点。*They had* **produced** *all kinds of arguments* **against** *her.* 他们提出了各种证据反对她。❷ to produce something **from** a place or thing 产生。*We are capable of* **producing** *the same amount of food* **from** *less and less land.* 我们能够从越来越少的土地上生产同样数量的食物。

product the product **of** something 产物。*Strikes are the* **product of** *the society in which we live.* 罢工是我们社会的产物。

profession by profession 以某事为职业。*By profession she was a stewardess.* 她的职业是空姐。

proffer to proffer something **to** someone 向某人提供、提出某事物。*He helped himself from the sauce boat* **proffered to** *him.* 他在从递给他的船形调味汁碟内进食。

proficient be proficient **in** something or **at** something〔对某事〕熟练，精通。*You must be* **proficient in** *the language to gain equal opportunities.* 你必须精通语言，以获得同等机会。*Do you think calculators stop children being* **proficient at** *mathematics?* 你认为计算机会阻止儿童精通数学吗?

profile a profile **of** someone 人物简介。*She wanted to write* **profiles of** *the leaders of the party.* 她想写该党领袖人物的简介。

profit to profit **from** something or **by** something 从某事物中得益。*Businessmen are seeking to* **profit from** *the Single European Market.* 商人试图从欧洲单一市场中获利。*They have* **profited by** *their experience with me.* 他们从与我在一起的经历中得益。

progress ❶ /ˈprəɡrɛs/ to progress **to** something new 进入某一新的内容。*From there we* **progressed to** *a discussion on politics.* 由此我们进入了政治讨论。❷ /prəˈɡrɛs/ progress **towards** something 朝某事物的发展。*...rapid* **progress towards** *ending the civil war.*……朝向结束内战迅速进展。❸ progress **with** a task〔某方面的〕进展。*...if you are making no* **progress with** *your training schedule.*……如果你在培训计划中毫无进展。❹ **in progress** 在进行中;发展中。*Change is already* **in progress**. 变化已经在进行。

prohibited be prohibited **from** doing something 被禁止做某事。*Banks are* **prohibited from** *dealing in securities.* 银行禁止经营证券。

project /ˈprɒdʒɛkt/ to project someone or something **as** a particular thing 装扮某人或某事物为。*They are* **projecting** *the farmer* **as** *a rural entrepreneur.* 他们将农场主包装成农村企业家。

promise ❶ a promise **to** someone 对某人的承诺。*I hope you will be able to keep your* **promises to** *that poor old man.* 我希望你能落实对那可怜的老人的承诺。❷ a promise **of** something 对某事的承诺。*...her endless waiting for Rossetti to honour his* **promise of** *marriage.*……她无休止地等待罗塞蒂兑现婚约

的承诺。

promote to promote someone **from** one job to a more important one 提升某人。*He was **promoted from** corporal to sergeant.* 他从下士被提拔为中士。

prone be prone **to** something〔有做某事物的〕倾向。*Large families are usually poorer and more **prone to** sickness than small ones.* 大家庭通常比小家庭更为贫穷，更易受病痛侵袭。

pronounce to pronounce **on** or **upon** something 发表意见。*He is expected to **pronounce on** every moral and social issue.* 他渴望对每一个道德和社会问题发表意见。

proof ❶ proof **of** something 考验，验证。*Every day was bringing him further **proof of** Gertrude's love.* 每一天都向他进一步证明格特鲁德的爱。❷ proof **against** someone〔对某人不利的〕证据。*...the absence of **proof against** the three defendants.*…… 缺少对三名被告的不利证据。❸ be proof **against** something 可防某事物的，不能穿透的。*We can design a system that's **proof against** accident and stupidity.* 我们可以设计一个系统，以防止事故和愚蠢言行。

proportion ❶ in proportion **to** something; in proportion **with** something 和某事物成比例的，相称的。*Schoolchildren expend far more energy **in proportion to** their size than adults do.* 按个子比例论，学童消耗的能量比大人多。*Western cities expanded **in proportion with** the growth of industry.* 西部城市随着工业的增长而扩大着。❷ be out of proportion **to** something 和某事物不成比例的，不相称的。*Their significance is **out of** all **proportion to** their size.* 它们的意义与其大小不相称。

proportional be proportional **to** something 和某事物成比例的。*As a rule the suicide rates are **proportional to** the size of the city.* 自杀率通常与城市的大小成正比。

prospect /ˈprɒspɛkt/ ❶ the prospect **of** something 要发生的事。*Many people are horrified at the **prospect of** learning new skills.* 许多人发现要学习新技能就吓坏了。❷ the prospects **for** something 可能性。*The **prospects for** revolution are remote.* 革命的可能性很小。

protect to protect a person or thing **from** or **against** a danger 保护，使某人或某物不受侵害。*The ozone layer **protects** the Earth **from** harmful radiation.* 臭氧层保护着地球不受有害辐射。*Babies are **protected against** some diseases by their mother's milk.* 婴儿因喝母乳而不受某些疾病侵害。

protective be protective **of** or **towards** someone or something 有保护某人和某事物的意愿的。*Daniel had become **protective of** his privacy.* 丹尼尔已经在保护自己的隐私。*Molly felt very **protective towards** her sister.* 莫莉对她妹妹呵护有加。

protest /prəˈtɛst/ to protest **at, about,** or **against** something 抗议、反对某事，对某事提出异议。*...a leaflet **protesting at** animal experiments.*…… 抗议动物实验的传单。*Both players **protested about** some of the decisions.* 两位选手都反对某些决定。*...hundreds of marchers **protesting against** the planned construction of a nuclear power plant.*…… 数百名游行者抗议核电站建造计划。

proud be proud **of** someone or something 以〔某人或某事物〕骄傲。*Somerset Maugham was **proud of** his prowess as an avocado farmer.* 作家毛姆为自己作为酪梨果农的技能而自豪。

provide ❶ to provide someone **with** something 向某人提供。*The Army has **provided** US troops **with** combat exercise facilities.* 军队给美军提供了战斗演习设施。❷ to provide something **for** someone or something 向某人或某事物供应另一事物。*The company spends the bulk of its funds on **providing** training **for** executives.* 公司将大

部分资金都用于培训经营人员。

pry to pry **into** something 打听他人的私事。*Don't go **prying into** my affairs or you'll get hurt.* 不要打听我的私事，以免受伤害。

public in public 公开地；当众。*Meetings previously held **in public** will now take place in closed session.* 原来当众召开的会议将秘密地举行。

pull ❶ to pull **on** something or **at** something 拉，拖。*The driver **pulled on** a lever.* 驾驶员拉动排档。*Margaret **pulled at** Dixon's sleeve.* 玛格丽特拉拉迪克森的袖子。❷ to pull **out of** an event or situation 从中退出。*John McEnroe has **pulled out of** the United States tennis team's forthcoming match.* 约翰·麦肯罗已退出美国网球队的下一场比赛。

punctuated be punctuated **by** or **with** particular things 穿插着。*...a night of terror **punctuated by** the roar of shells and rockets.*……炮弹声、火箭呼啸声不断的恐怖之夜。*Many of us have had a school career **punctuated with** exams, marks and tests.* 我们许多人的学校生涯穿插着考试、分数、测验。

punish to punish someone **for** doing something wrong 因某人做错事而惩罚他。*They discovered his crime and **punished** him **for** it.* 他们发觉了他的罪恶，并惩罚了他。

punishable be punishable **by** something 依法惩办的。*...a criminal offence **punishable by** six months in jail.*……可判半年徒刑的罪行。

purge to purge someone or something **of** a particular thing 肃清某一想法，清除某物。*I tried desperately to **purge** myself **of** these dangerous desires.* 我极力想清除这种危险的欲望。

pursuit in pursuit of something 寻找，寻求。*It was **in pursuit of** these very ideals that hundreds of people have died.* 就是为了这种理想，千百人牺牲了生命。

push ❶ to push **for** something you want 迫切要求。*The Transport Depart-ment is clearly **pushing for** further privatization of ports.* 交通部显然在推动进一步将港口私有化。❷ to push someone **into** doing something 催促某人做某事。*...their determination not to be **pushed into** acceptance of nuclear missiles.*……他们下决心不能被迫接受核导弹。❸ to push something **on**, **onto**, or **upon** someone 将某事硬推给某人。*...an insurance salesman persistently trying to **push** an unwanted policy **on** him.*……一个保险推销员不断想把一份不需要的保单硬塞给他。❹ to push ahead **with** or push on **with** a task 推行，推进。*Michael Ward is **pushing ahead with** loans and help for projects.* 迈克尔·沃德在推行贷款资助项目。*I must **push** on **with** these enquiries as fast as I can.* 我必须尽快推进这种调查。

put ❶ to put an idea or question **to** someone 向某人建议或提问。*I half agreed and so I **put** the idea **to** Gillian.* 我有点同意，便把那主意告诉了吉利恩。❷ to put one thing **above** another or **before** another 把某事看得比其他事情更重要。*He is prepared to **put** the interests of his profession **above** that of the Conservative Party.* 他准备把本职业的利益放在保守党利益之上。*British Rail admitted that it had **put** passenger convenience **before** safety.* 英国铁路公司承认把乘客方便放在安全之上。❸ to put something **before** someone 将某事提交某人考虑。*The Bill was **put before** Parliament in December.* 议案于十二月递交议会。❹ to put a bad or unpleasant experience **behind** you 将不愉快的事或经历置之脑后。*The company appears to have **put** its troubled past **behind** it.* 该公司似乎已把过去的麻烦抛在脑后了。❺ to put someone down **as** something 以某种名义登记。*I **put** him **down as** a loutish member of the Socialist Workers Party.* 我认为他是社会主义工人党的粗野党员。❻ to put something down **to** a particular cause 将某

事归于某一原因。*It seemed unsafe to put anything down to coincidence.* 把一切归咎于巧合，似乎不太稳妥吧。❼ to put up **with** something 忍受。*Maybe Sally was not able to put up with that much stress.* 也许萨莉无法忍受那么大的压力。❽ to put someone up **to** doing something 指导某人做某事。*Julia had probably put them up to it herself.* 朱莉娅也许是亲自指使他们做的。

qualify ❶ to qualify **for** something 有资格做某事。*Only a very small proportion of people who qualify for benefit draw it for any length of time.* 只有极少数有资格享受福利的人会长期支取福利金的。❷ to qualify **as** something 取得某一资格。*He's coming home to try and qualify as an estate agent.* 他将回家，以便取得房地产经纪人的资格。

quarrel ❶ to quarrel **with** someone **about** something or **over** something 与某人就某事进行争吵。*...quarrelling with landlords about foreign coins in the gas meter.* …… 为煤气表内的外国硬币而与房东吵架。*They have ceased to quarrel over the repeal of such laws.* 他们已不再为废除这种法律而争吵了。❷ a quarrel **with** someone or **between** people **about** something or **over** something〔与某人就某事的〕争吵，〔两人之间就某事的〕争吵。*Jefferson gave his version of the quarrel with Adams.* 杰斐逊讲述了与亚当斯争吵中自己的看法。*...a quarrel between a bus driver and his passengers.* …… 巴士司机与乘客的争吵。*...quarrels about words and their meanings.* …… 关于词汇与意义的争论。*...quarrels over land ownership.* …… 土地所有权的争执。

quest ❶ a quest **for** something 寻求，追求。*...the fundamental human quest for understanding.* …… 人类追求理解的根本活动。❷ **in quest of** something or someone 寻找某事物或某人。*So he set off in quest of immortality.* 于是他出发去寻求长生不老之术。

question ❶ a question **about** something〔就某事的〕问题。*...questions about the future of the environment.* …… 有关环境的前途的问题。❷ a question **of** a particular thing 问题〔用来指所谈论的话题〕。*It's all a question of your attitude.* 纯粹是你的态度问题。*I have no views on the question of subsidies.* 我对补助问题没有看法。❸ to question someone **about** something 就某事询问某人。*She was questioned about the subject of her latest book.* 别人问她最近写的书讲什么主题。❹ **beyond question** 毫无疑问。*The survey has shown beyond question a real and dramatic improvement.* 调查结果不容置疑地表明，改进是真实并且具成效的。❺ be **in question** 成问题；被怀疑。*His ability to lead his country in difficult times has never been in question.* 他在危难时期领导国家的能力毋庸置疑。❻ **in question** 上述的；被涉及的。*A copy of the bulletin in question was received by my department.* 该公告的副本已交我部。❼ be **out of the question** 不可能的。*A cut in interest rates is out of the question.* 减息是不可能的。❽ **without question** 毫无疑问的。*They are without question the best team in Europe.* 他们无疑是欧洲最佳球队。

quibble to quibble **with** someone **about** or **over** something 与某人争辩琐事。*Was the president of the student council quibbling about representation on the committee?* 学生会主席是在争辩给委员会派代表的事吗？*I will not quibble with him over his evaluation of the situation.* 我不跟他争辩他对形势的评价。

quick be quick **at** something 聪敏的；有能力做某事。*You're quick at learning, aren't you?* 你学得很快，是不是啊？

quiet **on the quiet** 秘密地。*They've been building up quite a large shareholding on the quiet.* 他们悄悄地吸纳了颇大的股份。

quotation a quotation **from** a book,

play, film, and so on〔书、戏剧、电影等的〕引文、节选。...*a direct* **quotation from** *Burton's journals.*······伯顿日记的直接引用。

quote ❶ to quote for doing a particular piece of work 报价钱。*Ask the refuse department to come and* **quote for** *removing the stuff.* 请废品站过来看看搬走这东西要多少钱。❷ quote **from** a book, play, film, and so on〔书、戏剧、电影等中〕的引文。...*a* **quote from** *the American magazine Business Week.*······引自美国《商业周刊》杂志的引文。

R

racked be racked **by** or **with** an unpleasant or painful feeling 因某事而痛苦。*During the last five days Anne was* **racked by** *delirium from typhus.* 最近五天来安妮因伤寒而精神错乱。*So you see, we are all* **racked with** *guilt.* 你看，我们都内疚极了。

radiate ❶ to radiate **from** a particular point〔指道路〕自中心向四周伸展。*The roads* **radiating from** *the circuit are expected to be jammed.* 从环形路向四周伸展的道路应该堵塞了。❷ to radiate **from** someone〔某一情感〕从某人身上流露出来。*A sense of enjoyment* **radiates from** *the players.* 球员们流露出愉快的神情。

radio on radio; on the radio 在无线电广播中。*Mr Li Xiannian's speech was broadcast* **on radio** *this morning.* 李先念先生的演讲今晨广播了。...*the suggestion made* **on the radio** *by Douglas Hurd.*······道格拉斯·赫德在广播中做的建议。

rage a rage **for** something〔对某事物的〕狂热。*All over England there was a great* **rage for** *bell-ringing.* 英格兰各地盛行鸣钟热。

raid a raid **on** a place 突袭、突然搜查某地。*They wrote to protest about police* **raids on** *members homes.* 他们写信抗议警察袭击会员的家。

rail to rail **against** or **at** something 抱怨，挑剔。*MPs* **railed against** *the inhumanity of such a steep increase.* 议员们抨击这样陡增不人道。*Rather than* **railing at** *fate, it would be better to re-examine the relationship.* 怨天尤人，不如重新审视该关系。

raise to raise a subject **with** someone 向某人提出某一话题。*His next most likely step is to* **raise** *the issue* **with** *the Bishop of Chicago.* 他下一个最有可能采取的步骤是向芝加哥主教提出该问题。

ramble to ramble on **about** something 漫谈，漫笔。*Just babble* **ramble on about** *nothing, basically.* 就是胡闹，基本上是信口雌黄。

random at random 随机地；任意的。*Juries are selected* **at random** *from men and women aged between 18 and 65.* 陪审团是从18至65岁的男女中随机选出的。

range ❶ a range **of** things 一系列的事物。...*a wide* **range of** *audio-visual aids.*······一系列众多的视听设备。❷ to range **between** two things or **from** one thing to another 在两事物之间变化，从一事物变化到另一事物。*Performances* **range between** *the dull and the hysterical.* 演出要么枯燥乏味，要么歇斯底里。*Symptoms* **range from** *a mild flu to the brain disease meningitis.* 症状从轻感冒到脑膜炎均有。❸ at a particular **range** 在某一范围内。*They shot him several times* **at** *close* **range**. 他们数次对他近距离射击。

rapport a rapport **with** someone or **between** people or things〔亲善和谐的〕关系。*Mrs Thatcher, for all her* **rapport with** *Mr Gorbachov, is sceptical.* 撒切尔夫人尽管与戈尔巴乔夫的关系友好，却心存狐疑。...*the* **rapport between** *human values and the goals of socialism.*······人性价值观与社会主义目标的融洽。

rat to rat **on** someone or **on** an agreement you make with them 出卖某人；违背诺言。*So you **ratted on** Gertrude?* 于是你出卖了格特鲁德？ *I hope you're not thinking of **ratting on** the deal.* 我希望你没有在打算违背诺言吧。

rate ❶ **at any rate** 无论如何。*Steve, **at any rate**, seems to be a satisfied customer.* 无论如何，史蒂夫好像是满意的顾客。❷ **at this rate** 照这样下去。***At this rate**, we cannot see how Britain can begin to reach the targets for carbon-dioxide reduction.* 照这样下去，我们无法看出英国如何着手达到减少二氧化碳的目标。❸ to rate someone **as** something 评定某人。*How do you **rate** her **as** a photographer?* 你如何评价她的摄影技巧？

ration to ration someone **to** a particular amount of something 按定量向某人供应某物。*I'm going to **ration** you **to** one cigarette a day.* 我要限定你每天一支的吸烟量。

rationale the rationale **for** something or **of** something 理论基础。*Religious belief provides a **rationale for** altruistic behaviour.* 宗教信仰提供了利他行为的理论基础。*The **rationale of** the social services is to promote social equality.* 社会服务业的依据是促进社会平等。

rattle to rattle on **about** something 喋喋不休。*Some of the women there would **rattle on about** sex.* 那里的某些妇女会大谈性问题。

ravages the ravages **of** something〔某一有害、危险或不愉快的事物的〕破坏力或它所造成的灾难。*He restored the Academy after the **ravages of** the revolution.* 他在革命大破坏之后重建了该学院。

rave ❶ to rave **against** something or **at** someone 谴责。*He **raved against** the horrors and brutality of war.* 他谴责了战争的恐怖和野蛮。*He sat and **raved at** me for half an hour.* 他坐着斥责我达半小时。❷ to rave **about** someone or something 极力夸奖某人或某物。*We* don't go and **rave about** anybody, or celebrate or destroy them. 我们并不去夸奖任何人，或赞扬或毁掉他们。

reaches the reaches **of** a river or area of land 河段，区域。*...the farthest **reaches of** the war zone.* ……战区的最外围。

react ❶ to react **against** something 反对，反抗。*They are likely to **react against** the identity card scheme.* 他们有可能反抗身份证计划。❷ to react **to** something 作出反应。*Whether by accident or design, Mrs Thatcher **reacted** promptly **to** the call.* 不管是巧合还是有意如此，撒切尔夫人迅速对呼吁作出反应。❸ to react **with** a particular response or emotion 发出某种反应或情绪应对。*Clough **reacted with** the dignity and graciousness characteristic of his team.* 克拉夫以他的球队特有的尊严和诚挚进行应对。❹ to react **with** a chemical substance 起化学反应。*The water **reacts with** the ferrous iron.* 水能与铁发生反应。

reaction ❶ a reaction **against** something 反对，反抗。*...a widespread **reaction against** post-war realism.* ……对战后现实主义的广泛反抗。❷ a reaction **to** something 反应，回音。*We were chatting about his **reactions to** the paintings.* 我们在谈论他对画作的反应。❸ a reaction of one substance **with** another one, or **between** them〔一事物与另一事物的〕化学反应。*...the **reaction of** the blades **with** the water.* ……刀刃与水的反应。*...the **reaction between** methane and steam.* ……甲烷与蒸气的反应。

read ❶ to read **about** something 读知，阅后得知。*I had **read about** the process in novels.* 我在小说中看到过这个过程。❷ to read something **as** a particular thing 某事可理解为另一事物。*This drawing could be **read as** an exemplar of classical expression.* 此画可看作古典表现的典型。❸ to read a meaning or quality **into** something 把本来没有的意思或特点塞进去解释。*It was pos-*

sible to **read** an admission of defeat **into** his words. 有可能在他的话语中读出承认失败的态度。❹ to read up **on** a particular topic 攻读某一主题。You can **read up on** the theory and be ready for it. 你可以攻读该理论，为它作准备。

readjust to readjust **to** a situation 对某一状况重新适应。...the problem of **readjusting to** normal life.......调整到正常生活的问题。

ready be ready **for** something 准备好。The electronics industry will get bigger and we're not even **ready for** that. 电子工业将扩展，而我们甚至未准备好。Their crops would soon be **ready for** harvesting. 他们很快可以收割庄稼了。

real for real 认真地；严肃地。It was done. I was on my own **for real**. 事情办完了。我真的自力更生了。

reality in reality 实际上；事实上。**In reality**, it's a dreary little town. 事实上，那是一个冷冷清清的小城。

reason ❶ a reason **for** something 理由。The caller gave no **reason for** the choice of McDonald's as a target. 打电话的人没有说选择麦当劳作为目标的理由。❷ to reason **with** someone 说服某人。I'll have to **reason with** him to take a smaller amount. 我得说服他拿得少一点。❸ **by reason of** something 为了，由于某原因。They seem likely, **by reason of** political expedience, to move to the right. 他们似乎可能出于政治考虑而转向右倾。❹ **within reason** 合理的；不过分。You could buy as many letters as you wanted, **within reason**. 只要合理，你尽可以多买校牌。

rebel /ˈrɪbɛl/ to rebel **against** something 反抗，造反。In 1956, Ian Smith **rebelled against** the British Government. 1956年，伊恩·史密斯造了英国政府的反。

rebound ❶ /rɪˈbaʊnd/ to rebound **on** or **upon** someone 某人产生反作用，回报到自己身上。His temper and resentment **rebounded on** Cal. 他的脾气

和愤慨回弹在凯尔身上。❷ /ˈriːbaʊnd/ **on the rebound**; **on the rebound from** someone 失恋之后立刻移情别恋。She showed affection—was she **on the rebound from** Gareth? 她表现出温情，是与加雷思失恋之后立刻移情别恋啦？

rebuke to rebuke someone **for** doing something 责难某人。Was she **rebuking** me **for** the things she had grown to condemn? 她是在责备我做了她喜欢谴责的事情？

receive ❶ to receive something **from** someone 收到，领到。One morning I **received** a startling letter **from** him. 一天早上，我收到一封他寄来的信，该信令我吃了一惊。❷ to receive someone **into** an organization or society 接纳某人进某一团体或社会。According to custom, he had been **received into** his mother's tribe. 根据习俗，他被接纳入母亲部落。

receptive be receptive **to** something 易于接受的。Members should be more alert and **receptive to** the day's business. 会员应该提高警觉，迎接当天的业务。

recipe a recipe **for** a particular outcome 导致某结果的因素。Add to this the traffic problems, and you have a **recipe for** disaster. 这个，再加上交通问题，就足以酿成灾难。

recipient a recipient **of** something 接受者。He was the **recipient of** five honorary degrees. 他获得了五个名誉学位。

reckon ❶ to reckon **on** or **upon** something 盼望，冀望。They had not **reckoned on** such a fight. 他们没有料到这场战斗。❷ to reckon **with** something 考虑到，重视。Le Pen proved he was still a force to be **reckoned with**. 勒朋证明了自己仍为值得考虑的力量。❸ to reckon **without** something 未考虑到，未重视某事。But they had **reckoned without** Margaret's determination. 但他们未重视玛格丽特的决心。

recognize to recognize someone or something **as** a particular thing 承认某

人或某事，认可。*They are asking for Ukrainian to be **recognized as** an official language.* 他们要求认可乌克兰语成为官方语言。*...movements in the womb which most mothers **recognize as** kicking.*……多数母亲认为胎动为踢腿。

recoil to recoil **at** or **from** something 畏缩，退缩。*Parents may **recoil at** this behaviour.* 家长们会对这种行为退避三舍。*He **recoiled from** me and uttered a sound of disgust.* 他从我这里退缩，并发出厌恶的声音。

recommend to recommend someone or something **as** something, or **for** a particular purpose 推荐某人或某事物。*The Cambrian Mountains in central Wales are **recommended as** candidates for park status in the report.* 威尔士中部的坎布里亚山脉被报告推荐为公园预选区。*They are unlikely to **recommend** students **for** unsuitable positions.* 他们不可能推荐学生做不合适的职位。

reconcile ❶ to reconcile one thing **to** or **with** another 使接受。*It was only this which **reconciled** him **to** his accident.* 只有这样，他才接受了他身上发生的事故。*The difficulty of **reconciling** the needs of development **with** concern over the expatriate community.* 发展的需要与对流亡者的关心这两件事难以调和。❷ be reconciled **to** or **with** something 甘心于，顺从。*They were **reconciled to** higher interest rates.* 他们甘愿接受更高的利率。*Such views are not easily **reconciled with** long-standing tradition.* 这种观点不易与长期的传统相调和。❸ be reconciled **with** someone 与某人重新和好。*They had gone back to their home towns and had been **reconciled with** their families.* 他们都已回到家乡，与家人重归于好。

record /ˈrɛkɔːd/ ❶ be **on record as** saying something 公开表明见解。*The employers were **on record as** supporting the decision to scrap the scheme.* 雇主们公开表明，支持废弃该计划的决定。

❷ be **off the record** 不得引用的；非公开的。*Now that remark was off the record, understand?* 这句话不准公开，听到了吗？❸ **for the record** 供记录在案；为准确起见。***For the record***, I'd just like to say that I totally disagree with this decision.* 请记录，我只想说，我完全不赞成这项决定。

recourse recourse **to** something 求助，依靠。*They would give up democratic methods and take **recourse to** violence.* 他们会放弃民主方式，而依靠暴力。

recover to recover **from** an illness, disease, or unpleasant experience 复原。*He never **recovered from** Vita's death.* 他根本未从维塔去世的悲伤中恢复过来。*He's still **recovering from** glandular fever.* 他的腺热还未彻底康复。

recovery recovery **from** an illness, disease, or unpleasant experience 恢复。*Her **recovery from** fatigue had been rapid.* 她迅速从疲劳中恢复过来。

recruit to recruit someone **for** a particular purpose〔为某一目的〕雇用某人。*It is becoming harder to **recruit** lively youngsters **for** the farms.* 雇用活跃的小伙子干农活日益困难。

recuperate to recuperate **from** a disease or illness 复原，恢复。*He is **recuperating from** serious health problems.* 他的严重健康问题正在恢复。

reduce ❶ to reduce something **from** one level to another 把某物从某一水准降低到另一水准。*The number of dancers was **reduced from** 48 to 32.* 跳舞人数从 48 人减少到 32 人。❷ to reduce something **to** a particular state 使某事物陷入到某一状态或状况中。*Any survivors would be quickly **reduced to** the life of a hunter-gatherer.* 幸存者很快沦为捕猎拾荒者。

reduction a reduction **in** something or **of** something 缩减，降低。*Very few people agreed with a **reduction in** fees.* 极少数人同意降低收费。*...the **reduction of** the prison population.*……

减少囚犯人数。

reek ❶ to reek **of** something or **with** something 发出难闻的气味。...*a small airless theatre crammed with children and **reeking with** popcorn.*……挤满孩童、充满爆玉米花气味的小剧场令人透不过气来。 ...*members of the bench who pass down sentences **reeking of** racial bias.*……法庭成员作出了充满种族偏见的判决。❷ a reek **of** something 浓烈气味。*The **reek of** paraffin met her nostrils.* 浓烈的煤油味向她扑鼻而来。

refer ❶ to refer **to** someone or something 说及，说到〔某人和某事〕; to refer **to** someone or something **as** a particular kind of person or thing 把某人或某事叫做。*The speeches that followed **referred to** the Icelandic strike.* 其后的演讲提及冰岛的罢工。*Jim, on more than one occasion, **referred to** Alec as just plain daft.* 吉姆不止一次称亚历克为"傻乎乎的"。❷ to refer someone **to** someone else 将某人送交另一人。*If necessary, students are **referred to** a specialist.* 必要时将学生送交专家处理。

reference ❶ reference **to** someone or something 提及。*She made no further **reference to** Florida.* 她没有进一步提起佛罗里达州。❷ **with reference to** something 关于某事物。*Candidates should select their options **with reference to** their future courses.* 考生应根据将来的课程作出科目选择。

reflect ❶ to reflect **on**, **over**, or **upon** something 考虑，回想。...***reflecting on** the political scene back at home.*……考虑到祖国的政治形势。*Rodin **reflected** long **over** Casson's argument.* 罗丁长时间考虑着卡森的论据。❷ to reflect **on** someone or something in a particular way 对〔某人、某事〕不利，使某人名声受影响。*Any lapse in her efficiency would **reflect** badly **on** him.* 她的效率一有降低，便会有损于他。

reflection ❶ a reflection **of** something 反映，反射。*The group's title was an accurate **reflection of** what they stood for.* 该小组的称号准确地反映了他们的主张。❷ a reflection **on** or **upon** someone 某事情给人以不好的印象。...*a depressing **reflection on** the standard of our game.*……对我们这项运动的标准产生不良印象。❸ **on reflection** 经再三考虑。*On reflection, I suppose his tales are just too old-fashioned.* 经过考虑，我断定他的谎话太陈旧了。

refrain to refrain **from** doing something 忍住。*A biographer should **refrain from** judgement.* 传记作家应少作评判。

refusal someone's refusal **of** something 拒绝。*The **refusal of** a pardon ended with sinister words.* 拒绝给予赦免，并以恶言恶语告终。

regale to regale someone **with** stories, jokes, anecdotes, and so on〔用故事、笑话、轶事等〕使人高兴。*The woman **regaled** the child **with** stories of poisoned spindles, glass slippers, and malevolent step-sisters.* 女人给孩子讲下毒的纺锤、玻璃拖鞋、狠毒的异父姐妹的故事，逗他高兴。

regard ❶ to regard someone or something **as** a particular thing 把〔某人或某事〕当作。*She **regarded** Mr Gorbachov **as** a man of great political courage.* 她把戈尔巴乔夫先生看作具有政治胆略的人物。*These museums ought to be **regarded as** being a unique case.* 这种博物馆理应看作特例。❷ to regard someone or something **with** a particular feeling 对某人或某事怀有某种感情。*The plan was **regarded with** considerable suspicion.* 人们以十分怀疑的态度看待该计划。❸ regard **for** someone or something 对〔某人、某事的〕注意或关心。*The terrorists who planted the bomb showed little **regard for** the local population.* 放炸弹的恐怖分子根本不顾及当地百姓。❹ **with regard to** a particular thing; **in regard to** a particular thing 关于; 对于。*Great care needs*

to be taken **with regard to** his coaching role. 对于他的辅导作用需要大加关注。
...differences between nations, especially **in regard to** the presence of troops on their territory.……各国的差别，尤其是关于其领土上的驻军。

regress to regress **to** a particular state 退化，倒退。She had to get out before she **regressed to** infancy. 她只得出来，以免退化成婴儿。

reimburse to reimburse someone **for** something 给某人报销某物。Only a few schools **reimburse** the chairman **for** his or her expenses. 只有少数学校给董事长报销费用。

reinforce to reinforce an object **with** something 加强，加固。I had not thought of **reinforcing** the handles **with** leather. 我没有想到用皮革加固手柄。

rejoice to rejoice **in** something 高兴。Halifax can **rejoice in** a convincing victory. 哈利法克斯可以为令人信服的胜利而高兴。

relapse /rɪlæps/ to relapse **into** a particular state 退回到原来或更坏的状态。He **relapsed into** dreamy silence. 他陷回到梦幻般的沉默。

relate ❶ to relate one thing **to** another 将某一事物与另一事物相联系。Pupils need to **relate** what they learn at school **to** their own experiences. 学生需要将学校的课本知识与自己的经历联系起来。❷ to relate **to** a particular subject 与某一主题有关。...a question that **relates to** electricity.……涉及电的问题。A thick black line was drawn through words and passages **relating to** Sylvia. 涉及西尔维娅的词语与段落都画上了粗黑线。❸ to relate **to** people 与人相处。Children must learn to **relate to** other children. 儿童必须学会与其他孩子相处。Patients need to feel that they can **relate to** the outside world. 病人需要感到可以与外界交往。

related be related **to** someone or something 和某人或某事有关，有亲戚关系。One member of the Government was **related to** a senior member of the ICRC. 一位政府成员与红十字国际委员会的高级委员有亲戚关系。Russian art was closely **related to** social and political change. 俄罗斯艺术与社会政治变革密切相关。

relation ❶ relations **with** someone or **between** two groups of people 交往，关系。...your **relations with** the opposite sex.……你与异性的关系。**Relations between** the two countries were badly strained. 两国关系十分紧张。❷ the relation **of** one thing **to** another 〔一事物与另一事物的〕关系。...the **relation of** music **to** the emotions.……音乐与感情的关系。❸ **in relation to** a particular subject; **with relation to** a particular subject 关于某一主题，与某一主题有关。...research **in relation to** food consumption.……有关粮食消费的研究。...a system of cause and effect **with relation to** parental approval.……关于家长同意的因果系统。

relationship a relationship **with** someone or something, or a relationship **between** two people or things 关系。The effects on Britain's **relationship with** Spain could only be positive. 对英国与西班牙的关系的影响只会是积极的。...the **relationship between** parents and children.……家长与孩子的关系。

relaxation the relaxation **of** a rule or law, or a relaxation **in** a rule or law 〔对规则或法律的〕放松、松弛。Captain Imrie felt he could permit himself a slight **relaxation of** attitude. 伊姆里队长觉得，可以允许自己稍微松弛一下。...a general **relaxation in** child discipline.……对孩子管理方面普遍放松。

relay ❶ /riːleɪ/ to relay an idea or opinion **to** someone 向某人转达或传播。They have **relayed** their views **to** Members of Parliament. 他们已经把自己的观点向议员们转达。I **relayed** Ali's assurances about safety **to** them. 我转达了

阿里对于他们安全的保证。❷ /riːleɪz/ **in relays** 轮班。*The children at our school have to be fed in two relays.* 我们学校的孩子们得分两班吃饭。

release ❶ to release someone **from** a place or duty 释放，解脱某人或某事物。*He was released from custody in February.* 他于二月份获释。*This releases them from personal responsibility.* 这样就免除了他们的个人责任。❷ release **from** a place or duty 从某地出来或从某一职位上下来。*...an old woman's release from a mental hospital.*……老太太从精神病院出来。*Provision was made for a release from employment.* 对下岗作了规定。❸ **on release** 发行。*...Geoff Brown's selection of films in London and on release across the country.*……杰夫·布朗在伦敦选定的电影，全国发行。

relegate to relegate someone or something **to** a particular state 使〔某人、某事物〕降级。*This relegated the clergy to the status of amateurs.* 这就使卫士贬低到业余地位。*The supremacy of the Afrikaner is being relegated to a chapter in history.* 南非白人优越地位正被贬为历史书的一章。

relevant be relevant **to** a particular subject 与某一主题相关的。*One speech stands out as being highly relevant to the poll tax.* 有一场演讲令人注目，它大谈人头税。

reliance reliance **on** or **upon** something 依赖某事物。*...reliance on nuclear energy.*……依赖核能。

reliant be reliant **on** or **upon** something 依靠。*The police are reliant on the good will of the public.* 警察依靠公众的好心。

relief relief **from** something unpleasant〔某一痛苦或焦虑的〕减轻，解除。*...such practical activity was a light relief from academic work.*……这种实践活动可稍微减轻学术工作的重担。

relieve to relieve someone **of** something 解除、减轻某人某一负担。*We must relieve them of the burden of debt.* 我们必须解除他们的债务负担。

rely to rely **on** or **upon** someone or something 依靠。*They rely on firewood for cooking.* 他们依靠木柴烧饭。

remains the remains **of** something 残余、遗迹、遗体。*...the remains of a medieval priory.*……中世纪修道院的遗迹。*Firemen discovered the remains of a human body.* 消防队发现了一个人的遗体。

remand **on remand** 还押中。*We have one client on remand at a local prison.* 我们有一位当事人正还押在当地监狱。

remark to remark **on** or **upon** something 评论。*Miss Ryan remarked on the excellence of his English.* 瑞安小姐说他的英语很棒。

remedy a remedy **for** a disease, illness, or problem 疗法、药物、解决某事的方法。*...a remedy for arthritis.*…… 关节炎的疗法。*Military support no longer supplies a remedy for political dissent.* 军队的支持不再能够解决政治异见。

remember to remember someone **to** another person 代某人向另一人问好。*Don't forget to remember me to your father.* 别忘了代表我向令尊大人问好。

remembrance ❶ remembrance **of** something or someone 纪念，回忆。*...a pictorial remembrance of our trip.*……我们旅行的纪念照片。❷ **in remembrance of** someone 为纪念〔死者〕。*People tried to throw tributes in remembrance of their dead relatives.* 人们试图祭献死去的亲戚。

remind ❶ to remind someone **of** someone or something 提醒某人，使某人想起。*Zasi's picture immediately reminded me of you.* 扎西的照片立即使我想起了你。*The damp grey skies reminded me of Manchester.* 潮湿灰蒙蒙的天空令我想起了曼彻斯特。❷ to remind someone **about** something 提醒某人某事。*He spent five minutes reminding one speaker about his last speech.* 他花了五

分钟提醒一位演讲者记住自己上一次的讲演。

reminisce to reminisce **about** something 缅怀过去，话旧。*Among those reminiscing about the early years was Keith Topley.* 缅怀过去的人士中有基思·托普利。

reminiscent be reminiscent **of** something or someone 使人回想或联想起某事。*...a smell reminiscent of cats.*……令人联想起猫的气味。*...a solo piece that was reminiscent of Copeland.*……令人回想起科普兰的独唱曲。

remonstrate to remonstrate **with** someone 对某人提出抗议。*David could not believe it, and remonstrated with her.* 大卫无法相信它，便对她提出抗议。

remote be remote **from** someone or something 与〔某人或某事物〕遥远的、久远的。*The organization has become remote from the members.* 该组织已经脱离其成员。

remove to remove someone or something **from** a place 将某人或某物从某处移开。*He removed a card from his pocket.* 他从口袋里取出一张名片。

removed be removed **from** something 与某事远离的，与某事不一样。*He is far removed from Catholic teachings.* 他已远离天主教教诲。*The scene was some way removed from the idyll he'd imagined.* 此情景与他想象的田园风光颇为不同。

rendezvous a rendezvous **with** someone 与某人的约会。*She failed to keep a rendezvous with him earlier in the evening.* 她没有去赴他傍晚的约会。

rendition a rendition **of** something 表演。*An uncertain rendition of The Internationale was drowned by the loudspeakers.* 不坚定的《国际歌》歌声被扩音器的声音所淹没。

renege to renege **on** an agreement or promise 违背诺言，食言。*After only three months, he has reneged on all his commitments to reform.* 仅仅三个月之后，他就违背了所有的改革诺言。

renowned be renowned **for** something 著名的。*Sir Peter is renowned for his charm and sense of humour.* 彼得爵士以魅力和幽默感著称。

rent for rent 供出租。*Twenty-five per cent of the houses are for rent.* 百分之二十五的房子供出租。

renunciation the renunciation **of** a belief or method 放弃。*...a formal renunciation of terrorism.*……正式放弃恐怖活动。*...the renunciation of the formalist tradition.*……放弃形式主义传统。

repair beyond repair 无法修理；无法补救。*They need money to restore the church before it is damaged beyond repair.* 他们需要资金修复该教堂，免得它破败得无法修理。

repay to repay someone **for** doing something 报答某人的某事物。*We only hope we can repay you for the pleasure you have given us.* 我们只希望报答你给我们带来的快乐。

repeal the repeal **of** a law 撤销，取消。*...the repeal of the Corn Laws in 1846.*……1846 年废除《谷物法》。

repent to repent **of** something 对所做某事感到痛心。*God, how she repented of her self-righteousness.* 上帝呀，她多么痛悔自己的自以为是啊。

repentance repentance **for** something〔对某事的〕忏悔。*...asking repentance for his blasphemous utterances.*……他忏悔自己的亵渎言论。

replace ❶ to replace one thing **with** another thing 替换某事物；to be replaced **by** another thing 被某事物替换。*...plans to replace a forest with an airport.*……砍伐森林兴建机场的计划。*The bell-pull had been replaced by a buzzer.* 拉铃被电铃取代了。❷ to replace someone **as** something 以某某身份接替某人。*Vaclav Havel is to replace Dr. Husak as president.* 瓦克拉夫·哈维尔将接替胡萨克博士任总统。

replacement a replacement **for** something or someone 代替物，代替者。*...*

potential **replacements for** fossil fu-
els.……矿物燃料的潜在替代物。I don't
see him as a **replacement for** David.
我看他不能代替戴维。

replica a replica **of** an object 复制品。
We have a **replica of** his death mask.
我们有他死后面模的复制品。

reply ❶ to reply **to** someone or **to** some-
thing 答复，回答。He would **reply
to** the letter later in the week. 他会在
后半周回信。❷ a reply **to** a question or
challenge〔对某一难题或质询的〕回
答。There was no specific **reply to** the
question. 该问题没有具体的答案。❸ to re-
ply **with** a particular response 以行动作
答复。He shot Adam a glance, who **re-
plied with** a shrug of the shoulders. 他
朝亚当看一眼，后者耸耸肩作为回答。❹ **in
reply**; **in reply to** someone or some-
thing 作为对某人或某事的答复。I re-
ceived a muffled shout **in reply**. 我得到
的回答是一声压低的喊叫。I have nothing
to say **in reply to** your question. 对你
的问题，我无话可说。

report ❶ to report **on** or **upon** a par-
ticular subject 做报告；to report back
on a particular subject 汇报。She had
reported on covert activities against
her government. 她就反政府的秘密活动
作了报告。Attend the meeting and **re-
port** back **on** their activities. 去参加会
议吧，回来汇报他们的活动。❷ to report
someone or something **to** someone
else 将某人或某事告发给另一人。He
reported his friend **to** the Inland Rev-
enue for not paying his taxes. 他向国税
局举报了朋友逃税。More crime is now
reported to the police. 现在向警方的报
案数量有增加。❸ to report **to** someone;
to report back **to** someone 将所调查的
人或事物的情况向某人做口头或书面
报告。The consultant psychiatrist **re-
ported to** the board on his conduct.
咨询精神分析师向委员会报告了他的举止。
He asked his officials to **report back
to** him. 他请求他的官员们向他汇报。

represent to represent one thing **as**
another 将某一事物说成是另一事物。
He was **represented as** being a for-
eigner. 他被说成是外国人。The state can
be **represented as** the enemy. 国家可
以被说成是敌人。

representation a representation **of** a
person, thing, or event 表现。...a bril-
liant theatrical **representation of** the
events leading up to the war.……酝酿战
争的各种事件的精彩戏剧表现。

representative be representative **of**
something 有代表性的。Are party
members **representative of** Labour
voters? 党员能代表工党选民吗？

reproach to reproach someone **for**
something or **with** something 由于某
事责备某人。She **reproached** him **for**
the tactics he used. 她责备他用的计策。
She would sometimes **reproach** me
for being too mild. 她有时责备我太温和。
Did you come here just to **reproach**
me **with** my tactlessness? 你来此就是为
了责备我不圆滑？

reprove to reprove someone **for** some-
thing 责备、指责某人。She **reproved**
Darrell **for** his part in the affair. 她指责
达雷尔参与此事。

repugnant be repugnant **to** someone
令人厌恶的。The idea is **repugnant
to** British notions of fair play. 这主意与
英国人的公平比赛观念格格不入。

repute of repute 名声好的。He was
one of only 17 doctors **of** internation-
al **repute**. 他是享有国际声望的十七位名
医之一。

request ❶ a request **for** something 要求，
请求。...urgent **requests for** help.……
紧急求救。❷ **on request** 一经要求。
We will provide clients with transfer
forms **on request**. 客户过户单可以向我
们索取。❸ **at** someone's **request** 应某
人的请求。The building going up now
will be named, **at** the donor's **request**,
the Margaret Thatcher Centre. 根据捐赠
者的请求，正在建设的大楼将命名为玛格丽

特·撒切尔中心。

require to require something **for** a particular purpose 因某一目的而需要某事物。...*a list of qualifications required for* entrance.……入学资格一览表。

resemblance a resemblance **to** something or **between** two things 与某事相像，两事物相像。*Gary bears a strong resemblance to his father.* 加里极像他父亲。

reservation ❶ **with reservations**; **with reservation** 有保留地。*I would treat with reservation anyone's work when they have an interest in what they are promoting.* 任何人在促销商品中有权益的，我会有保留地处理他们的工作。 ❷ **without reservation** 无保留的。*Essex University would be one of the options I would recommend without reservation.* 埃塞克斯大学是我无保留地推荐的选择之一。

reserve **in reserve** 储存，留以备用。...*hundreds of police, with troops in reserve.*……数百名警察，还有预备队军人。

reside to reside **in** a place or thing〔权力〕归于或属于某人。*Real power resides in the workshop and on the office floor.* 实权属于工场和科室。

residence **in residence** 驻于某处。*His band is in residence at Ronnie Scott's all week.* 他的乐队整个星期都驻于龙尼·斯科特家。

resident be resident **in** a place 定居某地。...*the prosecution of war criminals resident in this country.*……对定居本国的战犯起诉。

resign ❶ to resign **as** someone; to resign **from** a particular job, position, or organization 辞职。*Sixty per cent thought it was time she resigned as leader of the Party.* 百分之六十的人认为，是她辞去党魁职务的时候了。*Mike was asked to resign from the committee.* 迈克被要求辞去委员会职务。 ❷ to resign yourself **to** something unpleasant 听从，顺从，接受。*Sunderland can resign themselves to staying in the Second Division.* 森德兰队可以接受乙级队待遇。

resigned be resigned **to** something unpleasant 容忍某事。*They seem resigned to queueing for vegetables and fruit.* 他们似乎已容忍排队买蔬菜水果的现状。

resistance resistance **to** someone or something 反对、阻止、抵抗。...*resistance to changes in government.*……反对政府变动的力量。*Stress can cause lower resistance to infection.* 压力可降低对感染的抵抗力。

resolve to resolve something **into** different parts 分解，解析。*What I did was resolve this force into its components.* 我所做的，是将这个力量分解为各成分。

resort to resort **to** an unpleasant or unpopular action 采取某一手段应急。*The party officials resorted to more drastic actions.* 党的官员采取了更激烈的行动。

resound to resound **with** noise 回声。*After the recital, the hall resounded with applause.* 独奏会结束了，掌声响彻大厅。

respect respect **for** someone or something 尊敬。*One grows to have the highest respect for these three artists.* 人们渐渐对这三位艺术家十分崇敬。

respite a respite **from** something unpleasant 暂时的缓解或放松。...*a brief respite from the daily artillery attacks.*……每日炮击中间的短暂停歇。

resplendent resplendent **in** a particular outfit or style 辉煌的，华丽的。...*Tony Greig resplendent in boater, blazer, and tie.*……托尼·克雷格光彩照人，带船工草帽、穿西便装，有领带。*The stable was resplendent in decorative Yorkshire stone.* 马厩很华丽，用了约克郡的装饰石料。

respond to respond **to** someone **with** something or **by** doing something 以某事或某种方式对某人作出反应。*No matter how experienced you are, you* *respond to* an enthusiastic crowd. 不管你经验多么丰富，也会对热情的人群作出反应的。...*responding with* delight when he tickles her under the chin.……他挠她的颈项，引起高兴的反应。The militia *responded by* shooting and throwing tear-gas. 民兵的反应是开枪、投催泪瓦斯。

response **in response** or **in response to** something 反应。May I make two points *in response to* William Hudson's letter? 我能否针对威廉·赫德森的来信作两点反应呢？

responsibility responsibility **for** an event, situation, or decision 对某事负责。A new organization has claimed *responsibility for* the bomb. 一个新组织已声称对炸弹负责。...*responsibility for* covering emergencies.……负责采访紧急事务。

responsible ❶ be responsible **for** something or someone 对某事、某人负责。...the person *responsible for* his death.……应对他的死负责的人。She feels *responsible for* the girl's moral welfare. 她觉得应对那女孩的道德生活负责。❷ be responsible **to** a person or group 对某人或某团体负责。Ought the Press to be in some way *responsible to* the public? 新闻界应不应该在某种程度上对公众负责？

responsive be responsive **to** someone or something 反应热烈的。The objective is to make the health service more *responsive to* patients. 目标是使保健服务对病人的需要回应更迅速。

rest ❶ be **at rest** 休息；静止。The interchange of oxygen is twenty times greater when the body is *at rest*. 身体休息时，氧气交换扩大了二十倍。❷ to rest **on** or **upon** a person or thing 在于，依赖。The whole emphasis *rested upon* the need for a small, closely-knit Party. 整个重点就在于对小型、密切结合的党的需要。England's wealth *rested on* wool. 英格兰的财富取决于羊毛。❸ to rest **with** someone 归于，取决于。Author-

ity *rested with* the doctors of the University, not the teachers. 权威属于大学的博士们，而不是教师。

restore ❶ to restore something **to** someone 将某物归还给某人。They called for steps to *restore* Soviet citizenship **to** Aleksandr Solzhenitsyn. 他们呼吁采取措施，恢复索尔仁尼琴的苏联国籍。❷ to restore something **to** a previous state or condition 使某事物恢复到原先的状态。...a Charter which will *restore* pensioners **to** a position of equality.……将使领养老金者恢复平等地位的特许状。

restrain to restrain someone **from** doing something 抑制某人做某事。...an order *restraining* the council **from** readvertising the post.……制止委员会重新刊登此职位招聘广告的命令。

restrict to restrict someone or something **to** a particular activity or thing 限制，约束〔某人或某事〕。...orchestras which *restrict* themselves **to** Mozart and Haydn.……只演奏莫扎特和海顿的乐队。Don't *restrict* your diet **to** a single kind of food. 不要只吃一种食品。

restriction a restriction **on** something or someone〔对某事或某人的〕限制。...*restrictions on* personal freedom.……对人身自由的限制。

result ❶ to result **in** a particular outcome 结果，导致。The talks *resulted in* an agreement. 会谈后达成了协议。❷ to result **from** a particular action or event 由某事物引起。Four-fifths of the fire damage *resulted from* incendiary bombing. 五分之四的火灾由燃烧弹引起。

retail to retail **at** a particular price 以某一价格零售。These shoes normally retail **at** 18.50. 这种鞋的零售价通常为18.50英镑。

reticent be reticent **about** something 对某事保持沉默。Five years later she returned, *reticent about* her adventures. 五年后她回来了，对自己的冒险只字不提。

retreat ❶ to retreat **into** an attitude or belief 退入。*People with eating disorders* **retreat into** *their compulsion.* 患进食紊乱的人被迫从事强迫行动。❷ to retreat **from** something 放弃，撤退。*Mr Parkinson seems to have* **retreated from** *this option for the moment.* 帕金森先生似乎暂时放弃了这个选择。

retrospect **in retrospect** 回顾。*Was that, **in retrospect**, really wise?* 回过头来看，那样做真的明智吗？

return ❶ to return something **to** someone 将某物还给某人。*One man* **returned** *his copy* **to** *the company.* 一个人将他那本还给了公司。❷ to return something **to** a particular place, to return someone **to** a particular post or position 将某物放回某地；选举某人任某职位。*The yaks were* **returned to** *the wild.* 牛被放回了大自然野外。*The electorate* **returned** *Mr Mugabe* **to** *power in the elections.* 选民选举穆加贝先生上台执政。❸ to return **to** a particular place, activity, or subject 回到某处、某项活动或某一主题中来。*He faced dismissal if he* **returned to** *Australia.* 他若返回澳大利亚，就要面临解职。*...the number of women* **returning to** *a career.*……回到职业上的妇女人数。❹ the return **of** something 归还。*The mother made an emotional plea for the* **return of** *her child.* 母亲动情地请求孩子的归来。❺ a return **to** a particular subject or activity 回复；复辟。*Mr Mazilu promised there would be no* **return to** *communism.* 马支鲁先生保证不回复到共产主义。*There will be a* **return to** *concern for European security.* 人们将重新关心欧洲的安全。❻ **in return** 作为报复。*He appreciated my friendliness and liked me* **in return**. 他欣赏我的友善，也喜欢上了我。

reunited be reunited **with** someone 与某人团聚。*She was treated at hospital, where she was* **reunited with** *her mother.* 她得到住院治疗，并与母亲团聚了。

reveal to reveal something **as** a particular thing 暴露为。*His gaiety had* **revealed** *itself* **as** *a manic fear of solitude.* 他的快乐暴露为对孤独的狂躁恐惧。

revel to revel **in** a situation or activity 十分爱好，着迷。*He* **revelled in** *his new role as photographer.* 他着迷于做摄影师的新角色。

revelation a revelation **to** someone〔某人的〕新发现。*It was a* **revelation to** *those of us who did not think he had it in him to attack.* 他竟然会出手攻击，我们中许多人都没有想到，真是大开眼界。

revenge ❶ to revenge yourself **on** someone 向某人报仇。*She will* **revenge** *herself* **on** *those who helped him escape.* 她会对帮他逃跑的人进行报复。❷ revenge **against** someone **for** something 为某事向别人报仇。*...spontaneous* **revenge against** *the police.*……对警察的自发报复。*...intent on getting* **revenge for** *her defeat in the semi-final.*……她打算在半决赛中报一箭之仇。

reverse ❶ the reverse **of** something〔相反的〕事物，〔与预期相反的〕事物。*The delays were the* **reverse of** *the situation which used to exist.* 拖延与过去的情形正好相反。❷ **in reverse**; **into reverse** 相反；反之。*The trend for free-range eggs has gone* **into reverse**. 喜欢自由放养鸡蛋的潮流已经逆转。

reversion reversion **to** a particular method, activity, or subject 回复。*...a* **reversion to** *pre-scientific attitudes.*……回复到近代科学发展之前的态度。

revert to revert **to** a former state, condition, or subject 回到原来的状态、条件、内容上来。*The European Parliament will* **revert to** *a consultative assembly.* 欧洲议会将回复到协商会议制。*Can I* **revert to** *one other point before you continue?* 你继续讲下去之前，我能回复到另一个问题吗？

review **under review** 在检查中；在审查中。*They agreed to keep these developments* **under review**. 他们同意跟进这些发展情况。

revolt to revolt **against** someone or something 反抗。*He urged the public to revolt against food rationing.* 他鼓动公众反抗食品配给。

revolve to revolve **around** something or **round** something 绕某物旋转。*The talks revolved around problems, real and invented.* 会议围绕着真实的和不真实的问题进行。

rhyme to rhyme **with** another word 与另一词押韵。*She called him Guppy, to rhyme with puppy.* 她叫他戈皮，与小狗帕皮押韵。

rich be rich **in** something or **with** something 富于。*The leaves contain little protein but are rich in fibre.* 树叶所含蛋白质很少，但纤维素很丰富。*…a stone patio rich with the scent of lavender and roses.*……石砌阳台上充满了薰衣草与玫瑰花香。

rid ❶ to rid someone or something **of** something 使某人、某事物摆脱。*It is difficult to rid clothes of cooking smells.* 去掉衣服上的烹调气味很难。*The party still needs to rid itself of anti-Semitic tendencies.* 党仍然需要排除反犹太倾向。❷ be rid **of** someone or something 摆脱。*It was wonderful to be rid of their company at last.* 终于摆脱他们的陪同，真不错。

riddled be riddled **with** something 严重影响或侵袭。*…a city riddled with racial tensions.*……一个种族矛盾紧张的城市。

rife be rife **with** something〔不好的事物〕充满着。*'The academic world,' he said bitterly, 'is rife with jealousy and ingratitude.'* 他没好气地说，"学术界充斥着妒忌和忘恩负义."

rifle to rifle **through** a collection of things 搜索。*…the task of rifling through the piles of rubbish to find the fortune.*……在垃圾堆里找财富的任务。

rift ❶ a rift **with** someone or a rift **between** two people or groups 不和，裂缝。*…trying to heal the rift with their followers.*……他们试图与追随者修好。*It had been nine years since she had seen her brother, as a result of a rift between them.* 她与兄弟闹僵之后，已经有九年没见面了。❷ a rift **in** a group 裂缝，不和。*…the growing rift in the party.*……党内不和日益严重。

right be right **for** someone or something〔对某人或某事〕合适的，恰当的；the right thing **for** someone or something 对某人或某事合适的事。*The course he had chosen ten years ago had proved to be right for him.* 他在十年前所选择的道路证明是正确的。*The decision was certainly the right one for Allan Lamb.* 对于艾伦·兰姆来说，该决定当然正确。

rigours the rigours **of** something 严峻。*…the rigours of Army life.*……严峻的军旅生活。

ring ❶ to ring **for** someone or something 按铃要某人来或需要某物。*He rang for Tracy and asked, 'What's wrong with Davis?'* 他按铃要特蕾西来，问她，"戴维斯怎么啦？" ❷ to ring **with** a sound 响着某种声音。*…a barn that rang with the cries of geese and turkeys.*……鹅与火鸡鸣叫的谷仓。

rip to rip **through** something 冲破。*The first explosion ripped through the ship's cabin.* 第一次爆炸撕裂了船舱。

ripe be ripe **for** a change of some kind 时机成熟，准备就绪。*The republic was ripe for a violent uprising.* 该共和国武装起义的时机已经成熟。

ripple a ripple **of** sound or a particular emotion 像涟漪般起伏的声音或思绪。*The audience registered its interest with a ripple of applause.* 听众一阵掌声，表达了浓厚的兴趣。*The tour caused a ripple of speculation.* 此行引起了一阵猜测。

rise ❶ to rise **above** something 有能力处理某事。*I was able to rise above the depressing and threatening solitude.* 我克服了令人沮丧而颇具威胁性的孤

独感。❷ to rise **from** a group of people 出现。*Cheers and shouts of alarm rose from the spectators.* 观众中发出欢呼和警觉的喊声。❸ to rise **from** one level **to** a higher level 从某一水平上升到更高水平。*Inflation rose from 5.5 per cent to 6.3.* 通货膨胀从5.5%上升到6.3%。❹ a rise **in** the rate or amount of something 某事物比率或数量的上升。*This allowed a slow rise in house prices.* 这允许房屋价格缓慢攀升。❺ the rise **of** a particular thing 某事物的兴起。*...the rise of a huge managerial class.* ……庞大的管理阶层的兴起。

risk at risk 冒险；at the risk of something 冒某种危险。*The level of demand will fall, putting more jobs at risk.* 需求水平将降低，威胁到更多的工作岗位。*...ensuring short-term survival at the risk of long-term ruin.* ……冒长期毁灭的风险去保证短期生存。

road ❶ by road 在公路边；由公路。*A new radar was despatched by road.* 由公路运去了新雷达。❷ the road **to** a particular place or state 通往某处或某种状态的路。*...the road to unity.* ……通向团结之路。❸ on the road 在旅途中。*I was stiff after seven hours on the road.* 我在旅途中花了七个小时，筋疲力尽了。❹ be **on the road to** a particular place or state 趋向某处或某一状态。*Roberts was on the road to recovery.* 罗伯茨正在恢复过程之中。

roar to roar **with** an emotion or feeling such as pain or laughter 痛得大叫；放声大笑。*The crowd roared with expectancy.* 人群期待地喧哗着。

rob to rob someone **of** something 抢劫，剥夺。*Nothing can rob him of his place in history as the winner.* 他作为冠军的历史地位是无法剥夺的。

room ❶ to room **with** someone 与某人同住一室。*At first I roomed with Lani, but then she moved to a single flat.* 起初我与拉尼同住一室，但后来搬到了单身公寓。❷ room **for** someone or something 余地。*The results showed there was room for improvement.* 结果显示，仍有改进余地。*He resigned to make room for a younger man.* 他辞职了，为年轻人腾出位置。

root to root **for** someone 支持某人。*Our editorial friends were all rooting for us.* 我们的编辑朋友都支持我们。

rooted be rooted **in** a particular tradition or belief 植根于。*Education cannot be rooted in sentiment and good wishes.* 教育不能植根于感情与良好愿望。

rope to rope one thing **to** another 用绳将一物与另一物系住。*Heavy stones were roped to a flimsy iron roof.* 用绳索将沉重的石块绑在铁皮屋顶上。

rough be rough **on** someone〔对某人来说〕不愉快的，不幸的。*The past two years have been awfully rough on him.* 过去两年对他来说太苦了。

round to round **on** someone 痛骂或攻击某人。*He rounded on critics of the health service reforms.* 他抨击医疗服务改革的批评者。

rouse to rouse someone **to** a particular action 使某人活跃起来。*Western opinion was only roused to action by the enslaving of Christians.* 西方舆论听说奴役基督徒，反而起来行动了。

row /raʊ/ ❶ to row **with** someone **about** something or **over** something 在某一事情上与人争吵。*She never rowed with her mother about it.* 她从未为此与母亲争吵。*The last thing most of them want to do is row over money.* 他们大多不愿意为金钱而争吵。❷ a row **with** someone or **between** two people **about** something or **over** something 就某事与人的争吵或两人间的争吵。*After a row with his parents, his father locked him out of the house.* 他和父母争吵，父亲便将他锁出家门。*...a backstage row between critic and author.* ……评论家与作者之间的幕后争吵。*...a row about leaks to an American newspaper.* ……关于向美国报纸泄露

消息的争吵。*On Saturday there was a* **row over** *Mr Yeltsin's broadcast.* 在星期六，就叶利钦先生的广播讲话引起了争吵。

rudiments the rudiments **of** a subject 基础原理。*Lo had plenty of time to pick up the* **rudiments of** *driving.* 洛有时间学习驾驶基础知识。

rule ❶ to rule **over** a country or group of people 治理，统治。*An old man* **ruled over** *the valley.* 一个老人统治着山谷。❷ to rule **on** a particular problem or situation 对某事作出裁决。*The Athletics Association has yet to* **rule on** *his eligibility.* 田径协会尚未对他的参赛资格作出裁决。❸ to rule **against** someone or something 否决某人或某事。*The judge is about to* **rule against** *the Government identity card scheme.* 法官准备否决政府的身份证计划。

rumour a rumour **of** something or **about** something 谣言。*The mother had heard a* **rumour of** *inappropriate sexual behaviour.* 母亲已听说不正当性行为的谣言。*…a* **rumour about** *unauthorized bombings.* ……关于未授权轰炸的谣传。

run ❶ to run **at** a particular level 处于。*Inflation is* **running at** *10 to 14 per cent.* 通货膨胀率为 10% 至 14%。❷ to run **across** someone 巧遇〔某人〕。*I keep* **running across** *my old students.* 我不断碰到以前的学生。❸ to run **after** someone or something 追赶〔某人、某物〕。*People threw sticks at the troop carriers and* **ran after** *them on foot.* 人们向运兵车扔棍子，并奔跑追赶着它们。*…always the same, always* **running after** *success.* ……依然如此，总在追逐成功。❹ to run **into** problems 遇到麻烦。*Officials said the talks had* **run into** *difficulties.* 官员说，会谈遇到了麻烦。❺ to run **into** a particular amount 达到一量。*Exact casualty figures are not known, but they* **run into** *hundreds.* 确实伤亡人数尚不清楚，但已知有好几百。❻ to run **over** someone 撞倒。*We almost* **ran over** a fox that was crossing the road. 我们差点撞到一头过马路的狐狸。❼ to run **through** a list, task, or amount of money 匆匆看过、处理、花光。*He proceeded to* **run through** *his list of reforms.* 他着手处理他的改革一览表。*Arabella* **ran through** *a polished repertoire of songs.* 阿拉贝拉唱了一批优雅的歌曲。❽ to run away **with** someone 感情完全控制某人。*Don't let your emotions* **run away with** *you.* 你不要感情用事。❾ to run **out of** something 某物用光。*English Heritage have* **run out of** *funds to restore old churches.* 英国传统协会已经耗尽了修复旧教堂的资金。❿ to run **to** someone for help or protection 请求别人帮忙、保护。*We must learn to trust our own judgement and not always* **run to** *the experts* **for** *easy solutions.* 我们要学会相信自己的判断力，不要总是找专家提供简易答案。⓫ to run up **against** problems or difficulties 遇到问题或困难。*Economic growth would sooner or later* **run up against** *insurmountable problems.* 经济增长迟早会遇到无法逾越的问题。⓬ the run **of** a place 〔有管理某地的〕权力。*An expert on energy efficiency is to be given the* **run of** *the house to advise on fuel costs.* 能源效率专家将获得房屋的管理权，并提出关于燃料费用的建议。⓭ **on the run** 在逃跑中。*After 17 months* **on the run**, *he is behind bars again.* 他出逃 17 个月，其后又再入狱了。⓮ **at a run** 跑着。*The stretchers were carried* **at a run** *from the helicopter to the medical tent.* 跑步抬着担架从直升机冲向医疗帐篷。

rush ❶ to rush someone **into** doing something; to rush **into** something 冒冒失失做某事。*British Steel have made it clear that they are not going to be* **rushed into** *a deal.* 英国钢铁公司已明确表示，他们不准备仓促达成交易。*The only advice the experts agree on is not to* **rush into** *anything.* 专家们唯一一致的建议是，不要冒失行事。❷ a rush

for something〔对货物的〕大量急需。... the **rush for** oil shares.……抢购石油股票。❸ **in a rush** 急急忙忙。Chancellor Kohl is **in a rush** to finalize the details. 科尔总理急急忙忙要定下细节。

S

sabbatical on sabbatical〔大学教授的〕休假。They were biochemists **on sabbatical**. 他们是度假的生物化学家。

sacred be sacred **to** a god or person 祭某神的；专供某人用的。Among the plants **sacred to** Dionysus were the myrtle, the fig and the ivy. 迪奥尼修斯认为神圣的植物有桃金娘花、无花果和常春藤。Her savings were **sacred to** her. 她的存款只有自己能用。

saddle to saddle someone **with** something 使某人承担某项负担。The last thing I want is to **saddle** myself **with** a wife. 我最不想为自己找个妻子作为负担。

safe ❶ be safe **for** someone to have or use〔对某人在拥有或使用时〕安全的。Zinc stearate powder is not considered **safe for** babies, because it can irritate the lungs. 硬脂酸锌粉给婴儿使用是不安全的，因为它会刺激肺部。❷ be safe **from** someone or something harmful 不会遭到某人或某事物的伤害。... a place where they ought to be **safe from** attack.……他们不会遭到袭击的地方。On such beaches the eggs were **safe from** sea-dwelling marauders. 在这种海滩上，龟蛋不会遭到海居动物的掠夺。❸ be safe **with** someone 安全的，保密的。Muller's notes were **safe with** old Halliday. 穆勒的笔记保存在老哈利迪处很安全。

safeguard a safeguard **against** something harmful 保护，保卫。He argued that the participation of the military in the government acted as a **safeguard against** the abuse of power. 他认为军人参政可保证权力不被滥用。

sail to sail **through** something 顺利通过。He **sailed through** the tests. 他一帆风顺地通过了测试。

sake for the sake **of** something or someone 为了某事、某人起见。But Isobel had not married for the **sake of** money or ambition. 但伊索贝尔结婚不是为了金钱地位。... to be ready to endure hardships and even death for the **sake of** the tribe.……为了部落准备吃苦，乃至牺牲生命。

sale be for sale 出售。I butted in to inquire if the horse was **for sale**. 我插嘴问，这匹马卖不卖？

salute a salute **to** a person or achievement〔对某人或某一成就的〕颂扬。... a **salute to** the first great English master of classic architecture.……向英国首位经典建筑大师的致敬。

salvage to salvage something **from** a wreck or disaster 抢救某物。Men **salvaged** equipment **from** the wrecks. 人们从残骸中抢救设备。

same be the same **as** something else 与某事一样；the same thing **as** something else 与某事一样的事。Animal teeth are not the **same as** human teeth. 动物牙齿与人牙不同。By the end of 1974 three others had suffered the **same** fate **as** Taverne. 到1974年底，另外三人遭到同塔弗恩一样的命运。

sanctions sanctions **against** or **on** a country, organization, or group 对某国家、某组织等的制裁。They would have imposed **sanctions against** South Africa. 他们会对南非实行制裁。... penal **sanctions on** trade unions.……对工会的刑罚。

sated be sated **with** something 厌腻。**sated with** fresh air and hard exercise.……腻烦新鲜空气和强度锻炼。

satellite by satellite 通过卫星。It is called Sky Television and is transmitted **by satellite**. 这叫太空电视，通过卫星转播的。

satire a satire **on** something〔对某事

物的〕讽刺。*... 'The Election', a **satire on** democracy in action.*……"选举"是对民主实践的讽刺作品。

satisfied be satisfied **with** something 对某事物感到满足。*...if you are not **satisfied with** the service you get.*……如果你对得到的服务不满意。

saturate to saturate a place or object **with** something or **in** something 大量吸收，充满。*Teams **saturated** the community **with** literature about the attack.* 这些小组使社区充分了解关于攻击的报刊文章。*...pads which must be kept **saturated in** salty or soapy water.*……垫肩必须浸透盐水或肥皂水。

save ❶ to save someone or something **from** an unpleasant or difficult situation 营救某人、某物。*I rushed into his room just in time to **save** our kitten **from** strangulation.* 我冲进他的房间，及时营救我们的小猫免遭扼杀。*He used all reasonable endeavours to **save** the Talisman **from** sinking.* 他千方百计不让护身符沉下去。❷ to save **on** money, time, or other useful things 节约。*Farmers are introducing machinery to **save on** labour costs.* 农户正在引进机械，以节省劳工开支。

savour to savour **of** something 意味着。*To do a good deed a day consciously **savours of** priggishness.* 刻意每天做一件好事，具有形式主义意味。

say ❶ to say something **to** someone **about** something 对某人讲述有关的事。*Billy Graham. the television evangelist, **said** farewell **to** Britain yesterday.* 电视布道者比利·格雷厄姆昨天告别了英国。*Mr McGregor's remarks are far worse than what Edwina Currie **said about** eggs.* 麦格雷戈的话比埃德温娜·柯里关于鸡蛋的言论糟得多。❷ a say **in** something 对某事物有发言权。*If I had any **say in** it I'd keep them out.* 我如果对此有发言权，就会把他们排除在外。

scared be scared **of** someone or something 害怕的，恐惧的。*He's **scared of**

horses.* 他害怕马匹。

scathing be scathing **about** something 〔对某事〕尖刻的。*She was **scathing about** extra-marital difficulties.* 她对婚外困难的批评毫不留情。

scavenge to scavenge **for** food or other things 觅食腐肉，或在垃圾堆里寻找有用的东西。*The fish and crabs **scavenge for** decaying tissue and waste products.* 鱼蟹在腐肉和废物中找食物。

sceptical be sceptical **about** something or **of** something〔对某事〕怀疑的。*He has always been **sceptical about** nuclear power.* 他一向对核能半信半疑。*I had become a little **sceptical of** their existence.* 我对他们的存在有点怀疑了。

schedule on schedule 按照预定时间。*The Government wants to keep its privatization programme **on schedule**.* 政府要按计划实施私有化计划。

scholarship a scholarship **to** a school or university 中学或大学的奖学金。*Pete had got a **scholarship to** Oxford.* 皮特获得了上牛津大学的奖学金。

scoff to scoff **at** something or someone 嘲笑〔某事、某人〕。*Many critics **scoff at** artists such as Mondrian and Kandinsky.* 许多评论家嘲笑蒙德里安、康丁斯基之类的画家。

scold to scold someone **for** doing something wrong 斥责。*I had to **scold** Vita severely **for** being so thoughtless.* 我只得严斥维塔如此不顾及他人。

score to score **over** someone else 胜过某人。*...anxious to **score over** the opposition.*……急于胜过反对党。

scornful be scornful **of** someone or something 鄙视。*...puritanically **scornful of** its flamboyance.*……如清教徒一般鄙视它的华丽。

scourge the scourge **of** a place or group of people 祸害。*...Steven Berkoff, the **scourge of** the theatre world.*……戏剧界的祸害——史蒂文·伯科夫。

scow to scowl **at** someone or something 怒视。*He **scowled at** me and returned to his work.* 他瞪我一眼，继续工作了。

scramble to scramble **for** something 争夺，抢夺。*Throughout Britain, primary schools are **scrambling for** staff.* 全英国的小学都在争夺职工。

scrape to scrape **through** something 勉强做成某事；勉强及格。*I just **scraped through** my exams.* 我考试勉强及格。

scream to scream **at** someone 对某人尖声喊叫。*Hagen started to protest and she **screamed at** him in Italian.* 哈根开始抗议，她用意大利语对他喊叫。

sea at sea 在海上。*The ships would be **at sea** for approximately six months each.* 船只每次出海约六个月。

search ❶ to search **for** something 搜索〔某事物〕。*Once again they were homeless and hunted and must **search for** a safe hiding place.* 他们再次无家可归，以打猎为生，必须寻找安全的隐蔽所。 ❷ **in search of** something 寻找。*They all left early each day **in search of** work.* 他们天天都一早出发找工作。

secondary be secondary **to** something 次要的。*The lesson of the game was to make competition **secondary to** friendship.* 游戏的教益是，友谊第一，比赛第二。

secret ❶ the secret **of** doing something 秘诀。*The **secret of** sticking is to select the most suitable adhesive for the job.* 粘贴的秘诀是选用最合适的粘胶剂。 ❷ **in secret** 秘密地。*The old man met him **in secret** and said 'Leave me alone.'* 老人秘密会见他，说"别管我"。

secure to secure a person or thing **against** something or **from** something 保安，保护。*What mattered now was to **secure** herself **against** the time when she would not be beautiful any longer.* 现在重要的是，为自己美貌不再的日子做好保障。*Enough remained to **secure** us **from** the threat of invasion.* 人我们留得足够了，可受侵略的威胁。

seduce to seduce someone **into** something 引诱某人做某事。*They destroy and corrupt and **seduce** men **into** their service.* 他们毁灭、腐化、引诱人们为其服务。

see ❶ to see **through** someone or something 看穿，识破。*Lewis would **see through** her at once.* 刘易斯会一眼看透她。 ❷ to see someone **through** something 足以维持某人。*...the loan that was to **see** Britain **through** the post-war years.* ……可使英国度过战后年代的贷款。 ❸ to see **to** something 负责。*Karin would **see to** the olives and cheese straws.* 卡琳负责管橄榄与乳酪酥条。

seize to seize **on** something 利用，采用。*Picasso **seized on** anything and everything that came to hand.* 毕加索利用手头的一切材料。

self-sufficient be self-sufficient **in** something 自给自足的。*Other discoveries will ensure that Britain is **self-sufficient in** oil until the next century.* 其他发现将保证，英国可做到原油自给到下个世纪。

sell ❶ to sell something **to** someone 将某物卖给别人。*They churned out their products and **sold** them **to** wholesalers.* 他们大量制造产品卖给批发商。 ❷ to sell something **for** an amount of money, or **at** a particular price 以某一价格出售东西。*The Our Price record chain was **sold for** 43 million pounds.* "我们定价"唱片连锁店以 4,300 万英镑出售了。*These products are imported and **sold at** a lower price than their UK equivalents.* 这些产品是进口的，比英国国产货便宜。 ❸ to sell an idea **to** someone; to sell someone **on** an idea 使某人确信，接受。*You've got 10 minutes to **sell** it **to** me.* 你有 10 分钟向我解释它。*He was totally **sold on** the American ethic of free enterprise.* 他彻底接受了美国人自由创业的道德规范。 ❹ to sell **out of** something 售完。*Shops almost immediately **sold out of** the advertised goods.* 商

店里几乎立即将广告推销品销售一空。❺ to sell out **to** someone or something 背叛，投降。*All but my landlady gradually **sold out to** the other side.* 除了房东太太，所有人都慢慢倒向另一边。

semblance a semblance **of** something 外表，外貌。*...a cynical contempt for truth, justice or any **semblance of** decency.*……愤世嫉俗地蔑视真理、公正或任何的假体面。

send ❶ to send something **to** someone 将某物寄给某人。*I had written a book and **sent** a copy **to** Sheldon.* 我写了一本书，寄了一本给谢尔登。❷ to send **for** someone 派人去叫。*Otto **sent for** his three fellow directors, Goin, Heissman and Stryker.* 奥托派人去叫三位经理同僚——戈因、海斯曼与斯特赖克。❸ to send **for** something or send off **for** something 派人去取。*Keep on trying, and **send for** nomination forms.* 继续尝试，派人来取提名表格。*We need more time to note down where to **send off for** them.* 我们需要更多的时间，记录寻找他们的地点。

senior be senior **to** someone 比某人年长的，资历较深的。*The appraiser must be **senior to** the teacher being appraised.* 评估者必须比被评估教师资历更深。

sense ❶ the sense **of** something 意义。*In the strict **sense of** the word. knowledge can only be about the past.* 从严格的意义上来讲，知识只能是关于过去的。❷ a sense **of** something 感觉。*The **sense of** achievement was extraordinary.* 成就感是非同小可的。

sensitive ❶ be sensitive **to** something 对某事敏感的。*If your skin is **sensitive to** detergent, wash your clothes in soap.* 如果你的皮肤对洗衣粉过敏，可用肥皂洗衣服。*He was unduly **sensitive to** criticism.* 他对批评过分敏感。❷ be sensitive **about** something 感情易冲动的。*Ministers are **sensitive about** Britain's bad reputation for international co-*

operation. 部长们对于英国在国际合作方面的坏名声很在意。

sentence to sentence someone **to** punishment 判决，宣判。*They **sentenced** 19 year old dissenters **to** 30 years imprisonment.* 他们判决多名 19 岁的持不同政见者服 30 年徒刑。

sentimental be sentimental **about** something or someone 对某人或某事物有情感的。*He often felt **sentimental about** China, and could not resist the lure to return.* 他常对中国产生情感，无法抵挡回归的引诱。

separate ❶ /ˈsepərət/ be separate **from** something 与某事物分开；a separate thing **from** something else 与另一事物分开的事。*Rosa had remained **separate from** us, asking finally for a room by herself.* 罗莎一直与我们分开住，最终要求独自住一个房间。*He inhabited **separate** apartments **from** the others.* 他和其他人分开住，有单独的公寓。❷ /ˈsepəreɪt/ to separate one person or thing **from** another 将某人或某事物与另一人或事情分开。*It is becoming common to **separate** babies **from** their mothers after birth.* 婴儿出生后和母亲分开的事日益常见。*The poor provinces wish to **separate from** the rich.* 穷省希望和富省分开。

sequel a sequel **to** something 继之而来的事物，续篇。*Mark Twain nearly wrote a **sequel to** Huckleberrry Finn.* 马克·吐温差点给《哈克贝利·芬恩》写续集。*There was a **sequel to** the battle of Majuba in 1900.* 1900 年马朱巴战役有续曲。

sequence ❶ in sequence 顺次。*These recordings are **in sequence** and continuous.* 这些录音有连续的顺序。❷ out of sequence 打乱顺序的。*This is **out of sequence**, there's a span of about ten years missing.* 这个东西的次序打乱了，约十年的期间丢失了。

serious be serious **about** something 对某事认真的。*You needn't become a professional musician to be **serious about** music.* 喜欢音乐不一定非得成为专

业乐师的。

serve ❶ to serve **as** something 充当。 *Moscow's tactic appears to be to let the congress **serve as** a safety valve.* 莫斯科的战术似乎是让国会充当安全阀。❷ to serve a legal document **on** someone, to serve someone **with** a legal document 向某人送达传票或拘票。 *A House Committee tried to **serve** a subpoena **on** Harry Truman.* 众议院一个委员会试图向哈里·杜鲁门送达传票。*The court **served** her **with** an enforcement notice.* 法庭送达一个执行通告给她。

session be **in session** 开庭。*The public galleries hold a limited audience when the courts are **in session**.* 法庭开庭时,公众席允许有限的人旁听。

set ❶ be set **in** or **into** something 嵌入。*...a brilliant mosaic of porphyry and glass blocks **set in** marble.* ……鲜艳的斑岩和玻璃马赛克嵌在大理石上。❷ be set **with** jewels 嵌有宝石。*The crown is **set with** diamonds and rubies.* 王冠嵌有钻石与红宝石。❸ be set **for** a future action or experience 为将来某一行动或经历做好准备。*Marsh is **set for** a return to the boxing ring.* 马什准备重返拳击场。❹ be set **on** doing something 决心要。*The boy was obviously **set on** preparing a defence for himself.* 男孩显然决心为自己准备辩护。❺ to set a way of behaving, aim, or task **for** someone to achieve 为某人树立榜样,布置任务等。*She had **set** a half-hour composition **for** her pupils.* 她布置了半小时的作文让学生做。*Their music **set** the fashion **for** a generation of young people.* 他们的音乐为一代年轻人树立了时尚。❻ to set a high value **on** something 重视,尊重。*He **sets** a great deal **on** loyalty to the company.* 他非常重视对公司的忠诚度。❼ to set animals or people **on** or **upon** someone 唆使动物或人来对付某人。*We were afraid they might **set** the dogs **on** us.* 我们害怕他们放狗咬我们。❽ to set **about** doing something 手

做某事。*The terrified sailors and passengers **set about** saving their own skins.* 惊恐的水手和旅客慌忙逃命。❾ to set one fact or argument **against** another 将某事与另一事对比。*Chamberlain's one mistake can be **set against** four good saves.* 张伯伦的一个错误可以由四个好处来抵消。❿ to set an amount of money **against** tax 抵偿税收。*It is possible to **set against** tax the costs of raising finance.* 可以将筹资成本用来抵税。⓫ to set one person **against** another 使某人与另一人不和。*The conflict **set** the mainstream of the organization **against** the more 'corrupt' and maverick elements.* 斗争使组织的主流与"腐败"和自行其是的分子对立起来。⓬ to set someone apart **from** other people 使某人显得与众不同。*These badges **set** their owners **apart from** all other groups until the day they die.* 这些徽章使他们终身与其他团体区别开来。⓭ to set someone off **on** something 使某人开始做某事。*My cool-headed posture **set** him **off on** a tirade that was even more vitriolic than the first.* 我的冷静态度使他开始了比第一场更为尖刻的长篇演说。

settle ❶ to settle **for** something or **on** something 选定。*Too many athletes had **settled for** a quiet life, he said.* 他说,太多的运动员已选择了过平静生活。*After taking a variety of jobs, he **settled on** journalism.* 他经过多次跳槽,选定了记者职业。❷ to settle **with** someone or settle up **with** someone 与某人清算账目,向某人付清欠款。*I'll **settle with** you on Friday.* 我会在星期五同你算账。*As soon as the money arrived I was able to **settle up with** him.* 钱一到账,我就和他算了账。❸ to settle down **to** something or **for** something 安下心来做某事。*Later in the morning they **settled down to** a history test.* 快中午时,他们坐下来做历史测验。*At eight o'clock he **settles down for** supper.* 到了八点钟,他安下心来吃晚饭。

shade ❶ shades **of** a particular colour 某种颜色、色度。*The coat was patterned in marine **shades of** blue and green.* 外衣的图案是蓝绿相间的海洋色。❷ to shade **into** something 渐渐变成。*As the pressures mount, tension **shades into** irritability, anger, and violence.* 压力增加时，紧张变成了暴躁、愤怒和暴力。

shake to shake something **at** someone 朝某人挥动某物。*She **shook** her fist **at** us and told us to stop.* 她向我们挥拳，叫我们停止。

shame to shame someone **into** doing something or **out of** doing something 使某人感到惭愧而做某事或不做某事。*Mother **shamed** us **into** hiding.* 母亲令我们羞愧得躲起来。*...horrific living conditions that would **shame** councillors **out of** their complacency.* ……令议员羞愧得无地自容的恶劣生活条件。

shape to shape something **into** a different form 使某物成形。***Shape** the dough **into** balls and put on a baking sheet.* 将面团搓成团子，放在烘板上。

share ❶ to share something **with** someone 与某人分享。*I left my attic in Clerkenwell to **share** a room in Maida Vale **with** an unemployed actor.* 我离开克拉肯韦尔的阁楼，去梅达韦尔与一个失业演员同住一室。*Now and then some lucky boy was allowed to **share** a journey **with** his father, uncle, or grown-up brother.* 某个幸运的男孩不时地获准与爸爸、叔叔或长大的哥哥一起出差。❷ to share **in** doing something 参与，一起做。*Both partners **share in** preparing for and rearing their family.* 两个搭档共同筹划和抚养他们的家小。❸ to share something or share something out **among** or **between** a group of people 将某事物分给大家。*I **shared** out her baggage **among** the others.* 我把她的行李分给其他人带。***Share** the sweets **between** the children.* 把糖果分给孩子们吧。❹ a share **in** something or **of** something 股份。

*His prosperous brother offered him a **share in** a new automobile agency.* 他事业有成的哥哥给了他一家新汽车代理行的股份。*In some places they inherit an equal **share of** family property.* 在某些地方，他们继承了相等份额的家产。

sheathed be sheathed **in** something 加上套子。*Skeleton trees, **sheathed in** ice, glittered against the fronts of the palaces.* 套在冰封内的骨架树在宫殿的前面晶莹透亮。

shelter to shelter **from** something unpleasant 隐蔽，庇护。*They were trying to **shelter from** the worst of the fires.* 他们设法躲避最猛烈的火灾。*The clods help to **shelter** the young plants **from** the wind.* 土块替小植物遮风。

shield ❶ a shield **against** danger or damage 屏障。*The marriage licence is not so much a bound or shackle as a **shield against** adversity or a change of heart.* 结婚证书与其说是枷锁、镣铐，不如说是逆境的屏障、防止变心的盾牌。❷ to shield a person or thing **from** danger or damage 保护，庇护〔某人或某事物〕。*Crane always walked ahead of Peter, to **shield** him **from** whatever might menace him.* 克兰总是走在彼得的前面，保护他不受任何东西的威胁。

shine to shine **at** something 出众。*...the idea that they're sensitive souls who **shine at** the arts.* ……他们是敏感者、才华出众的想法。

ship by ship 坐船。*A further 1,000 were due to leave **by ship** overnight.* 连夜还有一千人准备坐船出发。

shock a shock **to** someone 震惊。*It came as a **shock to** Castle to realise how little he had been trusted.* 卡斯尔发现自己不受信任，大为震惊。

shoot to shoot **at** a person or thing 向某人或某物射击。*Griffiths took his rifle to the common and started **shooting at** people there.* 格里菲斯把步枪带到公共地方，开始向人群射击。

short ❶ be short **with** someone 说话尖

刻 而 简 短。*The judge was very **short** with her.* 法官对她说话很简短干脆。❷ be **short of** something 短缺。*We were now running **short of** food.* 我们已经食品短缺。❸ **in short** 总之。*In short, the more rapidly changing the environment, the more information the individual needs to make decisions.* 总之，环境变化越快，个人作决策所需的信息越多。

shot ❶ a **shot at** something 尝试。*... a serious **shot at** breaking three hours in the marathon.* ……马拉松比赛打破三个小时的认真尝试。❷ be **shot with** something or shot through **with** something 交织着。*...that special wonder, **shot with** awe.* ……那交织着敬畏的特殊惊奇感。*This gloom became **shot** through **with** irritations.* 这种阴郁交织着焦躁。

shout to shout **at** someone 对某人大声叫。*As we were leaving, a strange woman in a trilby hat **shouted at** me.* 我们离开时，一个戴软毡帽的陌生女人向我喊叫。

show ❶ to show something **to** someone 将某物给某人看。*I found it hard to resist the temptation to **show** Caine's book **to** my father.* 我禁不住给爸爸看了凯恩的书。❷ to show a particular emotion or quality **to** or **towards** someone 对某人表现出某种表情或特点。*One would suppose that in such a case, the son would **show** increased tenderness **to** his mother.* 人们会认为，在这种情况下，儿子会增加对母亲的爱心。*This is a time for parents to **show** their thoughtfulness and generosity **towards** each other.* 这个时候，父母亲应该表现出相互间的体贴和慷慨。❸ to show someone **around** or **round** a place 领某人参观某地。*She only wanted a little money to **show** me **around** the church.* 她只要一点点钱好领我参观教堂。*He said he would make an exception, and **show** me personally **round** the castle.* 他说要破例亲自领我参观城堡。❹ **on show** 被陈列着。*The document will*

go **on show** in the manuscript room of the British Library.* 文件将陈列于英国图书馆的手稿室。

showdown a showdown **with** someone 摊牌。*President Bush faces his first **showdown with** unions after a strike over pay cuts.* 布什总统在削减工资罢工后，面临与工会的第一次摊牌。

shower ❶ to shower someone **with** things 大量地给予。*The demonstrators were driven back, but still **showered** the police **with** bricks and rocks.* 示威者被驱退，但仍在向警察扔大量砖头石块。*They are inclined to **shower** her **with** presents and treats.* 他们喜欢送她大量礼物和款待她。❷ to shower something **on** or **upon** someone 使某物大量地落到某人身上。*It is the thwarted love for parents that is **showered on** the teacher.* 对父母的爱受挫，便转移到老师头上。

shriek ❶ to shriek **in** or **with** fear, surprise, or excitement 因害怕、惊奇、激动而发出尖叫。*Her head jerked back and she **shrieked in** alarm.* 她的头向后挺，惊恐地尖叫着。*The crowd **shrieked with** gleeful horror.* 人群欢乐地尖叫，恐惧地尖叫。❷ a shriek **of** a particular feeling 带有某一情绪的尖叫。*His voice rose to a **shriek of** terror.* 他的嗓音提高了，变成恐怖的尖叫。

shrink to shrink **from** something 退缩。*It's a sad truth most of us amateurs **shrink from** admitting.* 这是我们大多数业余人员不愿承认的悲惨事实。

shrouded be shrouded **in** something 笼罩着。*In the early morning light the beaches of Normandy were **shrouded in** mist.* 晨曦中，诺曼底海滩雾茫茫的。*'Its origins,' he said, 'are **shrouded in** mystery.'* 他说，"它的来源笼罩着神秘。"

shudder to shudder **at** something; to shudder **with** or **in** a particular emotion 因某事发抖。*She **shuddered at** the thought of that dark shape moving towards her.* 她想到黑物向自己走来，

不由颤抖一下。*Kunta **shuddered with** fear.* 昆塔害怕得发抖。*The sight made her **shudder in** primitive distaste.* 那景象引起她本能地厌恶，她发抖了。

shut to shut someone **in** a room 将某人关入房间。*She **shut** herself **in** the bathroom and wept.* 她把自己关在浴室内哭泣。

shy to shy away **from** something 避开。*For 26 years, Italy's foremost opera house had **shied** away **from** staging La Traviata.* 26年来，意大利的头牌歌剧院回避上演《茶花女》。

sick be sick **of** something annoying or tedious 厌倦〔某事〕。*It was clear that the members were heartily **sick of** the whole issue.* 显然，议员们对整个问题已经十分厌倦。

side ❶ be **on** someone's **side** 支持某人。*You will then have a powerful friend **on your side**.* 那样你就有一个权力显赫的朋友站在你那边。❷ to side **with** someone **against** someone else〔在争论、辩论中〕支持某人，反对别人。*He **sided with** the majority of his advisers and overruled the die-hards.* 他支持顾问群中的多数派，否定了死硬派。*Her supporters **sided against** me.* 她的支持者反对我。

sift to sift **through** something 细查某事物。*A computer could **sift through** records and come up with a short-list.* 电脑可以细查文档，并提供可供选择的名单。

sigh to sigh **with** a particular emotion 叹息。*She **sighed with** contentment.* 她满足地叹息着。

sight ❶ **in sight** 看得见。*There was no-one else **in sight**.* 看不见别的人。❷ **out of sight** 看不见。*They waited until the guard was **out of sight**.* 他们等待卫兵走出视线。❸ **on sight** 一见就。*She hated him **on sight**.* 她一见到他就觉得讨厌。

sign ❶ a sign **of** something 迹象。*The fact that they are risking their lives is a **sign of** their desperation.* 他们在冒生命危险，说明他们的绝望。❷ to sign **for** something 签约。*The chief gave me all the money that was due, and I **signed for** it.* 首长把所有应付的钱交给我签收。

signal ❶ the signal **for** an action 某一行动的信号。*The plot was for Snowball, at the critical moment, to give the **signal for** flight.* 计谋是让"雪球"在关键时刻发出逃跑的信号。❷ to signal **to** someone 向某人示意。*I **signaled to** the waitress for the check.* 我示意女招待结账。

silence **in silence** 安静地；无声地。*They ate **in silence**.* 他们默默地吃着。

silhouetted be silhouetted **against** a background 现出轮廓。*I could see deep patches of cloud **silhouetted against** the glitter of the stars.* 我看见星光中映衬着深色的云块。

similar be similar **to** something else 与某事物相似；a similar thing **to** something else 与另一事物相似的事。*The charter would be **similar to** a Bill of Rights.* 宪章与"权利法案"相似。*The Agency would have **similar** status **to** that of existing nationalised bodies.* 该办事处与现存的国有化机构具有相似地位。

similarity ❶ a similarity **between** two or more things〔两事物或更多事物之间的〕相似之处；a similarity **to** or **with** something else〔与另一事物的〕相似。*There was little similarity **between** the dull grey English sea and the turquoise Indian Ocean.* 灰蒙蒙的英国海与蓝绿色的印度洋很少相似之处。*The situation bears some **similarity to** my own circumstances.* 这情形与我自己的处境有些相似。*Any **similarity with** your routine is purely coincidental.* 与你的例行程序若有雷同，纯属巧合。❷ a similarity **in** or **of** a particular feature or quality 相似之处。*There is some **similarity in** their educational and occupational achievements.* 他们的教育与职业成就有相似处。*...the **similarity of** weapons.*……武器的相似处。

sin to sin **against** someone or something 冒犯某人；违反〔规或道德〕。

*Father, I have **sinned against** heaven.* 神父，我逆违了天意。

single to single someone out **as** something or **for** particular attention 挑出或选出某人。*The United States is usually **singled out as** the prime culprit in this indictment.* 通常要挑出美国作为这场起诉的主犯。*Why should this trait be **singled out for** such exceptional treatment?* 为什么要把这一特色挑出来作特别处理呢？

sink to sink **into** a particular state or situation 陷入或进入不很积极的状态。*I **sank into** a state of deep depression.* 我陷入了深深的沮丧状态。

sit ❶ to sit **for** an artist or photographer 摆好架式〔以便画像或拍照〕。*She had **sat for** famous painters like Rossetti.* 她曾为罗塞蒂这样的名画家做过模特儿。❷ to sit **on** a committee 成为委员会的一员。*He **sat on** committees relating to the future of the aircraft industry.* 他是有关飞机工业未来的多个委员会的委员。❸ to sit **through** something 勉强听完或看完，一直坐到〔演出等〕结束。*The spectators **sat through** the drama as though watching some horror movie.* 观众像观看恐怖电影一样看完该剧。❹ to sit **in on** a meeting or discussion 列席。*I was allowed to **sit in on** the deliberations of the board.* 我获准列席董事会议事。

skate to skate **around**, **round**, or **over** a difficult subject or problem 轻描淡写地带过。*They prefer to **skate around** the issue of sex.* 他们喜欢一笔带过性问题。

skill skill **in** or **at** doing something〔某方面的〕技能，技巧。*...their **skill in** making clothes.*……他们的制衣技术。*...his evident **skill at** basketball.*……他显而易见的篮球技能。

skim to skim **through** a piece of writing 浏览，翻阅。*I thought I would **skim through** a few of the letters.* 我想浏览一下其中几封信。

skirt to skirt **around** or **round** a diffi-cult subject or problem 回避。*The reviewer **skirted around** the most ferocious criticism.* 评论者回避了最猛烈的批评。

slash to slash **at** something 砍某物。*He **slashed** savagely **at** the meat with his knife.* 他用刀子猛砍那肉。

slight a slight **on** someone〔冒犯他人的〕行为或言语等。*Advice is too often taken as a **slight on** the recipient.* 忠告往往被当作对接受者的轻慢。

slip to slip **into** different clothes or **out of** clothes 匆忙穿上，匆忙脱下〔衣服等〕。*Slipping into* something loose, I went down to dinner. 我披上宽松的衣服，下楼去吃饭。*She **slipped out of** her working clothes.* 她脱下工作服。

slow be slow **in** doing something 慢的，迟钝的。*The response was **slow in** coming.* 回音来得很慢。

slump a slump **in** something 不景气，经济萧条。*...a dramatic **slump in** holiday bookings.*……假期订房的戏剧性不景气。

slur a slur **on** something or someone 诽谤或中伤。*This is probably an unfair **slur on** womanhood.* 这也许是对女性的不公平中伤。

sly on the sly 偷偷地；秘密地。*...sitting in the toilets smoking **on the sly**, just like kids do in school.*……就像孩子在学校里那样，在厕所里坐着偷偷吸烟。

smack to smack **of** something 带有某种味道。*Oliver was irritated by this suggestion, which **smacked of** frivolity.* 奥立弗为这个暗示所激怒，因为它有轻薄无聊的意味。

smart to smart **from** or **under** something 感到痛苦、苦恼、伤心。*The home team is still **smarting from** their defeat at Rochdale.* 主队仍为在罗奇代尔的惨败而伤心。*He began to **smart under** the pain of being a minor member of the orchestra.* 他因在交响乐团里只是微不足道的成员而感到难受。

smell ❶ to smell **of** something 带有某种气味。*The laundry **smelled of** car-*

bolic soap. 洗过的衣服有石炭酸皂的气味。❷ the smell **of** something 某种味道。*I love the **smell of** new-mown grass.* 我喜欢刚修剪过后的青草的味道。

smile to smile **at** someone or something 对着〔某人或某物〕微笑。*People think you are weird if you **smile at** them during a Tube journey.* 如果你在地铁里朝别人笑，他们会以为你很怪。

smitten be smitten **by** or **with** something or someone 被〔某事物或某人〕迷住。*Surviving in garrets in Paris was bearable because he was **smitten by** the French.* 因而对法国着迷而使他就算住在巴黎的小阁楼，也毫不在意。*I was **smitten with** her.* 我被她迷住了。

smother to smother something **with** something 用某物盖上以熄火、覆盖。*They were able to extinguish the bombs by **smothering** them **with** sand.* 他们用沙子埋住炸弹，使其熄火了。

smothered be smothered **in** something or **with** something 厚厚地大面积地覆盖着某物。*The path was **smothered in** snow.* 小道积满了雪。*Climbing roses grew up the side of the house, their tendrils still **smothered with** late blossoms.* 藤蔓月季沿着屋缘生长着，它们的卷须把迟开的花覆盖着。

snap ❶ to snap **at** someone 狠狠地对某人说话。*Do you snap at your partner and then regret it?* 你对合伙人咆哮一阵，然后后悔？❷ to snap **out of** a sad mood 迅速恢复过来。*I **snapped out of** this melancholy the moment a friend called.* 有朋友到访，我立即打起了精神。

snatch to snatch **at** something 抢某物。*The wind **snatched at** my dress and hair.* 风吹拂着我的衣服与头发。*Etta **snatched at** the little privacy that this afforded.* 埃塔抓住这里提供的一点点隐私权。

sneer to sneer **at** someone or something 嘲笑。*They **sneered at** the girlish enthusiasms of their fellow students.* 他们嘲笑同学的孩子气热情。

socialize to socialize **with** people 和他人交往或交际。*I socialized **with** the philosophy students.* 我与哲学系学生交往。

solution the solution **to** or **for** a problem, question, or puzzle 解决方法。*Researchers want to know whether the **solution to** the riddle will involve new theories.* 研究人员想知道该谜底是否涉及新理论。*The plan for polytechnics was meant to be a **solution for** this problem.* 计划兴建理工学院可解决这问题。

sorry ❶ be sorry **about** something or **for** something 对某事后悔、遗憾。*I tended to dominate the conversation and I'm **sorry about** that.* 我在谈话时喜欢一个人讲，真是抱歉。*We are all **sorry for** what happened.* 我们大家都为所发生的事情难过。❷ be sorry **for** someone 悲哀的。*I felt desperately **sorry for** myself.* 我为自己而悲哀。

sort ❶ a particular sort **of** thing 某一种事。*This **sort of** argument can go on for ever.* 这种争论可以永远持续下去的。❷ something **of** a particular **sort** 某一种类的事。*He will present no evidence **of** that **sort**.* 他不会提交那种证据。

sound the sound **of** something 声音。*This small beetle imitates the **sound of** a dentist's drill.* 这个小甲虫发声与牙医钻的声音相仿。

source ❶ a source **of** something 来源。*Wood is an inefficient **source of** energy.* 木柴是效率不高的能源。❷ **at source** 在源头。*We need to tackle nitrate pollution **at source**.* 我们需要在源头对付硝酸盐污染。

south south **of** a place 某地的南部。*…a fine wine made by a co-operative just **south of** the Loire.*……卢瓦尔河南岸一家合作社酿的好葡萄酒。

sow /səʊ/ to sow an area of ground **with** seeds 播种。*Soil cleared of winter vegetables may be **sown with** rye or field beans.* 割去冬菜的土地，可以播种黑麦或大豆。

spar to spar **with** someone 用拳轻击某人〔常作拳击练习〕。*Within weeks, he was sparring with the toughest boys in the gym.* 几星期后，他就在体操房与最厉害的男孩交手了。

sparing be sparing **with** something〔对某东西〕节俭的。*Aunt Tossie is sparing with the affection Nicandra longs for.* 托西姨不大喜爱尼康德拉，尽管她渴望长辈的爱。

speak ❶ to speak **to** someone or **with** someone 与某人说话。*He never spoke to Captain Baker again.* 他再也不理睬贝克队长了。*Stein wasn't there. I spoke with his son.* 斯坦恩不在家，我与他儿子说过话。❷ to speak **about** something or **of** something 讲到，说到。*On television, Jonathan Porrit spoke about his involvement with the advertising community.* 电视上，乔纳森·波里特谈到自己与广告界的往来。*Travellers spoke of fighting and shooting at night.* 旅行者说到夜间有打斗和枪声。❸ to speak **for** a person or group of people 为某人说话。*'Do we have to go on living here?' she wailed. She spoke for many of us.* "我们不得不在这里住下去吗？"她呜咽着。她说出了我们许多人的心里话。❹ to speak **with** a particular accent or style 带有某种口音或风格说话。*She spoke with a very pronounced Scottish accent.* 她说话带明显的苏格兰口音。*'Are you the painter?' She spoke with abrupt formality.* "你是画家吧？"她突然严肃地说。

spec on spec 碰运气。*He turned up yesterday on spec.* 他昨天碰运气来了。

specialize to specialize **in** a particular thing or subject 专业于某一物品或学科。*Buy dried herbs from a shop which specializes in herbs.* 可去草药专门店买草药干。*The majority had specialized in electronic engineering.* 大多数人以电子工程为专业。

speculate to speculate **about** something or **on** something 对某事的推测、思考。*...the futility of speculating about hypothetical Martian life forms.*...... 推测火星生命形式是徒劳无用的。*Energy analysts speculated on further increases in fuel prices.* 能源分析家思辨着燃料价格进一步上升。

speechless be speechless **with** a strong emotion 由于某种感情而说不出话来。*Turi was almost speechless with delight.* 图里高兴得简直说不出话来。

spend to spend money or time **on** something 将钱、时间花在某事上。*He spent all his savings on the project.* 他把全部积蓄用在这个项目上。*Her time would be better spent on research.* 她的时间最好花在研究上。

spin-off a spin-off **from** something or **of** something 副产品，派生物。*A programme to develop new energy sources could occur as a spin-off from the space effort.* 太空开发的努力可派生新能源开发计划。*...a spin-off of America's present obsession with personal health.*...... 美国目前迷恋于个人健康产品。

splash to splash out **on** something 随意花钱，大肆挥霍。*We splashed out on a colour television.* 我们买彩色电视机花了一大笔钱。

split ❶ a split **between** two people or groups or a split **in** or **within** a group 分裂。*...a split between hardliners and democrats.*...... 强硬路线派与民主派的分裂。*The plan has led to a split in the ranks.* 该计划在士兵中引起了分裂。*...the split within Nato.*...... 北大西洋公约组织的内部分裂。❷ to split away or off **from** a group of people 从某群人中分裂出去。*The more radical intellectuals threatened to split away from the Council.* 激进的知识分子扬言要从委员会分裂出去。*They warned them not to split off from the national party.* 他们警告他们不要从国家党分裂出去。❸ to split up **with** someone 与某人断绝关系。*I'd just split up with Paul, the father of my youngest son.* 我刚刚与保罗分手，他是我小儿子的父亲。

sponge to sponge **off** someone or **on** someone 依靠某人为生。*The young unemployed are not simply layabouts who **sponge off** the Welfare State.* 失业青年不仅仅是依赖福利国家的游手好闲者。*She found it distasteful the way Clarissa **sponged on** them.* 克拉丽莎这样依靠他们令她反感。

spring ❶ to spring **from** a particular cause 起源于。*His own doubts **sprang from** his English education and marriage.* 他自己的怀疑源自其英国式教育和婚姻。❷ to spring something **on** someone 突然提出。*He sprang a **surprise on** all of us by winning.* 他的胜利令我们大吃一惊。

springboard a springboard **for** something〔发展事业的〕跳板。*He had hoped to use his election as a **springboard for** wider and grander political ambitions.* 他曾希望把当选当作达至更广阔宏伟的政治抱负的跳板。

spy to spy **on** someone 监视，窥探。*The policemen who **spied on** dissidents are to be sacked.* 监视异见人士的警察要被开除。

square ❶ to square **with** an idea, statement, or situation 与〔思想、陈述、情况等〕相符。*His interpretation of the rule is not likely to **square with** the new guidelines.* 他对该规则的解释不可能与新指针相符。❷ to square up **with** someone 付清欠某人的账。*I've got to **square up with** the bank before I can pay you.* 我得先与银行清账，然后才能付你钱。❸ to square up **to** a problem, person, or situation 摆好与某人打架的姿式，面对问题或情形。*Truculently, they **squared up to** each other but kept just out of fighting distance.* 他们狠狠地对峙着，但没有打起来。

squint to squint **at** someone or something 瞧一眼。*She opened her eyes and **squinted at** him.* 她睁开眼，看他一眼。

stab ❶ to stab **at** something 捅、戳或刺某物。*She was typing in a fury, her fingers **stabbing at** the keys.* 她在拼命打字，手指戳着键盘。❷ a stab **at** something 尽力做某事。*It was back in 1964 when he had his first **stab at** conducting this great work.* 远在 1964 年，他第一次尝试这项伟大的工作。

staff **on** an institution's **staff** 某机构工作人员。*I can say categorically that no-one **on** the White House **staff** was involved in this bizarre incident.* 我可以断言，白宫没有一个工作人员卷入了这一奇怪事件。

stage **on stage** 在台上。*He feels as comfortable **on stage** as in the studio.* 他在台上就像在摄影棚一样自在。

stake ❶ to stake something **on** or **upon** the result of something 押宝。*He has **staked** his leadership claim **on** this peace initiative.* 他已把对领导权的要求押定于这一和平倡议。❷ **at stake** 作为奖品；冒险。*There are two prizes **at stake** in the competition.* 竞赛设有两个奖项。❸ a stake **in** a business, property, or industry〔在生意、房产、制造业上的〕股份。*He has a 50 per cent **stake in** the Hyatt Hotel chain.* 他在凯悦饭店连锁店中有 50% 股份。

stamp ❶ to stamp yourself **on** or **upon** something 对某事有很大的影响力，为某事留下印记。*Like all chancellors, he will want to **stamp** his own personality **on** the Government's policies.* 就像所有的总理一样，他要给政策打上自己个性的印记。❷ to stamp something **as** being a particular type of thing 将某事物铭记为。*The recent win **stamped** him **as** a useful member of the team.* 最近的胜利说明他是有用的队员。

stance a stance **on** a particular matter or problem〔对某事的〕姿态或立场。*She is prepared to recant her **stance on** women's rights.* 她准备放弃对妇女权利的立场。

stand ❶ to stand **at** a particular level or amount 处于一水平或量上。*The world record **stands at** 2 hours 57* minutes and 30 seconds. 世界纪录是 2 小时 57 分 30 秒。❷ to stand **by** someone 给某人帮助和支持。*If they try to make you resign, we'll stand by you.* 如果他们逼你辞职，我们支持你。❸ to stand **by** a decision or agreement 同意、支持。*It is a very clear law, and I stand by it.* 这是清楚的法律，我支持它。❹ to stand **for** something 忍受。*I won't stand for any more of your disobedience.* 我再也不能忍受你的不顺从。❺ to stand **for** something 代表。*T.E.C. stands for Technical Education Certificate.* T.E.C. 代表技术教育证书。❻ to stand **for** an idea or belief 支持某一想法或信念。*We stand for a single, undivided Russia.* 我们支持单一整体的俄罗斯。❼ to stand **for** a particular post or position 申请〔某一岗位或职位〕。*Anthony is standing for election as an independent candidate.* 安东尼以独立候选人参选。❽ to stand **in for** someone 顶替某人工作。*Howe's big moment comes tomorrow when he stands in for Margaret Thatcher.* 豪的大机会明天来临，要顶替撒切尔夫人。❾ to stand **out against** something 坚决反对；to stand **out for** something 坚决要求。*The major banks are standing out against raising the limit.* 大银行反对提高上限。*The union decided to stand out for its original claim.* 工会决定坚持原来的要求。❿ to stand **up for** someone or something 捍卫，为某人或某事辩护。*...a profession which has a duty to stand up for the citizen.* ……职责是捍卫公民的职业。⓫ to stand **up to** a lot of use, damage, pressure, criticism, and so on 经得起使用、损害、压力、批评 等。*The charge that we had ignored them just does not stand up to scrutiny.* 说我们忽视他们这一指控经不起细查。⓬ to stand **up to** someone 对抗某人。*Will he make a name for himself by standing up to the Prime Minister?* 他对抗首相会出名吗？

stare to stare **at** someone or something 注视，盯住看。*John was staring at me in horror and disbelief.* 约翰惊恐而不信地注视着我。

start ❶ to start **as** something or start off **as** something 以某事开始。*It started as an experiment.* 它开始时是一个实验。*We started off as a shelving business in the U.K.* 我们开始时是在英国做书架业务。❷ to start **by** or start off **by** doing something 首先做某事。*Any business executive should start by considering the job that needs to be done.* 任何一位业务主任一开始应考虑，哪些工作是需要做的。*I started off by buying young pigs.* 我以买小猪起家。❸ to start **with** something or start off **with** something 以某事开始。*We start with basic ideas such as trust.* 我们从信任之类的基础概念出发。*We wanted to start off with a win.* 我们要以胜利开始。❹ to start **on** a particular task 开始做某事。*She has already started on her next novel.* 她已经开始写下一部小说。❺ the start **of** something 开端。*Interests rates were lowered at the start of last summer.* 去年初夏利率降低了。❻ **for** a start 首先。*I don't think Bruno will win he can't take a punch for a start.* 我想布鲁诺不会赢——首先，他受不住重拳。

starve to starve **for** something 渴望得到。*Even as they look, their eyes starve for more.* 他们一边看，一边渴望得到更多。

starved be starved **of** something 极需，缺乏。*...people who have been starved of culture.* ……缺乏文化的人。

statute by statute 按法规。*These powers were conferred on the court by statute.* 这些权力是法律赋予法庭的。

steeped be steeped **in** a particular characteristic or quality 充满着。*His works, though steeped in Indian culture, have universal appeal.* 他的作品尽管沉浸于印度文化，却有着普遍的魅力。

stem to stem **from** a particular situation 基于，出于。*His illness stemmed from bottling up his emotions.* 他的病

痛来自感情抑制。

step ❶ in step 齐步；步调一致。*They marched in step.* 他们齐步前进。❷ out of step 步调不一致。*They occasionally bumped each other, and fell out of step.* 他们有时相互撞击，步调不一致。❸ be in step with an opinion or idea 观点类似。*This government is not in step with informed public opinion.* 本届政府与消息灵通的公众舆论不一致。❹ be out of step with an opinion or idea 跟不上。*It showed the judge was out of step with recent developments.* 它表明法官跟不上近期的形势发展。

stick ❶ to stick at a particular point or level 滞留，坚持。*Inflation is likely to stick at about 6 per cent.* 通货膨胀率可能会停留在 6% 左右。*We tend to stick at asserting the general principle without discussing the details.* 我们一般坚持原则而不讨论细节。❷ to stick by someone 忠于某人。*Despite her husband's appalling life of crime, she had stuck faithfully by him.* 尽管丈夫一生罪恶滔天，她始终忠于他。❸ to stick by a law, rule, or principle 遵守。*She is determined that they should stick by the policy.* 她下定决心，他们要按政策办事。❹ to stick to something 坚持。*There was no way he could hope to stick to his original plans now.* 他现在已无希望坚持原定计划了。❺ to stick with something or someone 坚持，紧跟〔某事物或某人〕。*We would prefer to stick with our own labelling system.* 我们宁愿坚持自己的标识系统。*Stick with me and you'll be okay.* 紧跟着我，你没事的。❻ to stick out for something 坚持要求〔某事物〕。*He stuck out for twice the usual salary, and got it.* 他坚持要求双倍于通常的薪水，并得到了。❼ to stick up for someone or something 坚持，维护〔某人或某事〕。*He should have thanked his father for sticking up for him that way.* 他应该感谢，父亲那样支持他。*I was too small to stick up for my rights.* 我年纪太小，无法维护自己的权利。

stock ❶ to stock up on goods or with goods 囤积物资。*They stocked up on petrol and sugar before the price rises came.* 他们在涨价前囤积汽油和糖。*...houses carefully stocked up with food.*……小心储藏食品的房子。❷ in stock 备有现货。*Phone the office first and see what they have in stock.* 先打电话给办事处，看他们备有什么货。❸ out of stock 脱销。*He wanted cigarettes, but the cafe had run out of stock.* 他要买香烟，但该咖啡屋脱销了。

stop ❶ to stop at a place 在某处停下。*They were shot after they had stopped at a checkpoint.* 他们在检查站停下后遭到枪击。❷ to stop someone from doing something 阻止某人做某事。*This did not stop their supporters from travelling to the match.* 这并没有阻止他们的支持者去看比赛。

store be in store 将要发生。*The whales seemed aware of the threat that lay in store.* 鲸似乎知道将要发生的威胁。

street ❶ on the street 无家可归。*... young teenage mothers left to fend for themselves on the street.*……无家可归被迫自谋生路的十几岁未婚妈妈。❷ in the street 在户外。*When people meet a clergyman in the street, they cross over to avoid him.* 人们在街上遇到卫士，便走到街对面避开他。❸ off the streets 有事做而不至于上街惹是生非。*We've got to keep youngsters off the streets.* 我们得阻止小青年上街惹是生非。

strength ❶ the strength of something 力量。*The employers have underestimated the strength of feeling in the docks.* 雇主低估了码头工人的感情力量。*See whether it exceeds the strength of steel.* 看看它是否胜过钢铁的力量。❷ on the strength of something 凭着〔某事物〕。*She wants to be able to join them on the strength of a British passport.* 她想凭英国护照加入他们的行动。❸in strength 大量的。*They* are expected to attend Goodwood *in strength*. 他们可望有大批人参加古德伍德赛马会。❹ **below strength** 没有达到规定人数。 The UN monitoring force is well *below strength*. 联合国监督力量太薄弱。

stress ❶ stress **on** something 强调。... a greater *stress on* the humane treatment of psychiatric patients.…… 更加强调对精神病人的人道待遇。❷ **under stress** 压力下。 The family cannot cope *under stress*. 该家庭在压力下无法维持。

stricken be stricken **by** something or **with** something 不堪某事物之苦。... the squalor of a society *stricken by* poverty.……贫穷社会的惨状。 They were *stricken with* fear that they might have been seen. 他们生怕被人看到，惊恐万状。

strictly be strictly **for** a particular person or purpose 专供某人或某一目的的。 The race is *strictly for* amateurs. 比赛仅限业余选手。 ...supplies intended *strictly for* medical purposes.……仅供医疗用的物资。

strike ❶ on strike 罢工。 Drivers at the bus depot went *on strike* for twenty four hours. 公共汽车总站的驾驶员举行 24 小时罢工。❷ to strike **at** something or someone〔将某物或某人〕打走、打击。...a calculated act to *strike at* the root of religion.……打击宗教根源的有意行动。❸ to strike **on** a solution, plan, or idea 突然想到〔解决办法、计划、主意等〕。 He had for once *struck on* a shrewd judgement. 他一度想到过一个精明的判断。

strip to strip a person or thing **of** something 剥夺。 The Praesidium of the Supreme Soviet had *stripped* him *of* his citizenship. 最高苏维埃主席团剥夺了他的公民权。 He *stripped* his speech *of* all references to his wound. 他演讲时绝口不提伤势。

strive to strive **for** something 争取、努力。 You *strive for* fame, and that is all part of the deal. 你想出名，这是交易的一部分。

strong be strong **on** something 善于做某事。 The University is *strong on* outdoor activities. 该大学的户外活动很强。 He is *strong on* personal morality and family values. 他在个人道德和家庭价值观方面很强。

struck be struck **by** something or **with** something 遭到某事物的打击。 I was so *struck by* the terrible conditions of our neighbours that I had to do something about it. 我深受邻居的惨状的打击，一定要想想办法。

struggle ❶ to struggle **for** something 争取，为某事而斗争。 We have a great history of *struggling for* freedom. 我们拥有为自由而战的伟大历史。❷ a struggle **for** something〔为某事进行的〕斗争。...the *struggle for* Russian unity.……为俄罗斯团结而进行的斗争。❸ to struggle **with** or **against** someone or something 与某人、某事斗争或搏斗。 The United States continues to *struggle with* external deficits. 美国继续与外贸逆差斗争。❹ a struggle **with** something or **against** something〔为制止某事而进行的〕奋斗。...the *struggle against* loneliness and destitution.……与孤独和穷困作斗争。❺ a struggle **between** two people or things〔两人之间的〕斗争。...the *struggle between* Gorbachev and Yeltsin.……戈尔巴乔夫与叶利钦的斗争。...the *struggle between* hope and scepticism.……希望与怀疑的斗争。

studded be studded **with** something 用某物来点缀、布满。 The hut was *studded* all over *with* stones. 小屋到处点缀着石块。

student a student **of** a particular subject 某一学科的学生。...a *student of* philosophy and law.……学哲学、法律的一位学生。

study ❶ the study **of** something〔对某物的〕学习或研究。...the *study of* German culture and language.……德国

文化和语言的研究。❷ a study **in** something 对〔某事详尽的〕描写。*His last book was 'At Duty's Call,' a **study in** patriotism.* 他写的最后一本书是《责无旁贷》，是研究爱国主义的。❸ to study **for** something 为〔某事〕而学习。*She is **studying for** a law degree at Keble College.* 她在凯布尔学院攻读法律学位。

stuffed be stuffed **with** something 塞满某物。*The boxes were **stuffed with** ballot papers.* 盒子里塞满选票。*…pastry **stuffed with** curd cheese.*……用凝乳所制的乳酪做馅的油酥点心。

stumble ❶ to stumble **across**, **on**, or **upon** something or someone 意外地遇见〔某事物或某人〕。*In the course of their search they may **stumble across** something quite different.* 他们在研究中可能会遇到截然不同的东西。❷ to stumble **over** something 绊脚，说话出错。*…parents who have **stumbled over** toys left on the floor.*……踩到地上玩具的父母。*He **stumbled over** the words.* 他说话出错。

style ❶ in a particular **style** 以某一方式。*They all worked **in** the same **style**.* 他们的工作作风相同。*The present abbey is a smaller building **in** the perpendicular **style**.* 现在的教堂是垂直风格的较小型大楼。❷ the style **of** something 作风，行为方式。*There is growing bitterness at his **style of** government.* 他的统治作风中的愤懑增加了。

subcontract to subcontract work **to** a particular firm or organization 将工作任务分包或转包给别人。*Mintech increasingly **subcontracted** its growing civil programme **to** the private sector.* 技术部日益增长的民间计划分包给私人企业。

subdivide to subdivide something **into** smaller areas, sections, or parts 将某物进一步分成小部分。*We now **subdivide** knowledge **into** two parts.* 我们现在把知识分成两部分。

subject ❶ /ˈsʌbdʒɪkt/ be subject **to** something 应受到。*The deal is **subject to** approval by the Office of Fair Trading.* 这个交易要经公平交易办公室的批准。❷ /səbˈdʒɛkt/ to subject someone **to** something 使某人经受或遭到某事。*One teacher said she would rather break the law than **subject** her pupils **to** a test.* 一名教师说，她宁愿犯法也不愿让学生参加测验。

submerge to submerge yourself **in** a particular subject or be submerged **in** it 沉浸于。*I was eager to **submerge** myself **in** the feminist movement.* 我急于投身女权运动。

submit to submit **to** something 服从，忍受。*They had to **submit to** a thorough body search at the airport.* 他们在机场不得不接受全身搜查。

subordinate ❶ /səˈbɔːdɪnət/ be subordinate **to** someone or something 从属于，次于。*All other questions are **subordinate to** this one.* 所有其他问题都依附于这个问题。❷ /səˈbɔːdmeɪt/ to subordinate one thing **to** another 将某事物置于次要地位。*…an ideology that **subordinates** the individual **to** the cause.*……让个人从属事业的意识形态。

subscribe ❶ to subscribe **to** an opinion or belief 同意，赞同。*Today, he still **subscribes to** the need for more research.* 今天，他仍然赞同它需要进一步研究。❷ to subscribe **to** a newspaper, magazine, or television channel 订阅〔报纸、杂志、电视频道〕。*This will enable you to **subscribe to** powerful electronic services.* 这将使你能享受强有力的电子服务。

subservient be subservient **to** someone or something 从属于某物。*The unions are still considered to be **subservient to** management.* 工会仍被认为是从属于管理层的。

subsist to subsist **on** a particular amount of money or type of food 靠某笔钱或某类食物继续存活。*…a man who can **subsist on** a diet of rice and fried* *eggs.*……可以靠米饭和煎蛋维生的人。

substance ❶ the substance of something 要旨，大意。...*the style and substance of the debate.*……辩论的风格和要旨。❷ in substance 本质上。*His Lordship had no doubt that the submission was in substance correct.* 大人不怀疑，该意见原则上是正确的。

substitute ❶ to substitute one thing for another 以某事代替另一事物。*A stretch of piano wire was substituted for one of the ordinary strings.* 用一段钢琴弦代替了一根普通弦。❷ a substitute for something 替代，替代物。*There is no substitute for real talent.* 真才实学是无法替代的。

subsumed be subsumed under or within a larger group or class 将某事物归于某类型、类别中。...*products subsumed under the anonymous label of 'British meat'.*……归入"英国肉"无名标签的产品。*The other two big firms have been subsumed within Barclays.* 另两个大公司已归入巴克利家族。

subtract to subtract one thing from another 从某数量中减去另一数量。*They will have to subtract appropriate sums from their budgets.* 他们得从预算中减去适当数量。

succeed ❶ to succeed in doing 完成，成功。*All countries are expected to succeed in bringing down inflation this year.* 所有国家今年都可望降低通货膨胀。*To an extent, they have succeeded in their aims.* 某种程度上，他们的目标达到了。❷ to succeed someone as something 继任人担任某职务。*Lord Young succeeded him as party chairman.* 扬勋爵接替他任党的主席。

succession a succession of things or people 一连串的，一个接一个。*They missed a succession of good opportunities.* 他们失去了接二连三的好机会。*We had a succession of temporary designers.* 我们接二连三地聘请了短工设计员。

succumb to succumb to something 屈从，不能抵抗某一疾病。*Some succumb to the temptation to doze off during seminars.* 有些人在研讨会上打瞌睡了。*There is some evidence that pigs can succumb to brain disease.* 有证据证明，猪会死于脑病。

suck to suck up to someone 拍某人马屁，巴结某人。*He's been sucking up like mad to the boss.* 他在拼命拍老板的马屁。

sucked be sucked into an event or situation 陷入。*She found herself sucked into one of the dirtiest legal battles of the 1980s.* 她陷入了1980年代最肮脏的法律战之一。

sue ❶ to sue someone for a civil offence 因诽谤罪等而控告某人。...*Crawley's attempt to sue a publisher for libel.*……克劳利试图控告某出版商诽谤。*The company is being sued for wrongful dismissal.* 那公司正被人控告无理辞退员工。❷ to sue for money or a divorce 为某事提出申诉。*He sued for maintenance of 53,000 a month.* 他提出诉讼，要追讨每月五万三千英镑的维修费。*You must sue for divorce without delay.* 你必须立即申诉离婚。

suffer to suffer from a disease or illness 患某种疾病。*He suffered from an unacceptable level of night blindness.* 他患有极严重的夜盲症。

sufficient be sufficient for a particular purpose 足够派某一用场。*A majority of seven jurors was sufficient for a verdict to be reached.* 七个陪审员的多数就足以做出裁决。

suffused be suffused with light, colour, or feeling 充满。*Tolstoy wrote novels suffused with a sense of the ultimate triumph of divine love.* 托尔斯泰写的小说充满神圣爱情的最终胜利感。

suggestion a suggestion of something 暗示。*He resists any suggestion of ill-treatment.* 他抵制任何一点点的折磨。

suggestive be suggestive of something 提示，暗示，引起联想。*It makes a sound which is **suggestive of** a mouth organ. 它发出的声音有点像口琴。

suitable be suitable **as** something or **for** a particular purpose; a suitable thing **for** a particular purpose or person 合适的。Its own products are mainly desktop items **suitable as** gifts **for** men. 其主要产品是桌面小件，适合作为礼物送给男士。…one of the last 18th century houses in the City **suitable for** private occupation.……城里适合私人居住的最后几幢十八世纪房屋之一。It did not seem to be **suitable** attire **for** an appearance in court. 这不像是上法庭应穿的服装。…a **suitable** entertainment **for** a sick boy.……适合病孩的娱乐品。

suited be suited **to** or **for** a particular job or purpose 适合于，有资格。He was best **suited to** casual labour. 他最好做些轻便劳动。The Eastern bloc forces are particularly **suited for** surprise. 东方集团军队特别适合突袭。

superimpose ❶ to superimpose a word, drawing, symbol, or sound **on** another 将某物置于另一物上；在某物上面写、画、做记号或加音响等。…a T-shirt with a clenched fist **superimposed on** a Union Jack.……英国米字旗加拳头图案的 T 恤。❷ to superimpose the features or characteristics of one situation **on** another situation 将某一特点或特性添加到另一情形中去。It would be wrong to **superimpose** the pattern of the East-West conflict **on** the present problems. 把东西方斗争方式强加于现有矛盾是错误的。

superior be superior **to** someone or something 胜于，比〔某人或某事〕优越。The doctor considered himself **superior to** most of the people around him. 那医生认为自己高人一等。Her sporting knowledge was vastly **superior to** that of the other guests. 她对运动的认识比其他宾客丰富得多。

supervision **under supervision** 在指导下。They will have the opportunity to put these skills into practice **under supervision**. 他们会有机会在别人指导下实践这些技术。

supplement ❶ a supplement **to** something 补充。We can only provide our service as a **supplement to** international services. 我们只能提供我们的服务，作为对国际服务的补充。❷ to supplement one thing **with** another 以某事物增加或补充另一事物。I **supplemented** my diet **with** vitamin pills. 我用维生素药片补充营养。

supply ❶ to supply something **to** someone 向某人提供某物。…contracts to **supply** electricity direct **to** companies.……向公司直接提供电力的合同。The note was **supplied to** the Press but not the public. 该通知提供给了报界，但没有向公众公布。❷ to supply someone **with** something 向某人供应、提供。They **supplied** the criminals **with** facts about him. 他们向罪犯提供了关于他的情况。

support **in support of** someone or something 支持，维护。…meetings **in support of** Lithuanian independence.……支持立陶宛独立的会议。

sure ❶ be sure **about** something or **of** something 有把握，确信。The only thing we're **sure about** is that it's a boy. 我们唯一确信的是，那是个男孩。❷ **for sure** 肯定。She said that her mother was Irish, but nobody knew **for sure**. 她说母亲是爱尔兰人，但没有人可以肯定。

surfeit a surfeit **of** something 过量，过度。They became insensitive to suffering through a **surfeit of** violence. 他们由于遭受暴力对待过多而对吃苦变得麻木。

surge a surge **in** something or **of** something 激增。The eighties saw a **surge in** military technology. 八十年代的军事技术大发展。…a **surge of** enthusiasm.……热情激增。

surprised be surprised **at** something or **by** something 对某事感到惊奇。She was **surprised at** Hugo's vehe-

mence. 她对雨果的热情感到吃惊。 *I was **surprised by** her reaction.* 我对她的反应很吃惊。

surrender ❶ to surrender **to** someone or something 向某人投降，向某事屈服。 *They were allowed to return provided they **surrendered to** the security forces.* 他们只要向安全部队投降就可以回去。 ❷ the surrender **of** something 屈服，交出。 *...an unwitting **surrender of** pension rights.*……不知情地放弃领取养老金的权利。

surround to surround a person or thing **with** something 包围，围住〔某人或某物〕。 *The guards **surrounded** him **with** a barrage of umbrellas to protect him.* 卫兵用雨伞阵保护他。 *The river broke its banks, **surrounding** the hotel **with** water.* 河决堤了，洪水包围了旅馆。

surrounded be surrounded **by** something 被包围。 *The whole cake is **surrounded by** a thick coat of jelly.* 整个蛋糕包着厚厚一层果冻。

survive to survive **on** something 依靠某物继续生存。 *The crew had **survived on** ship's biscuits and six quarts of rum.* 船员们靠船上饼干和六夸脱朗姆酒活了下来。 *Events of this scale cannot **survive on** ideals and fantasies alone.* 这么大规模的事件不能单靠理想和幻想而持续下去。

susceptible be susceptible **to** something 易受某事影响。 *There are two strains of tropical fish that are **susceptible to** cancer.* 有两种热带鱼容易生癌。

suspect /səspɛkt/ to suspect someone **of** something 就某事怀疑某人。 *He is one of several who **suspects** them **of** having links with the IRA.* 他是怀疑他们与爱尔兰共和军有联系的人士之一。

suspend to suspend someone **from** a particular position or job 暂令某人停职。 *Twelve police officers were **suspended from** duty after being accused of corruption.* 十二名警官被控贪污而停职。

suspicion ❶ under suspicion 受到怀疑。 *He was **under suspicion** for dishonest conduct.* 他被怀疑有不诚实行为。 ❷ above suspicion; beyond suspicion 无可怀疑的；诚实的。 *The permanent secretaries are **above suspicion**.* 终身秘书们是无可怀疑的。 ❸ a suspicion **of** something 少量。 *...a perfumed broth with chrysanthemum leaves and a **suspicion of** lemon grass.*……加了菊花叶子和少量柠檬草的香汤。

suspicious be suspicious **of** someone or something 对〔某人、某事〕产生怀疑。 *She had been **suspicious of** the man who had managed Mr Heath's campaign.* 她怀疑经手管理希斯先生竞选的那人。

swamped be swamped **by** something or **with** something 被某事物淹没。 *His question was **swamped by** the general merriment of his colleagues.* 他的问题被同事的哄堂大笑所淹没。 *We become **swamped with** many religions and so do not attach importance to any of them.* 我们被许多宗教所包围，故不重视任何一种。

swap ❶ to swap one thing **for** another 一物交换另一物。 *She recently **swapped** her Nik Kershaw posters **for** Matisse, Modigliani and Vermeer.* 她最近用尼克·科萧的广告画换了马蒂斯、莫蒂里亚尼和弗美尔的画。 ❷ to swap something **with** someone else 与某人交换某物。 *Charlotte **swapped** stories **with** another elderly lady.* 夏洛特与另一位老太太互讲故事。

swarm to swarm **with** people or animals 挤满着人或动物。 *Many parts of Kiev are **swarming with** police.* 基辅许多地方挤满了警察。

swathed be swathed **in** something 用某物缠绕。 *His head was **swathed in** bandages.* 他的头缠着绷带。

swear ❶ to swear **at** someone 咒骂某人。 *I was old enough to **swear at** my mother.* 我当时长大了，可以骂母亲啦。 ❷ to swear **by** something 极其信赖并经常使用某事物。*Tourists **swear by** Swiss Army socks.* 旅游者爱穿瑞士军袜。

switch ❶ to switch **from** one thing **to** another 将注意力从某件事上转移到另一件事情上。*79 per cent favoured **switching from** atomic **to** wind power.* 79% 的人赞成把原子能改成风能。❷ to switch **with** someone 与某人对换。*I'm on duty on Saturday but I'll **switch with** one of the other men.* 我星期六值班，但可以和别人对换。

symbol a symbol **of** or **for** something〔某事物的〕象征。*The bishop is a **symbol of** Christ.* 主教是基督的象征。*Children will be asked to identify the **symbols for** rain and snow.* 将要求孩子们辨别雨和雪的记号。

symbolic be symbolic **of** something 象征性的。*It was **symbolic of** Finland's growing importance.* 它象征着芬兰的日益重要。

sympathetic be sympathetic **to** or **towards** someone or their ideas, opinions, or beliefs 对〔某人及其想法、意见、信仰〕表示同情。*It seems that many troops are **sympathetic to** the popular insurrection.* 似乎许多部队都同情民众起义。*She had ceased to feel **sympathetic towards** Helen.* 她已不再同情海伦。

sympathize to sympathize **with** someone or their ideas, opinions, or beliefs 同情、赞同、支持。*He **sympathized with** her about the way reporters had harassed her.* 他同情她遭受记者的骚扰。*She **sympathized with** the stand taken by the directors against the strikers.* 她同情董事们反对罢工者的立场。

sympathy ❶ sympathy **for** or **with** someone or something 同情，同情心；sympathy **between** people 意气相投。*You have to have **sympathy with** the Football Association because of the lack of finance.* 你得同情足球协会缺经费。*Clearly, there was some*

strange **sympathy between** this boy and the bees. 这男孩与蜜蜂之间显然有奇怪的共鸣。❷ **in sympathy**; **in sympathy with** someone 同情某人；与某人一致。*Mainland workers might strike **in sympathy**.* 大陆工人可能进行同情性罢工。*The decision was made **in sympathy with** local residents.* 该决定与当地居民相呼应。

symptom a symptom **of** something 征候。*The row was a **symptom of** public anxiety over education.* 吵闹是公众对教育焦虑的征候。

symptomatic be symptomatic **of** something 作为征兆或症状。*These problems are **symptomatic of** the failure of care within the community.* 这些问题说明了社区中缺乏关爱。

synchronize to synchronize one thing **with** another 使某物同步。*Astronomers have tried to **synchronize** the atomic clocks **with** the Earth's spin.* 天文学家试图使原子钟与地球自转同步。*The rhythm was not **synchronized with** the steps.* 节奏与脚步不同步。

synonym a synonym **for** a word 某个词的同义词。*'Totalitarian' is not always a **synonym for** 'communist'.* "极权主义"并不总是与"共产主义"同义。

synonymous be synonymous **with** another word, idea, or thing 同义的。*To some economists, 'development' seems to be **synonymous with** 'growth'.* 对某些经济学家来说，"发展"似乎与"增长"同义。*Fashion is no longer **synonymous with** youth.* 时髦不再与青春同义。

T

tackle to tackle someone **over** something or **about** something 向某人交涉。*Mrs Thatcher will **tackle** President Bush **over** repatriation.* 撒切尔夫人将就遣返问题向布什总统交涉。*Employers are to be **tackled about** their approach to* working women. 要与雇主理论对待劳动妇女的态度。

tainted be tainted **with** or **by** something undesirable or unpleasant 腐坏。 *This Government is demoralised, incoherent, and **tainted with** corruption.* 现政府士气低落、立场前后矛盾、贪污腐败。 *Many Hungarians consider him to be **tainted by** his years of service in the Communist Party.* 许多匈牙利人认为他受共产党内多年工作的影响。

take ❶ to take something **from** a person or place 从某人、某处拿取东西。 *You are not allowed to **take** food **from** the dining room.* 你不可以将食物带出饭堂。 *The most wonderful thing she had even possessed was being **taken from** her.* 她所拥有的最神妙之物正被拿走。 ❷ to take **after** a member of your family 在外表、行为、性格方面像某个长辈。 *He **took after** his grandfather where character was concerned.* 他的性格像爷爷。 ❸ to take **against** someone or something 〔没有原因的〕开始不喜欢或反对。 *The Producer started **taking against** Dan and the whole script.* 制片开始不喜欢丹和整个剧本。 ❹ to take **to** someone or something 开始喜爱，开始从事。 *It was impossible to tell whether he'd **take to** Rose or not.* 无法辨别他是否喜欢罗丝。 *He **took to** visiting her each week.* 他开始每周来看她。 ❺ to take a duty or task **upon** yourself 主动承担某事。 *Its two leaders **took** it **upon** themselves to solve the problem.* 它的两个领导主动承担去解决问题。 ❻ to take something out **on** someone 对某人发泄。 *They must realize they cannot **take** their anxieties **out on** others.* 他们必须明白，不能把焦虑发泄到别人头上。 ❼ to take someone up **on** something 接受某人邀请。 *Weatherby **took** me **up on** my offer.* 韦瑟比接受了我的邀请。

taken by taken **with** someone or something〔对某人或某事物〕感兴趣。 *Michael was particularly **taken with** the clotted cream.* 迈克尔特别喜欢凝固奶油。

talk ❶ to talk **about, on,** or **of** something 谈论，谈到。 *I've got lots of plans but I can't **talk about** them yet.* 我有许多计划，但还不能讲出来。 *Dr Pickering will **talk on** 'Life at a Higher Education Institution.'* 皮克林博士将讨论"高等学校的生活"。 *...men who had **talked of** perfection.* ……谈到完美的人们。 ❷ to talk **to** someone 对某人谈话。 *There'll be no decision until I've **talked to** Charlie.* 我与查利谈过以前，不会作出决定。 ❸ to talk down **to** someone 用高人一等的口气对人讲话。 *She is no longer being criticized for **talking down to** her juniors.* 她用高人一等的口气对年幼者讲话，不再受到批评啦。 ❹ to talk someone **into** doing something 说服某人做某事。 *He **talked** the leaders **into** ending the uprising.* 他说服首领终止起义。 ❺ to talk someone **out of** doing something 说服某人放弃某种意图或行为。 *He allowed himself to be **talked out of** giving a speech.* 他听从劝告不演讲了。

tally to tally **with** something 与某事相符合、相一致。 *The confessions and statements do not **tally with** each other.* 供词与陈述不一致。 *The initials **tallied with** those of the missing man.* 缩写字母与失踪男子的一致。

tamper to tamper **with** something 干预、擅自改动某事物。 *The best advice is to avoid **tampering with** your diet.* 最好的建议是不要擅改饮食。

tandem in tandem; in tandem **with** something 一前一后；排成纵列。 *He claimed that violence and diplomacy would be used **in tandem**.* 他声称，暴力和外交术要交叉使用。 *It was operated **in tandem with** a small conventional power station.* 它与小型传统电站结合使用。

tantamount be tantamount **to** something 与某事物效果相同。 *The act was **tantamount to** unconditional surrender.* 这个行动相当于无条件投降。

tap on tap 随时可取。*We've got all the information permanently **on tap**.* 我们随时可得到各种信息。

target ❶ a target **for** something or **of** something 目标，对象。*Ormondroyd's height made him an easy **target for** unkind remarks.* 奥蒙德罗伊德的高个子，往往是不友善语言的目标。*Students were the prime **targets of** attack.* 学生是上好的攻击目标。❷ **on target** 准确的；击中要害的。*This puts him **on target** for the world record.* 这样他就可以向世界纪录冲击了。

taste ❶ a taste **of** something〔某事物的〕初次经历。*...recruits who give up after a **taste of** army life.* ……尝试军旅生活后就放弃的新兵。❷ a taste **for** something 爱好。*She acquired a **taste for** wearing baseball caps.* 她喜欢戴棒球帽。

tax to tax someone **with** something〔因某事〕指责某人。*I **taxed** her **with** wilfully embracing feminism.* 我指责她顽固坚持女权主义。

taxi by taxi 乘坐出租车。*I suggest you come **by taxi** to my friend's house.* 我建议你乘坐出租车来我朋友家。

team to team up **with** someone 和某人配合。*The singer first **teamed up with** the ensemble five years ago.* 歌唱家于五年前第一次与该合唱队合作。

tear ❶ to tear **at** someone 扯拉。*A pet cat was **tearing at** his leg during the interview.* 采访中，一只家猫在扯拉他的腿。❷ to tear **into** someone 责备。*He really **tore into** me about my work.* 他狠狠地斥责我的工作问题。❸ to tear someone away **from** a place or activity 强迫某人离开某地，或阻止某人参与某一活动。*What a shame it was to **tear** Dolly **away from** the play.* 阻止多丽在话剧中演出真是可惜。

tears in tears 含泪；在哭泣。*He did not resist arrest and was led away **in tears**.* 他没有拒捕，哭泣着被拉走了。

tease to tease information **out of** someone〔通常指从不愿给予者那里〕套取消息。*On tour, everyone will be trying to **tease** the name of the man **out of** her.* 在路上，大家会向她套取那男人的名字。

technique a technique **of** or **for** a particular activity or skill 技巧、技术。*I am fascinated by the **technique of** electro-forming metals.* 我迷恋于电成型金属技术。*The **technique for** this kind of television is quite simple.* 这种电视的技术很简单。

teem to teem **with** animals or people 富有，拥有大量动物或人。*Those gleaming surfaces are **teeming with** bacteria.* 这种闪光性表面上细菌多极了。

telephone ❶ by telephone 用电话。*The threat was made on Thursday **by telephone**.* 是星期四打电话来吓唬人的。❷ be **on the telephone** 通电话。*Some said it was not wise to talk **on the telephone**.* 有人说在电话上交谈不明智。❸ be **on the telephone**〔家里或办公室〕装有电话。*I'm not **on the telephone** at home, but you can contact me at work.* 我家里没装电话，但你可以给我工作处打电话找我。

television on television 在电视里。*Mr Voican was interviewed **on television**.* 伏伊肯先生受到电视采访。

tell ❶ to tell someone **about** something 告诉某人某事情。*Teachers are encouraged to **tell** pupils **about** occasions when they took the wrong decision.* 鼓励教师告诉学生自己作出错误决定的情况。❷ to **tell** one thing **from** another 区别。*All cows look the same to me, I can never **tell** one **from** another.* 我看所有奶牛都一模一样，从来都分不清。❸ to tell something **from** evidence or facts 从某一迹象或事实可以发现某事。*You could **tell from** the crowd's reaction that she was popular.* 你可以从人群的反应看出，她很受欢迎。

tend to tend **towards** a particular feature or characteristic 倾向于。*The first half of the game **tended towards** the tentative.* 比赛前半场倾向于迟疑不决。

term ❶ in particular terms; **in terms**

of something 依据，从某一方面来说。 *In archaeological **terms**, this is a spectacular find.* 从考古角度看，这是辉煌的发现。 *We think constantly **in terms of** people and their needs.* 我们不断地想到人民和他们的需求。❷ **on** someone's **terms** 按照自己的主张或条件。 *He eventually forced her to negotiate **on** his own **terms**.* 他终于迫使她按他的条件谈判。

test ❶ to test **for** something 检验某物。 *The eggs came from birds which had not been **tested for** salmonella.* 鸟蛋来自没检测过沙门氏菌的鸟。❷ to test someone **on** something 对某人进行某方面的测验。 *I will **test** you **on** your knowledge of French.* 我要考考你的法语知识。❸ to test a substance **on** a person or animal 对人或动物进行某一药物的试验。 *The vaccine has been **tested on** gorillas.* 疫苗已在大猩猩身上做试验。 *We only **test on** volunteers.* 我们只在志愿者身上试验。

testament a testament **to** a particular characteristic, fact, or achievement 切实的证明。 *Every millimetre of this car is a **testament to** the skills of the panel beaters.* 此车的每一毫米都证明了钣金工的技术高明。

testify ❶ to testify **against** someone 提供不利于某人的证据〔尤指出庭作证〕。 *Most of the surviving witnesses could **testify against** the suspects.* 大多数幸存的证人都指证了嫌疑人。❷ to testify **for** someone 为某人作证。 *She will be asked to **testify for** the defence.* 她将应邀为被告作证。❸ to testify **to** a particular fact or achievement 证实。 *An archaeologist **testified to** its probable authenticity.* 一名考古学家证实，它有可能是真的。 *Fresh shells **testified to** the recent murder of four peasants.* 新鲜的贝壳证明了四个农民最近被谋杀。

testimony a testimony **to** the quality of a thing or person〔对事物、人的〕见证或证明。 *The successful breeding record is a **testimony to** the contentment of the animals in the zoo.* 成功产子证明动物园中动物很满足。

theorize to theorize **about** something or **on** something 建立理论，理论化。 *He refuses to **theorize about** his music.* 他拒绝建立他的音乐理论。 *...**theorizing on** the psychology of the fox.*…… 建立狐狸心理学。

theory **in theory** 理论上。 *In theory, all schools should by now be integrated.* 理论上，所有学校现在都应消灭了种族差别。

thick be thick **with** something 充满着。 *The air was **thick with** black smoke.* 空气中充满了黑烟。

think ❶ to think **of** or **about** someone or something 想到；思考。 *It had to be done. **Think of** all we learned from it.* 它必须完成，想想我们从中能学到多少啊。 *He should take some time off and **think about** his next move.* 他应该腾出点时间，考虑一下下一步骤。❷ to think back **over** something in the past; to think back **to** something in the past 回想；反思。 *It gives you an opportunity to **think back over** the year.* 它给你机会回顾过去的一年。 *No-one would ever know how often he **thought back to** that balcony in the South of France.* 没有人知道，他常常回想法国南方的那个阳台。

thirst ❶ a thirst **for** something〔对某事物的〕向往。 *In the rougher parts of Kingston, the **thirst for** revenge is intense.* 在金斯顿治安差的地区，人们渴望复仇。❷ to thirst **for** something 向往〔某事〕。 *They are **thirsting for** success.* 他们向往成功。

thirsty be thirsty **for** something 渴望。 *...wolves, **thirsty for** blood.*…… 嗜血的狼群。

thrall **in thrall** 入迷。 *Her singing always held the audience **in thrall**.* 她的歌声总是迷住观众。

threat ❶ **under threat** 受到威胁。 *Rubberwood is one of the few tropical hardwoods not **under threat**.* 橡胶林是未受

威胁的少数热带阔叶林之一。❷ a threat **to** someone or something〔对某人或某事物的〕威胁。*Tourism is not the worst* **threat to** *the Alps.* 旅行业不是对阿尔卑斯山的最大威胁。❸ a threat **of** something〔可能造成危害或损害的〕人或事。*…the* **threat of** *increased European competition.* ……欧洲竞争加剧的威胁。

threaten to threaten someone **with** something 以某事威胁某人。*The school was* **threatened with** *closure.* 学校有关闭的危险。

threshold **on the threshold of** something 快要开始时。*Nick Faldo is* **on the** **threshold of** *winning the Championship.* 尼克·福尔多快要得到冠军了。

thrill to thrill **to** something 极度高兴、兴奋。*The audience* **thrilled to** *the composer's wilful disruption of rhythm.* 观众听到作曲家有意打破节奏，兴奋不已。

thrive to thrive **on** something 靠某物繁荣、兴旺。*He seems to* **thrive on** *controversy.* 他似乎靠争议而发达。

throw ❶ to throw something **at** someone or something〔向某人、某物〕投掷。*I* **threw** *a boot* **at** *him.* 我向他扔鞋子。❷ to throw something **to** someone 将某物扔给某人。*I* **threw** *the script across* **to** *Beaumont and said, 'I must do this play.'* 我把剧本扔给博蒙特说，"我必须演这场戏。" ❸ to throw money, energy, or resources **into** something 将〔钱、精力或资源〕投入某事情中。*Many women* **throw** *all of their energies* **into** *a career.* 许多妇女把全部精力投入事业。❹ be thrown back **on** your own power or resources 只能用本人的权力或资源。*They were* **thrown back** **on** *their own diminished resources.* 他们只能依靠自己绵薄的资源。

throwback a throwback **to** something 回归。*…a* **throwback to** *the days when heavy metal was dubbed 'dinosaur rock'.* ……回到重金属被称为"恐龙石"的日子。

thrust to thrust something **upon** someone or **on** someone 将某事强加于某人。*Institutions respond to the responsibilities* **thrust upon** *them.* 机构对强加上来的责任作出反应。*It was not for me to* **thrust** *my views* **on** *them.* 我才不会把自己的观点强加于他们呢。

thumb ❶ to thumb **through** a book or magazine 将书、杂志等一翻而过。*He chose a book and* **thumbed through** *it quickly.* 他选定一本书，快速翻看着。❷ **under** someone's **thumb** 受人支配。*Some teachers are very good at keeping pupils* **under** *their* **thumbs**. 某种老师善于支配学生。

tie ❶ to tie **with** someone in a competition 与〔某人〕不分胜负。*Kasparov* **tied with** *his old enemy in the World Cup tournament.* 卡斯帕罗夫在世界杯比赛中与老对手打平。❷ to tie up **with** something 和〔某事〕有联系。*Questions about the nature of masculinity are* **tied** *up* **with** *sport.* 关于男子汉气概本质的问题与体育分不开。

tied be tied **to** a particular subject or opinion 受约束，受限制。*One should never be* **tied to** *dogma.* 我们不应拘泥于教条。

time ❶ **in time** 及时。*A lorry came round the corner and could not stop* **in time**. 一辆卡车转过弯来，无法及时刹车。❷ **in time** 最终。*The amount of credit the customers gets will* **in time** *be less than the amount invested.* 顾客得到的信贷数量最终将比投资数量少。❸ **on time** 按时。*…customers who are not paying their bills* **on time**.……不按时付账的顾客。

tinged be tinged **with** a particular feeling or colour 略受影响；稍带颜色。*He was a man with a great sense of humour* **tinged with** *a hint of mischievousness.* 他是个十分幽默的人，略带顽皮劲。*…young leaves* **tinged with** *brown and pink.*……略带棕色、粉红色的嫩叶子。

tingle to tingle **with** a particular emotion 受某种情绪影响。*He could feel himself* **tingling with** *excitement.* 他感

到自己激动不已。

tinker to tinker **with** something 修补，改进。*He thinks that no one should **tinker with** a product that actually works.* 他认为，人们不应改进很灵验的产品。

tiptoe on tiptoe 踮着脚。*They stretched their arms and stood **on tiptoe**.* 他们伸长手臂，踮着脚。

tire to tire **of** something or someone 厌倦，厌烦。*We soon began to **tire of** swordfish with caper sauce.* 我们很快厌倦了旗鱼拌续随子酱。

tired be tired **of** something or someone 对〔某事或某人〕感到厌倦、厌烦。*I'm **tired of** coming home to an empty house.* 我讨厌回家守空房。

title the title **of** something 名称，标题等。*...the ironic **title of** his last album 'Middle Class white Boy.'* ……他的最新唱片集标题具有讽刺意义——"中产阶级白人孩子"。

tolerant be tolerant **of** someone or something 能够容忍或接受。*Britain is becoming less **tolerant of** violence.* 英国已经不那么容忍暴力了。

tone to tone **with** something; to tone in **with** something 与某物调和、协和、相配。*That carpet doesn't really **tone in with** the curtains.* 那地毯与窗帘不大相配。

topped be topped **with** something or **by** something 用某事物加顶或覆盖。*... a steel wall **topped with** spikes.* ……顶上带尖头的钢墙。*His six foot frame was **topped by** freckled features and a tuft of red hair.* 他是六英尺个头，脸上有雀斑，红头发。

total in total 总共。*The animal is about an inch long **in total**.* 该动物总长约一英寸。

touch ❶ in touch; in touch **with** someone or something 近在身边；〔与某人或某事物〕保持联系。*National television networks have been **in touch**.* 全国电视网络就在身边。*Executives need to be **in touch with** the office constantly.* 执行经理需要不断与办公室联络。❷ out of touch; out of touch **with** someone or something 孤陋寡闻；〔与某人或某事物〕失去联系。*He will be a little **out of touch**, although he's a rapid learner.* 他有点生疏，但他学得很快。*He seems quite **out of touch with** English life.* 他似乎对英国生活一无所知。❸ to touch **on** a subject 论及。*The talks concentrated on security, but also **touched on** arms control.* 会谈的焦点是安全，但也论及军备控制。

tour on tour 在旅行。*...the close fellowship that comes from being **on tour** together.* ……从一起旅游建立起的紧密伙伴关系。

tout to tout **for** business or custom 兜售货物，招揽生意。*There are more than 60 companies **touting for** the contract.* 有六十多家公司想拿到该合同。

tow in tow 拖航；跟随。*Our firm had the job of taking the vessel **in tow**.* 我们公司的工作是拖船只。*He arrived on Sunday with his children **in tow**.* 他于星期日来到，后面跟着孩子。

toy to toy **with** something 漫不经心地考虑某事，心不在焉地摆弄某物。*He had quickly downed his first drink and was **toying with** the second.* 他很快喝下了第一杯饮料，并在摆弄第二杯。*I am **toying with** the idea of entering him in the Gold Cup.* 我正在随便地考虑让他去参加"金杯赛"。

trace without trace 无影无踪。*Ships were wrecked, sunk, or lost **without trace**.* 船只出事了，沉掉了，或者消失得无影无踪。

trade ❶ trade **in** a particular kind of goods 买卖。*...the international **trade in** counterfeit drugs.* ……国际假药买卖。❷ to trade one thing **for** another 用某一货物换另一货物。*He **traded** his goats **for** a Mercedes car.* 他用山羊换了一辆奔驰汽车。❸ to trade **with** someone 与某人贸易。*They have ceased to **trade with** the offending countries.*

他们与伤害感情的国家断绝了贸易。**❹** to trade **on** an advantage 利用已有的机会。He's always been able to **trade on** his name. 他总是能够利用自己的名声。**❺** **by trade** 职业是。Previously a saddler **by trade**, he now concentrates on horses. 他原来是马具商，但现在只做马生意了。

tradition a tradition **of** something 传统。There is a long **tradition of** health research in Bath. 在巴斯有健康研究的悠久传统。

traffic to traffic **in** something 买卖〔尤指在非法的物资方面，例如：毒品、武器、偷来的东西〕。...gangs that **traffic in** cocaine and crack.……买卖可卡因和纯可卡因的团伙。

trailer a trailer **for** a film or television programme 电影或电视节目预告片。...an extended **trailer for** his forthcoming movie on Van Gogh.……宣传他的关于梵·高的新影片的长预告片。

train **❶** **by train** 坐火车。Bob travelled across Europe **by train**. 鲍勃坐火车横跨欧洲。**❷** to train **as** something or **for** something 训练成；为某事而训练。Some students had opted to **train as** actors or musicians. 某些学生选择训练做演员或音乐家。She returned home to **train for** an attempt on the world record. 她回家受训，准备冲击世界纪录。**❸** to train a gun, camera, or light **on** someone or something 将〔枪、相机、灯光〕对准某人或某物。Eight remote control cameras were **trained on** her as she spoke. 她讲演时有八架遥控照相机对准她。

training **in training** 训练有素。Tax rebates were extended to all nurses **in training**. 对所有训练有素的护士进行退税。

traitor a traitor **to** a country, group of people, or particular belief 对〔国家、团体或某一信仰的〕叛徒。Anyone using violence would be seen as a **traitor to** the cause. 任何使用暴力者都要看作事业的叛徒。

trample to trample **on** someone, their

rights, beliefs, or hopes 粗暴地对待某人；践踏某人的权利、信仰、希望。They have **trampled on** every political nicety to get their policies through. 他们为了执行政策不惜践踏一切政治高尚原则。

transcript a transcript **of** a piece of writing, music, or speech〔录音带或笔记等的〕誊本或抄本。The cost of a **transcript of** the proceedings is prohibitive. 会议记录抄本的价格高极了。

transfer to transfer **from** one place, job, or method **to** a different one 掉换地方、调动工作或调换方法。Dr Higgs **transferred from** Middlesborough to a neo-natal unit in Newcastle. 希格斯先生从中区调动到纽卡斯尔的一个新生单位。

transform be transformed **from** one thing **into** another 变成。It's about a twelve-year-old boy who wakes up to find he's been **transformed into** a thirty-year-old man. 关于一个十二岁男孩的故事，醒过来发现现他变成了三十岁的成人。

transit **in transit** 在运输中。The contents had fallen out **in transit**. 内容物在运输途中掉出了。

transition the transition **from** one thing **to** another 过度，转变。...the **transition from** rates **to** poll tax.……从地方税向人头税的过渡。

translate **❶** to translate writing or speech **from** one language **into** another 将某一种语言译成另一种。Her diaries have been **translated into** English. 她的日记已经译成英语。It is yet to be **translated from** the original Urdu. 还要把它从原文乌尔都语翻译出来。**❷** to translate an idea or desire **into** another form 将某一想法或欲望转变为另一形式。I arrived with a burning ambition to **translate** fiction **into** reality. 我来的时候迫切地想把虚构化作现实。

translation **❶** a translation **from** one state or form **to** or **into** another 翻译。...practice in **translation from** the ancient Greek.……古希腊文翻译练习。...marketing strategies and their *translation into* profit.……市场营销战略并且把它们化为利润。*There had previously been no reliable **translation into** French.* 以前没有可靠的法文译本。❷ *in* **translation** 翻译过的。…*contemporary and classic plays in translation*.……翻译过来的当代和经典话剧。

travesty a travesty **of** something 荒谬的模仿。*It is surely a **travesty of** the principles on which privatization is based.* 它肯定是私有化原则的拙劣模仿。

trespass ❶ to trespass **on** property 侵占财产。*Supporters **trespassed on** the pitch to join in.* 支持者闯入宿营地跟他们站在一起。❷ to trespass **upon** someone's generosity, friendship, helpfulness, and so on 妄用，滥用。*May I venture to **trespass upon** your sense of justice?* 我能否斗胆冒犯你的正义感？

trial on trial 在受审中；在实验中。*They might prefer to deport them than put them **on trial**.* 他们可能宁愿把他们驱逐出境，而不是审判他们。*It is the whole system of interrogation that is **on trial**.* 整个拷问制度在受到审判。

tribute a tribute **to** someone or something 礼物，颂扬。*Everything Anna did was a **tribute to** him.* 安娜做的一切给他增了光。

trick to trick someone **into** doing something 哄骗某人去干某事。*They have **tricked** the public **into** believing their promises.* 他们哄骗公众相信他们的许诺。

trifle to trifle **with** someone or something 小看，轻视，不重视。*Neither side should speak for Europe, or appear to **trifle with** its interests.* 双方都不应代替欧洲讲话，也不应表现得轻视它的利益。

trim be in trim 状况很好；准备就绪。*All the principle contenders are said to be **in fine trim**.* 据说主要的竞争者都状况良好。

triumph to triumph **over** someone or something 战胜，击败。*He predicted that the people would **triumph over** their despotic rulers.* 他预言，人民会战胜专制统治者。

trouble ❶ in trouble 有麻烦；受困；受罚。*The boy had been **in trouble** at home.* 男孩在家中遭到了麻烦。❷ the trouble **with** someone or something 〔某人或某事的〕麻烦。*The **trouble with** Ludo's argument is that he ignores the dangers.* 卢多的论据，其问题在于不顾危险。*The **trouble with** Jane is she never knows when to stop.* 简的麻烦是她不知道何时停止。

truce a truce **with** someone or **between** two people or groups 休战，停战。*Rebels had made a **truce with** the regime.* 叛军与政府休战了。

truck by truck 坐卡车。*We travelled **by truck** to the nearest petrol station.* 我们坐卡车去了最近的汽油站。

true ❶ be true **of** or **for** something or someone 〔对某事或某人来说〕是正确的。*This is **true of** other institutions as well.* 这也适用于其他机构。*Pretending to be someone else was good for my shyness — the same is **true for** many people.* 假装别人是我克服害羞感的妙计，许多人也是这样的。❷ be true **to** someone or something 忠实的，忠诚的。*Mr McGregor remains **true to** the revolution.* 麦克格雷先生始终忠于革命。

trust ❶ to trust **in** someone or something 相信，信赖。*There is always a future for those who **trust in** Him.* 信上帝的人总是有前途的。❷ to trust someone **with** something 交托，委托〔贵重物品〕。*Can he be trusted with matters of national security?* 能把事关国家安全的事情托付给他吗？❸ in trust 受托管；保管的。*Nature and life have been given to us **in trust**.* 自然和生命是托付给我们保管的。

try ❶ to try **for** something 试图赢得。*He **tried for** a third win.* 他试图赢第三次。❷ be tried **for** a crime 以某项罪名受审。*In a few weeks he will be **tried for** rape.* 几个星期后，他会因强奸而受审。

tube by tube 坐伦敦地铁旅行。*It'll be quicker by tube.* 坐地铁更快些。

tug to tug at something 用力拉拖某物。*He tugged at the metal handle, and it came off in his hand.* 他用力拉金属把手，把它拉了下来。

tumble to tumble to something 领会，了解。*I soon tumbled to the fact that I was wasting my time.* 我很快意识到，我是在浪费时间。

tune ❶ to tune to a particular radio station or television channel 调准〔收音机的波长、电视机的频道〕。*The ratings have dropped since people started tuning to CNN for news.* 人们开始收看美国有线新闻电视网的新闻，故该收视率下降了。❷ in tune 合拍；协调。*Not everyone sang in tune.* 不是人人唱得合拍的。❸ out of tune 音调不准，走调。*It's a tiny bit out of tune, but it's a lovely piano.* 这是台好钢琴，就是有点走调。❹ be in tune with something 适合；协调；融洽。*We think this is more in tune with what people receive at home.* 我们认为，这更适合人们在家中所收到的东西。❺ be out of tune with something 不融洽；格格不入。*Mr Ashdown said Thatcherism was out of tune with the times.* 阿什当先生说，撒切尔主义与时代格格不入。

turn ❶ to turn to someone for help or advice 求助于某人。*Poor and uninformed women will turn to illegal abortionists.* 不明真相的穷妇女，会去找搞非法堕胎者。❷ to turn against someone 停止支持某人；反对某人。*Public opinion turned against Hearst.* 舆论转为反对赫斯特。❸ to turn from one method, system, or situation to another 将某一方法、系统、情景转变为另一种。*Most farmers had turned from crops to cattle.* 大多数农户已从种庄稼转为养牛。*There is no excuse for turning to violence.* 不存在诉诸暴力的借口。❹ to turn something from one state or condition into another 将某一状态改变为另一种。*He turned Barnham from a company worth 500,000 to one worth 98 million.* 他把巴恩汉公司从 50 万英镑资产增加到 9,800 万英镑。❺ to turn into something different or to something different 改变。*He is concerned that the celebrations could turn into riots.* 他担心庆祝活动会转变为骚乱。*In another month, the snow will turn to mud.* 再过一个月，雪会化成烂泥。❻ to turn on someone 攻击。*Amir's dogs turned on their master and tore him to pieces.* 阿米尔的狗群冲向其主人，把他撕碎了。❼ to turn on a particular thing 依靠。*The case turned on the confession of a mentally handicapped boy.* 此案关键在于一个弱智男孩的坦白。❽ in turn 依次。*Five ministers in turn were cornered and forced to listen.* 依次截住五个牧师，强迫他们听。❾ in turn 反过来。*The improvement in relations has led in turn to a reduction in arms sales.* 关系的改善随之导致军备销售降低。❿ out of turn 不合时宜的。*There's no penalty for playing a stroke out of turn.* 击球不合拍不用罚分的。

tussle to tussle with someone or something 争斗，扭打。*Don't leave him tussling with the longer sentences.* 别让他听了长句子犯难。

twiddle to twiddle with something 玩弄，旋弄〔常指毫无目标地〕。*Do you fidget, or twiddle with your hair?* 你摆弄头发吗？

type a type of something 某一类型。*This type of accommodation is always in short supply.* 这种住宿总是供不应求。

typical be typical of a person, situation, or thing 象征，典型。*It is made from wood and corrugated iron typical of a Russian country church.* 这是典型的俄罗斯乡村教堂，由木料和瓦楞铁皮建成。*It was typical of him to place Henry Moore statues on his estate.* 他习惯于把亨利·穆尔的塑像竖在自己的庄园里。

U

unacceptable be unacceptable **to** someone 不能接受的，不能原谅的。 *Nothing in that statement is unacceptable to me.* 声明中没有我不能接受的内容。

unaccustomed be unaccustomed **to** something 不习惯的，不适应的。 *... birds which are unaccustomed to predators.*……不习惯防范食肉动物的鸟儿。

unacquainted be unacquainted **with** something 无学识的，不知道的。 *... people unacquainted with the facts.*……不了解真相的人。

unaffected be unaffected **by** something 无变化的，不受影响的。 *...wobs which have been largely unaffected by the advance of automation.*……基本上不受自动化影响的工作。

unafraid be unafraid **of** something 不惧怕的。 *The children were strangely unafraid of sharks.* 孩子们奇怪地不怕鲨鱼。

unattractive be unattractive **to** someone 对某人无吸引力的。 *He had long known he was not unattractive to women.* 他早就知道，自己对女人不是没有吸引力。

unavailable be unavailable **for** something 无法利用的，达不到的。 *Hearn was unavailable for comment last night.* 昨晚无法找到赫恩作出评论。

unaware be unaware **of** something 不知道的，未察觉的。 *The President and his guests were apparently unaware of the shooting.* 总统和客人们显然没察觉开枪。

unbeknown unbeknown **to** someone 不为人知的。 *Unbeknown to the rest of the members, they had sold the premises to the Ancasta Group.* 他们在其余成员不知道的情况下将房产卖给了安卡斯塔集团。

unburden to unburden yourself **to** someone 解除烦恼；向某人诉说苦衷。 *Let her unburden herself to you.* 让她向你诉说苦衷吧。

uncertain be uncertain **of** something or **about** something 对某事不确定的。 *... people uncertain of their goals.*……对自己的目标不明确的人们。 *Gower has been uncertain about his future in the game since his dismissal as captain.* 高尔自从队长职务被撤后，就对自己在项目中的前途捉摸不定了。

uncharacteristic be uncharacteristic **of** someone〔对某人来讲〕不寻常的。 *...a gesture uncharacteristic of the gentle Frenchman.*……对于法国绅士来说是不寻常的动作。

unclear be unclear **about** something 对某事不清楚，不明白。 *I'm still unclear about what he has actually done.* 我对他实际做了什么仍不明白。

uncommitted be uncommitted **to** something 不受约束的。 *Wendy, at this stage, was uncommitted to any one area.* 温迪在这个阶段还没有专攻任何一个领域呢。

unconcerned be unconcerned **about** something or **with** something 对某事漠不关心，与某事无关的。 *He was quite unconcerned about worldly success.* 他对世俗的成功漠不关心。 *Her complaint was that the meeting had been boring and unconcerned with issues.* 她抱怨，会议很无聊，不关心实际问题。

unconnected be unconnected **with** something else 与另一事物没有关联的。 *The sale was completely unconnected with my retirement.* 此项销售与我的退休完全无关。

unconscious be unconscious **of** something 不知道，未发觉的。 *They may be quite unconscious of this need.* 他们可能未察觉这个需要。

undecided be undecided **about** something 尚未拿定主意的，犹豫不决的。 *Nigel Mansell is still undecided about* *his future in motor racing.* 奈杰尔·曼塞尔还未确定自己在汽车比赛中的前途。

understanding ❶ an understanding **of** a subject 对某一学科的掌握。*I already had a fair **understanding of** business practice.* 我对经营常规已有较好掌握。❷ understanding **between** two or more people or groups 合作，理解。*...a project to encourage **understanding between** the races.*……促进种族间理解的项目。

uneasy be uneasy **about** something〔为某事〕感到不安的、担心的。*Companies are growing **uneasy about** the delay.* 许多公司对于拖延渐渐感到担心起来。

unequal ❶ be unequal **to** an action or task 无力做某事，不胜任。*...international law being **unequal to** the demands of modern conflict.*……国际法无法满足现代冲突的要求。❷ be unequal **to** someone 不平等，不相称。*They cannot love women because they have made women **unequal to** themselves.* 由于他们使妇女处于不平等状态，所以不能爱女人。

unfair ❶ be unfair **to** someone or **on** someone〔某事对某人〕不公正，不公平。*To ban this horse would be most **unfair on** the owners.* 禁止这匹马参赛对于其主人很不公平。❷ be unfair **to** another person〔某人〕对另一人不公正。*I used to be very **unfair to** him.* 我当初对他不公正。

unfaithful be unfaithful **to** someone 对对方不忠实。*Is he the one who was **unfaithful to** his wife?* 就是他对妻子不忠实吗？

unfamiliar ❶ be unfamiliar **to** someone 陌生的，新奇的。*The sounds of traffic and the telephone are **unfamiliar to** them.* 车辆交通噪声和电话声对他们很陌生。❷ be unfamiliar **with** something 不熟悉的，没有经验的。*...those **unfamiliar with** modern Germany.*……不熟悉现代德国的人们。

unfit be unfit **for** a purpose, thing, or

person 不合适的，不胜任的。*This place is quite **unfit for** food preparation.* 这地方不适合做食品。

unhappy be unhappy **about**, **with**, or **at** something 对某事忧虑的，不满意的。*Both the Government and the profession are deeply **unhappy about** this report.* 政府和该职业专家对这个报告深为不满。*They were clearly **unhappy with** the situation.* 他们显然对形势有担忧。*Senior officers are equally **unhappy at** the costs.* 高级官员对于该费用也不高兴。

unimpressed be unimpressed **by** something or **with** something 对某事无印象。*Bill Rodgers had been **unimpressed by** their performance.* 比尔·罗杰斯对他们的表现毫无印象。

uninterested be uninterested **in** something 对某事物不感兴趣的。*His prospective employers seemed **uninterested in** his academic background.* 他未来的雇主对他的学历不感兴趣。

unique be unique **to** a particular thing, person, or place〔对某事、某人、某处来讲〕罕见的。*...that blend of pity and comedy that is **unique to** Irish writers.*……爱尔兰作家所特有的怜悯与喜剧的混合。

unison **in** unison 一起。*The crowd groaned **in unison**.* 人群一起抱怨着。

united ❶ be united **in** an activity or opinion 联合，统一。*Both parties were **united in** opposition to the scheme.* 两党团结一致反对该计划。❷ be united **with** something 结合的，联合的，合并的。*Young Herschel spent some months in England, then **united with** Hanover under King George the Third.* 年轻的赫舍尔在英格兰住了几个月，然后与汉诺威联合在国王乔治三世的旗帜下。

unkind be unkind **to** someone 对人不仁慈的，苛刻的。*Sometimes they were very **unkind to** me.* 有时他们对我不够好。

unknown be unknown **to** someone 不为某人所知的。*His identity was **unknown**

to anyone else. 他的身份别人都不知道。

unload to unload something unwelcome **onto** someone else 把不想要的事推给别人。*To* **unload** *all the blame* **onto** *Spaniards would be wrong.* 把罪责推给西班牙人是错误的。

unprepared be unprepared **for** something 对某事毫无准备。*She was quite* **unprepared for** *the scope of the problem.* 她对于问题的严重程度毫无准备。

unrelated be unrelated **to** something else〔与某事〕无关的。*Doctors said his condition was* **unrelated to** *his riding career.* 医生们说，他的病情与他的骑师生涯无关。

unresponsive be unresponsive **to** something or someone 无答复的，无反应的。…*a government* **unresponsive to** *their needs.* ……对他们的需求无反应的政府。

unsatisfied be unsatisfied **with** something〔对某事〕不满意的。…*if you are* **unsatisfied with** *your doctor's advice.* ……如果你对医嘱不满意。

unsuitable be unsuitable **for** something; an unsuitable thing **for** something〔不合适的。*Goats will eat vegetation* **unsuitable for** *sheep.* 山羊吃的草不适合于绵羊。*This made the hall an* **unsuitable** *room* **for** *meals.* 这使得厅堂不适于吃饭。

unsuited be unsuited **to** something 不适合某事。*I was totally* **unsuited to** *the profession.* 我对这个职业完全不合适。

unsure ❶ be unsure **of** yourself 缺乏信心。*Then I thought about my 'plan' and no longer felt* **unsure of** *myself.* 然后我想起了自己的"安排"，就不再缺乏自信了。❷ be unsure **of** something or **about** something 对某事无把握。*People were* **unsure of** *what was happening.* 人们确定不了将发生什么事。*Woodward was* **unsure about** *the rules on disclosing sources to the executive editor.* 伍德沃德对向执行编辑透露消息来源的规则没把握。

untroubled be untroubled **by** some-

thing 不受某事物干扰。*But Hunter appeared* **untroubled by** *doubts of any kind.* 但亨特似乎不受任何疑惑的干扰。

unused /ʌnjuːst/ be unused **to** something 不习惯的。*Mr Folland is* **unused** *to publicity.* 福兰德先生不习惯出名。

unwelcome be unwelcome **to** someone 不受欢迎的。*Yesterday's declaration will be* **unwelcome to** *Mr Gorbachev.* 昨天的宣言不受戈尔巴乔夫的欢迎。

unworthy be unworthy **of** something or someone 不相称，不相宜的。…*a story which Stevenson himself evidently considered* **unworthy of** *publication.* ……史蒂文森本人显然认为不值得发表的小说。*Let us stifle all thought of hypocrisy, which would be* **unworthy of** *us.* 让我们摒弃一切伪善思想，它与我们不相称。

upholstered be upholstered **in** a particular material 给某物装上垫子、面布。*The seats were* **upholstered in** *soft leather.* 座位上蒙着软皮。

uproot to uproot someone **from** their home 使某人离开自己的家。*It is a much bigger decision for someone to* **uproot** *himself* **from** *his native land.* 人离开家乡是更重大的决定。

upset be upset **by, about,** or **at** something 痛苦的，悲哀的。*They were* **upset by** *the poverty they saw.* 他们看到的贫困使他们痛苦不安。*She seems* **upset about** *something.* 她似乎对什么事不安。*Residents are* **upset at** *the prospect of losing their library.* 居民想到要失去自己的图书馆便心烦意乱。

upshot the upshot **of** a series of events 最后结局、结果。*The* **upshot of** *this episode was that we had to make a choice between Ari and Liz.* 这场面的结局是，我们不得不在阿里和利兹之间作选择。

upsurge an upsurge **in** something or **of** something 急剧增长，突发。…*an* **upsurge in** *medical negligence cases.* ……医疗过失案剧增。…*the latest* **upsurge of** *violence.* ……最近突发暴力。

urge ❶ an urge **for** something 对某事的强烈愿望。*This issue indicates the underlying **urge for** conformity amongst youngsters.* 这个问题表明青少年内心渴望遵守规矩。❷ to urge something **on** or **upon** someone 向某人极力推荐或力陈某事。*Frank had another reason for **urging** caution **on** them both.* 弗兰克另有理由要他俩小心从事。

use ❶ /juːz/ to use something **as** a particular thing 把某事物用作。*...leaders who **use** citizens **as** pawns.*……把公民当作小卒驱使的领袖。❷/juːs/ the use **of** something 使用。*...the excessive **use of** force by the police.*……警察过度使用武力。❸ a use **for** something 用途。*A proper **use for** the site might well be as a library.* 此地的正确用途可能是图书馆吧。❹ be **of use** 有用的。*As in golf, general coaching would be **of** some **use**.* 就像高尔夫球一样，笼统指导有点用处。❺ **in use** 使用中；通行着。*...the variety of different aircraft **in use** in NATO air forces.*……北约空军使用的飞机种类。

used /juːst/ be used **to** something 习惯于。*Mature politicians are **used to** dealing with these issues.* 成熟的政治家习惯于处理这种问题。

useful be useful **for** doing something; be useful **to** someone 有用的。*Bleach is **useful for** cleaning any surface that it will not damage.* 漂白剂对清洁任何它不会损坏的表面都有用。*...a college where they will meet people who will be **useful to** them later on.* 在大学，他们会遇到日后对自己有用处的人。

V

vacancy a vacancy **in** a particular organization **for** a particular job 空缺，空位。*...an unexpected **vacancy in** the department.*……部门中的意外空缺。*...advertising a **vacancy for** the post of*

information officer.……登广告招聘信息官员职位。

vacation on vacation 在度假。*I'm here **on vacation**.* 我在此度假。

vaccinate to vaccinate someone **against** a disease 给某人接种疫苗。*Most of them were **vaccinated against** hepatitis.* 他们多数接种过肝炎疫苗。

vague be vague **about** something 未决定的，犹豫不决的。*Even the best artists tended to be **vague about** the details.* 连最好的艺术家也对细节不清楚。

vain in vain 徒然；无结果的。*But his efforts were **in vain**: England lost.* 他的努力落空了，英格兰输了。

value of value 有价值。*Nurseries are only **of value** for women with preschool children.* 托儿所只对养有学龄前儿童的妇女有价值。

variance be at variance with something〔与某事物〕不同，有矛盾。*...views totally **at variance with** the contemporary climate of opinion.*……与现代舆论风气格格不入的观点。

variant a variant **of** something or **on** something 变种，变体。*Each of these countries has evolved its own **variant of** democracy.* 各国都演绎了各自的民主变体。*...this **variant on** medieval practice.*……这种中世纪作风的变体。

variation ❶ a variation **of** something or **on** something 不同的形式。*Snakes that live in sandy desert have developed a **variation of** this technique.* 居住在沙漠的蛇类发展了这种技术的变种。*They can be regarded as **variations on** two extreme world views.* 它们可看作两个极端世界观的变化形式。❷ a variation **in** something or **of** something 变化。*...short-term **variations in** temperature.*……气温的短期变化。

variety ❶ a variety **of** things 形形色色。*The college library had a wide **variety of** books.* 该大学图书馆拥有品种多样的书。❷ a variety **of** something 某一种。*...a new **variety of** potato.*……新的土豆

品种。

vary to vary **with** or according **to** changing factors 随着变化因素而变化。*The colour of the fruit varies with age.* 该水果的颜色随着老熟而变化。*Charges for most telephone calls vary according to distance and time of day.* 大多数电话收费依据距离和时段而变化。

vehicle a vehicle **for** something 工具，手段。*The orchestra should be a vehicle for the music, not vice versa.* 乐队应充当音乐的载体，而不是相反。

vent to vent your feelings **on** someone 拿某人出气。*...so that the audience could not vent their anger on individuals.* ……以使观众不能拿个人出气。

verdict someone's verdict **on** something〔对某事的〕判断。*My verdict on the series: splendid.* 我对本连续剧的判断是：精彩。

verge ❶ **on the verge of** something 将要，濒临。*The club was on the verge of bankruptcy.* 该俱乐部处于破产的边缘。

❷ to verge **on** or **upon** something 接近于，濒临。*...an atmosphere of indiscipline verging on lawlessness.* ……不守纪律、近乎无法无天的气氛。

versed be versed **in** something 精通，熟练。*She was not well versed in labour relations.* 她不熟悉劳资关系问题。

version a version **of** something 某种，某类。*...a far more amusing version of the game.* ……更加有趣的游戏种类。

vested be vested **in** a person or group〔财产、权力〕授权给某人、某团体。*Hitherto, responsibility had been vested in professional administrators.* 至今为止，责任授予职业管理者了。

vicinity **in the vicinity of** a place 在某地附近。*...a man who had seen them in the vicinity of the wrecked offices.* ……目击他们在破坏的办公室附近露面的一个人。

victory a victory **for** someone or something, **over** or **against** an opponent 战胜，击败对手。*The outcome of the dis-*pute has been seen as a **victory for** the employers. 争端的结果被看成是雇主的胜利。*...his 6-4 victory over Steve Davis.* ……他以 6 比 4 战胜史蒂夫·戴维斯。*...their comprehensive victory against the faded champions.* ……他们对失去锋芒的冠军的综合性胜利。

vie to vie **with** someone **for** something desirable 与某人争夺某事物。*Three people are vying for the post of chairman.* 三个人在争夺主席职位。

view ❶ **in** someone's **view** 按某人的观点。*In my view, Jefferson wrote rather less well than he talked.* 依我看，杰斐逊写的不如说的好。❷ **in view of** something 鉴于；考虑到。*He could hardly be expected to do more in view of the resistance he faces.* 考虑到面临的抵抗，不能指望他做得更多了。❸ be **in view** 看得见。*Our hands are more often in view than our feet.* 我们看见手的时候，多于看见脚。❹ be **on view** 陈列着。*His aim was to put the entire collection on view to the public.* 他的目的是将整个收藏向公众展览。❺ **with a view to** doing something 为了；目的在于。*She had rented a huge house with a view to giving lessons there.* 她租用了一所大房子，想在那里开课。

viewpoint **from** a particular **viewpoint** 从某一观点看。*From the spectator's viewpoint it is a tedious strategy.* 从旁观者的观点看，这是乏味的策略。

virtue **by virtue of** something 由于；借助于。*Adolescents now, by virtue of their new-found economic power, dictated fashions in everything.* 如今的青少年由于新找到的经济力量，主宰着各种时尚。

visible be visible **to** someone 为某人所看得见。*They sit in a circle, from which the blackboard is visible to everyone.* 他们围圈坐着，大家都看得见黑板。

vision someone's vision **of** something 对某事的想象。*...an outsider's vision of the West.* ……局外人的西方观。

visit ❶ a visit **from** someone 某人的

来访。*I soon received my second **visit from** the police.* 我不久就迎来了警察的第二次来访。❷ to visit **with** someone 去某人处〔尤指闲聊〕〔用在美国英语里〕。*He had not **visited with** the rascal since 1946.* 他从 1946 年以来就没有去看过那流氓。

visitor a visitor **to** a place or **from** a place 来去某地的访问者。*...Czechoslovak **visitors to** Hungary and Poland.……* 去匈牙利和波兰的捷克斯洛伐克客人。*...Each year, 500,000 **visitors from** all over the world flock there.……* 每年，全世界有 50 万游客涌入该地。

vital be vital **to** or **for** something or someone 为某人或某事所不可缺少的。*...those students most **vital to** our economic future.……* 对我们经济的未来不可缺少的那些学生。*...a new trade agreement **vital for** the country's ailing economy.……* 对国家不振的经济十分重要的新贸易协定。

vogue be **in vogue** 正在流行。*...the grotesque style which was then **in vogue**.……* 当时流行的怪异风格。

voice a voice **in** a matter 对某事的意见。*It is unacceptable that I should have no **voice in** the political affairs of my own country.* 我在本国的政治事务中没有发言权，这不行。

volition **of** your **own volition** 出于自愿。*She didn't go down there **of** her **own volition**.* 她不是自愿去那里的。

volunteer to volunteer **for** something 自愿参加。*He was always **volunteering for** the more dangerous daytime patrols.* 他总是主动参加危险的日班巡逻。

vote ❶ to vote **for** a candidate or proposal you like 投票赞成；to vote **against** the one you do not like 投票反对。*Only 21 per cent said they would **vote for** Mrs Thatcher.* 只有 21% 的人说会投撒切尔夫人的票。*The people had **voted against** change.* 人民投票反对变动。❷ to vote **on** an issue 投票决定一大事。*They have until 23 November to **vote on**

the proposal.* 他们要等 11 月 23 日才投票决定该提案。

vouch to vouch **for** someone or something 为某事担保。*Having played alongside him at Rochdale, I can **vouch for** his ability.* 我在罗奇代尔曾与他并肩打球，可以担保他的能力。

voucher a voucher **for** something 代金券。*...a **voucher for** air travel.……* 坐飞机的代价券。

vulnerable be vulnerable **to** attack, damage, or something unwanted 易受伤的、易受攻击的。*Commercial television, they claimed, would be less **vulnerable to** political pressure.* 他们宣称，商业电视不易受到政治压力。

W, X, Y, Z

wade to wade **through** lots of writing 费力地阅读很多材料。*...**wading through** the inevitable mass of paperwork.……* 费力阅读非读不可的大量文件。

wait ❶ to wait **for** someone or something 等候某人或某事。*I'm **waiting for** a friend.* 我在等朋友。*He said that they were still **waiting for** a reply from Mr Waddington.* 他说他们仍在等沃丁顿先生的回音。❷ to wait **on** people in a restaurant 招待某人就餐。*Lord Derby had twenty four people to **wait on** him at table.* 德比勋爵就餐时有 24 个人侍候着。

wake to wake up **to** a fact 察觉到。*Politicians should **wake** up **to** the implication of this.* 政客们应该察觉到它的含义。

walk ❶ to walk away **from** a situation or agreement 抛弃，废除。*They are prepared to **walk away from** the deal if they are faced with extra demands.* 他们如果面临额外的要求，就准备放弃该交易。❷ to walk away **with** a prize 轻易赢得某项奖。*He **walked away with** $1,200 in cash.* 他赢得了 1,200 美元的现

金。❸ to walk in **on** someone 打搅。*She was carrying out his orders when her mother **walked in on** her.* 她在执行他的命令时，母亲插了进来。❹ to walk off **with** something 顺手拿走，偷走。*My companion had **walked off with** my suitcase.* 我的同伴顺手牵羊拿走了我的手提箱。❺ to walk out **on** someone〔在某人处于困境时〕抛弃某人。*She **walked out on** Henry last Friday.* 她于上周五抛弃了亨利。

wallow to wallow **in** a feeling or situation 沉迷于。*...an actor who **wallows in** the undeserved praise of his colleagues.* ……沉迷于同事的过分吹捧的演员。

want ❶ to want something **from** someone or **of** someone 想从某人处得到。*Adolescents **want** guidance **from** their parents.* 青少年需要父母的指导。*What do you two want of me?* 你们俩想要我做什么？❷ someone's want **of** something 缺少〔某事物〕。*He blamed himself for his **want of** foresight.* 他责备自己缺乏远见。❸ **for want of** something 因缺少某事物，因需要某事物。*He began to read, **for want of** anything else to do.* 他开始看书，没有别的可干嘛。❹ be **in want of** something 需要某物。*The night I first saw him he was badly **in want of** a meal.* 我第一次看见他的那个晚上，他急需吃一顿饭。

war ❶ a war **with** or **against** another country 与某一国家的战争。*...in the event of an American **war with** a foreign power.* ……如果美国与外国开战。*...the **war against** Germany and Italy.* ……与德国意大利的战争。❷ a war **against** something bad 为消灭不好现象的斗争。*...the **war against** starvation and disease.* ……反饥饿、反疾病之战。❸ be **at war** 在交战；be **at war with** another country or group 与某国或某群人处于交战状态。*It's nearly 200 year since France was **at war with** England.* 法国与英国交战已是近 200 年前的事了。

warm to warm **to** someone or something 对〔人或某事〕感到更大的兴趣。*Mr MacSharry **warmed to** the idea.* 麦克夏利先生对这个主意很感兴趣。

warn ❶ to warn someone **of** something or **about** something 警告某人。*I had been **warned about** the stunt.* 为此惊人之举，我受到了警告。*He **warned of** revenge attacks by residents.* 他警告说，居民会进行报复性攻击。❷ to warn someone **against** doing something 告诫某人不要做某事。*But doctors have **warned** me **against** stairs.* 医生已告诫我要小心楼梯。*Phillips **warned against** complacency.* 菲利普斯告诫不要自满。

wary be wary **of** something or someone or **about** something 留意，警惕。*They have good reason to be **wary of** the media.* 他们有理由警惕媒体。*Demmy said he was **wary about** the proposal.* 德米说，他对该提议较谨慎。

waste to waste something such as money or time **in** something or someone 将〔钱、时间等〕浪费在某物或某人上。*...fear of **wasting** money **in** a new idea.* ……害怕把钱浪费在一个新主意上。

wasted be wasted **on** someone 对〔某人〕是多余的。*Advice is **wasted on** someone who will not heed it.* 对于不听忠告的人来说，忠告是多余的。

watch ❶ to watch **for** or watch out **for** something 留心，留意。*He began to read the papers, **watching for** an announcement of the Volkov concert.* 他开始看报纸，留意沃尔科夫音乐会的告示。*...a growing need to **watch out for** industrial pollution.* ……警惕工业污染的需要日增。❷ to watch **over** someone or something 看守，照管。*The wives took turns to **watch over** the children.* 妻子们轮流看孩子。

wave to wave **to** someone or **at** someone 向某人挥手，招手。*Hanna **waved to** him and he waved back.* 汉娜对他挥手，他也挥手回礼。*He smiled and **waved at** them.* 他笑着向他们招手。

way ❶ a way **of** doing something 处事方法。...the fairest **way of** dealing with the problem.……处理该问题的最公平方法。❷ a way **round** a problem〔解决某一问题的〕措施。Such a move would seem to be a sensible **way round** the problem. 这种举措似乎是解决该问题的明智办法。❸ **by way of** something 意在；为了做某事。'Gascoigne is a competitor,' Terry Venables said afterwards **by way of** explanation. "加斯科因是个竞争对手,"特里·维纳布尔斯后来解释说。❹ be **in the way** 妨碍；挡道。Our job is not to get **in the way**. 我们的工作是不挡道。❺ **in the way of** something 至于说；在某一方面。His stalls bring in little **in the way of** profits. 他的店铺没啥利润。❻ **on the way**; **on** your **way** 在途中。He was stopped for speeding **on the way** back from the ground. 他从运动场回来时因超速行驶而被截住。**On** my **way** to the parked car, I was set upon by a gang of youths. 我向停着的汽车走去时,遭一帮青年的袭击。❼ be **out of the way** 完成；解决。The announcement could have been delayed until the by-election was **out of the way**. 宣告可以推迟到补选结束之后。❽ be **under way** 在进行；在发生。The digging was well **under way**. 挖掘早已在进行。

weak be weak **on** a particular element 缺乏某一要素。The book was **weak on** fact and documentation. 此书缺乏事实和证明文件。

weakness a weakness **for** something〔对某物的〕酷爱。She had a **weakness for** garlic. 她酷爱大蒜。

wean to wean someone **off** or **from** something 使某人放弃兴趣、习惯。After four months, **wean** him **off** milk altogether. 四个月以后,给他彻底断奶。...trying to **wean** people **from** cigarettes.……试图让人们戒烟。

weary ❶ be weary **of** something 对某事不再感兴趣、讨厌某事。...a financial journalist who one day grew **wea-ry of** writing about the economy.……给予厌烦报道经济的金融记者。❷ to weary **of** something 对〔某事〕感到厌烦。He **wearied of** picking her clothes up off the floor and washing them. 他厌烦了从地上捡起她的衣服洗干净。

wedded be wedded **to** a particular idea 坚持某思想。...a party genuinely **wedded to** unrestricted free enterprise.……真正坚持无限制性自由企业制的党派。

weigh to weigh **on** or **upon** someone 成为某人的负担。I could still sleep at night, however serious the problems **weighing on** me were. 尽管问题沉重地压在心头,晚上我还能睡着。

welcome ❶ welcome **to** somewhere〔当有人到来时,用于打招呼〕欢迎来某地。**Welcome to** Texas. 欢迎来德克萨斯州。Good evening, and **welcome to** the programme. 晚上好,欢迎收看本节目。❷ be welcome **to** something 欢迎使用某物。We've got eight hundred dollars between us and you're **welcome to** it. 我们俩共有八百美元,欢迎使用。

west west **of** a place 某地以西。Membury is close to the M4, three miles **west of** Hungerford. 门伯里靠近 M4 公路,在亨格福德以西三英里。

what ❶ what **about** someone or something〔用来问问题,提建议〕某人、某事如何。What **about** a spot of lunch, Colonel? 找个地方吃午饭如何,上校? ❷ what **of** someone or something〔用来问问题〕有什么关系。But **what of** the possible consequences? 出现后果又怎么样呢?

wheedle ❶ to wheedle something **out of** someone〔用讨好或奉承某人的手法〕获取某物。She flattered Seery and **wheedled** money **out of** him. 她恭维西里以便弄得点钱花。❷ to wheedle someone **into** doing something〔用讨好或奉承某人的手法〕劝诱某人做某事。He tried to **wheedle** her **into**

leaving the house. 他试图哄她离开家里。

whine to whine **about** something 抱怨某事。*My father never complained or whined about his work.* 我父亲从不抱怨工作。

whip to whip a person or group of people **into** a particular state 强制某人进入某种状态。*Speeches, slogans, posters and chants whipped the crowd into a warlike fever.* 讲演、口号、标语和歌唱将人群煽动，进入了好战的狂热。

wink to wink **at** someone 对某人使眼色。*On my way back in the Underground, a man winked at me.* 我坐地铁回家时，一个男人朝我眨眼。

wish to wish **for** something 渴望，想得到。*He wished for death.* 他想死。

withdraw to withdraw **from** a place or activity 离开某地，脱离某项活动。*Steven Jones has withdrawn from next weekend's Great North Run in Newcastle.* 史蒂文·琼斯已退出下周末的纽卡斯尔北方大赛跑。

withhold to withhold something **from** someone 拒绝给某事物。*The President has a legal duty not to withhold material evidence from a grand jury.* 总统有法律义务，不得向大陪审团隐藏物质证据。

witness ❶ a witness **to** an event 某一事件的目击者。*In some extraordinary way he had been a witness to a tragedy.* 他以奇特的方式亲眼目睹了一场悲剧。❷ be witness **to** something 为某事见证。*This was the first time I was witness to one of his rages.* 这是我第一次看见他发火。

wonder ❶ to wonder **about** someone or something 对某人、某事感到好奇。*I'd always wondered about my father.* 我始终对父亲充满惊异。❷ to wonder **at** something 对某事感到惊讶。*One can only wonder at children's nerves and strength when this kind of thing happens.* 这种事情发生时，只能惊讶于孩子的勇气和力量。

word a word **with** someone 与某人说

的话。*Have you had the chance of a word with Lonnie yet?* 你有机会与朗尼说了吗？

work ❶ to work **for** an employer or **at** a place or organization 为某人工作，或在某地、某一机构工作。*He has moved to Worcester, where he works for a medical firm.* 他搬到了伍斯特，在医药公司工作。*Mr Cooper now works at the Oklahoma Transplant Institute.* 库珀先生现在俄克拉何马移植学院工作。❷ to work **as** a type of worker 干某种职业。*...the hospital where she works as a nursing sister.* ……她做护士的医院。❸ to work **for** or **towards** a particular thing 为某事而工作或尽力。*They also work for international peace.* 他们还为国际和平而奋斗。*They have been working towards the long term development of their oil sector.* 他们在致力于石油工业的长期发展。❹ to work **with** a person or group of people 与某人或某群人共事。*I enjoyed working with Hitchcock, he was a great joker.* 我喜欢与希区柯克共事，他真会开玩笑。❺ to work **on** or **at** something 从事于，致力于。*We are working on new drugs for the treatment of Parkinson's disease.* 我们正致力于开发医治帕金森病的新药。*Someone must have worked at it with a crowbar.* 一定有人用撬棍撬过它。❻ to work **with** or **in** a particular substance 使用。*People who have never worked with steel have trouble understanding this.* 没有使用过钢铁的人难以理解这个。*He always works in oil paints.* 他始终用油画颜料创作。❼ to work **through** a problem or difficulty 解决问题或克服困难。*They work through a series of issues and problems with key employees.* 他们与主要的雇员一起解决了一系列问题。❽ to work yourself **into** a particular state 使某人进入某一状态。*She was working herself into a rage about his attitude.* 对于他的态度她正在大发雷霆。❾ to work yourself up **to** doing something 朝 某 一方向发展。*A group of girls excitedly* **work** *themselves* **up to** *going on some wild diet.* 一群姑娘正在激动地准备去吃野味。**⑩** to work up **to** a particular amount or level 逐渐发展到某一量或水平。*She recommends starting with a teaspoonful or less and* **working up** *gradually* **to** *2 or 3 tablespoonfuls.* 她建议, 开始时吃一茶匙或更少, 再慢慢增加到两三汤匙。

worm to worm information **out of** someone 渐渐地从某人处狡诈地获取情报。*The truth had been* **wormed out of** *him by his lawyers.* 他的律师们从他那里套出了真相。

worried be worried **about** someone or something 担忧, 担心。*He is* **worried about** *his reputation.* 他对自己的名声担忧。

worry to worry **about** someone or something 担忧, 担心。*I used to sit and* **worry about** *my future.* 我曾经坐在那里为前途担忧。

worth a particular amount of money's worth **of** something 价值某一数量的东西。*They stole fifty thousand dollars* **worth of** *equipment.* 他们盗窃了价值五万美元的设备。

worthy be worthy **of** someone or something 值得。*I've proved myself* **worthy of** *you.* 我证明是配得上你的。 *The party had reformed itself and was now* **worthy of** *support.* 该党已经过改革, 值得支持。

wrangle to wrangle **with** someone **over** something 与某人为某事争辩或争吵。*Negotiators were* **wrangling with** *the Coal Board in an effort to raise wages.* 谈判人员正与煤炭董事会交涉, 以提高工资。*They* **wrangled over** *whose turn it was to do the washing up.* 他们在争论, 该谁轮到洗碗了。

wrap **❶** to wrap something **in** a covering or to wrap something up **in** a covering 用某物包裹某物。*I tiptoed across* the yard with the book **wrapped in** a plastic bag. 我踮着脚穿过院子, 手里拿着塑料袋包裹的书。*My hair is* **wrapped up in** *a towel, because I've just washed it.* 我的头发用毛巾裹着, 因为刚洗过。**❷** to wrap a covering **round** or **around** something 将某物加以包裹。*He had a paper napkin* **wrapped round** *his glass.* 他用纸巾包着杯子。

wrapped up be wrapped up **in** a particular person or thing 注意力完全集中于某人、某事物。*Like many isolated people, they are* **wrapped up in** *themselves.* 他们像许多孤立者一样自顾自。

wreathed be wreathed **in** something or **with** something 遮盖或环绕着某事物。*The dawn was pale, the sun* **wreathed in** *mist.* 晨光灰蒙蒙的, 雾气遮住了太阳。… *a cross* **wreathed with** *roses.* ……环绕着玫瑰花的十字架。

wrestle to wrestle **with** someone or something 奋力对付或制伏某事物。… *the biggest problems the world's car manufacturers have had to* **wrestle with** *since their pioneering days.* ……自从创业期以来, 世界汽车制造商所面临的最大问题。

wriggle to wriggle **out of** a task or duty 设法摆脱某一任务或责任。*I can't manage to* **wriggle out of** *accompanying my parents to Europe.* 我无法推辞陪父母去欧洲的任务。

wring to wring something **out of** or **from** someone or something 费力地从某人处获取某物。…*the last possible advantage to be* **wrung out of** *this meeting.* ……从这次会议中最难取得的好处。*Nor could he* **wring from** *her any information as to where she had been.* 他也无法从她那里得知她以前去了哪里。

write **❶** to write **to** someone 给某人写信。*Ken Morgan* **wrote to** *me this month and I shall be replying soon.* 肯・摩根这个月给我来信了, 我会很快回信的。**❷** to write something **into** a contract or agreement 将某事写入合同或

协议中。*The new arrangements have been **written into** the agreement.* 新的安排已写入协议。❸ to write off **to** a person or organization 立刻写信。*Why don't you write off to Sussex University and ask for their prospectus?* 你为什么不写信给萨塞克斯大学索取简章呢？❹ to write someone or something off **as** a particular thing 将某人、某物看成一文不值。*He was **written off as** a wet liberal.* 他被当作不禁酒的自由党，所以一钱不值。

wrong be wrong **with** someone or something 有故障，有毛病。*What's **wrong with** being popular?* 流行有什么不好？

yearn to yearn **for** something 渴望，思念。*We **yearned for** beauty, truth, and meaning in our lives.* 我们渴望美、真和人生意义。

yell to yell **at** someone 对某人喊叫。*Look—let's stop **yelling at** each other.* 嘿——我们不要相互喊叫好不好？

yield to yield **to** someone or something 屈服，让步。*Radio has long been under pressure to **yield to** television.* 广播电台早就受到压力，要让位于电视。

zero to zero in **on** something〔将枪炮〕瞄准某物。*The missile then **zeros in on** the target.* 导弹随之瞄准了目标。

zest a zest **for** something 热情。*They have nothing in common except for an invincible **zest for** survival.* 他们毫无共同点，除了不可战胜的生存热情。

图书在版编目（CIP）数据

柯林斯COBUILD英语语法丛书. 介词 /（英）约翰·辛克莱（John Sinclair）主编；魏跃衡译 . — 北京：商务印书馆，2020（2024.4重印）
ISBN 978－7－100－18096－2

Ⅰ.①柯…　Ⅱ.①约…　②魏…　Ⅲ.①英语—介词　Ⅳ.① H314

中国版本图书馆 CIP 数据核字（2020）第 022183 号

权利保留，侵权必究。

柯林斯COBUILD英语语法丛书
介词

〔英〕约翰·辛克莱　主编
魏跃衡　译

商 务 印 书 馆 出 版
（北京王府井大街36号　邮政编码100710）
商 务 印 书 馆 发 行
北京市十月印刷有限公司印刷
ISBN　978－7－100－18096－2

2020 年 6 月第 1 版　　　　开本 880×1230　1/32
2024 年 4 月北京第 4 次印刷　印张 11³⁄₈

定价：36.00 元